Thomas Heinrich Gadebusch

**Schwedischpommersche Staatskunde**

Thomas Heinrich Gadebusch

**Schwedischpommersche Staatskunde**

ISBN/EAN: 9783743437517

Hergestellt in Europa, USA, Kanada, Australien, Japan

Cover: Foto ©Suzi / pixelio.de

Weitere Bücher finden Sie auf **www.hansebooks.com**

# Schwedischpommersche

# Staatskunde.

## Zwenter Theil.

Von

## T. H. Gadebusch.

Profeſſor des Staatsrechts zu Greifswald und Mitglied der
Erziehungs = Geſellſchaft zu Stockholm.

Greifswald,
gedruckt bey Anton Ferbinand Röſe, 1788.

# Vorrede.

Weit später, als ich vermuthen konnte, liefere ich jetzt erst
den zweyten Theil meiner Pommerschen Staatskunde.
An Aufmunterungen, ihn früher zu liefern, hat es nicht gefehlet, und die gute Aufnahme allein, welche der erste Theil,
sowohl im Vaterlande als im Auslande, gefunden hat, hätte
mich reitzen müssen, die Vollendung dieser Arbeit zu beschleu-
nigen, und dieß würde auch, meinem Versprechen gemäß, vorlängst geschehen seyn, wenn nicht unvermeidliche Behinderungen mich abgehalten hätten, die letzte Hand ans Werk zu legen. Von was für Art sie gewesen, kann dem Leser wohl sehr
gleichgültig seyn, nur der ungleichen Deutungen wegen muß
ich sagen, daß sie bloß in mir lagen, von öffentlichen durch
die Obern veranlaßten Behinderungen, wie in einigen Jour-
nälen gewähnet worden, ist mir nichts bekannt, und sie
sind in den schwedischen Staaten unter der Regierung eines
Gustafs nicht vermuthbar, am wenigsten in der Provinz,
deren Generalstatthalter ein Fürst von Hessenstein ist, so lange der Schriftsteller sich in den Schranken der Wahrheit und
Bescheidenheit hält, und das hoffe ich durchgehends gethan zu
haben.

Meiner Aeusserung in der Vorrede zum ersten Theile getreu, habe ich die wenigen Erinnerungen, die hin und wieder

über

über ihn gemacht worden, mit Dank angenommen, doch muß ich mich über Einige mit zwey Worten erklären.

Erstlich ist mir vorgeworfen a), daß ich die Sachen bloß erzähle, wie ich sie gefunden, ohne mich in histo= rische Untersuchungen des Ursprungs der Verfassung ein= zulassen. Bey manchen Gegenständen, die es vorzüglich zu fordern scheinen, und wo ich es ohne ein zu umständliches De= tail thun konnte, habe ich es doch gethan; bey andern aber würde es mich zu weit geführet, und mein Buch, gegen seinen Zweck, zu weitläuftig gemacht haben, und überall sticht der Ursprung, wo er auszuforschen stehet, und der Fortgang un= srer Staatsverfassung biß zu ihrer jetzigen Form in der chrono= logischen Reihe der gesetzlichen Belege, durch deren Nachge= hung jeder Forscher das selbst finden kann, was ich in diesem Werke nicht umständlich vorlegen wollte, sondern mir, mit Bedacht, für ein anderes Werk aufbehalten habe. Ich habe mich bey dem Gegenwärtigen zu weiter nichts anheischig ge= macht, als unsre jetzige Verfassung vorstellig zu machen; habe ich das erfüllet, so hat Niemand ein Recht, wie ich glaube, ein Mehreres zu fordern, und hätte ich auch bloß die bieher ge= hörigen, sonst so sehr zerstreueten Data, treu und bestimmt ge= sammelt, und in einer schicklichen Ordnung zusammengestellet, so würde auch das allein, meiner Meynung nach, kein ganz unverdienstliches Werk seyn, und ich kann dieserhalb gerne mit dem Ruhm eines ängstlichtreuen Referenten und Sammlers vorerst zufrieden seyn. Ueberdem war dieß Zurückgehen in die

ältern

a) In Göttingschen Anzeigen 1787. St. CXXII. S. 1217 ff.

# Vorrede.

ältern Zeiten biß auf den ersten Ursprung dieses oder jenen Gegenstandes bey Schwedischpommern vielleicht entbehrlicher als
bey irgend einem andern. Hier sind nur in neuern Zeiten,
beym Anfange der Schwedischen Regierung in Pommern, die
gegenseitigen Rechte, des Landesherrn und der Landschaft,
nach der genauesten Prüfung und langwührigen Untersuchungen, festgesetzet und in unsern Grundgesetzen angenommen
worden, die also als Norm für die Zukunft angesehen werden
müssen, wie ich in der Einleitung umständlich angezeigt habe.
Ich glaube auch mich im dritten Hauptstücke ins Detail des
wahren Verhältnisses landesherrlicher und landschaftli-
cher Rechte so weit eingelassen zu haben, als es zur richtigen
Beurtheilung dieses Gegenstandes nöthig war. Zurückhalten
konnte mich nichts, ihn der Wahrheit gemäß darzustellen.
Ich stehe mit Landständen in keiner Verbindung, vielmehr bin
ich bekanntlich ein Diener des Fürsten; ich kann also wohl nicht
in den Verdacht seyn, daß ich Landständen schmeicheln oder
ihnen auf Kosten Landesherrliche Rechte etwas zuschieben wollen, das nicht in unsern Fundamentalsatzungen gegründet wäre. Gröffere Wahrscheinlichkeit würde das Gegentheil, nach
dem Laufe der Welt und der jetzigen Stimmung eines grossen
Theils unsrer Staatsrechtsschriftsteller, vor sich haben. Allein ich bin mir meiner völligen Unpartheylichkeit bewußt, und
ich darf das Urtheil jeden unbefangenen Kenners nicht scheuen.
Mein Buch liegt auch nun zwey volle Jahre vor den Augen
meiner Landesobrigkeit, die dergleichen Versündigungen darin
nicht gefunden hat, vielmehr haben beyde Theile mit ihre Zu-

* 2                                            frie-

# Vorrede.

friedenheit mit meiner Arbeit, zu meiner völligen Beruhigung, bezeuget.

Zweytens wird in den neuen Leipziger Zeitungen und in der allgemeinen Litteratur Zeitung b) angemerkt, daß die Behandlung unsrer städtischen Verfassung zu umständlich und für eine Landesstatistik zu lokal abgefaßt sey. Dieß kann in Absicht aufs Ausland seine Richtigkeit haben, ob aber auch in Rücksicht einheimischer Leser, auf die ich doch vorzüglich mein Augenmerk richten muste, das ist eine andere Frage: Provinzialschriften fordern oft Umständlichkeit in einzelnen Gegenständen, die für das grosse Publikum leicht zu weitläuftig werden kann. Zudem war dieser Theil unsrer Verfassung bisher gar nicht bearbeitet, sondern ich muste ihn ganz neu ausarbeiten, und da ist es nur gar zu leicht, das gehörige Verhältniß auf der einen oder andern Seite zu überschreiten. — Mehrere Einwendungen von Erheblichkeit sind mir bisher nicht bekannt geworden.

In diesem zweyten Theile sind die übrigen rückständig gebliebenen Hauptstücke, vom Vierten bis Zehnten, abgehandelt, und damit das Werk beschlossen. Ich habe eben den Fleiß an ihn, als an den ersten Theil gewandt, und wünsche ihm auch gleichen Beyfall, und besonders in Ansehung einiger Hauptstücke, die mehr ausser meiner eigentlichen Sphäre lagen, gütige Nachsicht. Im Anhange habe ich eine Reihe Tabellen über unsern Bevölkerungsstand, welche noch zum ersten

Theil

---

b) Neue Leipziger Gelehrte Zeitungen. 1787. St. V. S. 72. Allgemeine Litteratur Zeitung. Junius 1786. S. 426.

# Vorrede.

Theil gehören, über unsere Handelsbilanz und über einige andere Gegenstände, die der Darstellung in Zahlen fähig waren, geliefert, und ich hoffe, daß sie dem Kenner nicht unangenehm seyn werden. Der kurze Vorbericht zu den Tabellen über unsre Handelsbilanz in der dritten Beylage, ist eine akademische Vorlesung, die ich in hoher Gegenwart des Fürsten von Hessenstein Durchl. am 26 Junius v. J. zu halten die Gnade genoß, und hier abgedruckt ist, weil sie die Grundsätze enthält, nach welchen ich die folgenden Berechnungen aus unsern jährlichen Zolltabellen angestellet habe, und welche ich unserm einheimischen Publikum einmal vorzulegen nöthig fand, weil es, zum Theil, mit den Grundsätzen und Nutzen der politischen Rechenkunst noch nicht hinlänglich vertraut geworden zu seyn scheinet. Wenn ich die im ersten Theile, Seite 271, versprochene Geschichte unserer Bevölkerung liefere, will ich auch diese Grundsätze in Rücksicht auf Bevölkerungskunde, und dann gelegentlich andere Theile der politischen Rechenkunst abhandeln, um meinen Mitbürgern, die nicht Gelegenheit und Zeit haben, die dahin gehörigen Schriften selbst durchzustudieren, eine bequeme Veranlassung zu geben, sich mit dieser nützlichen und angenehmen Wissenschaft bekannter zu machen, indem ich sie auf vaterländische Gegenstände anwende, und dadurch ihren Gebrauch und ihren Nutzen anschaulicher mache.

Mit diesem letzten Theile denke ich doch nicht die Hand von diesem Werke ganz abzuziehen. Ich weis selbst genugsam, daß ihm, so wie es jetzt vorliegt, noch viele Mängel und Unvollkommenheiten ankleben, die ich vielleicht mit der Zeit, durch

fort-

## Vorrede.

fortgeſeßtes Forſchen und Nacharbeiten, wenigſtens zum Theil
werde wegnehmen und verbeſſern können. Werke dieſer Art
erreichen nicht leicht auf einmal einen gewiſſen Grad von Voll-
kommenheit, ſondern bedürfen das Nachfeilen mehr als andere
Arten von Schriften. Ueberdem verändern ſich die Staats-
einrichtungen eines jeden Landes faſt täglich, die von Zeit zu
Zeit nachgetragen werden müſſen, wenn auch die beſte Staats-
beſchreibung nach einer Reihe von Jahren noch brauchbar bleiben ſoll. Um dieß auch bey meinem Buche, ſo viel an mir iſt,
in der Folge möglich machen zu können, und da ich nicht leicht
auf eine neue Auflage Rechnung machen darf, will ich die nöthigen Verbeſſerungen, Zuſätze und neuen in der Staatsein-
richtung vorgehenden Anſtalten, wie ich ſie nach und nach ſammeln zu können, Gelegenheit finden werde, entweder in meinen
Pommerſchen Sammlungen, wenn das Publikum mich durch
thätige Unterſtützung zu ihrer Fortſetzung in den Stand ſetzen
will, oder in beſonderen Supplementen herausgeben. Ich
glaube meinen Leſern keinen beſſern Beweis von der Sorgfalt
geben zu können, die ich auch künftig auf die Verbeſſerung meiner Staatskunde zu verwenden denke, als wenn ich hier gleich
einige Zuſätze und Verbeſſerungen liefere, die ich ſeit der Ausgabe des erſten Theils, und während des Abdrucks des Zweyten zu machen Gelegenheit gefunden habe. Greifswald im
März 1788.

T. H. Gadebuſch.

Jn-

# Innhalt der zweyten Abtheilung.

** **

# Innhalt.

# Innhalt.

** 2

# Innhalt.

# Schwedischpommersche
# Staatskunde.

## Zweyte Abtheilung.

# Viertes Hauptstück.

## Land= und Stadtwirthschaft.

### §. 1.

1) **J. M.** Hennings Gedanken der Staatswirth=
schaft überhaupt und in Pommern insbesondere. In den
Beyträgen zum Nutzen und Vergnügen (Greifsw. 1753.
4.) Th. I. St. XXIII. — XXVI. S. 101 — 124. und
im Versuch in politischen Schriften (Rostock 1762. 8.)
Th. 1. S. 1 — 44.

2) Nachrichten die Schwedischpommerschen Produkten
und dessen Handel betreffend. Im Politischen Journal.
1781. Stück XI. S. 366.

3) Anmerkungen über die Schiffahrt von Stralsund und
Schwedischpommern. Daselbst Stück XII. S. 467.
Gegen diese beyden Aufsätze kamen heraus:

a) Ueber den Greifswaldischen Handel. In den neuesten
kritischen Nachrichten. Greifswald 1782. Stück V. S.
35. und im politischen Journal 1782. St. III. S. 223.

b) Anmerkungen über einige in dem XI. und XII. Stück
des Polit. Journals 1781. eingerückten Nachrichten von
Pommern und Stralsund. In den N. C. Nachrichten

1782. Stück XXIX. S. 230. und im Politischen Journal.
1782. St. IX. S. 205.   Gegen diesen Aufsatz kam wiederum heraus:

  c) Erinnerungen.   In den neuesten kritischen Nachrichten. 1782. St. L. S. 398.

    Von den vier Aufsätzen: 2, 3, a, b.   finden sich abge-
kürzte Uebersetzungen in:  Upsostrings-Sälskapets-Tidnin-
gar (Stockholm. 8.) 1782. Stück. XXXVII S. 145. ff.
und Stück CXXIV. S. 493. ff.

    Unter Landwirthschaft verstehe ich bie wirthschaftliche
Gewinnung nutzbahrer Naturprodukten; unter Stadtwirthschaft
aber die Verarbeitung und Vertrieb derselben, wenn gleich einige
Bearbeitung der gewonnenen Produkten auch auf dem platten Lande geschehen sollte.

# Erster Abschnitt.

## Landwirthschaft.

( 

### §. 2.

Ein Land, in dem die Landwirthschaft das Hauptgewerbe ist,
verdient die größte Achtung und Aufmerksamkeit.  Sie liefert die
ersten und nothwendigsten Bedürfnisse des Menschen; Sie ernäh-
ret eine grössere Anzahl Menschen, als irgend ein anderes Gewerbe
und wird dadurch die Grundlage zur Volksvermehrung; Sie liefert
eine Menge von Materialien zu mancherley Fabriken und Manufakturen, mit deren Ueberfluß ein Land sich die Bedürfnisse ver-
schaffen kann, welche es nicht selbst hervorbringt.  Unter den Gewerben, welche in Schwedischpommern betrieben werden, ist sie
bisher ohne Wiederrede das Wichtigste, indem sie allein uns eine
Menge von Produkten schaffet, die nicht nur hinreichen, die Ein-

wohner selbst zu nähren, sondern auch fremde Bedürfnisse dafür einzutauschen. Ohne hier Rücksicht darauf zu nehmen, ob sie, nach Beschaffenheit unsers Bodens, unsers Klimats und anderer Umstände, noch grosser Verbesserungen fähig sey oder nicht, werde ich mich bloß bemühen, sie nach ihrem jetzigen Stande in ihren verschiedenen Zweigen getreu darzustellen.

### §. 3.

(Christian Diederich von Watenitz) Versuch einer Anleitung zum Kornbau im Königl. Schwedischen Pommern. In den Beyträgen zum Nutzen und Vergnügen (Greifswald 1754. 4.) Th. II. Stück XLV — LII. S. 203 — 260.

Die Getraidefelder sind bisher nicht eingeschlossen oder befriediget und werden, nach ihrer Größe, nach Ruthen, Morgen und Hufen, nach ihrer natürlichen Beschaffenheit, in drey, vier, fünf, sechs, auch wohl sieben Schlägen bey jedem Ackerwerke abgetheilet. Manche haben ausserdem noch sogenannte Aussenschläge und Heideland. In neuern Zeiten ist auf vielen Gütern die hollsteinsche oder meklenburgsche Koppelwirthschaft eingeführet worden. Auch hat man jetzt im Königl. Domanio und im akademischen Amte Eldena einen Anfang gemacht, sowohl die Parcelenwirthschaft als die Erbpacht einzuführen; die Brache ist bisher noch allgemein gebräuchlich.

### §. 4.

Bey dreyschlägigen Feldern wird im ersten Schlage Roggen *), wenig oder gar kein Waizen gesäet; Im zweyten Gerste und Hafer und der dritte liegt brach, worinn doch die Erbsen gesäet werden.

Bey vierschlägigen Feldern trägt das Erste Wintergetraide, das Zweyte und Dritte Sommergetraide und das Vierte ruhet.

Bey fünfschlägigen wird das erste Feld mit Wintergetraide, das Zweyte mit Gerste, das Dritte mit Erbsen oder Stoppelrog

gen,

gen, das Vierte mit Gerste und Hafer besäet und das Fünfte
liegt brach.

Bey sechsschlägigen Feldern findet entweder eben die Bestel-
lungsart statt, wie bey den Fünfschlägigen, oder es ruhen allemal
zwey Schläge, indem der Fünfte zur Brache liegt, der Sechste
aber zur Weide fürs Holländer- und Zugvieh dienet.

Bey siebenschlägigen Feldern wird in dem ausgebrochenen
Dresch Wintergetraide, darauf Hafer und Buchwaizen gesäet,
und dann bleibt es wieder zur Weide liegen, weil es leichte Felder
sind.

\*) In Rügen wird die Gerste in die Brache, der Roggen ins Stop-
pelfeld gesäet.

## §. 5.

Die Aussenschläge werden, wenn sie einige Zeit im Dresch
zur Weide gelegen haben, einige Jahre nach einander besäet, und
dann läst man sie abermals zur Weide liegen. Das Heideland
wird, wo es häufig sich findet, in Schläge abgetheilet, ein
Schlag kurz vor der Erndte oder im Herbste aufgerissen und bleibt
solchergestalt ein Jahr liegen. Im folgenden Jahre wird er zweymal gewendet, mit dem Hürdenstall belegt, zur Saat bearbeitet
und im ersten Jahr mit Roggen, wenn der Boden dazu geschickt
ist, im zweyten mit Buchwaizen, im dritten mit Hafer, im
fünften mit Roggen und im sechsten mit Hafer besäet; Im vierten
Jahr liegt er brach und nach der sechsten Erndte läst man ihn wieder verschiedene Jahre ruhen und reisset einen neuen Schlag aus.

Bey der Koppelwirthschaft, welche seit ungefehr dreißig
oder vierzig Jahren auch hier im Lande angewandt worden, werden die Felder in sieben, neun, eilf oder zwölf Koppeln oder Schläge abgetheilet. Im ersten Fall liegt jede Koppel drey Jahre zur
Weide und ein Jahr zur Brache, trägt ein Jahr Wintersaat und
zwey Jahre Sommersaat. Im zweyten Fall liegt jede Koppel
gleichfalls drey Jahre zur Weide und zwey Jahre zur Brache,

trägt

trägt zwey Jahre Winter- und zwey Jahre Sommersaat.  Im dritten liegt jede Koppel in den ersten vier Jahren zur Weide, im fünften und achten Jahre zur Brache, trägt im sechsten und neun-ten Jahre Wintergetraide, im siebenden, zehnten und eilsten Jahre Sommergetraide, oder, wie an vielen Orten, im eilsten Stop-pelroggen.  Im letzten Falle werden die Koppeln eben so bestellet, wie bey eilf Koppeln, ausser daß sie, wenn sie aus dem Dresche kommen, zweymal Sommergetraide tragen und dann zur Mürb-brache liegen. — Den Erfolg der angefangenen Parcelenwirth-schaft muß die Erfahrung lehren.

## §. 6.

Zur Bearbeitung des Ackers bedienet man sich des Pfluges und des Hakens a), eiserner und hölzerner Eggen, auch der Wal-ze an einigen Orten.  In Pommern wird die Brache zur Win-tersaat gleich nach bestelleter Sommersaat, damit man vor Johan-nis damit fertig werde, umgebracht (gestürtzt) und, nachdem sie einige Zeit gelegen, einmal mit der Egge überzogen, gedünget und dann qveer durch gewendet.  Nach einiger Zeit wird der Wende-acker geegget, und dann, entweder in beqvemen Zwischenzeiten während der Erndte, oder gleich nach derselben, zur Saat noch-mals umgebracht, die ausgestreuete Saat untergeegget und endlich, sowohl längst den Stücken als qveer über, die nöthigen Wasserfah-ren gezogen, diese gehörig ausgeschaufelt und in die bey jeder Brach-zeit aufzuräumenden Graben gezogen.

Der Hafer wird zum Theil in Dreschland gesäet, welches im Herbste umgebracht wird, ungeegget den Winter über liegen bleibt und dann im Frühjahr besäet und der Hafer untergeegget wird.  Zum Theil wird er in der ersten, zweyten oder dritten Jah-re gesäet.  Zum einfahrigen Hafer bleibt der umgebrachte Acker einige Zeit liegen, bevor er geegget wird, damit er etwas abtrockne, dann oben auf gesäet und untergeegget.  Zum zweyfahrigen Hafer wird der Acker im Herbste qveer über gepflüget, erst im Frühjahre geegget, dann besäet und die Saat untergepflüget und eben geegget.

Zum

Zum dreyfährigen Hafer wird der Acker dem Gerſtenlande gleich
beſtellet.

Zur Gerſte wird der Acker im Herbſte gleich nach beſtellter
Winterſaat geſtreckt, aber nicht geegget, welches erſt im künftigen
Frühjahr geſchiehet, darauf gewendet und geegget und die Klöße
zerſchlagen. Im Wendeacker wird geſäet, die Saat untergepflüget und glatt geegget.

Die Erbſen werden theils in der Brache, theils im dritten
Schlage geſäet. Gemeiniglich wird der für ſie beſtimmte Acker
nur einmal umgebracht und die Saat untergeegget, doch giebt man
ihnen auch in manchen Gegenden, wo ſteifer Boden iſt, zwey
Jahren.

Der Buchwaizen geräth am beſten in ausgeruheter ſandi-
ger Heide und kann, wenn der Acker lange geruhet hat, einigemal
nach einander in daſſelbe Feld geſäet werden. Er wird nur ſpät im
Frühjahre, wenn keine Nachtfröſte mehr zu befürchten ſind, dünne
geſäet und untergeegget.

*a*) An einigen Orten im Lande bedienet man ſich auch des Knierha-
kens, der nur darinn von dem gewöhnlichen Haken unterſchieden
iſt, daß er, gleich dem Pfluge, ein Vordergeſtell mit ungleichen Rä-
dern hat und von Pferden gezogen wird.

## §. 7.

Die Saatzeit des Wintergetraides theilet man hier im
Lande in die frühe, mittlere und ſpäte ab. Die frühe fängt mit
neuen Egydius an und reicht ungefehr bis alten Kreuzerhöhung
(vom 1. bis 25. September); die mittlere von da bis alten Gallen
(vom 25. September bis 27. October); die ſpäte, wenn noch nach
dieſem letzteren Zeitpunkte geſäet wird. Allgemeiner geräth die
frühe Saat am beſten.

Beym Sommergetraide iſt die Saatzeit ſehr verſchieden.
Erbſen werden ſo frühe geſäet, als es nur die Witterung und die
jedes-

jedesmalige Beschaffenheit des Ackers gestatten.　Dann folgt der
Hafer.　Die Gerste aber wird in der neunten, zehnten und eilf-
ten Woche vor alten Jacobi gesäet.

## §. 8.

Das Getraide wird durchgehends im Lande mit der Sense ab-
gemähet (gehauen), die Sichel ist gar nicht gebräuchlich.　Das
Wintergetraide wird mehrentheils gleich hinter der Sense in Garben gebunden, deshalb jeder Mäher seinen Binder hinter sich hat a),
und von Aufhockern in Hocken zum Trocknen aufgesetzt.　Nur in
dem Fall, wenn es dünne stehet, oder mit viel Gras und Unkraut
vermengt ist, wird es aufs Schwad gemähet.　Das Sommergetraide wird aufs Schwad zum Wählen (Trocknen) gemähet, nach
einigen Tagen aufgebunden und in Hocken gesetzet.　Was beym
Aufbinden zurück bleibt, wird mit der Hungerharke (einer grossen
Harke, die von einem Pferde gezogen wird) in Riegen zusammengebracht, und mit der kleinen Harke, wenn es getrocknet, an die
Hocken angeschlagen.　Erbsen und Buchwaizen werden zum Einfahren in Riegen zusammengebracht.

a) Auch bey Regenwetter mähet man Roggen aufs Schwad, wenn
man grosse Felder hat, und bindet ihn erst, wenn er trocken geworden.　Die Arbeit gienge auch schneller, wenn man, wie in Mecklenburg, überall nicht hinter der Sense binden liesse.

## §. 9.

Beym Einfahren des Getraides werden zum Aufladen wenigstens drey Personen erfordert; eine welche die Garben stacket
(aufreicht) und den Wagen von einer Hocke zur andern auch in die
Scheune führt, die zweyte, welche ladet und die dritte, welche
mit der Treckharke (eine mittlere Harke, welche gemeiniglich von
einem Jungen gezogen wird) die Hockenstellen nachharket.　Zur
bessern Forderung der Arbeit, werden wohl zwey Staker und zwey
Lader bey jedem Wagen genommen.　In der Scheune stafet jeder
Fuhrmann seinen Wagen selbst ab, wird aber mit einem stehenden

Wagen eingefahren, ſo fährt der Fuhrmann ſeinen Wagen bloß
vors Fach), legt die Pferde vor einem ledigen Wagen wieder vor
und fährt damit ins Feld. Auf groſſen Feldern geſchiehet das Einfahren an mehrern Orten zugleich und in doppelten Reihen. Die
Anzahl der Fachgänger für jeden abzuladenden Wagen hängt von
der Gröſſe und Höhe des zu belegenden Faches ab.

### §. 10.

In reichen Jahren, da die Scheunen nicht alles geworbene
Getraide faſſen können, wird der Ueberfluß in Mieten (Feimen,
Fiemen) geſetzt, wozu man lieber Roggen als Sommergetraide,
und lieber Hafer als Gerſte wählet. Zur Miete wird eine hohe
Stelle ausgeſucht, unten mit Stroh belegt und vollkommen rund
angelegt. Die Stoppelenden der Garben werden auswerts, die
Aehren einwerts und von der Mitte gegen den Rand ſchräge gelegt,
damit die Miete ſich abdache, auch ſo wie ſie in der Höhe zunimt,
immer mehr im Umfange eingezogen, damit ſie oben ſpitzig zulaufe.
Der obere Theil wird mit Stroh zum Dache beleget.

### §. 11.

Beym Dröſchen des Waizens und Roggens wird eine ſchma-
le Reihe aufgelöſeter Garben (Riſch) auf der Mitte der Scheun-
diele (Tenne) zur Unterlage ausgebreitet und darüber zwey Reihen
Garben dergeſtalt längſt der Diele ausgelegt, daß die Aehren beyder Reihen in der Mitte auf der Unterlage aneinander ſtoßen, die
Stoppelenden aber an den auſſern Seiten zu liegen kommen. In
dieſer Lage werden die Garben in beyden Reihen vom Stoppelende
nach den Aehren zu und von dieſen rückwerts nach den Stoppelenden mit dem Flegel durchgedroſchen, darauf die Garben mit der
Gaffel umgekehret und der Druſch wiederhohlet. Dann wird das
Korn rein aus dem Stroh geſchüttet, das ſchiere Stroh aufgebunden, das krumme Stroh zuſammen geharkt, nochmals überdro-
ſchen und dann weggebracht. Sind zwey Lagen Garben dergeſtalt
abgedroſchen, ſo kehret man die Unterlage und dröſchet ſie mit der

Unter-

Unterlage der zweyten Lage noch einmal über, worauf das ausge-
droschene Korn rein gemacht wird.

Beym Gersten und Hafer werden die Garben dergestalt angelegt, daß die Aehrenenden aufwerts neben einander aufgestuket
(aufgerichtet), die Stoppelenden unterwerts kommen. Jedesmal, wenn zwey Lagen abgebracht worden, wird die Gerste geba-
kert (die Grannen abgedroschen).

§. 12.

Die Getraidearten, welche am häufigsten gebauet werden,
sind Roggen, Waizen, Gerste, Hafer, Erbsen und Buchwaizen.
Hirse und Linsen bisher nur an wenigen Orten und in geringer
Menge.

§. 13.

Roggen wird vornemlich in Pommern stark gebauet; der
reinste auf hohen, sandigen Feldern; auf niedrigen, nassen Feldern muß man ihm mit zulänglichen Graben und hitzigem Dunge
zu Hülfe kommen, wenn er gerathen soll. Die gewöhnliche Art,
welche gebauet wird, ist der Winterroggen (Secale cereale hybernum), welcher zur ersten Saat in den brach oder dresch gelegenen
Aeckern genommen wird. In leichten Feldern wird auch häufig zur dritten Saat wieder Winterroggen, ohne neuer Düngung
genommen, und dann Stoppelroggen genannt. Der Som-
merroggen (Secale cereale aestivum) wird im leichten Boden im
Frühling bisweilen, doch wegen seiner geringen Ergiebigkeit nur
an wenigen Orten gesäet. Selbst in gewöhnlichen Jahren wird
der Roggen so häufig gebauet, daß davon, ausser der einheimischen
Konsumtion, noch beträchtliche Qvantitäten ins Ausland verfahren werden können a) wie aus folgender Angabe erhellet b):

Im Jahr 1778 sind ausgeführet 1730 last 16 Schfl.
— — 1779 — — — 1413 ·. 88 ·
— — 1780 — — — 2302 · 31 ·
— — 1781 — — — 1972 · 18 ·
— — 1782 — — — 2530 · 52½ ·
— — 1783 c) — — — 1361 · 9 ·
— — 1785 — — — 1487 · 60 ·

Also in sieben Jahren = 12797 last 82½ Schfl.
und im Durchschnitt jährlich = 1828 last 25 Schfl.

*a*) Zur Erforschung des Betrags der jährlichen Erndten haben wir bisher keine Polizeyanstalt im Lande.

*b*) Bey dieser und den folgenden Angaben ist allemal das ausländische Getraide, welches eingeführet worden, abgezogen worden, so daß die hier angegebenen Summen bloß einheimisches Gewächs begreifen. In gleicher Maaße verhält es sich mit anderen Produkten, wovon in der Folge wird geredet werden.

*c*) Das Jahr 1784 ist unter den acht Jahren, von 1776 bis 1785, das einzige, in dem wir, zur innern Konsumtion des Landes, noch 68 last fremben Roggens einführen müssen.

## §. 14.

Die Waizenart, welche gebauet wird, ist der gemeine Winterwaizen ohne Grannen (Triticum hybernum). Er wird in thonigten und, wie man hier sagt, steifen oder fetten Lande und, gleich dem Winterroggen, in der Brache oder geruhetem Lande bestellet. Er wird jetzt, seit etwa zwanzig Jahren, nach Kultivirung mancher nasser und kalter Felder, auch aus verschiedenen anderen Ursachen, viel häufiger gebauet, als vormals, daher auch jährlich davon ausser Landes verfahren wird.

Im

Im Jahr 1778 wurden ausgeführet  828 Last  9½ Schfl.
— — 1779 — — —  606  ·  49  ·
— — 1780 — — —  1042  ·  52  ·
— — 1781 — — —  1201  ·  13½  ·  ·
— — 1782 — — —  1036  ·  95½  ·
— — 1783 — — —  1531  ·  5½  ·
— — 1784 — — —  290  ·  —  ·
— — 1785 — — —  608  ·  73  ·

In acht Jahren zusammen = 7145 · 10 · ·

Im Durchschnitt jährlich — — = 893 · 13¼ · ·

## §. 15.

Von der Gerste wird am häufigsten die sechszeilige Sommergerste (Hordeum vulgare), seltener die zweyzeilige Sommergerste (Hordeum diflichon) gebauet. Sie wird in Pommern im zweiten, und dritten, auch wohl gar im fünften Schlage; In Rügen aber größtentheils in der Brache oder auch im zweyten Schlage gesäet, wo daher diese Getraideart in grosser Menge erzielet wird auch, besonders auf Brachfeldern, grobkörnichter, mehlreicher und schwerer ausfällt, als in Pommern. Von ihr werden jährlich beträchtliche Quantitäten theils roh theils vermälzt ausgeführet a).. An Gerste ward

im Jahr 1778 ausgeführet 1433 Last 52 Schfl.
— — 1779 — — 385 · 43 ·
— — 1780 — — 615 · 42 ·
— — 1781 — — 1231 · 82½ ·
— — 1782 — — 982 · 47 ·
— — 1783 — — 641 · 80 ·
— — 1784 — — 271 · 60 ·
— — 1785 — — 1246 · 64 ·

Zusammen in acht Jahren = 6808 Last 86½ Schfl.

Im Durchschnitt jährlich = 851 Last 10 Schfl.

a) Re-

*a)* Reduciret man die unten (§. 46.) angeführte Quantität des ausgeführten Malzes zu Gerste, nach dem Verhältniß von 4 zu 3, so wurden in diesen Jahren im Durchschnitt jährlich 4725 Last Gerste mehr im Lande gebauet, als zur innern Konsumtion erforderlich war.

### §. 16.

Vom Hafer wird jetzt der weisse glatte (Avena sativa alba) häufig gebauet; Im leichten Boden der schwarze Hafer, an andern Oertern aber muß man mit dem schwarzen rauhen Hafer (Avena sativa nigra) zufrieden seyn. Mit dem ungarischen Hafer (Avena orientalis) sind einige wenige aber glückliche Versuche in grossen Aussaaten versucht worden.

| | | | | | | |
|---|---|---|---|---|---|---|
| Im Jahr 1778 | wurden ausgeführet | 982 | Last | 10 | Schfl. |
| — — 1779 | — — — | 777 | = | 70 | = |
| — — 1780 | — — — | 361 | = | 58 | = |
| — — 1781 | — — — | 563 | = | 64 | = |
| — — 1782 | — — — | 472 | = | 39 | = |
| — — 1783 | — — — | 393 | = | 5 | = |
| — — 1784 | — — — | 261 | = | 69 | = |
| — — 1785 | — — — | 833 | = | 27 | = |
| In acht Jahren | = | 4645 | Last | 54 | Schfl. |
| Im Durchschnitt jährlich | = | 580 | Last | 66 | Schfl. |

*a)* Andere Roggen-Waizen-Gerste- und Haferarten sind hier im Lande nicht anders als zum Versuch im Kleinen gesäet worden, da es den Kennern derselben gemeiniglich an Gelegenheit fehlet, Versuche im Großen anzustellen.

### §. 17.

Die Felderbse (Pisum sativum arvense) wird häufig im Lande gesäet und, ausser dem einländischen Bedarf, noch häufig ausgeführet, denn so wurden

im

im Jahr 1778 exportiret 676 Laſt 9 Schfl.
— — 1779 — — 398 • 4 •
— — 1780 — — 371 • 18 •
— — 1781 — — 383 • 65 •
— — 1782 — — 385 • 59 •
— — 1783 — — 219 • 3 •
— — 1784 — — 168 • — •
— — 1785 — — 447 • 24 •

Zuſammen = 3048 Laſt 86 Schfl.

Im Durchſchnitt jährlich = 381 Laſt 10 Schfl.

### §. 18.

Der gemeine Buchwaizen ( Polygonum fagopyrum )
wird auf einigen Feldern ziemlich häufig und mit Vortheil, jedoch
nur zur einheimiſchen Konſumtion gebauet. Mit dem ſibiriſchen
Buchwaizen, (Polygonum tataricum) ſind wohl nur in Gärten oder im Kleinen Verſuche gemacht. Die gemeine Hirſe
(Panicum miliaceum) wird ſeit einigen Jahren hin und wieder,
doch ſelten anders als im Kleinen, gebauet und der Saamen vom
Schwaden (Feſtuca fluitans), ob er gleich wild und häufig
wächſet, wohl gar nicht geſammelt, dagegen wir lieber die aus
beyden gemachten Grützen aus der Fremde einführen a). Auch
Linſen (Ervum lens) werden noch wenig angebauet und Ki-
chern (Cicer arietinum) habe ich nur im Garten zu Bartmannshagen gefunden. Der Mais ( Zea ) wird in einigen Jahren zum
Theil reif, in anderen nicht, und wird nicht eigentlich zum Nutzen
gebauet. So auch die Mohrhirſe (Holcus ſorghum).

a) Nach der Tabelle III. A. no. 17. wurde in ſechs Jahren von der
erſten Art Grütze für 628 Rthlr. 30 ßl. und von der letztern für
82 Rthlr. 33 ßl. eingeführet. Der ſtärkere Anbau der Hirſe ver-
diente um ſo mehr Aufmunterung, da ſie eine nahrhafte Speiſe
giebt, die vielleicht dem ſtarken Verbrauch des ausländiſchen Reiſ-
ſes vermindern könnte, welches um ſo viel leichter zu bewürken
ſeyn mögte, da nun ſchon der gemeine Mann bey ſeinen Ehrengelagen in Jahren, wo der Reiß theuer iſt, dem Reiß die Hirſegrütze ſubſtituiret.

§. 19.

### §. 19.

Die nachtheiligsten Arten des Unkrauts in unsern Getraide-
feldern sind, unterm Roggen und Waizen: Taubradel (Rhi-
nantus crista galli); Radel (Agrostemma githago); Volgelwic-
fe ( Vicia cracca ); Trespe (Bromus secalinus); Tremsen,
Kornblubme (Centaurea Cyanus); Marl, Ackerstraus-
gras (Agrostis spica venti); Unter der Gerste: Duwock (Equi-
setum arvense); Quecken (Triticum repens); Ackerwinde
(Convolvulus arvensis); Woker (Chrysanthemum segetum,
es findet sich auch, unter den Erbsen); Rüdik (Raphanus Rapha-
nistrum); Senf (Sinapis arvensis und nigra); Bitterling
(Polygonum hydropiper); Taubnessel (Lamium album und
purpureum); Unterm Hafer: Dwelck (Lolium perenne).

. Ausserdem finden sich noch folgende Arten des Unkrauts:
Apostemkraut (Scabiosa arvensis); Steinsaame (Lithosper-
mum arvense); Schminkwurz (Lycopsis arvensis); Blaue
Ochsenzunge (Echium vulgare); Rothe Ribbing (Rumex
crispus); Rother Saurampfer (Rumex acetosella); Knöte-
rich (Spergula arvensis); Wolfsmilch (Euphorbia peplus, E.
heliofcopia); Mohn (Papaver rhoeas, P. argemone, P. dubi-
um); Rittersporn (Delphinium consolida); Ackermünze
(Mentha arvensis); Schwarzer Taubradel (Melampyrum
arvense); Leindotter (Myagrum sativum und paniculatum);
Baurensenf (Thlaspi arvense); Erdrauch (Fumaria officina-
lis); Hasengeil (Spartium scoparium); Wriefkraut (Ononis
spinosa); Zottige Linse (Ervum hirsutum); Saudistel (Serratula arvensis); Ackerdiestel (Sonchus arvensis); Sandendi-
vien (Hyoseris minima); Krauserdiestel (Carduus crispus);
Rheinfarren (Tanacetum vulgare); Berufskraut (Erigeron
acre); Kamellen (Matricaria chamomilla); Wilde Kamellen (Anthemis arvensis); Krötendill (Anthemis cotula); Hart-
kopf ( Centaurea scabiosa); Ruhrkraut (Filago germanica arvensis); Stiefmütterchen (Viola tricolor) u. e. a. m.

§. 20.

**§. 20.**

Die Weiden werden, so viel ich weis, ganz der Natur überlaffen. Das Vieh findet auf ihnen, besonders bey der Koppelwirthschaft, reichlich den rothen Wiesenklee (Trifolium pratense); den weiffen kriechenden Klee (T. repens); den gelben Ackerklee (T. Agrarium); den liegenden gelben Klee (T. procumbens); den Fadenklee (T. filiforme); Hopfenlucern (Medicago fativa) und viele andere Futterkräuter.

Die Wiesen haben zum Theil sehr reichlich Graß, obgleich es nicht überall von gleicher Güte ist, und, besonders längst den Flüffen, grobes und saures Heu liefern, weil diese Flüffe unaufgeräumt liegen, häufig übertreten und das Waffer nicht zu rechter Zeit wieder abgeleitet wird a). Ein Theil der Wiesen ist zweyschürig, ein Theil nur einschürig. Künstliche Behandlungsart derselben ist bisher noch sehr unbekannt, oder vielmehr die Art, der Natur durch die Kunst auch beym Wiesenbau zu Hülfe zu kommen, als theoretische Grille verachtet, da man doch überall im Lande und fast jährlich über Futtermangel, Klage führen höret, aber ihn auch hier lieber durch Verminderung des vermeintlich zu starken Viehstandes als Verbefferung und Vermehrung der Wiesen abgeholfen wiffen will. Indeffen ist zu hoffen, daß auch hier glückliche Beyspiele lehren werden, was die Natur vermag, wenn ihr durch die Kunst auf eine schickliche Art zu Hülfe gekommen wird, da dazu hin und wieder der Anfang gemacht worden. So ist z. B. zu Karbow und Karlsburg die künstliche Wäfferung der Wiesen eingeführet worden, an andern Orten hat man angefangen den Wiesen durch Düngung mit Asche und durchs Ausfäen guter Grasarten nachzuhelfen.

a) Was ich oben (Th. I. S. 34.) gehofft habe, wird nun zum Theil in Erfüllung gehen, da durch die preiswürdige Veranstaltung Sr. H. Durchlauchten und der Königl. H. Regierung und patriotische Theilnehmung der angrenzenden Gütherbefitzer der Rytfluß nicht nur aufgeräumet werden, sondern auch ein gerades, breiteres und tieferes Bett erhalten soll.

## §. 21.

Der künstliche Futterbau ist gewissermaassen schon lange,
obwohl nur im Kleinen, im Lande getrieben worden, indem man
die Futterwicke (Vicia sativa) und die Feldbohne (Vicia faba
minor) zum Viehfutter gebauet hat. In neuern Zeiten hat man
auch mit Lucern (Medicago sativa) und Esparcette (Hedysarum
onobrichis) Versuche im Kleinen gemacht. Besser ist man aber
durch Erfahrung vom Nutzen des Kleebaues überzeugt worden,
der fast jährlich weiter ausgebreitet wird. Lange schon hat man den
rothen Wiesenklee zum Pferdefutter gezogen, jetzt bauet man ihn
hin und wieder im Großen, macht ihn auch zu Heu (z. B. zu
Schönhof, Vorwerf, Buggenhagen, Müzkow, Bartmansha-
gen) und hat an einigen Oertern (als zu Müzkow, Bartmans-
hagen a)) mit der Stallfutterung den Anfang gemacht, an Anderen aber (wie zu Elbena u. a. a. O.) die sogenannte halbe Stallfutterung eingeführet b). Den weissen friechenden Klee säet man
hin und wieder mit der letzten Sommersaat aus und läst das Stück
dann einige Jahre zur Weide liegen.

a) Wie der jetzige Besitzer Bartmannshagen kaufte, lag es in fünf
   Schlägen und es wurden ungefehr 9½ Last Getraide ausgesäet.
   Weil aber der Acker bey dieser Eintheilung nichts tragen wollte
   nam er den fünften Schlag zum Kleebau und theilte ihn wieder
   in Fünf mit lebendigen Hecken eingeschlossenen Koppeln ab, wovon jedesmal drey mit Klee, die vierte mit Getraide und die
   fünfte mit Urtoffeln, Rüben u. dgl. bestellet werden. Er bauet
   auch Esparcette und macht den Klee zu Heu, obgleich noch jetzt der
   größte Theil grün verfuttert wird, indem er nicht nur die Zugoch-
   sen und das Hollsteinsche Rindvieh den Sommer über im Stalle
   futtert, sondern auch angefangen hat, das milchende Schaafvieh
   in Hürden mit Klee zu futtern. Da diese Versuche gut ausgeschla-
   gen sind, so denkt er durch Erweiterung des Kleebaues in wenigen
   Jahren so weit zu kommen, daß er die Brache ganz abschaffen könne, deren einen Theil er schon lange mit Tabak, Kohl. u. dgl. Ge-
   wächsen bebauet. Er hat eine Herkmühle angelegt, welche einfa-
   cher ist, als die Stargordsche und zur Verbesserung seines Viehstandes einen hollsteinischen Bechäler, hollsteinsches Marschvieh,
   einen Schaafbock aus Spanien und Böcke und Schaafe aus dem
   Eiderstädtischen kommen lassen.

b) Unter

*b*) Unter der halben Stallfutterung verstehet man, wenn das Vieh
zwar den größten Theil des Tages auf der Weide gehet, des Nachts
aber und einige Stunden um die Mittagszeit eingestallet und mit
Klee gefuttert wird.

### §. 22.

Von Handelskräutern, welche theils im Großen, theils
auch nur in Gärten gezogen werden, sind die beträchtlichsten:
Hanf, Flachs, Tabak, Kartoffeln und Hopfen; Senf, Kümmel
und Rapsaat werden seltener gebauet; Anies und Fenchel, so wie
Farbekräuter gar nicht, doch wird das wildwachsende Scharten-
kraut (Serratula tinctoria) und Glösen (Genista tinctoria) von
den Landleuten zum Blau- und Gelbfärben häufig gesammlet.

Hanf wird bey weitem nicht zum hinlänglichen Bedarf des
Landes gebauet. Nur auf größern Landgütern wird etwa so viel
gebauet, als zum Behuf der Wirthschaft selbst erforderlich ist, deshalb jährlich für beträchtliche Summen aus der Fremde geholet
werden muß, wovon ein ansehnlicher Theil erspahrt werden könnte, wenn durch Erweiterung des Hanfbaues auch nur der ausländische Paßhanf und Turse verdrengt würden

Flachs wird ungleich stärker gebauet, als Hanf, daher bey
guten Jahren, obgleich im Lande selbst sehr viel zu Leinwand verarbeitet wird, noch immer etwas ausgefahren werden kann; wiewohl auch in Jahren, wo das Flachs misräth, zum Landesbehuf
aus der Fremde eingeführet werden muß. So wurden z. B.

Im Jahr 1778 ausgeführet  —  920 Spf.
— — 1779 — — — 5240 *
— — 1780 — — — 1130 *
_____
Zusammen  =  7290 Spf.
Dagegen mußten aus der Fremde eingeführet werden
im Jahr 1781 — — 590 Spf.
— — 1782 — — 3254 *
— — 1783 — — 2115 *
_____
Zusammen  =  5959 Spf.

Der

Der gemeine Landtabak wird ziemlich stark gebauet, da=
her davon, theils roh in Blättern, theils verarbeitet, ausser Lan=
des verfahren wird. Während des letzten Seekrieges ward der
Tabaksbau sehr erweitert und grössere Quantitäten ausgeführet,
als gewöhnlich. Beydes hat auch nachher wieder abgenommen.
Es wurden ausgeführet:

|  | Blätter. | Verarbeiteter. |
|---|---|---|
| Im Jahr 1778 — — | 1456 Centner. |  |
| — — 1779 — — | 3418 # |  |
| — — 1780 — — | 3945 # | 89300 Pf. |
| — — 1781 — — | 2084 # |  |
| — — 1782 — — | 3569 # | 8411 # |
| — — 1783 — — | 636 # |  |
| — — 1784 — — | 460½ # | 20600 # |
| In allem = | 15568½ Centner. | 118311 Pf. |

Kartoffeln werden seit einigen dreissig Jahren, und in den
letztern sehr häufig, auch im Grossen gebauet und ihr Anbau ver=
mehret sich noch immer. Sie sind ein wahrer Seegen des Landes
geworden, nur wäre zu wünschen, daß man sich häufiger um fri=
sche Saat bemühete.

Der Hopfen, welcher im Lande gebauet wird, reicht bey wei=
tem zu den Bedürfnissen desselben nicht hin, daher jährlich dafür viel
Geld nach Neubrandenburg, Pöliz, Braunschweig, Lübeck und
Böhmen gehet a). An diesem geringen Anbau eines so unent=
behrlichen Gewächses ist nicht sowohl die schlechtere Beschaffenheit
des hier erzielten Hopfens als vielmehr das Vorurtheil, und dieß
um so gewisser Schuld, als es eine notorische Thatsache ist, daß
an einigen Orten im Lande und selbst hier in Greifswald Hopfen
gebauet wird, der dem Ausländischen so völlig an Güte gleich be=
funden worden, daß er unter fremden Namen verkaufbar und un=
tadelhaft gewesen, da er vorher unter seinem eigenen Namen als
untauglich verworfen worden.

Fast

Fast gleiche Bewandniß hat es mit dem Kümmel und andern Handels- Färbe- und Gewürzkräutern, die wir mit Vortheil im Lande, besonders auf den Aeckern unsrer Landstädte bauen könnten, wenn wir sie nicht lieber auf dem einmal gewohnten Wege aus der Fremde hohleten. Doch werden dagegen auch seit einigen Jahren Apothekerkräuter im Lande gesammelt und auswerts versandt. Ob anderwerts im Lande Rapsaat gebauet werde, als auf dem hiesigen Stadtfelde zum Behuf der hiesigen Oelmühle ist mir nicht bekannt. Die gelben Wurzeln (Daucus sativus) werden auf dem Darsse in grosser Menge und vorzüglicher Güte gebauet und besonders den hiesigen Seestädten zugeführet. Eine Art Steck-rüben, welche den kleinen Märkischen nahe komt, wird vorzüglich und im Grossen zu Kölzien gebauet.

a) In den sechs Jahren von 1778 bis 1783 sind für fremden Hopfen 17987 Rthlr. 21 ßl. oder im Durchschnitt jährlich beynahe 3000 Rthlr. auswert gegangen.

### §. 23.

Der Gartenbau wird mit Eifer betrieben und immer mehr erweitert. Jeder Bauer, ja sogar der Kathenmann, hat seinen Garten, worinn er Kohl, Wurzelwerk, Bohnen u. dgl. ziehet. Auf den Gütern und in den grössern Städten werden alle nutzbarten Gartenkräuter, selbst die feinern und zärtlichen, in Menge angezogen; doch wird das Anziehen der Saamen noch zu sehr vernachlässiget, daher dergleichen jährlich aus der Fremde gehohlet werden. Auch gewinnet man an der Bluhmengärtnerey immer mehr Geschmack und es finden sich viele Liebhaber im Lande, welche die schönsten Bluhmen, besonders Nelken und Aurikeln, selbst ziehen. Englische Parks finden sich eben nicht, wohl aber mancher Garten nach dem alten Französischen Geschmack, die seit dem letzten Viertel des vorigen Jahrhunderts angelegt zu seyn scheinen.

Die Obstbaumzucht wird zwar nicht vernachlässiget, aber auch nicht so stark betrieben, als geschehen könnte. Aus manchen

C 3

Um-

Umſtänden muß man ſchlieſſen, daß man ſie in ältern Zeiten mehr geſchätzt habe, als vom Anfange bis in die Mitte dieſes gegenwärtigen Jahrhunderts. In neuern Zeiten fängt man indeſſen doch wieder an, auch dieſem Theile der Landwirthſchaft eine gröſſere Aufmerkſamkeit zu gönnen, welche er um ſo mehr verdienet, als das Obſt nicht nur groſſe Vortheile in der Privatwirthſchaft gewähret, ſondern auch in guten Obſtjahren baares Geld dafür um ſo ſicherer aus der Fremde eingezogen werden kann, als wir einen gewiſſen Abſatz davon in den benachbarten nordiſchen Reichen, gleich unſern Nachbarn an beyden Seiten a), finden können, zu geſchweigen daß wir beträchtliche Summen Geldes erſpahren würden, die wir jetzt für Backobſt jährlich aus dem Lande ſchicken und die wir durch das wenige grüne Obſt, das wir in guten Jahren ausführen, zu decken nicht vermögen b). Die ächte Kaſtanie (Fagus Caſtanea) wird ſelten und mit ſchlechten Früchten gefunden; von weiſſen Maulbeerbäumen (Morus alba) finden ſich gewis mehrere im Lande, als bloß im hieſigen botaniſchen Garten, denn bloß in Bartmannshagen iſt davon eine ganze Plantage ſowohl in Bäumen als in Hecken gezogen. An vielen Orten finden ſich auch Baumſchulen von den beſten Obſtarten und ſie würden gewis noch ſtark vermehret werden, wenn es ihnen nicht an Abſatz fehlete, da man noch immer den ausländiſchen Stämmen den Vorzug giebt, wiewohl man mancherley Gefahren dabey ausgeſetzt iſt, die man bey Einheimiſchen leicht vermeiden könnte.

a) So ſind z. B. von Stettin in den zehn Jahren von 1777 bis 1786 20530 Tonnen und von Roſtock ſo gar in dem einzigen 1782ten Jahre 11257 Tonnen Obſt ausgeſchifft worden.

b) An allerhand gebackenem Obſte ward aus der Fremde eingeführet

| | | | |
|---|---|---|---|
| 1778 für 1668 | Rthlr. | 8 | ßl. |
| 1779 — 1758 | ⸗ | 27 | ⸗ |
| 1780 — 1622 | ⸗ | 39 | ⸗ |
| 1781 — 2677 | ⸗ | 44 | ⸗ |
| 1782 — 3752 | ⸗ | 43 | ⸗ |
| 1783 — 3164 | ⸗ | 18 | ⸗ |
| 1784 — 3078 | ⸗ | 41 | ⸗ |
| 1785 — 2778 | ⸗ | 6 | ⸗ |

Summa = 20511 Rthlr. 34 ßl.

Transport

Transport — — 20511 Rthlr. 34 ßl.
Noch iſt an friſchem Obſte in dieſen acht Jahren eingeführet
für — 137 Rthlr. 8 ßl.

Zuſammen = 20648 Rthlr. 42 ßl.

Dagegen aber ſind an friſchem Obſte nur
ausgeführet worden:

| Im Jahr | 1778 für | 491 Rthlr. | 37 ßl. |
| | 1779 — | 544 | 24 |
| | 1780 — | 675 | 11 |
| | 1781 — | 1535 | 6 |
| | 1782 — | 947 | 12 |
| | 1783 — | 1359 | — |
| | 1784 — | 1008 | 4 |
| | 1685 — | 884 | 16 |

Zuſammen = 7445 Rthlr. 14 ßl.

Das Land hat alſo in dieſen acht Jahren für Obſt mehr ausgegeben als eingenommen — = 13203 Rthlr. 28 ßl.

oder im Durchſchnitt jährlich = 1650 Rthlr. 22 ßl.

## §. 24.

Die anſehnlichen Waldungen, welche das Land in alten
Zeiten deckten, ſind durch unachtſame Wirthſchaft ſo verringert
worden, daß ſie die Bedürfniſſe an Nutz- Bau- und Brenn-
holtze das Erforderliche lange nicht mehr liefern können, ſondern
dafür jährlich groſſe Summen Geldes aus dem Lande geſchickt werden müſſen. Die Noth und die daraus entſtandenen theuren Holz-
preiſe haben uns aber auch hierüber endlich die Augen geöfnet, daß
wir ſeit der Mitte dieſes Jahrhunderts nicht nur eine ſparſamere
Holzwirthſchaft, obgleich nicht überall mit gleichem Erfolge, einzuführen geſucht und beſonders den Torf, als Brennzeug, überall
aufzuſuchen angefangen, ſondern auch die Hölzungen durch Forſt-
mäſſigere Behandlung, gehöriges Schonen und Anſäen wieder aufzuhelfen und zu erweitern geſucht haben. Auch hat man in neuern
Zeiten an mehrern Orten (als Bartmannshagen, Klevenow, Buggenhagen, Jamitzow) angefangen, Plantagen von ſolchen nützlichen ausländiſchen Sträuchern und Bäumen anzulegen, welche

ſich)

ſich für unſer Klima ſchicken, und an mehrern Orten ſind dergleichen aus dem hieſigen botaniſchen Garten vertheilet worden. An vielen Orten ſind freye Pläße und Wege mit der Roßkaſtanie (Aeſculus hippocaſtanum) beſeßt und die italieniſche Pappel (Populus nigra italica) wird ſehr geſchäßt. Weiden werden überall im Lande, wo es der Boden nur irgend zuläſt, in groſſer Menge angepflanzt, weil ſie zu den vielen Beſriebigungen unentbehrlich ſind, und im Königl. Domanio werden die Pächter zur Holßſaat und Baumpflanzungen durch die Kontrakte verbindlich gemacht.

Von wildwachſenden Sträuchern und Bäumen finden ſich folgende im Lande: Rheinweide (Liguſtrum vulgare); Hartriegel (Cornus ſanguinea); Hülſenbuſch (Ilex aquifolium); Alfranken (Lonicera periclymenum); Heckenkirſche (L. xyloſteum); Kreuzbeer, Kreuzdorn (Rhamnus catharticus); Spriller (R. Frangula); Spillbaum (Evonymus europaeus); Johannisbeeren (Ribes rubrum); Schmarren (R. alpinum); Gichtbeeren (R. Nigrum); Stachelbeeren (R. Uva criſpa); Rauhbeeren (R. Groſſularia); Epheu (Hedera Helix); Ulmbaum, Röſter (Ulmus campeſtris); Gänſeflieder (Viburnum opulus); Attich (Sambucus ebulus); Flieder (S. nigra); Berberißen (Berberis vulgaris)? Bißbeeren (Vaccinium myrtillus); Putrgnaden, Sumpfbeeren (V. uliginoſum); Mooßbeeren (V. Oxicoccos); Preißelbeeren, (Lingon, V. Vitis idaea); Heidekraut (Erica vulgaris und tetralix); Faulbaum (Prunus padus); Kirſchen (P. Ceraſus); Vogelkirſchen (P. avium); Schleedorn (P. ſpinoſa); Wilder Sperberbaum (Crataegus torminalis), ſelten; Hagedorn (C. oxyacantha); Quittenbaum (Sorbus aucuparia); Wilder Birnbaum (P. communis); Wilder Aepfelbaum (P. Malus); Wilde Roſen (Roſa villoſa); Hanbutten (R. canina); Stachlichte Roſe (R. ſpinoſiſſima); Hindbeeren (Rubus idaeus); Brummelbeeren (R. Caeſius); Brambeeren (R. fructicoſius); Linde (Tilia europaea); Haſengeil (Spartium ſcoparium);

rium); Gemeine Birke (Betula alba); Erle, Eller (B. alnus);
Eiche (Quercus robur); Maybüche (Fagus sylvatica); Hagebüche (Carpinus Betulus); Haselstaude (Coryllus avellana); Fichte (Pinus sylvestris); Tanne (P. Abies) seltener;
Elbweide (Salix triandra); Lorbeerweide (S. Pentandra);
Zahweide (S. Vitellina); Mandelblättrige Weide (S. Amygdalina); Sprockweide (Salix fragilis); Rothe Sprockweide (S. Purpurea); Sandweide (S. Arenaria); Bruchweide,
Mattenweide (S. incumbacea); Rosmarinweide (S. rosmarinifolia); Palmweide (S. cupraea); Korbweide (S. Viminalis); Graue Weide (S. Cinerea); Weisse Weide (S. Alba), die gemeinste; Rauschbeere, Krennbeere (Empetrum
nigrum); Mistel (Viscum Album); Seedorn (Hippophae
Rhamnoides), selten; Abelen, weisse Pappel (Populus alba);
Fauleschen, Espen (P. Tremula); Schwarze Pappel (P.
Nigra); Knirk, Wacholder (Iuniperus communis; Eibenholz, Taxbaum (Taxus baccata), selten; Gemeine Ahorn
(Acer pseudoplatanus); Lochn (A. Platanoides); Ahorn,
Maßholder (A. campestre); Zähe Esche (Fraxinus excelsior).

### §. 25.

Die Viehzucht ist beträchtlich und nach der fast allgemein
herrschenden Meynung zu stark, wenigstens höret man häuffig,
besonders bey langen und strengen Wintern, über Futtermangel
klagen, und der Bauer und kleine Wirth hält wenigstens zu viele
Pferde, die ihm kostbar werden und dem übrigen Vieh das Futter entziehen, das daher nothwendig schlecht werden muß. Der
Fehler stückt ohne Zweifel in dem bisherigen unrichtigen Verhältnisse zwischen Getraide- und Futterbau. Ist dieß einmal gehoben, (und das kann geschehen, ohne unsere Erndten zu vermindern, vielmehr würden sie sich durch ein richtiges Verhältniß vermehren); so wird unser jetziger Viehstand, anstatt zu groß zu seyn,
zu klein befunden werden, und glücklich wird unser Land seyn,
wenn wir hievon erst durch die Erfahrung völlig überzeugt seyn
werden.

### §. 26.

Die Menge der Pferde muß sehr ansehnlich im Lande seyn, da selbst der kleine Landmann, wie ich eben angemerkt habe, oft viel mehr hält, als er seines eignen Vortheils wegen halten sollte und nur noch selten zu bewegen stehet, sich der Ochsen zum Ackern zu bedienen, zu Fuhren aber noch gar nicht. Die Art Pferde, welche im allgemeinen im Lande gezogen wird, ist eine gute Mittelsorte, die zur Arbeit tüchtig genug ist; wenn sie nur gut unterhalten werden. Schon mancher Bauer hält sich ein Gespann von vier oder doch zwey Pferden, die vorzüglich gut sind, womit er selbst zur Stadt, zur Kirche und zu Ehrengelagen fähret, auch damit handelt. Auf den Höfen wird schon mehr für die Verbesserung der Pferdeart gesorget und hin und wieder ausländische Beschäler gehalten. Eigentliche Stutereyen aber finden sich im Lande nicht. In Kriegszeiten werden unsre Pferde in grosser Anzahl auswerts verkauft und dafür beträchtliche Summen eingezogen, aber auch in Friedenszeiten werden gewöhnlich mehr Pferde ausgeführet, als wir wieder vom Ausländer nehmen.

Im Jahr 1778 wurden ausgeführet für 17971 Rthlr. — ßl.
— — 1779 — — — — 15300 , — ,
— — 1780 — — — — 5542 , — ,
— — 1781 — — — — 7661 , — ,
— — 1782 — — — — 10566 , — ,
— — 1783 — — — — 4810 , — ,
— — 1784 — — — — 4679 , — ,
— — 1785 — — — — 11199 , — ,

In acht Jahren für = 77728 Rthlr. — ßl.
Im Durchschnitt jährlich = 9716 Rthlr. — ßl.

### §. 27.

Das Rindvieh ist im allgemeinen auch nur eine mittlere Art; beym geringen Mann mehrentheils von schlechter Beschaffenheit, weil es nicht hinlängliches Futter erhält, das ihm die überflüßigen

Pferde

Pferde aufzähren, daher es auch nur wenig Milch geben kann;
Auf den Höfen findet sich schon besseres Rindvieh, wo es auch besser gehalten wird, und man immer mehr und mehr Sorgfalt auf
die Verbesserung desselben zu verwenden anfängt. Die Menge
welche gehalten wird, scheinet groß zu seyn, indessen ergeben doch
die Tabellen (in der Anlage III. A. u. B.) daß wir keinen Ueberfluß davon haben müssen, indem wir von dieser Vieharth dem
Ausländer nichts überlassen können. Es wird zwar jährlich Rindvieh ausgeführet, aber auch eben so viel, ja gar noch mehr aus
dem Auslande wieder ins Land eingeführet. Denn in den leztern
acht Jahren von 1778 bis 1785 wurde an Rindvieh, nemlich
Ochsen, Kühen und Kälbern, eingeführet für 17257 Rthlr. 16 ßl.
dagegen nur wieder ausgeführet für — 16295 . 24 .
es wurde also mehr ein- als ausgeführet für — 961 Rthlr. 40 ßl.

Auf größern Höfen wird das Milchvieh mehrentheils an sogenannten Holländern verpachtet, die jetzt schon für jede Kuh 7 bis
8 Rthlr. an jährlicher Pacht erlegen. Butter wird jährlich ausgeführet, wodurch aber ihr Preiß im Lande selbst zu 7, 8, und im
Winter wohl gar zu 9 Schillingen hinaufgetrieben wird.

Im Jahr 1778 sind davon ausgeführet für      39 Rthlr. 32 ßl.
— — 1779 — — — — 854 . — .
— — 1780 — — — — 1444 . 46 .
— — 1781 — — — — 2182 . 40 .
— — 1782 — — — — 1984 . 24 .
— — 1783 — — — — 1876 . 12 .
— — 1784 — — — — 1294 . 38 .
— — 1785 — — — — 2460 . 32 .

In acht Jahren  = 12137 Rthlr. 32 ßl.

Und im Durchschnitt jährlich  = 1517 Rthlr. 10 ßl.

## §. 28.

Die Schweinezucht ist sehr beträchtlich. Es wird eine
grosse Menge Schweine jährlich im Lande konsumirt, denn ihr
Fleisch ist nicht nur die tägliche Speise des gemeinen Mannes, be-

sonders

sonders auf dem platten Lande, sondern auch auf den Tafeln vornehmer und reicher Leute werden Schinken und Mettwürste nicht verschmähet. Ueberdem werden jährlich noch Tausende davon ausser Landes vertrieben, wie aus folgender Angabe erhellet:

| | | | | |
|---|---|---|---|---|
| Im Jahr 1778 sind ausgeführet für | 8011 | Rthlr. | 24 | ßl. |
| — — 1779 — — — | 7100 | , | — | , |
| — — 1780 — — — | 9147 | , | 24 | , |
| — — 1781 — — — | 13518 | , | — | , |
| — — 1782 — — — | 9851 | , | — | , |
| — — 1783 — — — | 4711 | , | — | , |
| — — 1784 — — — | 6968 | , | — | , |
| — — 1785 — — — | 9599 | , | 24 | , |
| In acht Jahren für = | 68906 | Rthlr. | 24 | ßl. |
| Im Durchschnitt jährlich = | 8613 | Rthlr. | 15 | ßl. |

§. 29.

Pommern und Rügen hat so zahlreiche Schäfereyen, daß, nach einer wahrscheinlichen Schätzung, jährlich an 35 bis 40000 Steine einschüriger Wolle, die Lammwolle nicht darunter begriffen, gewonnen werden a). Sie wird theils zum Hausbehuf der Landeseinwohner, theils durch einige Gewerker, als Tuch- Rasch- und Boymacher, Hutmacher rc. im Lande selbst verarbeitet, theils vom Landmann selbst den Nachbarn zugefahren, der gröste Theil aber unverarbeitet durch die Handlung auswerts vertrieben. Die Menge der Kaufwolle (Köpwolle) hängt größtentheils von dem grösserm und geringern jährlichen Sterben des Schaafsviehes ab, das nur zu oft unsere Heerden vermindert. Unsere Wolle fällt, bey der jetzigen Beschaffenheit unsrer Schaafe, nur schlecht und grobhaarig aus und wird durch die Betrügereien der Schäfer noch schlechter gemacht, welchen bisher, ungeachtet der darüber ergangenen landesherrlichen Verordnungen noch nicht abgeholfen worden. Bey dem allen sind die Schaafe eines unserer nutzbarsten Thiere, indem wir, ausser der Wolle und einigen andern Handelsartikeln, die sie uns liefern, noch jährlich eine ziemlich Anzahl lebendiger Schaafe und Hammel dem Ausländer überlassen können, wie aus folgendem Verzeichnisse erhellet, wornach wir ins Ausland verführten:

Im

| Im Jahr | Lebenden Lämmeln u. Schaafen. —fl. | Lammwolle. | Scheerwolle. | Raufwolle. | Total. |
|---|---|---|---|---|---|
| 1778 für | 1468 rthl. — fl. | 7306 rthl. 32 fl. | 24847 rthl. 36 fl. | 1979 rthl. — fl. | 35661 rthl. 20 fl. |
| 1779 — | 13747 . — | 5268 . — | 18118 . 32 | 1244 . 4 | 38377 . 36 |
| 1780 — | 9597 . — | 5092 . 18 | 23050 . 23 | 729 . — | 38468 . 41 |
| 1781 — | 8835 . 40 | 2999 . — | 18821 . 40 | 1584 . 24 | 32241 . 8 |
| 1782 — | 5683 . 16 | 4295 . 24 | 12578 . 12 | 2290 . — | 24847 . 4 |
| 1783 — | 8300 . — | 3335 . 8 | 13979 . 30 | — | 25614 . 38 |
| 1784 — | 2952 . 32 | 4271 . — | 12163 . 16 | 3329 . 8 | 23216 . 28 |
| 1785 — | 7096 . 8 | 3647 . 10 | 12144 . 38 | 2552 . 7 | 25440 . 15 |
| Summa 57,680 rthl. —fl. | | 36,214 rthl. 44 fl. | 135,704 rthl. 35 fl. | 14,208 rthl. 15 fl. | 243,807 rthl. 46 fl. |
| Im Durchschnitt jährlich | 7210 rthl. —fl. | 4526 rthl. 41 fl. | 16,963 rthl. 4 fl. | 1778 rthl. 2 fl. | 30,477 rthl. 47 fl. |

J. R.

J. H. Hennings von Verbesserung hiesiger Wolle. In den Beyträgen zum Nutzen und Vergnügen (Greifsw. 1753. 4.) Th. I. Stück VIII. — XII. S. 33 — 54. und im Versuch in politischen Schriften (Rostock 1762. 8.) Th. I. S. 145 — 186.

*) Ist diese Schätzung richtig, so würden wir ungefehr die Hälfte unsrer jährlich gewonnenen Wolle im Lande verarbeiten, wie aus der folgenden Tabelle von unsrer Wollausfuhr nach Steinen erhellet.

| Im Jahr | Köpwolle | Scheerwolle | Lafnwolle | Total | |
|---|---|---|---|---|---|
| 1778 | 1541 | 17836 | 3668 | 23045 | Steine |
| 1779 | 943 | 16585 | 3439 | 20907 | zu |
| 1780 | 767 | 21962 | 3385 | 26114 | 10 Pfund |
| 1781 | 1609 | 20397 | 2108 | 24114 | |
| 1782 | 2282 | 15503 | 2922 | 20707 | |
| 1783 | ——— | 14662 | 1945 | 16607 | |
| 1784 | 4352 | 11945 | 2574 | 18871 | |
| 1785 | 2465 | 12623 | 2110 | 17198 | |

Summa = 13,959 — 131,513 — 22,151 — 167,623

Im Durchschnitt jährl. 1745 — 16,439 — 2769 — 20,953 Steine.

Nach eben dieser Schätzung und wenn die Meynung richtig ist, daß im Durchschnitt jedes Schaaf nur $1\frac{1}{3}$ Pfund Wolle liefere, würden wir ungefehr 250,000 Stück Schaafe im Lande haben.

### §. 30.

Vom Federvieh werden die Gänse in grosser Menge gezogen und ihr Verbrauch ist im Lande selbst unglaublich groß. Sie sind auch auswerts wegen ihrer vorzüglichen Grösse und Güte bekannt genug und geben verschiedene kleine Handelsartikel her. Sie werden nicht nur lebendig, sondern auch ihr Fleisch mit Essig eingekocht, am häufigsten doch ihre Brüste geräuchert, (Spick-gänse, Spickbrüste,) imgleichen Bett- und Schreibfedern ausgeführet.

In

| Im Jahr An | Lebend. Gänsen. | Ger. Fleisch. | Eingmt. Fleisch. | Bett-Federn. | Schreib-Federn. | Total. |
|---|---|---|---|---|---|---|
| 1778 für | 37 rthl. 16 fl. | 253 rthl. 4 fl. | 27 rthl. — fl. | 498 rthl. 18 fl. | 571 rthl. 36 fl. | 1387 rthl. 26 fl. |
| 1779 — | 33 - 32 | 143 - 40 | 47 - — | 93 - 24 | 130 - 40 | 448 - 40 |
| 1780 — | 23 - — | 256 - 32 | 41 - — | 9 - — | 278 - — | 607 - 32 |
| 1781 — | 30 - 4 | 283 - 8 | 42 - 32 | 8 - — | — - — | 363 - 44 |
| 1782 — | 22 - 32 | 162 - 32 | 74 - 16 | 156 - — | 480 - — | 895 - 32 |
| 1783 — | 7 - 24 | 203 - 24 | 90 - — | 30 - 32 | 24 - — | 355 - 32 |
| 1784 — | 2 - 32 | 193 - — | 59 - — | 198 - 24 | 90 - — | 543 - 8 |
| 1785 — | 3 - 27 | 106 - 16 | 22 - — | 210 - 8 | 85 - — | 427 - 3 |
| Summa = | 160 rthl. 23 fl. | 1602 rthl. 12 fl. | 403 rthl. — fl. | 1204 rthl. 10 fl. | 1695 rthl. 28 fl. | 5029 rthl. 25 fl. |
| Im Durchschnittjährl. | 20 rthl. 3 fl. | 200 rthl. 13 fl. | 50 rthl. 18 fl. | 150 rthl. 25 fl. | 211 rthl. 45 fl. | 633 rthl. 8 fl. |

§. 31.

### §. 31.

Die Fischerey ist noch immer so ergiebig, daß die verschie-
benen Fischarten (welche ich schon oben Th. I. Hauptst. I. §. 26. b.
angegeben habe) einen Hauptartikel unter den Nahrungsmitteln der
Einwohner ausmachen, wenn es gleich gewis ist, daß sie gegen
ältere Zeiten sehr abgenommen hat. Die das Land überall umge-
bende Ostsee, die vielen ins Land eintretenden kleineren und grösseren Meerbusen, die häufigen Landseen und kleinen Flüsse geben zur
lohnenden Fischerey Gelegenheit. Karauschen werden häufig in
Teichen unterhalten; Karpen seltener; Krebse reichen zur innern
Konsumtion des Landes nicht zu, sondern werden noch aus den benachbarten Ländern eingeführet. Heeringe machen, wegen der
großen Menge worinn sie gefangen werden, fürs Land und besonders für den gemeinen Mann einen wahren Seegen; sie werden
theils frisch verspeiset, theils geräuchert und entweder zu Flick-
oder Spickheering (Bücklinge) bereitet, auch von allen drey Arten etwas ausser Landes verfahren. Der Heering findet sich jährlich
zweymal, am Anfange des Jahres und im Augustmonat an unsern Küsten ein a). Ausser Landes wurden verfahren:

| Im Jahr an | Frischen Fischen | Frischen Heeringen. | Geräucherten Heeringen. | Total. |
|---|---|---|---|---|
| 1778 für | 111 rthl. 4 ßl. | -36 rthl. 28 ßl. | 513 rthl. 28 ßl. | 661 rthl. 12 ßl. |
| 1779 — | 77 . 16 . | 36 . 6 . | 697 . — . | 810 . 22 . |
| 1780 — | 65 : 16 : | 23 . 32 . | 342 . — . | 431 . — . |
| 1781 — | — . — . | 38 . — . | 469 : — : | 507 . — . |
| 1782 — | 58 . 32 . | 17 : 12 . | 688 : — . | 763 . 44 . |
| 1783 — | 202 : — : | — . — . | 678 . — . | 880 : — : |
| 1784 — | 4 : — : | 12 . 10 . | 485 . — . | 501 . 10 : |
| 1785 — | — . — . | 11 . 4 . | — : — . | 11 . 4 : |
| Summa = | 518 rthl. 20 ßl. | 174 rthl. 44 ßl. | 3872 rthl. 28 ßl. | 4565 rthl. 44 ßl. |
| Im Durchschnitt jährl. | 64 rthl. 38 ßl. | 21 rthl. 41 ßl. | 484 rthl. — ßl. | 570 rthl. 31 ßl. |

a) Schon im zwölften Jahrhunderte war ein starker Heringsfang an
der rügianischen Küste (In Nouembri flante vehementius uento,
multum illic halec capitur et patet mercatoribus liber accessus, si
tamen ante Deo terrae legitima sua persoluerint; sagt Helmold
Buch

Buch. II. Kap. 12, beym Jahr 1168, wenn er der dänischen Ero-
berung der Insel Rügen unter Waldemar erwehnet) und zur Bequemlichkeit der Zurichtung längst dem Seeufer Vitten und Buden
eingerichtet, welche unter dem besonderen Schutz des Landesherrn
standen, wofür Stedegeld und Mathering gegeben werden muste,
wie aus dem rügianischen Landgebrauche (Tit. XI.) erhellet, worinn sich verschiedene dahin gehörige Gesetze finden. Unter andern
waren während der Fangzeit zwey Tage in jeder Woche bestimmt,
an welchen kein Kaufmann kaufen durfte, sondern der ganze Fang
dieser Tage dem Landmann und Armen überlassen werden muste.
Vom Anfange des funfzehnten Jahrhunderts nahm der Heering in
der Ostsee überall ab, in den Jahren nach 1414 fand er sich zwar
wieder ein, aber nur sparsam und blieb von 1425 überall wieder
weg, wodurch dieser in den älteren Zeiten für unser Vaterland so
äusserst wichtige Handelszweig zuerst in Verfall gerieth und er hat in
der Folge nie wieder zu seinem vorigen Flor gebracht werden können, obgleich der Heering vom Anfange des sechszehnten Jahrhunderts sich wieder an unsern Küsten einfand.

### §. 32.

Die Bienenzucht hat gegen ältere Zeiten, so wie der Gebrauch des Honigs, besonders in den Städten ungemein abgenommen, doch fängt man zu unsern Zeiten wieder an, auch diesen
Zweig der Landwirthschaft sorgfältiger zu kultiviren, wobey einige
aufgeklärte Bienenväter die neuern Behandlungsarten anwenden
und sie im Lande bekannter zu machen sich bemühen. Es wäre gewis kein unverdienstliches Werk, wenn durch Beyspiele und Aufmunterung die Bienenzucht von neuem ausgebreitet und dadurch
die fremden Syrupe und Moskowade, die so sehr im Gebrauch gekommen und die uns ansehnliche Summen Geldes jährlich aus dem
Lande ziehen, immer mehr und mehr verdrenget werden könnten!
Etwas gelbes Wachs wird doch jetzo auch exportiret, nemlich in
den acht Jahren von 1778 bis 1785 für 603 Rthlr. und also im
Durchschnitt jährlich für 75 Rthlr.

### §. 33.

Da das Hochwild sich in Pommern nicht häufig findet, so
ist die Jagd von keiner Bedeutung oder sonderlichen Einträglich-

keit; Auf Rügen hat es sich zwar in neuern Zeiten sehr vermehret, indessen wird doch zur innern Konsumtion viel Wildprett aus den benachbarten Landen eingeführet.

### §. 34.

Ich muß hier einiger Gewerbe erwehnen, welche auf dem platten Lande betrieben werden, wenn sie gleich nicht zur eigentlichen Landwirthschaft gehören.

I) Auf dem Dars findet sich eine Theerbrennerey, die zum Königl. Domanio gehöret und verpachtet wird, wie auch eine in den Deyelsdorfschen Güthern.

II) Finden sich einige Kalkbrennereyen, als zu Sasniß auf der Halbinsel Jasmund, zu Garstiß in der Herrschaft Putbus u. a.    Auch wird auf vielen Güthern, wo sich Kalkerde findet, zum eigenen Behuf, besonders bey beträchtlichen Bauten, Kalk gebrannt.    Doch reicht das alles nicht zum Behuf des Landes zu, sondern es müssen jährlich grosse Qvantitäten aus Gothland eingeführet werden.

III.) Ziegelbrennereyen finden sich auf Rügen, zu: Putbus, Grebshagen und Gobbin, in der Herrschaft Putbus, und zu Ketelshagen, im Casnewißer Kirchspiel; in Pommern, zu: Lüttendal, im Wolgaster Distrikt, zu Grimm, zu Milzow, im Stralsundischen Kommissariat, zu Sahl im Amte Barth, welche der Stralsundischen Fortification zugeschlagen ist und verpachtet wird, zu Dorow im Tribbseeischen Distrikt, zu Nienrost im Franzburgbarthischen Distrikt.    Auch gilt das hier, was ich bey den Kalkbrennereyen angemerkt habe, daß nemlich auf vielen Güthern, wo sich Ziegelerde findet, zum eignen Behuf Ziegel gebrannt werden.    Doch reicht dieß alles nicht hin, das Land mit den nöthigen Dach- und Mauersteinen zu versorgen.

IV.) Im akademischen Amte Eldena sind zwey Papiersmühlen, zu Kemzerhagen und zu Hanshagen, welche sehr gutes und untadelhaftes Papier von mancherley Sorten liefern, zu deren

Behuf

Behuf die Lumpenausfuhr untersaget ist, die aber ebenfalls nicht den Bedürfnissen des Landes abhelfen können.

V.) Außer den nöthigen Wind- und Wassermühlen finden sich auch verschiedene Stampf- und Sägemühlen in Lande.

VI.) Flachs und Wolle wird in ansehnlicher Menge auf dem platten Lande gesponnen und zum eignen Hausbehuf, zu Leinwand, Drellen, Linnendammast und allerhand Zeugen zu Kleidungsstücken und Mobilien verarbeitet.

VII.) Die auf dem platten Lande zugelassenen nothwendigen Handwerker habe ich oben (Th. I. Hauptst. II. §. 12. VI. 4. S. 281.) bereits angegeben.

### §. 35.

Polizeyverfassungen, welche sich auf die Landwirthschaft beziehen:

I.) Die sogenannte offene Zeit, während welcher ein jeder sein Vieh ohne Hirten frey gehen lassen konnte, ist seit dem October 1774 gänzlich aufgehoben und dagegen verordnet worden, daß ein jeder sein Vieh entweder in beschlossenen Koppeln halten oder es hüten lassen soll, damit die benachbarten Felder und Gehäge unbeschädiget bleiben a).

II.) Sind die bisher im Lande üblich gewesenen Kommunionen der Felder, Wiesen, Weiden und Hölzungen im Jahr 1775 in der Maaße aufgehoben worden b), daß:

1) Sie zwar Niemand aufgedrungen wird, wenn alle Theilnehmende in derselben zu bleiben übereinstimmen, doch in jedem Fall statt finden muß, wo auch nur ein Einziger, hätte er gleich den geringsten Antheil daran, sie verlanget; wogegen

2) Kein Wiederspruchsrecht, von welcher Art es immer seyn möge, gültig seyn soll, bloß den Fall ausgenommen, wenn gegenwärtige Besitzer der Kommunion durch einen vorhergehen-

henden Vergleich sich vereinbahret haben, in beständiger Kommunion zu verbleiben; auch soll

3) Die Beschaffenheit der Grundstücke und die Qualität der Grundherrschaft keine Aenderung oder Ausnahme machen; noch sie

4) Dadurch verhindert werden, wenn ein Theil nothwendig verliehren müste, sondern in solchem Fall soll der von einem Theile zu übernehmende Nachtheil nach billigen Grundsätzen taxiret und vergütet werden.

5) Zu dem würklichen Geschäfte der Auseinandersetzung sind in jedem Distrikte, in den stralsundischen Kommissariaten, und in den greifswaldischen Ländereyen zwey von Landständen vorgeschlagene Kommissarien durch die Königl. Landesregierung verordnet, imgleichen ist der Königl. Landmesser und ein Notarius dabey zu abhibiren. Nimt das Königl. Domanium an der Auseinandersetzung Theil, so verordnet die Königl. Regierung noch einen dritten Kommissarium.

6) Diese Kommissarien stehen lediglich unter der Königl. Regierung, wohin allein alle Berufungen bey entstehenden Wiedersprüchen gehen, von deren Ausspruche dann keine weitere Provokationen statt finden, es wäre dann, daß über Taxationen und Bonitirungen wichtige Wiedersprüche entständen, in welchem Falle die Sachen dem gewöhnlichen Gange überlassen bleiben.

7) Wer eine Auseinandersetzung verlangt, muß sich deshalb bey der Königl. Regierung melden und zugleich anzeigen, ob einige Präjudicialfragen dabey vorkommen, in welchem Fall die Königl. Regierung solche, nach Vernehmung der übrigen Theilnehmer, entweder selbst vorläufig entscheidet oder von der kompetirenden Gerichtsstelle entscheiden lässet.

III.) Alle Ströhme, Bäche, Fuhrten, Wasserläufe und Graben in Aeckern, Wiesen, Weiden und Hölzungen sollen beständig in tüchtigem Stande erhalten und jährlich im Monat May,

Feld-

Feldgraben aber ſo oft die Schläge brach liegen, aufgeräumet werden. Dem Wegeinſpektor lieget darüber die Aufſicht ob und iſt er
ſchuldig der Königl. Regierung zweymal im Jahr, nemlich im
May und September, Bericht von der befundenen Beſchaffenheit
derſelben abzuſtatten c).

IV.) Die nöthigen Befriedigungen ſollen mit lebendigen
Hecken, Steinmauern oder Graben gemacht werden d).

V.) Der Landmann ſoll kein unreines oder gemengtes Korn
zur Stadt bringen e).

VI.) Zur Tilgung der Sperlinge ſoll ein jeder Voll- und
Halbbauer 24, ein jeder Koſſate, Handwerksmann, Einlieger
und Hirte 12 Sperlingsköpfe ſeiner Obrigkeit um Michaelis ein-
liefern; die Sperlinge dürfen nicht geſchoſſen werden, ſondern
müſſen aus den Neſtern genommen oder gefangen ſeyn f).

VII.) Damit das Vieh auf fremden Feldern keinen Schaden
thue, ſollen Rindvieh, Pferde, Schweine, Schaafe und Gänſe
durch beſondere Hirten gehüthet werden; Wird demungeachtet
Vieh auf einem fremden Grund und Boden betroffen, hat der Be-
leidigte Macht, nicht nur das Vieh zu pfänden und Pfandgeld,
nach Vorſchrift der Polizeyordnung, zu nehmen, ſondern auch,
daferne Schaden verurſachet worden, die Erſetzung deſſelben, nach
geſchehener Beſichtigung und Schätzung, zu fordern g).

Kurze Abhandlung von der Privat-Pfändung und deren
Rechte — von A. G. C. Brunnemann. Stralſ. 1773. 8.

VIII.) Räudige und rotzige Pferde ſollen weder auf der Wei-
be unter andere Pferde noch in fremde Ställe gebracht, ſondern abgeſondert gehalten werden h).

IX.) Räudige und Schmierſchaafe ſollen überall nicht gehalten werden, viel weniger den reinen Schaafen der Nachbarn in
Feldern, Triften und Weiden zu nahe kommen, noch über frembe Felder getrieben werden i).

C 3                    X.)

X.) Bey den ersten Spuhren einer ausbrechenden Viehseuche ist ein jeder schuldig, der Königl. Landesregierung Anzeige davon zu thun, und bey würklich ausbrechenden Seuchen sollen sogleich in den Distrikten Kommissarien zur nöthigen Aufsicht angeordnet und (ausser den jedesmal nöthig werdenden besonderen Verordnungen) die Viehmärkte eingestellet, das nöthige Schlachtvieh nach den Städten nur aus gesunden Orten und mit hinlänglichen Attesten versehen gebracht, alle Hunde sowohl in gesunden als angesteckten Orten angelegt, alle Gemeinschaft mit angesteckten Orten gehemmet, das Ablebern des an der Seuche verreckten Viehes, das Umziehen der Holländer, Schäfer, Häcker, Hirten u. dgl. Leute untersaget werden; Aus fremden Orten, wo die Viehseuche graßiret, sollen keine fremde Viehhändler, Schlächter, Bärenleiter, Kesselführer, Wasser- und Olitätenträger u. dgl. mit Hunden, noch Vieh, Häute, Haare, rauhe Fourage ins Land eingelassen werden *k*). In neuern Zeiten ist auch von der Königl. Landesregierung nachgegeben worden, in Gegenden, wo die Seuche würklich ausgebrochen ist, die Inokulation vorzunehmen, und sie ist würklich an verschiedenen Orten mit gutem Erfolg vorgenommen worden *l*).

XI.) Tolle Hunde sollen sogleich todtgeschlagen, zur Abwendung des Tollwerdens aber allen und jeden Hunden der Tollwurm geschnitten werden *m*).

XII.) Keiner, dem die Hürbenlagersgerechtigkeit nicht zustehet, soll Schäfer halten, besondere Triften anstellen oder mit Hürden zu Felde liegen; an den Orten aber, wo Schäfereygerechtigkeit vorhanden ist, sollen alle, welche zu Bauerrecht wohnen, nur eine gewisse Anzahl Schaafe halten und zu Winter schlagen *n*).

XIII.) Keine bunte, schwarze, Hund- und filzhaarige Böcke sollen gehalten werden *o*).

XIV.) Alle Scheerwolle soll trocken, rein und unausgesucht zum Verkauf in die Städte gebracht werden *p*).

XV.)

XV.) Der Fiſcherey ſoll ſich niemand unbefugterweiſe anmaſ-
ſen, noch in fremden Teichen, Möhren, Graben und Söllen fiſchen, oder jemand innerhalb der Grenzen ſeiner Gerechtigkeit tur-
biren; Bauern, Einlieger und Inſtleute, welche längſt dem See-
ſtrande wohnen, ſollen keine Fiſcherey treiben, wofern ſie nicht dafür Pacht geben, oder Dienſte leiſten; Die Garne ſollen den Verordnungen gemäß gemacht, alle unzuläßige Arten der Fiſcherey,
auch die Beſetzung der Ströhme und Eingänge aus der See mit
Netzen, Wehren, Rüſen u. dgl. verboten, und während der Laich-
zeit (von Gregorius bis zum letzten Maytag) nur auf die vorge-
ſchriebene Art zu fiſchen erlaubt ſeyn.   Die Aufſicht über die Fiſcherey iſt einem Königl. Fiſchkieper anvertrauet q).

XVI.) Ein jeder Hauswirth im Königl. Domanio ſoll jährlich für die erſten hundert Reichsthaler des Ertrags vier Obſtbäume und zwanzig Weiden, für jedes übrige hundert aber zwey Obſtbäume und ſechs Weiden; Ein Vollbauer vier Obſtbäume und
zehn Weiden; ein Halbbauer zwey Obſtbäume und fünf Weiden;
ein Koſſate einen Obſtbaum und vier Weiden; ein Knecht, bevor er heyrathet, fünf Obſtbäume und zehn Weiden pflanzen,
und zum Wachsthum befördern r).   Müſte nicht das Königl.
Domanium jetzt ein herrlicher Obſtgarten ſeyn, wenn dieß wohl-
thätige Geſetz genau wäre befolgt worden!

XVII.) Die Hölzungen ſollen geſchonet, durch eine vernünftige Behandlung verbeſſert, um die Höfe und an gelegenen Stellen, wo es ohne Nachtheil des ſaadigen Ackers geſchehen kann,
Eichen, Röſtern, Eſchen und andere Bäume gepflanzt, Tannenkämpe, Eichen- und Buchengarten angelegt, und allezeit anſtatt
eines ausgerodeten groſſen Baume, zwey junge wieder angepflanzt
werden ſ).

XVIII.) In den Hölzungen ſollen, zur Schonung des jungen Holzes, Gehäge angelegt und ſo lange, bis es gehörig beſtanden, mit dem Vieh nicht betrieben, auch in Holzgegenden
gar keine Ziegen gehalten werden t).

XIX.)

XIX.) In gemeinen Hölzungen ſollen ordentliche Haue und Schläge gemacht, und nach Beſchaffenheit der Oerter in ſechszehn oder zwanzig Jahre abgetheilet werden *u*).

XX.) Das Abſchälen ſtehender Bäume und das Ausraben der Waldungen zu Aeckern und Wieſen iſt gänzlich verboten, und ſoll ohne der Königl. Regierung Erlaubniß nicht zugelaſſen werden *v*).

XXI.) Feuer in den Waldungen anzulegen, oder Bäume mit Feuer umzubrennen, iſt bey harter Strafe unterſaget *w*).

XXII.) Die Stubben der abgeſtämmten Bäume ſollen nicht in den Waldungen ſtehen bleiben, ſondern mit den Wurzeln ausgerodet werden *x*).

XXIII.) Neue Wege ſollen in den Hölzungen nicht gemacht werden, und, wo ſie ſich finden, vergraben oder verknickt werden *y*).

XXIV.) Auf eigenem Grunde und Boden iſt einem jeden die Jagd erlaubt, auf fremden aber gänzlich verboten; Der hohen Jagd dürfen ſich aber in Pommern nur die bedienen, die ſie hergebracht haben, und im Beſitz derſelben ſind. Ganz Rügen, ausgenommen die Güther des Gräflichen Hauſes Putbus, iſt, in Anſehung der hohen Jagd, Fürſtliche Wildbahn *z*).

XXV.) Bauern, Handwerker auf dem Lande, Einlieger, Hirten, Knechte ſollen ſich des Fangens und Schieſſens des Wildes enthalten, deshalb ihnen auch überall unterſaget iſt, ſich Schleßgewehre zu halten *aa*).

XXVI.) In gemiſchten Güthern ſoll einer, der keine volle Landhufe darinn beſitzet, ſich der Streifjagd nicht bedienen, wohl aber der Stelljagd *bb*).

XXVII.) Zur Schonung des Wildes iſt allen Verwaltern, Penſionarien und andern freyen Leuten im Lande verboten, Jagd-Wind-Hühner- und Schießhunde zu halten, ſo wie allen und jeden Hunde in die Königl. Gehäge zu bringen, auch ſollen alle

Hunde

Hunde in den an Königl. Gehägen grenzenden Dörfern mit Knüp-
peln verſehen ſeyn ꝛc):

XXVIII.) Während der verbotenen Zeit, da das Wild ſetzet und brütet, vom 1 März bis zum 24 Auguſt, ſoll ein jeder,
auch auf eignem Grunde, ſich der Jagd gänzlich enthalten; Zug-
vögel aber, als wilde Gänſe, Enten und Schnepfen dürfen zu
allen Zeiten geſchoſſen werden. dd).

a) Patente vom 29 April 1773 u. 30 Jun. 1777. L. C. V. 521
u. 528.
b) Patent vom 18 Nov. 1775. L. C. V. 524, vom 14 April 1777.
b. 526.
c) Inſtruktion für die Königl. Amtshauptleute §. 16. L. C. I. 980.
Patent vom 21. May 1739. N. G. 427. u. vom 18 Nov. 1775.
L. C. V. 603.
d) Heide- und Holzordn. Tit. II. §. 8. Tit. VII. §. 3. L. C. III. 951.
966. Patent vom 14 Oct. 1729. Num. 14. b. 984. Normativ der
Domanial Kontrakte von 1768. §. 14. b. IV. 886. u. Deklaration
vom 18. Nov. 1768. b. 891.
e) Patente vom 3 März 1730, vom 30 Nov. 1740. N. G. 248.
436. vom 17 Jan. 1760. L. C. III. 574.
f) Patent vom 8 Aug. 1708. L. C. III. 897. 1017. vom 28 Apr.
1751. N. G. 607.
g) Polizeyordn. Tit. XXI. L. C. III. 383.
h) Patente vom 25 Aug. 1745 N. G. 509, vom 2 März 1763.
L. C. III. 921.
i) Schäferordn. von 1616. Tit. I. §. 1 L. C. III. 845. Patent vom
2 Jan. 1618. b. 856. Renov. Schäferordn. von 1670. Tit. V.
§. 1 b. 879. Patente vom 12 May 1685. b. 886. vom 1 Febr.
1723. Tit. V. §. 1. N. G. 140. 594, vom 19. Oct. 1735. b. 387.
k) Patente vom 28 Apr. 1745. N. G. 508, vom 11 Jun. 1746. b.
520, vom 17 u. 18 März. 1746. b. 524, vom 3 u. 8. Octobr.
1746. b. 528. 530. 548, vom 9 Febr. 1763. L. C. III. 920, vom
10 Octobr. 1763. b. 922, vom 4 Jun. 1766. b. V. 529, vom
6 Apr. 1767. b. III. 925, vom 3 Dec. 1770 b. V. 537, vom 15
Dec. 1777. b. 547.
l) Patent vom 26 Jan. 1779. L. C. V. 548.
m) Patent vom 28 Jan. 1746. N. G. 520, vom 7 Sept. 1758. L. C.
III. 919, vom 17 Jul. 1767. b. V. 531, vom 21 Nov. 1774.
b. 541.

*n*) Schäferordn. von 1670 Tit. V. §. 6. Patente vom 28 Jul. 1688, vom 1 May 1691, vom 23 Jun. 1693. L. C. III. 880. 887. 888, vom 1 Febr. 1723. Tit. V. §. 6. N. G. 140.

*o*) Patente vom 1 Febr. 1723. Tit. V. §. 10, vom 7 May 1729 u. 14 May 1751. N. G. 140, 237. 608.

*p*) Ausser den in vorhergehender Anm. angeführten Gesetzen, auch Patente vom 6 Apr. 1730, vom 22 Febr. 1731 und vom 11 May 1742. N. G. 252. 262. 461. Um die erforderliche Aufsicht zu erhalten, damit die Wolle diesen Vorschriften gemäß in die Städte gebracht würde, ist man vorlängst bedacht gewesen, Wollwraaken in den Städten anzuordnen, bisher aber haben sie nicht zum Stande gebracht werden können. Patente vom 22 Febr. 1731. N. G. 263 und vom 5 März 1755. L. C. III. 574.

*q*) Policeyordn. Kap. XXII. Verordn. wie bey der Fischerey zu verfahren ist vom 6 März 1724. N. G. 161. Rescript der Königl. Regirung vom 8 Oct. 1725 L. C. III. 641. u. vom 7 Aug. 1736. b 642.    Instruktion für die Fischkieper vom 12 Jan. 1739. b. 642. Patent vom 13 Sept. 1748. N. G. 575.

*r*) Polizeyord. Kap. XXII. Patent vom 10 Oct. 1736. N. G. 395.

*s*) Land- und Bauerordn. von 1569. Tit. von Eichen. L. C. III. 819. Bauerordn. vom 16 May 1616. Tit. XIII. b. 337. Patent vom 5 Apr. 1651. b. 932. Policeyordn. Kap. XXII. Verordn. vom 22 May 1685. §. 2. b. 1012. Patent vom 3. Apr. 1699. b. 948. Verordn. vom 4. Jun. 1708. b. 942. Heide- und Holzordn. von 1709. Tit. II. b. 948. Patent vom 13. Dec. 1721. N. G. 79, vom 5 Febr. 1722. b. 84. Renov. Holzordn. für die Stubbnitz vom 21. Apr. 1723. b. 149. Patent vom 14. Oct. 1729. L. C. III. 978. Königl. Verordn. vom 15. Dec. 1731 b. 986. Patente vom 4 Febr. 1771. und vom 21 März 1775. b. V. 570. Laut des Normativs zu den Domanialkontrakten sind die Pächter verbindlich gemacht, der Grösse der Güther entsprechende Eichen oder Tannenkämpe anzulegen oder, im Unterlassungsfall, alle Jahre während des Kontrakts von jedem hundert Reichsthaler jährl. Ertrags 24 fl. zu erlegen. L. C. IV. 885.

*t*) Heide- und Holzordnung von 1709. Tit. II. §. 1. Tit. III. L. C. III. 948. 954. Verordn. vom 14 Oct. 1729. §. 12. b. 981. Patente vom 13 Dec. 1721. Num. VI., vom 30 Nov. 1723, vom 21 Nov. 1746. N. G. 80. 125. 557, vom 11 Dec. 1775. L. C. V. 572. Normativ der Domanialkontrakte §. XI. L. C. IV. 885.

*u*) Heide- und Holzordn. Tit. II. §. 12. L. C. III. 951.

*v*) Heide- und Holzordn. Tit. II. §. 9. 10. Verordn. vom 14 Octobr. 1729. §. 16. L. C. III. 951. 982.

*w*) Hei-

w) Heide= und Holzordn. Tit. II. §. 18. L. C. III. 953. Patent vom
3 Jul. 1775. d. V. 571.

x) Bauerordn. vom 16 May 1616. Tit. XIII. L. C. III. 837.

y) Heide= und Holzordn. Tit. III. §. 4. L. C. III. 955.

z) Polizeyordn. Kap. XXII. L. T. A. vom 7 May 1606. L. C. I.
613, vom 10 März. 1614. d. 631. Phillyp Julius Vergleich mit
der Rüg. Ritterschaft vom 12 Nov. 1612. d. 998. Jagdpatent
vom 14 Febr. 1620. d. III. 999. Heideordn. vom 22 May. 1709. Tit.
IX. §. 2. d. 968. Patent vom 2 Jan. 1775. d. V. 576.

aa) Polizeyordn. Kap. XX. Bauerordn. von 1616. Tit XVI. L. C.
III. 839. Patente vom 20 Jul. 1731. N. G. 267, vom 15 Febr.
1771. L. C. V. 576.

bb) L. T. A. vom 10 März 1614. L. C. I. 631. Polizeyordn. Kap.
XX. Patent vom 20 Jul. 1731. N. G. 267.

cc) Patente vom 13 Dec. 1721, vom 9 May 1725. und vom 13
Jul. 1729. N. G. 80. 201. 238.

dd) Polizeyordn. Kap. XX. Patente vom 24 März 1721, vom 13
Jul. 1729, vom 19 Apr. 1734. N. G. 24. 238. 336. u. vom 3
Jun. 1767. L. C. V. 575.

---

# Zweyter Abschnitt.

## Stadtwirthschaft.

1) Verini a Sinceris (Timotheus Merzahn von
Klingstädt) Patriotische Gedanken über der jetzigen Be=
schaffenheit der Schwedisch Pommerschen Provinz samt vor=
gestellter Nothwendigkeit der darinn zu errichtenden Wollma=
nufakturen, nebst beygefügten Project, wie solches am füg=
lichsten zu bewerkstelligen wäre. Freyb. 1738. 4.

2) (Mayers) Vorschläge zu einer — in Stralsund an=
zulegenden Woll= und Laken=Manufaktur. Stralf. 1745.
fol. Dagegen kam heraus: (Balz. Detl. von Buggen=
hagen) Schreiben — betreffend die Vorschläge ꝛc. Stralsund
1746. 4.

F 2

3) J.

3) J. N. Hennings Gedanken über die Einrichtung der Manufakturen in Pommern. 1757.

4) —— Von der Pommerschen Handlung und Manufakturen und deren Verbesserung. 1764.

5) —— Vorschläge zur Aufhelfung der pommerschen Handlung. 1767.

6) —— Bericht von den Pommerschen Manufakturen, ihren empfundenen Hindernissen, deren Wegräumung und denen zu ihrer Einführung und Aufhelfung dienlichen Mitteln. 1776. Diese vier Henningschen Aufsätze sind noch ungedruckt.

## §. 36.

Die Gewerbe, welche man unter dem Namen der Handwerke begreift, finden sich größtentheils in unsern Städten, wenigstens wird in den Grösseren nicht leicht eines derselben ganz fehlen, wie die davon in der Verfassung unsrer Städte gegebenen Verzeichnisse ausweisen a), und in allen Gewerken finden sich Meister, welche vorzügliche Arbeiten liefern. Manche dieser Gewerke sind nur zu sehr mit Zunftgenossen besetzt, daher so viele unter ihnen nahrlos sitzen und verarmen. Eine natürliche Folge von dem Mangel blühender Manufakturen und Fabriken. Die Söhne unsrer Gewerksbürger haben keine Gelegenheit, andere Gewerbe kennen zu lernen, als die von ihren Vätern, Anverwandten und Bekannten getrieben werden, es kann kein Trieb zu einem Anderen in ihnen erregt werden, und geschähe es durch ein Ungefehr, so mangelt die Gelegenheit, es an Ort und Stelle zu erlernen; daher bleiben die jungen Leute bey dem, was sie kennen, und an Orte und Stelle, im Schooße ihrer Familien, erlernen können. Vielleicht trägt auch die Verfassung unsrer Städte, da das Recht, im bürgerlichen Kollegio Sitz und Stimme zu haben und an der Verwaltung der Stadtgeschäfte Theil zu nehmen, gewissen Gewerken zustehet, zu der Ueberladung derselben mit bey, weil diesen dadurch ein gewisser Vorzug anklebt, wornach ein jeder strebt.

a) S.

a) S. oben Theil I. Hauptst. I. S. 60. 132. 171. 188. 199. 207. 213. 227. 231- 235. 237. 240. 244. 250.

### §. 37.

Manufakturen und Fabriken haben seit dem dreißigjährigen Kriege in Schwedischpommern nicht gedeihen wollen. An Unternehmern hat es von Zeit zu Zeit nicht gefehlet, aber die mehresten Unternehmungen sind mißgeglückt. Manchen fehlete es freylich an den nöthigen eigenen Kenntnissen und Fonds; Andere wurden wohl gar nicht in der Absicht, würklich etwas zu liefern, sondern aus ganz andern Absichten gewagt. Als wahrscheinliche Ursachen des bisherigen Misrathens derselben werden angeführet; daß 1) unsere rohen Materialien, besonders Wolle und Flachs, noch nicht so gut geliefert werden, daß sie mit Vortheil verarbeitet werden können; 2) Daß die Bewohner unsers platten Landes nicht für die Städte spinnen, und kein wollen und linnen Garn in den Städten zu Märkt bringen; 3) Daß es an Werk- und Arbeitshäusern, worinn Müßiggängern und Bettlern Arbeit gegeben werden könne, und an leih- und lagerhäusern zur Unterstützung hülfbedürftiger Arbeiter fehle; 4) Daß das Arbeitslohn zu hoch sey; 5) daß die webenden Zünfte Amtszwang gegen die Manufakturarbeiter üben dürfen; 6) Daß die Kramer, die im Lande gearbeiteten Waaren nicht zum Debit nehmen wollen, sondern den Ausländischen immer den Vorzug gönnen; 7) daß es an Einrichtungen fehle, die den Manufakturen und Fabriken so wie auf der einen Seite zur Aufsicht, so auf der andern zur Stütze dienen. Sind diese Ursachen alle oder zum Theil gegründet, so werden gewiß Manufakturen und Fabriken bey uns nie zum Stande, weniger zum Flor kommen, so lange nicht der Staat selbst durch Wegräumung dieser Hindernisse, die sich überall ihren Aufblühen wiedersetzt haben, durch thätige Unterstützungen und durch Aufmunterungen, die sie durchaus fordern, ihnen zu ihrer dauerhaften Gründung die Hand bieten kann oder will. Zwar hat es auch hier an Aufforderungen und Ermunterungen von Seiten des Staats nicht ganz gefehlet, vielmehr sind die im schwedischen Manufakturprivilegio bestimmten

Ver-

Vortheile zum Theil auch hiesiger Provinz angeboten, ja auch einigen hiesigen Anlagen gegönnet worden a), allein bisher ohne merkliche Würkung, da es doch immer noch an der würklich thätigen Unterstützung zu sehr gemangelt hat. Indessen können wir auch in diesem Punkt von dem preiswürdigen und eifervollen Bestreben unsers gegenwärtigen Durchlauchtigen Generalstatthalters zur Beförderung wahren Landeswohls mit Zuversicht eine bessere Zukunft hoffen. Bereits für das jetzige Jahr (1787) sind verschiedene Prämien zur Aufmunterung der Indüstrie und Vermehrung und Verbesserung der Spinnerey und Weberey ausgesetzt worden b).

a) Commißions=Receß von 1663. L. C. I. 393. Königl Resolutionen vom 10 Apr. 1669. Num. XIV. b. 852, vom 25 Nov. 1679. Num. IV. b. 860, vom 15 Sept. 1682. Num. II. b. 867, vom 28 Jul. 1739. b. V. 466, vom 30 Jun. 1741. b. 466, vom 21 Sept. 1754. b. III. 555.

b) Stralsundische Zeitung. 1787. Stück. XVI.

　　1) J. N. Hennings Entwurf von einem Landes Werkhause. Im Versuch in Politischen Schriften. Theil II. S. 107—146.

　　2) —— Grundriß von einem Leih= und Lagerhause für die Wollweber. Daselbst S. 195—215.

　　3) —— Vorschläge zur Errichtung der Leihbanken. Daselbst S. 81—106.

### §. 38.

An rohen Produkten und Materialien zur Verarbeitung fehlet es dem Lande schon jetzt nicht, und wenn es gleich nicht zu leugnen stehet, daß sie zum Theil nicht von der besten Beschaffenheit sind, so ist es doch auf der andern Seite eben so gewiß, einmal daß sie doch zu etwas brauchbar seyn müssen, da der Ausländer sie uns abnimt und auf die eine oder die andere Art verarbeitet, welches wir selbst im Lande thun können, und zweytens daß sie durch bessere Kultur und angewandte Sorgfalt unendlich verbessert werden könnten. Das Mineralreich liefert uns: Kraide, Kalk= Ziegel= Fayance-

hauge- und Walfererde, Töpferthon, Mergel, Torf, Bernstein
Salzsode; das Gewächsreich, ausser dem Getraide: Holzarten,
Rinde, Tabak, Hopfen, Senf, Kümmel, Hanf, Flachs und
einige Färbe- und Oelkräuter; das Thierreich: Wolle, Häute,
Felle, Horn, Haar, Knochen, Federn, Borsten, Honig,
Wachs, Talling zum Verarbeiten.    Alle diese Produkte können
durch Verbesserung unserer Landwirthschaft noch unendlich vermehret werden, und sind sie alle verarbeitet und wir haben dann noch
müssige Hände übrig, so kann unser Handel ihnen auswertige Produkten zum Verarbeiten zuführen.    Bis dahin werden wir aber
sobald noch nicht kommen!

## §. 39.

Besonders müste die Einführung und Ausbreitung solcher
Manufakturen, welche sich auf Spinnerey und Weberey, vorzüglich der Wolle und des Flachses gründen, die wenigsten Schwierigkeiten leiden, indem dazu eine so gute Grundlage gelegt ist, worauf man nur fortbauen darf.    Die Landeseinwohner sind bereits
im Spinnen und Weben der Wolle und des Flachses geübt und
würden leicht zur Verbesserung und manufakturmäßigen Behandlung dieser Arbeiten anzuleiten seyn.    Es giebt gewiß wohl
wenige Häuser, sowohl auf dem platten Lande als in den Städten,
worinn nicht Wolle und Flachs versponnen wird, und die das ge-
wonnene Garn zu allerhand linnen, wollen und aus beyden gemisch-
ten Zeugen durch die zünftigen Weber zu ihrem Hausbehuf verwe-
ben lassen, ja manche Familie aus dem Mittelstande, die ihren
Versorger verlohren hat, muß sich mit dergleichen Arbeiten zum
Verkauf nähren.    In allen unsern Städten finden sich noch, besonders den langen Winter hindurch, unbeschäftigte Hände in Menge, welche arbeiten würden, wenn es ihnen nicht an Gelegenheit
dazu wegen Mangel an Rudimaterien, an Geräthschaften und öf-
terer auch, als mancher Reiche es sich einbilden mag, an einer
warmen Stube mangelte.    Ein auf Kosten jeder Stadt, nach dem
wolthätigen und menschenfreundlichen Beyspiel des stralsundischen

Magi-

Magistrats a), angeschafter Vorrath von Wolle und Flachs, woraus jeder Arbeiter eine bestimte Quantität davon zum Spinnen erhalten könnte und bey Ablieferung des Garns seine Arbeit nach der Güte des Gespinstes bezahlt erhielte; einige öffentliche Spinnstuben, worinn der Arbeiter die nöthigen Spinngeräthschaften, Wärme und
Licht unentgeldlich fände, würden die Spinnerey ungemein aufhel-
fen. Auch auf dem platten Lande, besonders in den volkreichern
Dörfern, könnte die Spinnerey durch ähnliche Anstalten noch sehr
vermehret werden, und wie sehr würde sich nicht die Menge des
Gespinnstes zum Vortheil der Manufakturen vergrössern, wenn
das unglückliche Vorurtheil des gemeinen Mannes a), daß der
Spinnrocken sich nicht für Mannsleute schicke, ausgerottet und die
Menge von Kindern, die ihren Eltern zur Last fallen, durchs Spinnen vom Müssiggange und der Betteley frühe zur Arbeit und Thätigkeit angewöhnt und dadurch der Grund zu ihrem künftigen Glück
gelegt werden könnte! Von den Erwachsenen wird aber diese Sin-
nesänderung nicht leicht zu hoffen und bey den Kindern nur durch
gute Indüstrieschulen zu bewürken stehen.

*a*) S. oben Th. I. Hauptst. I. S. 102. u. Pomm. Sammlungen
Band II. S. 294.

*b*) Bey der Kommißion im Jahr 1767. warb es auch von dem niedergesetzten Departement zur Beförderung des Wohls des platten
Landes angemerkt, daß besonders die Mannsleute die langen
Winterabenden mit Faulenzen hinbrächten und deshalb zu ähnli-
chen Arbeiten gegen eine mäßige Belohnung angehalten werden
müßten, man besorgte aber auch zugleich, daß eine solche Neuerung den Herrschaften Widersetzlichkeit und Verdrießlichkeiten zuziehen würde. S. Bericht dieses Departements an die Königl.
Kommißion vom 28 März. 1767. Num. VII.

## §. 40.

An ordentlichen Linnenmanufakturen fehlet es noch ganz im
Lande, obgleich viele Leinwand verfertiget wird, die doch bis jetzt
nicht hinreicht, fremde Linnenwaaren, besonders die feinen Sorten überflüßig zu machen, vielweniger zu einem ausländischen Handel Stof herzugeben. Die Leinwand, welche bisher im Lande gemacht

macht wird, wird einzeln und im Kleinen, größtentheils zum blos-
sen Hausbehuf, sparsamer zum Verkauf verfertiget. Unsere Hausmütter auf dem Lande und in den Städten, lassen aus eigenge-
sponnem Garn, allerley Arten grobe und feinere, heeden und flächsen Hauslinnen zu Hemden, Bettüchern, Schürzen, Hals- und
Schnupftüchern, (welche drey letztern Sorten von unsern Färbern
recht gut in blau bedruckt werden) u. dgl., Drelle zu Hand- und
Tischtüchern und Servietten, Linnendammaſt zu Tischtüchern und
Servietten, Bührenzeuge, verschiedene Arten gekieperter Linnen,
farbigte gestreifte und gewürfelte Linnen zu Hals- und Schnupftüchern, zu Bekleidungen von Bettstellen und Stühleu, und zu
Kleidungsstücken, ordinäre und Mittelzwirne machen, die an Dau-
erhaftigkeit und Stärke die ausländischen Linnen dieser Art über-
treffen, an Feine ihnen oft gleich kommen. Zwirne und baumwollene Strümpfe werden auch in den Häusern, selbst der Vor-
nehmern fleißig gestrickt, zu den letztern aber das Garn aus der
Fremde geholet, da das Spinnen der Baumwolle noch fast unbekannt im Lande ist. Endlich lassen sie allerhand von Wollen-
und Linnengarn gemischte Zeuge machen. Die Insel Rügen liefert zum Verkauf in den Städten, besonders in den Jahrmärkten
zu Bergen, Dubel, eine sehr grobe Art Leinwand, die hauptsächlich zum Verpacken der Wolle gebraucht wird, eine bessere Art
Sacklinnen; ⅔ und ¾ breite heeden und flächsen rohe und gebleichte
Hauslinnen, und ⅞ auch ⅝ breite feinere Linnen.

### §. 41.

Gleichmäßig lassen unsere Hausmütter vielerley Arten glatter,
gemodelter und gekieperter wollen Zeuge zu mancherley Hausbehuf
an Kleidungsstücken und Mobilien fertigen. Die Wolle wird entweder in den Häusern selbst oder durch arme Leute gegen Handlohn
gesponnen; das Weben verrichten Krepp- Rasch- und Boymacher,
zum Theil auch Linnenweber; das Karayen, Pressen und Färben
geschiehet durch die Gewerke, doch färbt manche Hausmutter ihre
Zeuge selbst. Das Stricken der wollenen Strümpfe ist allgemein
verbreitet.

Die Tuchmacher fertigen Boy, Multum und Mondirungstücher für die hiesigen Besatzungstruppen; die Boymacher Boy u. dgl. Waaren, theils aus eigenem Garn zum Verkauf, theils aus geliefertem Garn fürs Webelohn; die Raschmacher Rasche, die sie theils roh und ungefärbt den Krämern und Tuchhändlern liefern, theils aber färben lassen, und damit, sowohl aus dem Hause als in Jahrmärkten, im Ausschnitt handeln, sie verfertigen auch Sigets, gewalkte und gedruckte Rasche, Flanelle und Krepp; die Strumpfweber Mützen, Manns- und Frauensstrümpfe, Beinkleider, ihre Waaren setzen sie aus dem Hause und in den Jahrmärkten ab, das stralsundische Gewerk aber schickt jährlich einen Meister mit Waaren nach dem Rigaischen Markt a). In Garz wird sehr guter wollener Plüsch gearbeitet. Die Huthmacher verarbeiten hiesige, eiderstädtische und polnische Lammwolle zu gemeinen Hüthen; Haasen- Kaninchen- und Bieberhaare zu ganzen und halben Kastorhüthen. Die stralsundischen Huthmacher haben in neuern Zeiten ihre Waare so verbessert und selbst den neuern Moden so gemäß eingerichtet, daß sie damit auswertige Messen und Jahrmärkte mit Vortheil beziehen können. Die Bortenwirker liefern allerhand Posementierwaaren. An Färbereyen fehlt es auch nicht; nur haben sie weder Vorschriften noch Taxen.

a) Die stralsundischen Strumpfweber haben von ihrer Waare in den acht Jahren von 1778 bis 1785 für 1480 Rthlr. ausgeführet.

J. N. Hennings Vorschläge zur Aufhelfung der Tuchmacher. Im Versuch in Pol. Schriften. Theil II. S. 147-194.

### §. 42.

Die Lichts und Kerzengiessereyen reichen bis jetzt bey weitem nicht hin, die Bedürfnisse des Landes hierinn zu bestreiten, daher sowohl Tallig- als weisse Wachslichter eingeführet werden. Eben so verhält es sich mit den Fabrikaten der Oelmühlen und Seifensiedereyen. Zwar sind in den acht Jahren von 1778 bis 1785

1785 für einländiſche Leinöl 3401 Rthlr. 42 ßl. eingezogen, allein dieſe Kleinigkeit wiegt die groſſen Summen lange nicht auf,
die wir für allerhand Oele aus dem Lande ſchicken, und zum Theil
erſpahren könnten, wenn wir den Anbau der Oelpflanzen vermehrten, wodurch zugleich den Seifenſiedereyen aufgeholfen werden
würde. Auch die Lederbereitungen haben bisher nicht in den
Stand kommen können, das Land mit den erforderlichen Lederſor-
ten zu verſehen. Sie geſchehen hier theils in beſonderen Manufakturen, theils von den Schuſtern, Riemern und Weisgerbern.
Die Tabaksfabriken verarbeiten theils einländiſche Blätter zu
geringeren Sorten, beſonders Rauchtabak für den gemeinen Mann,
theils ausländiſche Blätter zu verſchiedenen Sorten Rauch- und
Schnupftabak, theils rappiren ſie bloß Dünkerker und Hamburger
Karotten, doch haben ſie bisher nicht verhindern können, daß jährlich beträchtliche Summen für fabricirte Rauch- und Schnupf-
tabaksſorten aus dem Lande gegangen ſind, und die Folge muß
lehren, ob die Anordnung der Königl. Regierung: daß aller aus
der Fremde einkommende Rauch- und Schnupftabak die Vortheile
des neuen Tarifs nicht weiter genieſſen, ſondern nach den Licent-
und Konſumtionsordnungen verſteuert werden ſollen: ihr beſſeres
Fortkommen bewürken werden. Siegellack wird in Stralſund,
Greifswald und Garz ſo gut gemacht, daß wir des Ausländiſchen,
welches beſonders in den Jahrmärkten ſtark abgeſetzet wird, wohl
entbehren könnten. Die Spielkarten- und Amidomsmanu-
fakturen in Stralſund verſorgen das ganze Land, da ſie das Vorrecht haben, daß keine fremde Waaren dieſer Art eingeführet werden dürfen.

### §. 43.

Die Greifswaldiſche Salzſiederey könnte das ganze Land
hinlänglich mit Salz verſorgen, und alles Ausländiſche entbehrlich
machen. Was ich oben a) ſehr wahrſcheinlich vermuthet habe,
iſt jetzo ſchon würklich eingetroffen, indem ſie nun ſo weiſſes Salz
liefert, als verlangt werden kann. Auch iſt ihr von Sr. Königl.
Maytt. zu ihrem beſſeren Fortkommen bewilliget, daß ſie 1) alle

zum

zum Behuf des Werks erforderlichen Rudimaterien und Materialien gegen ⅓ Procent Recognition einführen, so wie ihr fertiges
Salz unter eben der Bedingung ausführen dürfe, dagegen 2) das
aus England eingeführte Salz nochmal so hoch, als bisher nach
dem neuen Tarif geschehen, versteuert werden, ihr auch 3) frey
stehen soll, ihr Salz auf den Märkten der kleinen Städte, gleich
andern Produkten, feil zu bieten a).

a) Rescript der Königl. Regierung an Herren Landstände vom 17
Febr. 1786.

#### §. 44.

Die Spiegel= und Meubelfabrik in Stralsund liefert
Waaren, welche sowohl in Ansehung der Güte als des guten Ge-
schmacks, womit sie gearbeitet werden, viele Vorzüge haben, und
deshalb die Ausländischen dieser Art billig ausschliessen sollten, welches doch bis jetzt bey unserer Vorliebe fürs Fremde noch lange nicht
der Fall ist. Die Gläser zu den Spiegeln müssen zwar auswerts
genommen werden, dagegen aber hat der Unternehmer auch auswertigen Absatz, und beziehet auswertige Messen und Märkte.
In den acht Jahren von 1778 bis 1785 hat er auswerts von seinen Waaren für 11300 Rthlr. abgesetzt.

#### §. 45.

Die Fayancefabrik, deren Fortdauer lange zweifelhaft blieb,
ist durch die thätige Unterstützung der Herren Landstände glücklich
gerettet worden, und arbeitet von neuem, obgleich noch nicht wieder so stark als vormals. Es wäre gewis fürs Land sehr vortheilhaft, wenn ihre Arbeiten dahin gebracht werden könnten, die ausländischen Fayance= und Töpferwaaren, die uns noch immer zugeführet werden, ganz entbehrlich zu machen, welches zu bewürken gar nicht schwer seyn kann. Von ihren Waaren hat sie in den
acht Jahren von 1778 bis 1785 für 17853 Rthlr. 31 ßl. exportiret.

#### §. 46.

### §. 46.

Die älteſte und noch immer beträchtlichſte Fabrike in unſerm Vaterlande iſt ohne Wiederrede die Mälzerey, die man immer mit groſſem Eifer betrieben, und zu ihrer Begünſtigung von den älteren Zeiten her, die Ausfuhr der unvermälzten Gerſte verboten hat. Nur in neuern Zeiten hat man angefangen, die Nützlichkeit dieſer Einſchränkung zu bezweifeln und, unter dem Vorwande eines freyen Handels und nach vieljährigen fruchtloſen Verſuchen, es endlich dahin gebracht, daß die Ausfuhr der unvermälzten Gerſte nachgegeben worden, da man ſonſt überall dem Grundſatze folgt, daß rohe Produkte, die man im Lande veredeln kann, nicht ausgeführet werden müſſen und ihn auch hier bey andern Gegenſtänden, z. B. Wolle und Flachs, und zwar mit Recht im Munde führet. Durch dieſe Maasregeln iſt nun zwar ungefehr der ſiebente Theil unſrer gewonnenen Gerſte den Mälzereyen entzogen und roh ausgeführet worden, indeſſen kann ſie doch noch ſo ſtark betrieben werden, daß wir jährlich ungefehr fünftauſend Laſt Malz ausführen können. Um auf die Wichtigkeit dieſes Artikels deſto aufmerkſamer zu machen, gebe ich hier eine Ueberſicht von dem ſeit dem Jahr 1778 ausgeführten Malze, ſowohl der Laſtenzahl als dem Wehrte nach). Es wurden nemlich ausgeführet:

| Im Jahr | Laſt. | Schfl. | | | |
|---|---|---|---|---|---|
| 1778 — | 6005 — | 16 | deren Wehrt | 166,109 rthl. | 4 ßl. |
| 1779 — | 5979 — | 3 | — | 170,688 · | 28 · |
| 1780 — | 5757 — | 66 | — | 181,636 · | 16 · |
| 1781 — | 5073 — | 52 | — | 165,871 · | 14 · |
| 1782 — | 4946 — | $5\frac{1}{2}$ | — | 241,041 · | 15 · |
| 1783 — | 5362 — | 72 | — | 243,963 · | 47 · |
| 1784 — | 3552 — | — | — | 209,079 · | 32 · |
| 1785 — | 4650 — | 2 | — | 179,578 · | — · |
| Suma = 41326 — | | $29\frac{1}{2}$ | — | = 1,557,968 rthl. | 12 ßl. |
| Im Durch-ſchnitt jährl. 5165 — | | 75 | — | = 194,746 rthl. | — |

G 3       1) J.

1) J. N. Hennings Untersuchung der Frage: Ob die Ausschiffung oder Vermülzung des hiesigen Gersten am nützlichsten sey? (Rostock) 1773. 4.

2) ——— Beantwortung der Einwürfe gegen die Untersuchung: Die Ausschiffung oder die Vermülzung des Gerstens betreffend. 1775. Ist noch ungedruckt.

### §. 47.

Die Brauerey war in den älteren Zeiten nicht nur ein sehr ausgebreiteter Nahrungszweig, sondern verschafte auch einen sehr beträchtlichen Handelszweig. Dieß hat sich aber so sehr verändert, daß anstatt einiger hundert Brauhäuser, die Stralsund allein vormals hatte, die beyden grössern Städte im Lande, Stralsund und Greifswald, jetzt nur ungefehr dreissig Häuser haben, worinn diese Nahrung würklich getrieben wird. Die Länder, welchen wir vormals unser Bier zuführten, brauen es jetzt selbst, besser als wir und führen uns wiederum ihr Bier zu. Die würkliche Verschlimmerung unsers Biers; die grosse Verminderung der würklichen Konsumtion des Biers, dem Wein und Wasser substituiret worden und die Landbrauereyen haben den Absatz und folglich die Brauereyen vermindert, so daß auch mehrere in neuern Zeiten gemachte Versuche, besseres Bier zu liefern und ausländische Arten nachzuahmen, ob sie gleich gut ausschlugen a), aus Mangel des Absatzes, wenn nicht ganz aufgegeben werden müssen, doch nur im Kleinen betrieben werden können.

a) In Greifswald z. B. sind dergleichen Versuche so gut ausgefallen, daß es auswerts Absatz gefunden

### §. 48.

Die Branteweinsbrennerey wird sehr stark im Lande betrieben. Ausser den Brennereyen auf dem platten Lande, fanden sich im Jahr 1783 an drittehalbhundert Branteweinsbrenner in unsern Städten, von welchen, nach der Angabe des Herrn Kammerraths von Reichenbach a) im Jahr 1785 an 80000 Scheffel

Ge-

Getraide verbrannt worden. Wäre der Brantewein allein im lande konsumiret worden, so ist nicht zu läugnen, daß das Brante‑weintrinken erstaunlich müsse zugenommen haben!

*a*) Patr. Beyträge Stück VII. S. 72.

### §. 49.

Der Kramhandel wird theils durch die Gewürzhändler mit Gewürz‑ und allerhand Materialwaaren; theils durch die Seiden‑händler mit Seiden, Baumwollen, Linnen, Wollen und anderen Ellenwaaren, auch Eisenwaaren, mit welchen letzteren doch auch besondere Eisenhändler handeln; theils durch die Tuchhändler mit ganzen und halben Tüchern, Multums, Friesen, Chalongs, Ra‑schen u. dgl. Waaren getrieben. Die Seiden‑ und Tuchhändler kaufen ihren Waaren auf den Messen und Märkten zu Leipzig, Frankfurt a. d. O., Braunschweig und Rostock ein, oder lassen sie in kleinen Partheyen aus Hamburg und Lübeck, im Fall der Noth auch wohl aus Rostock kommen. Die Gewürzhändler lassen die Ihrigen zum grossen Theil aus Hamburg und Lübeck kommen, da wenige unter ihnen des Vermögens sind oder den Absatz haben, daß sie ansehnliche Partheyen aus der ersten Hand, z. B. Gewürze in ganzen Loosen aus den Auctionen der holländisch‑ostindischen Kom‑pagnie einkaufen können. Die grosse Menge der Krämer; der eingerissene Misbrauch, daß jeder Krämer auch Kaufmann seyn und sich seine Waaren selbst aus der Fremde kommen lassen will, wodurch der Großhandel in diesen Fächern, wo nicht ganz unmög‑lich gemacht, doch äusserst erschweret wird; der starke Absatz fremder Krämer in den hiesigen häuffigen Jahrmarkten und das Hausiren der sogenannten Tabuletkrämer, kleiner Krämer aus den benachbarten Provinzen und der Juden auf dem platten Lande macht diesen Handelszweig den damit beschäftigten Handelnden selbst und dem Lande weniger vortheilhaft, als er seyn könnte.

### §. 50.

Die Vertheilung der Nahrungsarten scheint nicht in dem richtigen Gleise und gehörigem Verhältnisse zu seyn; sie sind zu sehr

sehr mit einander vermischt. Der Landmann führt einen Theil seiner Produkten den benachbarten fremden Städten, Anklam, Demmin und Rostock unmittelbar zu, die ihm zum Theil näher liegen,
als unsre Seestädte, und wo er oftmals bessere Preise erhält, als
in diesen, da nimmt er dann für sein gelösetes Geld auch wiederum seine Bedürfnisse. ' Dadurch verliehrt der Kaufmann einen
Theil der seewerts auszuführenden Landesprodukten, der Krämer
am Absatz seiner Waaren, und der König an den Gefällen. —
Die Landstädte, welche vormals ihre Waaren aus den Seestädten
nahmen, hohlen sie jetzt selbst aus den benachbarten Städten, und
vermindern dadurch ebenfalls den Absatz der Seestädte. — . Die
Nahrungsarten werden zu sehr unter einander gemischt: Der Krämer, der zugleich Kaufmann ist, handelt auch mit den eigentlichen Kaufmannswaaren; die Gewerker nehmen die fremden Rudimaterien und Waaren, welche sie verarbeiten, nicht vom hiesigen Kaufmann, sondern hohlen sie selbst aus der Fremde, nicht
immer vom rechten Orte; die Schiffer bringen oft ansehnliche
Quantitäten von allerhand Waaren für ihre eigene Rechnung und
über ihre Führung mit, welche sie unter der Hand verhäkern; Viele, die nicht Bürger sind, und keine bürgerliche Lasten tragen,
treiben oft ansehnlichen Handel unter der Hand. — Fremde Auf-
käufer kaufen unsre Bett- und Schreibfedern, Wachs, Bernstein und andere kleine Landesprodukten auf dem platten Lande um
geringe Preise auf, und führen sie aus dem Lande, verstreuen
auch wohl bey der Gelegenheit allerhand kleine Handelsartikel im
Lande, wobey die Leute mehrentheils übersetzt, oft hintergangen
werden. .

1) J. N. Hennings Politische Gedanken über die Hand-
lung. In den Beytr. zum Nutzen und Vergnügen. Th. V.
Stück XVI-XX. S. 65 - 83. und im Versuch in Polit.
Schriften. Th. I. S. 97 - 128.

2) —— Ueber die Austheilung der Nahrung und Be-
stimmung des Großhandels. In den Beyträgen Th. IV.
Stück XLVI. u. XLVII. S. 197 - 204. u. im Versuch. Th.
I. S. 129 - 144.

§. 51.

### §. 51.

Unſer auswertiger Handel beſchäftiget ſich:

1) Mit der Einfuhr fremder Produkten und Waaren, die dem Lande abgehen und in demſelben verbraucht werden, Importhandel;

2) Mit der Ausfuhr unſrer überflüßigen Landesprodukten und Fabrikaten, Exporthandel;

3) Mit der Wiederausfuhr verſchiedener Produkten und Waaren, die wir ſelbſt aus der Fremde gehohlet haben, Oekonomiehandel.

### §. 52.

1) Durch unſern Importhandel führeten wir in den ſechs Jahren von 1778 bis 1783, nach den Einfuhrstabellen, woraus die Beylage III. A. einen umſtändlichen und klaßificirten Auszug liefert, folgende Handelsartikel ins Land ein.

I.) An Apotheker- und Materialwaaren: Alaun, Aloe, Amidom, Anleß, Sternanleß, Antimonium, Apfelſina, Arſenik, Aſa fötida, Aurum Pigmentum, Berlinerblau, Bernſteingraus, Bimſtein, Blauſtein, Bleyerz, Bleyweiß, rothen Bolus, Borax, Braunroth, Braunſchweiger Grün, Braunſtein, Caffeebohnen, Cakaobohnen, Campfer, Cardemom, Choccolade, Citronen, Coriander, gelbe Erde, rothe Farbe, Feigen, Fenchel, Fenſterſchwamm, Foenum graecum, eingemachte Früchte, Galgantwurzeln, Gallapfel, Engliſches Gewürz (Piment), Gewürznelken, Gummi Arabicum, Gummi Dragant, Harz, Hauſenblaſe, geraſpeltes Hirſchhorn, Ingber, braunen und weiſſen Kanehl, Kanehlblüthe, Kappern, Kaſtanien, Kienruß, Konfitüren, Korinthen, Korkpfropfen, Kubeben, Kümmel, Siegellack, Lackſpecies, Lackmuuß, Lakritzenholz und

Saft, Leim, Lorbeerbeeren und Blätter, Mandeln, Medicin, Mennig, Muskatblüthe und Nüsse, Oblaten, Ocker, Oliven, Orangeschaalen, Paradießkörner, Pech, Pfeffer, Pfefferkümmel, frische, kandirte und trockne Pomeranzen, Pomeranzenschaalen, Prunellen, Pottasche, Puder, Queck-silber, Reis, Rhabarber, Rosinen, Rosmarinblätter, Roth-stein, Sabadillensaamen, Safran, Sago, Salmiak, Sal-peter, Salz, Sassafras, Scheidewasser, Schießpulver, Schwefel, Schwefelblumen, Seife, Senesblätter, Senf, Silberglötte, Sittgelb, Succade, Syrup, Blätter-Rauch- und Schnupftabak, Tabaksdroguerien, Tallig und Tallig-lichter, Tamarinden, Thee, Theer, Terpenthin, Tripp, Umbra, Violenwurzeln, Vitriol und Vitriolöl, weisses Wachs, Wachslichter, Waidasche, Brunnen- und wohl-riechende Wasser, Weinstein, weissen Nicht, Zinnober, Zittwersaamen, Weisse- Candies- Moscobade- und Puder-Zucker, Zuckerbilder, Zunder, Baum- Dege- Hanf-lein-lohr- Pech- Rüben- und Terpenthinöle, Herings- und Wall-fischthran.

II.) **An baumwollen Waaren:** Baumwolle, baumwol-len Garn, Barchent, Bettdecken, Cattunen und Chitzen, Kittay, Mützen, Strümpfe und Tücher, Nesseltuch, Vel-veret.

III.) **An Hanfen Waaren:** Bindfaden, Fischrüsen, Paß- und Reinhanf, Turse, Raventuch, Reveltuch, Reiserguth, Segeltuch, altes Tauwerk und Werg.

IV.) **An Linnenwaaren:** Bührenzeug, Band, Dreß, Du-bel, Flachs, Kahmsertuch, weisse, gedruckte und steife Leinwand, Tücher und Strümpfe, Spitzen, Wachstuch, Zwirn.

V.) An

V.) An Seidenwaaren: Seide, Band, Dammaſt, Gros de Tour, halbſeidene Waaren, Sammet, Strümpfe, Handſchuh und Tücher, Taffent.

VI.) An Wollenwaaren: Lamm- und Scheerwolle, Band, Fleckboy, Chalong, Dammaſt, Decken, Droguet, Düffel, Ettamin, Flaggtuch, Flanelle, Frieſe, Frieſade, gewalkte Waaren, Kalmank, Kamelotte, Multum, Mützen und Strümpfe, Plüſch, Raſche, Sarge, Satine, Tamis, Tücher.

VII.) An Fellen, Häuten, Leder und Lederwaaren: Binnſohlenleder, Bockleder, Corduan, Engliſches Leder, Grauwerk, Haaſen- und Hermelinsfelle, Juften, Kalb- und Bocksfelle, Kälberhäute, Kalbleder, Kuhhäute und Leder, Lamm- Marder- und Fuchsfelle, Pelz- und Rauchwerk, Pergament, Renthierfelle, Roßhäute und Leder, Saffians- Schaaf- und Hammelfelle, Schmaſchen, ſchwarze Pelzfelle, ordinäres und rußiſches Sohlleder, unbereitet Leder, Wahlleder, Ziegenfelle, Handſchuhe und andere Lederwaaren.

VIII.) An Färbereywaaren: Blauholz, Braunholz, Gelbholz, Fernambuk, Indigo, Kochenille, Krapp, Kurkumey, Oelblau, Orlean, Röthe, Rothholz, Scharte, Schmak, Spangrün, Waid, Wau.

IX.) An verſchiedene Arten Papier: Graue und weiſſe Makulatur, Concept- Schreib- Poſt- Royal- und Imperial-Papier, Pack- Preß- Tabacks- und Verhäutungs-Papier, Pappen und papierne Tapeten.

X.) An Glaswaaren: Böhmiſch, Engliſch, Franzöſiſch, Meklenburgiſch und Preußiſch Fenſterglas, Spiegelgläſer, Bouteillen und anderes Hohlglas, verſchiedene Glaswaaren.

XI.) An

XI.) An Brenn- Bau- und Nutzholz, auch Holzwaa-
ren: Büchen, Eichen und Fichten Brennholz, eichen und
fichten Sageblöcke, Bauholz, Balken und Balkunen, Sparren, Sohlen- und Riegelholz, Bohl- Pumpen- Röhren-
und Viertelhölzer, Schifsbau- und Riemenholz, Maſten,
Bretter, Dielen, Planken und Latten, Boden- Orhoft-
Piepen- und Tannenſtäbe, Radfelgen und Wagenſchuſſen,
Aſche, Baſtmatten, Dachſpähne, Holzkohlen, allerhand
hölzernes Geräth, Nürnberger Spielzeug, Feuerſpritzen,
Huthfutterale, Spinnräder. — Burbaumholz, Ebenholz, Mahagoniholz, Pockholz, Sandelholz.

XII.) An Erden, irrdenen Waaren und Steinen: Eng-
liſche, Fayance- und Pfeiffenerde, Tarras und Pozzolano,
Gips und Gipspuppen, gelöſchter und ungelöſchter Kalch,
Flohr- Holſter- Mauer- und Dachſteine, Krüge, Apothekerkruken, Tabackspfeiffen, Delſter Flieſen und andere irr-
dene Waaren, ſchwarze Töpfe, Schmelztiegel, Steinguth,
Fayance und Porzellän, marmorne Tiſchblätter, Block-
Boden- Cordon- Dreylinge- Flieſen- Flinteinſtejchen- Müh-
len- Trepp- Schleif- und Wetzſteine, Steingräpen, Torf.

XIII.) An Mineralien, Metallen und Metallwaaren:
Bley und Bleyhagel, ſchwarz und weiß Blech, Blechwaa-
ren, altes Eiſen, Band- Bolten- Knipp-, Platen- und
Stangeneiſen, Ambos, Anker, Nagel und Spieker, ei-
ſern Geräthe, Grapen, Drath, Kanonen, Oefen und De-
fenthüren, Meſſer, Sägen, Senſen, Schneidemeſſer,
Stahl, geſchlagen Gold und Silber, verarbeitetes Silber,
Kupfer und kupfernes Geräth, Meßling, Meßingdrath und
Keſſel, rohes und verarbeitetes Zinn, Zinnplatten, mathe-
matiſche Inſtrumenten, Buchdrucker Letern, Metallarbeiten, Nürnberger Waaren, Wollkratzen, Laternen, Steinkohlen.

XIV.) An

XIV.) An Sämereyen, Gewächſen, Bäumen, Früchten und Getraide: Apfel, Artoffeln, Backobſt, Frucht-
und Undenbäume, Bluhmenzwiebel, Gartengewächſe und
Gartenſaamen, Hanf- lein- und Kleeſaamen, Hopfen und
Getraide aller Art.

XV.) An Fiſchen und Fiſchwaaren: Geſalzne, getrockne-
te und friſche Fiſche, Anſchovis und Sardellen, Auſtern,
Caviar, geſalzner Dorſch, geſalzner und geräucherter Heering, Hummer, Krebſe, geſalzner und geräucherter Lachs,
Neunaugen.

XVI.) An Zug- und Schlachtvieh: Hammel und Schaafe, Kühe, Kälber und Ochſen, Pferde, Schweine.

XVII.) An Viktualien: Butter, geſalznes und geräuchertes
Fleiſch, Speck, Schinken und Schweinsköpfe, Wildprett,
Walzen- und Roggen-Mehl, Buchwaizen- Eier- Gerſte-
Hirſe- und Schwabengrütze, Gerſte- und Parlgraupen, Fa-
den- und bunte Nudeln, Käſe, Honig.

XVIII.) An Getränken: Bier, Wein- Cyder- und Bier-
eßig, Branntewein, Liqueure, Arrak und Rum, Weine,
als: Alicant, Bergerac, Calabriſcher, Cataloniſcher,
Champagner, Burgunder, Corſica, Cyper, Florentiner, ordinäre weiſſe und rothe Franzweine, feine Franzweine in Bouteillen, Frontignan, Italienſche, Kapwein, Lünel, Madera, Mag-
deburger Landwein, Mallaga, Malvaſier, Meßina, Moſe-
ler, Muſkat, Oeil de Perdrix, Picardon, Pontac, Por-
tugieß, Rethwein, Rheinweine, Roquemaur, Sect, Se-
reſer, Simenes, Spaniſcher, Syracuſa, Ungariſcher.

XIX.) An diverſen Waaren, welche unter den obigen
Klaſſen nicht begriffen werden konnten, oder unbe-
ſtimmt in den Einfuhrsliſten aufgeführet waren:
Allerhand Band, Bilder, Bücher, Cameelgarn und Haare,

re, Elfenbein, Fischbein, Galanteriewaaren, Hornspitzen,
Juweelen, Kämme, Klaviere, allerhand Knöpfe, Kokos-
knöpfe, Kramwaaren, Kuh- und Pferdehaare, Kutschen,
Meubeln, Mützen und Strümpfe, Pfeiffenköpfe, Pose-
mentierwaaren, Spanisch- und Stuhlrohr, Strohwaaren,
Stühle und Tische, allerhand Tücher, Uhren.

XX.) An Kleinigkeiten, welche entweder nur in sehr
geringen Quantitäten oder in einzelnen Jahren eingeführet worden: Aldesalbe, Arquebusade, Atlas, Augurken, Ballastschaufeln, Bertramwurzel, seiden Bast,
Besmer, Betten, Bettzelter, eiserne Bettstellen, Billiardstöcke, Naturellbluhmen, Bluhmen, Preß- und Schwan-
boy, Brod, Brusttücher, Carcassen, Cascaril, Caßia
Fistula, Caßia lignea, Dochtgarn, eingemachte Bohnen,
China, Bergchrystal, Schaafdärmen, Haardecken, Dichthammer, Eier, eiserne Kugeln, Elzen, gelbe und Glaß-
erde, Schreibfedern, Bieber- Eichhorns- Kuppen- See-
hunds- Schuppen- und gelbe Felle, Feuerwurz, Finis, Fin-
gerhüthe, Flaggen, Flaschenkeller, Flachsheede, Flachsgarn, Kalb- und Rindfleisch, Fliegenstein, wollen Flohr,
Florettes, Flöhsaamen, Galmey, Gänse, Genesgrün,
Wicken, Gewichte, Globen, goldene Tressen, Hafer- Man-
na- und Wienergrütze, Gummigutte, Kaninchenhaare,
Haarbeutel, Haarsiebe, Haartuch, Halsspritzen, Hanbutten, Harpös, Haselnüsse, Hiortron, Fischhaut, Grän-
Eschen- und Lindenholz, Holzkrangen, Leiterbäume, Müh-
lenwell, Mühlenspleth, Holznagel, eichene Pfäle, Schal-
borten, Tonnenbände, Wagen- Felgen und Speichen, Hüh-
ner, Hüthe, Jütebeeren, Kanapee, Kanefas, begossener
Kanehl, Seekarten, Kattunlein, Kieper, Kobalt, weisser
Kohl, Köllerhart, Korkholz, Königsgelb, Körbe, Pfeif-
sen- und Wiegenkörbe, Klinkersteine, Kornsiebe, Korn-
waage, Kransaugen, Kralde, Kugellack, Kukuksförner,

lakirte

lakirte Sachen, Schaafleber, Limonien, Lohe, Madraßen, Malzmehl, begoſſene Mandeln, Markaßir, Maſtix, Melotenblüthe und Kraut, Mettwürſte, Muffen, Murgeln, Muſſeln, Näh- und Stecknabeln, Nanking, Nelkenpflanzen, geräucherte Ochſenzungen, eingemachtes Obſt, Meloten-Rapp-Ruß-Spieck-Stein- und wohlriechende Oele, Orhoſte, Pantoffeln, Blau-Müßen- und Notenpapier, Paraſols, Perpetuelle, langer, türkſcher und weiſſer Pfeffer, Pfefferkuchen, Pfirſchenkerne, Pinſel, Pomade, Prüßing, Pudelmüßen, Pußmühlen, Spreng-Staub- uub Theerquäſte, Renthiermooß, Renthierzungen, Reſonanzſpähne, Reth, Birkenrinde, Rüben, Saflor, Violinſaiten, Sarg, Sattel, Schachteln, Schagaretbork, Schellack, Schieferweis, Schiffſchrapen, Schmirgel, Schrittſchuhe, Schuhe, Stiefeln und Stiefelſchächte, ſeiden Florband, Schußſchnallen, Schuſterörten, Schwalbenwurzeln, Semen Amomi, Senkel, Elchttuch, Sielenzeug, Soda, Oel-Quern-Thonigte- und Waſſerſteine, Stöcke, Streuſand, Stundengläſer, Tabakskäſtgen, Tarmapfel, Tauben, Troſchen, wollen Tripel, Trüffeln, Violinen, Viſetholz, Waagebalance, Wacholderbeeren, Wallrath, Watten, Weintrauben, Weyrauch, Ziegen, Zuckerbenit, Zuckerkiſtenbretter.

### §. 53.

Der Wehrt dieſer eingeführten Waaren betrug von:

| Num. | 1778 | | 1779. | | 1780. | | 1781. | | 1782. | | 1783. | |
|---|---|---|---|---|---|---|---|---|---|---|---|---|
| I. | 119,232 rthl. | 31 ß. | 137,901 rthl. | 8 fl. | 131,024 rthl. | 8 fl. | 126,027 rthl. | 12 fl. | 160,923 rthl. | 8 fl. | 159,243 rthl. | 38 fl. |
| II. | 3964 | 30 | 3391 | 20 | 3519 | 20 | 4243 | 33 | 4430 | 38 | 8107 | 2 |
| III. | 27248 | 24 | 39971 | 42 | 31262 | 10 | 63498 | 43 | 53633 | 19 | 53716 | 36 |
| IV. | 2839 | — | 2226 | 32 | 6031 | 40 | 5255 | 5 | 11600 | 43 | 6493 | 27 |
| V. | 17581 | 24 | 17946 | 32 | 24679 | 8 | 18178 | 40 | 26455 | — | 27434 | 8 |
| VI. | 17813 | 18 | 22564 | 34 | 18131 | 38 | 23710 | 8 | 25610 | 16 | 30187 | 24 |
| VII. | 13153 | 24 | 13741 | 23 | 23710 | 40 | 12079 | 24 | 14659 | 40 | 21034 | 44 |
| VIII. | 4495 | 21 | 5013 | 16 | 12481 | 13 | 2940 | 24 | 3823 | 26 | 4949 | 28 |
| IX. | 1993 | 36 | 1976 | 32 | 5967 | 47 | 3149 | 16 | 3378 | 4 | 3378 | 44 |
| X. | 2273 | 16 | 2815 | 8 | 3562 | 26 | 2177 | 6 | 2702 | — | 3437 | 24 |
| XI. | 35895 | 16 | 35716 | 46 | 58171 | 23 | 53024 | 40 | 62206 | 11 | 58751 | 25 |
| XII. | 5855 | 22 | 6089 | 26 | 5502 | 7 | 5621 | 45 | 4965 | 40 | 8374 | 12 |
| XIII. | 36305 | 9 | 43189 | 7 | 44216 | 7 | 54360 | 7 | 70995 | 41 | 64136 | 11 |
| XIV. | 37534 | 28 | 15244 | 24 | 21696 | 6 | 7249 | 35 | 30891 | 1 | 30632 | 27 |
| XV. | 22574 | 9 | 19213 | 9 | 11333 | 7 | 25285 | 20 | 26677 | 36 | 26453 | 30 |
| XVI. | 775 | 9 | 4860 | — | 5928 | 8 | 4878 | 8 | 1997 | — | 3448 | — |
| XVII. | 4987 | 2 | 5537 | 36 | 5200 | 9 | 4686 | 26 | 5474 | 47 | 5680 | 32 |
| XIIX. | 18698 | 4 | 22013 | 4 | 26918 | 16 | 22085 | 32 | 29162 | 28 | 29527 | 28 |
| XIX. | 5923 | 47 | 4366 | 25 | 7509 | 25 | 4305 | 24 | 5877 | 4 | 8965 | 25 |
| XX. | 364 | 19 | 358 | 3 | 374 | 25 | 237 | 44 | 510 | 22 | 641 | 20 |
| Summa | 389,006 rthl. | 34 fl. | 404,137 rthl. | 43 fl. | 424,738 rthl. | 34 fl. | 444,020 rthl. | 37 fl. | 544,859 rthl. | 40 fl. | 579,994 rthl. | 32 fl. |

### §. 54.

Auſſer dieſen von den Landeseinwohnern eingeführten fremden Waaren werden noch in den hieſigen Jahrmärkten von Fremden viele Waaren hereingebracht, und da die Einwohner einmal in der Meynung ſtehen, daß ſie beſſere Waaren führen und beſſere Preiſe geben, als die hieſigen Kaufleute, ſo machen ſie einen beträchtlichen Abſatz, ziehen das baare Geld aus dem Lande und entziehen den hieſigen Handelsleuten einen guten Theil der Nahrung, den ſie ſonſt haben könnten, zu geſchweigen, daß uns manche Ueberflußwaaren unbekannt bleiben würden, wenn wir nicht in den Märkten damit bekannt gemacht würden. Sie führen alle Galanteriewaaren, Bijouterien, ſeidene, baumwollen, wollen, linnen Waaren, Eiſenwaaren, Gewürze, Thee, Kaffee, Zucker, alle Arten von kurzen Kram, kurz alle mögliche Waaren ein. Die fremden Marktleute ſollen an Konſumtionsſteuer ſechs Procent von ihrer eidlich zu beſtätigenden Löſung abgeben. Nach dieſen Angaben ſind in den hieſigen Märkten von ihnen gelöſet:

| | | |
|---|---|---|
| Im Jahr 1778 — | — 10634 rthl. | — ßl. |
| — — 1779 — | — 13298 | 8 |
| — — 1780 — | — 14068 | 4 |
| — — 1781 — | — 22000 | — |
| — — 1782 — | — 17821 | 36 |
| — — 1783 — | — 18025 | — |

ſo daß, bloß nach ihrer eigenen
Angabe, in dieſen ſechs Jahren      = 95,847 rthl. —
von ihnen aus dem Lande gezogen worden, wovon nie ein Thaler wieder zurückkehret.

### §. 55.

Nehmen wir nun dieſe Poſten zuſammen, ſo erhalten wir den Betrag der Summen, die in dieſen ſechs Jahren für die importirten fremden Waaren vom Lande haben bezahlet werden müſſen. Sie belieſen ſich nemlich:

| Im Jahr an | Eignen Importen. | Jahrmarkts Lösung. | Total. |
|---|---|---|---|
| 1778 — | 380,008 rthl. 34 ßl. | 10634 rthl. — ßl. | 390,642 rthl. 34 ßl. |
| 1779 — | 404,137 , 43 , | 13298 , 8 , | 417,436 , 3 , |
| 1780 — | 424,738 , 34 , | 14068 , 4 , | 438,806 , 38 , |
| 1781 — | 444,020 , 37 , | 22006 , — , | 466,020 , 37 , |
| 1782 — | 544,859 , 40 , | 17821 , 36 , | 562,681 , 28 , |
| 1783 — | 579,994 , 32 , | 18025 , — , | 598,019 , 32 , |
| **Summa** | 2,777,760 rthl. 28 ßl. | 95,847 rthl. — ßl. | 2,873,607 rthl. 28 ßl. |

### §. 56.

2) Durch unsern Exporthandel führeten wir in den bemerkten sechs Jahren, vermöge der Beylage III. B aus:

I.) An **Produkten** unsrer Landwirthschaft: Frucht- und Lindenbäume, frisches und gebacktes Obst, Artoffeln, Getraide, als: Buchwaizen, Erbsen, Gerste, Hafer, Linsen, Malz, Roggen, Waizen und Wicken; Waizenmehl, Buchwaizen- und Gerstengrütze, Flachs, Blättertabak, Lohe, Strauchweeden, Schlagleinsaamen, frische Fische, frischen und geräucherten Heering, Gänse, Schaafe und Hammel, Rindvieh, Pferde, Schweine, Bett- und Schreibfedern, geräuchertes und eingekochtes Gänsefleisch, gesalznes Hammelfleisch, Mettwürste, Schinken, Speck, Schweinsköpfe, Tallig, Honig und Wachs, Haare, Lamm- Scheer- und Raufwolle für     3,399,391 rthl. 32 ßl.

II.) An verschiedenen Fabrikaten und Manufakturwaaren, als: Bier, Brantewein, Leinöl, Salz, Seife, Rauch- und Schnupftaback, Betten, Flechsen Garn, Leinwand, Lumpen, Werg, Schreibpapier, Lamm- Schaaf- Marder- und Fuchsfelle, Schmaschen, Hüthe, wollen Strümpfe, Boy, Naturellblumen, Mauer- und Dachsteine,

Tranſport    3,399,391 rthl. 32 ßl.

ſteine, Gipstiſchblätter, Japanewaa-
ren und Spiegel für            46,331 · 18 ·

III.) An einigen Kleinigkeiten, als:
Geſalzner Aal, Bernſteingraus, Bett-
ſtelle, Birn, Bohnen, Brod, Eier,
Endten, geräuchertes Fleiſch, Gänſe-
ſchmalz, Gartengewächſe und Saamen, Hafergrüße, Hammelſchinken,
wilde Schweinshäute, Hemden, Hüh-
ner, Kalkuhnen, Schaafskäſe, eingekochtes Kirſchenfleiſch, Kümmel,
Haſel- und Wallnüſſe, geräucherte
Ochſenzungen, Pflaumenmuuß, Rüben für                       206 · 18 ·

Zuſammen =   3,445,929 rthl. 20 ßl.

§. 57.

3) Durch unſern Oekonomiehandel führten wir von den ein-
gebrachten auswertigen Waaren verſchiedene wiederum aus, als:
Amidom, Apothekerwaaren, Pott- und Waidaſche, Bouteillen,
Braunroth, Brunnenwaſſer, Bücher, Citronen, Pfeiffenerde,
trockne Fiſche, Fenſter- und Spiegelglaß, Sagogrüße, Bau-
Nuß- und Brennholz, Ingber, Kaffeebohnen, Kleeſaamen,
Leinöl, Medicin, Metalle und Metallwaaren, Pech, Pfeiffen,
Reiß, Röthe, ſeidlißer Salz, Schießpulver, Stühle, holländiſchen Blättertaback, Thran, Theer, Vitriol, kurze Waaren,
Wein und einige andere Waaren in kleinen Partheyen für 167,418
Rthlr. 34 ßl. Dieſe Angabe beziehet ſich aber bloß auf den Theil
unſers Oekonomiehandels, der aus den Zollregiſtern ſichtbar werden kann. Denn was unſere Kaufleute in fremden Handelsörtern
ankaufen, und an andern fremden Oertern wieder verkaufen, ohne
unſer Land zu berühren, kann in die Zollbücher nicht kommen, und

J 2             man

man kann alſo mit Beſtimmtheit davon nicht urtheilen, ob man gleich vermuthen kann, daß auch dieſer Handelszweig nicht unbedeutend ſey.

### §. 58.

Die geſammten Exporten dieſes Zeitraums, ſowohl an eignen Probukten und Waaren als an wiederausgeführten fremden Waaren, betrugen demnach nach der angeführten Beylage:

| Im Jahr an | Eignen Exporten | Reexporten. | Total. |
|---|---|---|---|
| 1778 — | 538,088 rthl. 5 ſl. | 23,345 rthl. 16 ſl. | 561,433 rthl. 21 ſl. |
| 1779 — | 457,230 · 39 · | 25,959 · 29 · | 483,190 · 20 · |
| 1780 — | 524,760 · 47 · | 15,126 · 16 · | 539,887 · 15 · |
| 1781 — | 567,192 · 8 · | 31,200 · 16 · | 598,392 · 24 · |
| 1782 — | 706,113 · 2 · | 40,664 · 20 · | 746,777 · 22 · |
| 1783 — | 652,544 · 15 · | 31,122 · 33 · | 683,667 · — · |
| Summa | 3,445,929 rthl. 20 ſl. | 167,418 rthl. 34 ſl. | 3,613,348 rthl. 6 ſl. |

Dazu kommen noch an unbeſtimmten Waaren, welche im Jahr 1779 ſeewerts ausgeführet worden — — — 449 · — ·

Total der Ausfuhr in ſechs Jahren 3,613,797 rthl. 6 ſl.

### §. 59.

Unſer geſamter auswertiger Handel an Importen und Exporten betrug alſo in dieſen ſechs Jahren, nemlich:

| Im Jahr an | Importen. | Exporten. | Total. |
|---|---|---|---|
| 1778 — | 390,642 rthl. 34 ſl. | 561,433 rthl. 21 ſl. | 952,076 rthl. 7 ſl. |
| 1779 — | 417,436 · 3 · | 483,639 · 20 · | 901,075 · 23 · |
| 1780 — | 438,806 · 38 · | 539,887 · 15 · | 978,694 · 5 · |
| 1781 — | 466,020 · 37 · | 598,392 · 24 · | 1,064,413 · 13 · |
| 1782 — | 562,681 · 28 · | 746,777 · 22 · | 1,309,459 · · |
| 1783 — | 598,019 · 32 · | 683,667 · — · | 1,281,686 · 32 · |
| Summa | 2,873,607 rthl. 28 ſl. | 3,613,797 rthl. 6 ſl. | 6,487,404 rthl. 34 ſl. |

Im Durchſchnitt jährlich = 478,701 rthl. $12\frac{2}{3}$ ſl. | 602,299 rthl. 25 ſl. | 1,081,000 rthl. $37\frac{2}{3}$ ſl.

§. 60.

## §. 60.

Dieſer Handel wird theils zur See, theils zu Lande betrieben, der Seehandel aber iſt bey weitem der beträchtlichſte, wie die Beylage III. C. umſtändlich zeigt, woraus ich hier eine kurze Ueberſicht vorlege, woraus erhellet, daß der Seehandel ungefehr ⅘ und der Landhandel nur ⅕ unſers geſamten Handels betragen habe. Es betrug nemlich

| Im Jahr der | Seehandel. | | Landhandel.*) | | Total. | |
|---|---|---|---|---|---|---|
| 1778 — | 780,336 rthl. | 11 ßl. | 171,739 rthl. | 44 ßl. | 952,076 rthl. | 7 ßl. |
| 1779 — | 731,731 | 32 | 169,343 | 39 | 901,075 | 23 |
| 1780 — | 790,901 | 45 | 187,792 | 8 | 978,694 | 5 |
| 1781 — | 848,181 | 9 | 216,232 | 4 | 1,064,413 | 13 |
| 1782 — | 1,104,149 | 44 | 205,309 | 6 | 1,309,459 | 2 |
| 1783 — | 1,062,078 | 40 | 219,607 | 40 | 1,281,686 | 32 |
| Summa | 5,317,389 rthl. | 37 ßl. | 1,170,024 rthl. | 45 ßl. | 6,487,404 rthl. | 34 ßl. |

*) Mit Einſchluß der von fremden Krämern in hieſigen Jahrmärkten abgeſetzten Waaren.

## §. 61.

Wie groß der Antheil ſey, den eine jede unſrer Städte an unſerm auswertigen Handel nimt, kann ich nur für das 1780te Jahr angeben, da es mir in Anſehung der übrigen Jahre an den nöthigen Nachrichten fehlet. Indeſſen wird man doch das Handelsverhältnis unter ihnen einigermaßen daraus beurtheilen können.

## Importen 1780.

| | Zu Waſſer. | | Zu Lande. | | Total. | |
|---|---|---|---|---|---|---|
| Stralſund | 133,319 rthl. | 36 ßl. | 66,522 rthl. | 24 ßl. | 199,842 rthl. | 12 ßl. |
| Greifswald | 49,218 | 24 | 15,544 | — | 64,762 | 24 |
| Wolgaſt | 86,605 | 2 | 22,666 | 8 | 109,271 | 10 |
| Barth | 23,982 | 8 | 13,943 | 24 | 37,925 | 32 |
| Loiz | —— | — | 11,965 | — | 11,965 | — |
| Tribſees | —— | — | 7,584 | 14 | 7,584 | 14 |
| Grimm | —— | — | 3,238 | 41 | 3,238 | 41 |
| Damgarten | —— | — | 4,217 | 1 | 4,217 | 1 |
| Summa = | 293,125 rthl. | 22 ßl. | 145,681 rthl. | 16 ßl. | 438,806 rthl. | 38 ßl. |

Expor

## Exporten.

| | Zu Waſſer. | Zu Lande. | Total. |
|---|---|---|---|
| Stralſund | 278,913 rthl. 7 ſl. | 5215 rthl. — ſl. | 284,128 rthl. 7 ſl. |
| Greifswald | 116,850 ⸗ 20 ⸗ | 3011 ⸗ 35 ⸗ | 119,862 ⸗ 7 ⸗ |
| Wolgaſt ⸗ | 84,157 ⸗ 14 ⸗ | 7642 ⸗ 26 ⸗ | 91,799 ⸗ 40 ⸗ |
| Barth ⸗ | 16,932 ⸗ 32 ⸗ | —— ⸗ — ⸗ | 16,932 ⸗ 32 ⸗ |
| Loitz ⸗ | —— ⸗ — ⸗ | 19,380 ⸗ 38 ⸗ | 19,380 ⸗ 38 ⸗ |
| Tribbſees ⸗ | —— ⸗ — ⸗ | 3590 ⸗ 33 ⸗ | 3590 ⸗ 33 ⸗ |
| Grimm ⸗ | —— ⸗ — ⸗ | —— ⸗ — ⸗ | —— ⸗ — ⸗ |
| Damgarbten | —— ⸗ — ⸗ | 4193 ⸗ 2 ⸗ | 4193 ⸗ 2 ⸗ |

Summa = 496,853 rthl. 25 ſl. 43,033 rthl. 38 ſl. 539,887 rthl. 15 ſl.

Von unſern beyden wichtigſten Exportartikeln, dem Getraibe und der Wolle, haben die vier Seeſtädte ausgeführet:

| Stralſund | — | 6783 Laſt 18 Schfl. | 12127½ Stein, |
|---|---|---|---|
| Greifswald | — | 2318 ⸗ 95 ⸗ | 9291 1/10 ⸗ |
| Wolgaſt | —— | 1182 ⸗ 68 ⸗ | 2865½ ⸗ |
| Barth | —— | 337 ⸗ — ⸗ | 778 ⸗ |

## §. 62.

Wenn wir nun nach den bisher angeführten Angaben eine Vergleichung zwiſchen unſern Handelsausgaben, oder den Summen, welche das Land für die eingeführten fremden Waaren dem Ausländer bezahlen müſſen, und den Handelseinnahmen, oder den Summen, welche das Land für ſeine exportirten Landesprodukten und Waaren vom Auslande eingezogen hat, anſtellen; So ergiebt ſich, daß das Land in den ſechs Jahren, von welchen hier immer die Rede iſt, mehrere einheimiſche Waaren abgegeben, als fremde Waaren eingezogen, folglich vom Auslande mehr Geld erhalten als an demſelben ausgezahlet habe. Dieſer Ueberſchuß der Einnahme über die Ausgabe, welcher den Handelsgewinnſt des Landes ausmacht und ihm eine vortheilhafte Handelsbilanz ſchaft, betrug nach der hier folgenden Berechnung: 740,189 Rthlr. 26 ſl. und im ſechsjährigen Durchſchnitt jährlich: 133,364 Rthlr. 44⅓ ſl.

Im

| Im Jahr | Exporten. | | Importen. | | Bilanz. | |
|---|---|---|---|---|---|---|
| 1778 — | 561,433 rthl. | 21 ßl. | 390,642 rthl. | 34 ßl. | 170,790 rthl. | 35 ßl. |
| 1779 — | 483,639 = | 20 = | 417,436 = | 3 = | 66,203 = | 17 = |
| 1780 — | 539,887 = | 15 = | 438,806 = | 38 = | 101,080 = | 25 = |
| 1781 — | 598,392 = | 24 = | 466,020 = | 37 = | 132,371 = | 35 = |
| 1782 — | 746,777 = | 22 = | 562,681 = | 28 = | 184,095 = | 42 = |
| 1783 — | 683,667 = | — = | 598,019 = | 32 = | 85,647 = | 16 = |

Summa 3,613,797 rthl. 6 ßl.  2,873,607 rthl. 28 ßl.  740,189 rthl. 26 ßl.

## §. 63.

Es ist noch übrig anzuzeigen, mit welchen Ländern und Oertern
wir im Handelsverkehr stehen, woher wir unsre Bedürfnisse ziehen
und wohin wir unsern Ueberfluß absetzen. In dem Zeitraum der
sechs Jahre, von 1778 bis 1783, haben wir gehandelt mit Holland, England, Frankreich und Spanien, Dänemark, Norwegen
und Hollstein, Schweden und Finnland, Rußland und Livland,
den Staaten der Preussischen Monarchie, Mecklenburg, Wismar, Hamburg, Lübeck, Leipzig, Braunschweig und verschiedenen andern Oertern Teutschlands und Danzig. Was wir in den
beyden Jahren 1782 und 1783 von jedem genommen und an jeden
wieder abgegeben haben, will ich hier kürzlich angeben und mich
dabey auf die Beylagen III. D. und E. beziehen.

I.) Aus Holland hohleten wir: Ambos, Anies, Arrak, Bier,
Bley, Bleyhagel, Bleyweis, Baumwolle, Butter, Burbaumholz, Cakaobohnen, Kaffeebohnen, braunen Canehl,
Cardemom, Cochenille, Corinthen, Crapp, Compaß, Dachpfannen, seiden Dammast, Dichthammer, Dorsch, Ca-
beljau, Ebenholz, Englisch Gewürz, Gelbe und Pfeiffenerde,
Tarras, Feigen, Fischbein, Flachs, Flaggtuch, Gersten-
und Sagogrütze, Perlgraupen, salzen Hering, Harz, Indigo, Ingber, Käse, Klinkersteine, Kokosknöpfe, Lackmuuß, Leinwand, bleyerne Gewichte, Mandeln, Mussat-
nüsse, Muscatblüthe, Gewürznelken, Mennig, Baum-
Lein- Meloten- und Rübenöl, Papiere aller Art und Pappen, Pfeffer, Pfeiffen, trockne Pomeranzen, Pomeranzenschaalen

schaalen, Porzellan und Steinguth, Pinsel, Theerquäste, Rosinen, Reis, Rumm, Schwefel, weissen und braunen Syrup, Schweine, Salmiak, Salpeter, Segeltuch, Schmak, Spangrün, Spiegel, Schnupf- und Rauchtaback, Tabaksstengel, Blättertaback, Thran, Thee, Tische, Uhren, Champagner- Burgunder- Franz- Moseler- Rhein- und Sektweine, Selzer Wasser, Werg, Zuckern.

Im Jahr 1782 nahm Holland von uns bloß Roggen und Bodenstäbe, im Jahr 1783. nichts.

II.) Aus England hohlten wir: Bier, Bley, Bleyhagel, Bleyweis, Butter, Bouteillen, Caffeebohnen, Fensterglas, englisch Gewürz, Silberglötte, Walzenmehl, Glasur, Harz, Mahagoni- und Pockholz, Ingber, Käse, Kieper, Steinkohlen, Korkpfropfen, lackmuuß, laken, leber, Mandeln, Medicin, Pflaumen, Porzellan und Steinguth, Reiß, Salz, Schweine, Schleif- und Weßsteine, Dreylinge, Sarg, Segeltuch, baumwollene Strümpfe, Stiefelschäfte, Ballastschaufeln, Schifeschrapen, Sielenzeug, Rauchtabak, Spieltische, Vitriol, Franzwein und Zuckern.

England nahm von uns: Betten, Schreibfedern, Roggen, Walzen, Gerste, Hafer, Erbsen, Pech und Tonnenstäbe.

III.) Aus Frankreich und Spanien zogen wir: Austern und liqueure, Caffeebohnen, Cappern, Wein- und Cyderessig, eingemachte Früchte, Indigo, Korkholz und Pfropfen, Käse, Mandeln, Baumöl, Terpenthinöl, Orlean, eingekochtes Obst, Oliven, Schreib- und Conceptpapier, Pappen, Pflaumen, Pockholz, Rosinen, Reis, Syrup, Sardellen, Schinken, Strohhüthe, Spangrün, Sonnenschirm, westindischen Tabak, ordinaire und feine Franzweine, Portugies, Spanischen, Katalonischen Wein, Mallaga und Eimenes, rothen und weissen Weinstein, wohlriechende Wasser und Moskebade.

Da-

Dagegen schickten wir dahin: Waizen, Fichten Bretter, Balken, Sparren, Viertelhölzer, Schifsbauholz, Schifsplanken, Bodenstücke, Tonnen- und Pipenstäbe, Leinsaamen.

IV.) Aus Dänemark, Norwegen und Hollstein führten wir ein: Anschovis, Apfeln, Austern, Anker, Brantewein und Liqueure, Bretter, baumwollen Tücher, Bührenzeuge, Caffeebohnen, Cakaobohnen, Chocrolade, Citronen, Erdenzeug, Pfeiffenerde, Eier, eisern Geräth, gesalzne und trockne Fische, Spurten, salzes und geräuchertes Fleisch, Flachs, Schaaf- und Lammfelle, Gersten- und Perlgraupen, Gersten- und Buchwaizengrütze, Sago, Fensteralas, salzen und geräucherten Heering, Grauwerk, Pockholz, Roß- Kuh- Kälber- und Ochsenhäute, Strohhüte, Käse, Korkpfropfen, Leinwand, Mandeln, Mauer- und Dachsteine, Apotheker-Materialien, marmorne Tischblätter, Nanking, Pfeffer, Porzellan und Fayance, Lämmerpelze, Reis, Reifergut, Rhabarber, Rum, Syrup, Schweine, Schinken, Speck und Schweinsköpfe, Segeltuch, Thran, Theer, Virginische und westindische Tabaksblätter, Theer, Champagner und Burgunder, ordinaire und feine Franzweine, Capwein, Selzer Wasser, Scheerwolle und Zuckern.

Wir führten dahin: Apfeln, Brantewein, Bouteillen, Bretter, Butter, Flachs, Roggen, Waizen, Malz, Gerste, Hafer, Erbsen, Brennholz, Fichten Peenhölzer, Balken, Sparren und Bohlhölzer, Tonnenstäbe und Bände, Schifsbauholz und Planken, Radfelgen, Lohe, braunes Schaafsleder, Leinsaamen, trockne Kirschen, Mauer- und Dachsteine, Pech, Seiblitzer Salz, Kleesaamen, Schmaschen, Tabaksblätter, Karbustabak, Scheerwolle.

V.) Aus Schweden und Finnland führten wir ein: Alaun, Apothekerwaaren, spanischen Brantewein, Braunroth, Bier, Baumwolle, Bücher, Canehl, Möbeldammast, Messing- und Eisendrath, weis Blech, Stangen- Band- und Knippeisen,

eisen, Eiserne Ambos, Anker, Geräthe, Grapen, Kanonen, Nägel, Spicker, Platen, Bettstellen, und Thüren,
salze und trockne Fische, Flachs, Lamm-Schaaf-Kalb-
und Bockfelle, Fliesensteine, Gerste und Hafer, Waizen-
mehl, Gerstengraupen und Grütze, Erd- und Himmelsgloben,
Haarbecken, Brennholz, Bretter, Latten, Balkunen,
Gränholz, Sparren, Rönnhölzer, Leiterbäume, eichene
Etender, Bootsriemen, Pipenstäbe und hölzernes Geräthe,
Hanf, eingemachte Hiortron und Lingon, salzen Heering,
Hanbutten, Hummern, Handschuh, eingemachten Ingber,
gelöschten und ungelöschten Kalch, Kienruß, Kupfer, Kü-
he, salzen und geräucherten Lar, Leinwand, Talllglichter,
Laken, zinnerne Leuchter, Meublen als Biraur, Stühle,
Tische, Kanapee und Spiegel, Metallarbeiten, Muskat-
nüsse, Ochsen, Pechöl, Oele in Laden, Porzellan und Fa-
yance, Pech, Pferde, Papierne Tapeten, Pozzolano, sei-
dene Parasols, Rhabarber, Reis, Rohr, Spanischrohr,
Syrup, eingemachte Sachen, Cordon-Leichen-Treppen-
und Schleifsteine, Segeltuch, Sielenzeug, verarbeitetes
Silber, Schnupftücher, Thee, Theer, Herings- und
Wallfischthran, Schnupftabak, Tauwerk, Vitriol, silberne
Uhren, Franz-Portugies- und Spanische Weine, Corsica,
Muskat und Picardon, Waagbalance, Zucker.

Wir führten dahin: Salzen Aal, Apfeln, Artoffeln, Aurum Pigmentum, Frucht- und Lindenbäume, Vogelbauer,
Blaustein, weisse Bohnen, Backobst, Bücher, Butter,
Bretter, Eier, Endten, Schaafs- und Lammfelle, Stock-
fisch, salzes Hammelfleisch und Hammelschinken, Flachs,
Buchwaizen-Gerste- und Hafergrütze, alle Arten Getraide
als: Roggen, Waizen, Buchwaizen, Malz, Gerste, Hafer und Erbsen, Waizenmehl, lebendige Gänse, eingekochtes und geräuchertes Gänsefleisch, trockne Kirschen und eingekochtes Kirschenfleisch, eingemachte Pflaumen und Pfir-
schen, wilde Schweinshäute, Mettwürste, Medicin, Leinöl, trockne Pflaumen, Pferde, geräucherte Schweinsköpfe,

Schin-

Schinken und Speck, Pfeiffenerde, Schmaſchen, eine
Sammlung ausgeſtopfter Vögel, Rauf- lamm- und Scheerwolle, Wallnüſſe.

VI.) Aus Rußland und Livland ward eingezogen: Engliſch Bier, Büßrenzeug, Butter, Caviar, Butten, Eiſen
in Stangen, Bolzen und Platen, eiſerne Grapen, ſalz
Fleiſch, Kalb- und Bockfelle, Hermeline, Grauwerk, ſchwarze Pelze, Roggen, Turſe, Paß- und Reinhanf, Pferdehaare, Kuh- und Ochſenhäute, Juften, Kattunlinnen,
Leinwand, Lindenholz, Tallig und Talliglichter, Bock-
Sohl- und Vahlleder, Leinſaamen, Baſtmatten, Neunaugen, Hanf- und Leinöl, Papierne Tapeten, Pelzereyen, Pu-
delmützen, Raventuch, Revaltuch, Segeltuch, weiſſe Seife, Schuhe, Rauch- und Blättertabak, Thee, Theer.
Wir führten dahin: Apfel, Backobſt, Fruchtbäume, Birn,
Naturellblußmen, Brantewein, altes Eiſen, lebende und
geräucherte Gänſe, Schwediſchen Hering, trockne Kirſchen
und Pflaumen, Mettwürſte, geräucherte Schweinsköpfe,
wollene Strümpfe, Wällnüſſe.

VII.) Aus den Preuſſiſchen Staaten ward eingeführet:
Anies, Apfel, Gallapfel, Artoffeln, Waid- und Pottaſche,
Backobſt, Bier, weiſſe Bohnen, Beeſen, Preßboy, Cha-
long, Cappern, Eſſig, Irrdenzeug, Eiſerne Anker und
Grapen, Flachs und Flachsgarn, Flanelle, Frieſe, Friſche
Fiſche, Delftſche Flieſen, Flieſenſteine, Gartengewächſe
und Saomen, Grauwerk, Gerſtengraupen, Hirſe- und
Hafergrütze, Gipsbilder, Fenſter- und Spiegelglas, Stun-
dengläſer, Roggen, Waizen, Gerſte und Erbſen, Fichten-
Eichen- und Büchenbrennholz, Bretter, Planken und Die-
len, Latten, Balken, Sparrhölzer, Bohlhölzer, Orhoft-
Tonnen- und Piepenſtäbe, Maſthölzer, Fichten und eichen
Blöcke, Sohl- und Riegelholz, Stieleichen, Schiffsbau-
holz, Holznagel, Holzkohlen, Dachſpähne, hölzern Geräthe, Lohe, Baſtmatten, Wagenſpeichen und Felgen, Holz-

K 2                          krangen,

krangen, Wagenschuffen, Rein- und Paßhanf, Hammel,
Hering, Hopfen, Strohhüthe, Kümmel, ungelöschten
Kalch, Danziger Käse, Kühe, Kupfer, Krebse, Laken,
Leinwand, Lederwaaren, Talliglichter, Leinsaamen, Mau-
er- und Dachsteine, Multum, Ochsen, Oliven, Baum-
und Rübenöl, Conceptpapier, Pfeiffen, Pferde, Pflaumen, Porzellan und Fayance, Rasche, Reis, Rohr, Rüben, Schweine, Seife, Stahl, Flohr- Holster- und
rheinsch: Mühlensteine, Sardellen, Segeltuch, Thee, Tabaksblätter, Theer, Viktualien, Weine, als: Champagner
und Burgunder, Franzweine, Lünel, Mallaga, Muskat
und Sect, Picardon und Ungarische, Werg, Waid, rothen Weinstein, Wildprett, verschiedene Wollenwaaren,
Zwirn.

Dagegen nahmen die Preußischen Staaten von uns:
Bier, Braunroth, Bücher, Butter, Stangen- und altes
Eisen, Anker, Flachs, Federn, Fayance, Gänse, Spick-
gänse, Roggen, Hafer und Erbsen, salzen und geräucherten Hering, Hamel, Kühe und Kälber, Ochsen, Pferde, Schweine, Strauchweeden, Stühle, Pfeiffenerde,
Herings- und Wällfischthran, Werg und Scheerwolle.

VIII.) Aus Meklenburg erhielten wir: Alaun, Aloe, Amidom, Anies, Apothekerwaaren, Arrak und Ruhm, Artoffeln, Augurken, Austern, Barchent, Butter, Bier,
Branntewein, Bleiwels, weiße und eingemachte Bohnen,
wollen und seiden Band, Baumwolle, Berlinerblau,
Bindfaden, Backobst, Bleyhagel, Betten, ordinaire und
Fleckboy, Bouteillen, Brob, Bücher, Butter, Campfer,
Canehl, Cameelgarn, Camelotte, Caffeebohnen, Choccolade, Citronen, Crapp, Calmank, Chalong, Cammertuch, Cattunen und Chitzen, Cattunlinnen, Castanien, Eisen und Meßingdrath, Düffel, Erdenzeug, Eßig, Ettamine, elfenbeinerne Kämme, Eisen in Stangen und Platen,
eiserne Nagel, Grapen und anderes Geräthe, Frische und
trockne

trockne Fiſche, Flachs, Schaaf‑ lamm‑ Kalb‑ Bock‑
Haaſen‑ Marder‑ und Fuchsfelle, Fiſchbein, Frieſe, Fla‑
nelle, Frieſade, Fernambuck, Gerſten‑ und Perlgraupen,
Gerſten‑ Buchwaizen‑ uud Hirſegrütze, Bier‑ und Wein‑
gläſer, Fenſterglaß, Grauwerk, Getraide, als: Roggen,
Waizen, Gerſte, Malz, Hafer und Erbſen; Schifsbau‑
holz, eichene Blöcke, Brennholz, Bretter, Dielen, Schifs‑
planken, Latten, Dachſpähne, hölzerne Waaren, nürnber‑
ger Spielzeug, ſalzen Hering, Turſe, Rein‑ und Paßhanf,
Hirſchhorn, Hopfen, Hornſpitzen, Handſchuhe, Roßhäute,
halbſeidene Waaren, Hammel, Indigo, Ingber, gelöſch‑
ten und ungelöſchten Kalch, holländiſchen Käſe, weiſſen
Kohl, Kammertuch, Kokosknöpfe, trockne Kirſchen, Kreb‑
ſe, Kühe, Kümmel, Korkpfroſen, Kramwaaren, Lack‑
muuß, Leim, Leinwand, Linnenwaaren, Steife Leinwand,
Tallig‑ und Wachslichter, Binnſohlleder, bereitet Ruſſi‑
ſches und Engliſches Sohlleder, Roß‑ und Kalbleder, un‑
bereitet Leder, Lederwaaren, Laken, Leinſaamen, Siegellack,
Matten, Materialwaaren, Metallarbeiten, Meſſing, Meu‑
beln, Mauer‑ und Dachſteine, Mützen, Multum, Neſ‑
ſeltuch, Neunaugen, Baum‑ Hanf‑ Lein‑ und Rübenöle,
Concept‑ Grau‑ Makulatur‑ Royal‑ und Schreibpapier,
hölzerne und irdene Pfeiffen, trockne Pflaumen, friſche und
trockne Pomeranzen, Pferde, Plüſch, Pech, Violinſaiten,
Perpetuelle, Roſinen, Reis, Kaffee, Rüben, Reiſer‑
guth, Fiſchrüſen, Rauchwerk, gedruckte Raſche, Reth,
Stuhlrohr, Rehe, grüne und weiſſe Seife, Syrup, Salz,
Seidene Bänder, Spitzen, Klee‑ und andere Saamen,
Schweine, Salpeter, Stahl, Schleif‑ und Mühlenſteine,
Segeltuch, Spiegel, zwirne, wollene und gewalkte Strüm‑
pfe, Schmaſchen, Seidenwaaren, Schmalte, Spinnräder,
Stühle, Splecker, Senſen, Schneidemeſſer, Thee, Rauch‑
und Blättertabak, Tallig, Thran, Theer, Torf, Tauwerk,
Tamis, Thüringer Waaren, Velverett, Victualien, Vi‑
triol, Waid, Franzweine, Lamm‑ und Scheerwolle, Näh‑

K 3

wolle,

wolle, Wollenwaaren, Werg, Wildprett, Wollkratzen, Sparwasser, altes Zinn, Zuckern, Zwirn und Zunder.

Dagegen nahm Mecklenburg von uns: Bier, Butter, Bretter, Capaunen, Stangeneisen, eiserne Nagel, frische Fische, Fayance, Roggen, Waizen, Gerste, Hafer und Erbsen, salzen Hering, Balken, Balkunen, Sparren, Bohlhölzer, fichten Peenhölzer, Latten, Hammel, Kühe, Kälber und Ochsen, Pferde, Schweine, Spiegel, Speck, Herings- und Wallfischthran, Franzwein und Scheerwolle.

IX.) Aus Wismar erhielten wir: Krebse, Kramwaaren, Reis, Schmalt, Schmaschen, Spitzen.

Wir schickten dahin: Fayance, Bodenstücke, Oxhoft-Pipen- und Tonnenstäbe, Waizen.

X.) Aus Hamburg holten wir: Alaun, Anies, Anschovis, Amidom, Gallapfel, Apfelsina, Renettapfel, Apothekerwaaren, Arrack und Rumm, Pottasche, Austern, Bleiweis, Bimstein, Burbaumholz, Bernsteingraus, Berlinerblau, Oelblau, Braunroth, Borax, Bley, Bleyhagel, Bleyerz, Bücher, Baumwolle, Barchent, Braunspon, Braunstein, rothen Bolus, Fleckboy, Linnenband, Franzbranntewein, wollene Betthelfer, Caffebohnen, Choccolade, Citronen und Citronschaalen, Cardemom, Cochenille, Curkumey, Campfer, braunen und weissen Canehl, Corinthen, Crapp, Cappern, Cubeben, Cakaobohnen, Castanien, Coriander, Caßia lignea, Camelott, Calmank, Chalong, ordinaire und feine Cattunen und Chitzen, Camelgarn, Cammertuch, Claviere, Dachtgarn, wollen Dammast, Düffel, Meßingdrath, gelbe Erde, Ettamin, elfenbeinerne Kämme, eisern Geräthe, englisch Gewürz, Elephantenzähne, Wein- und Cydereßig, Schmelztiegel, geräuchertes Fleisch, Schollen, Fischbein, Feigen, Fenchel, Saffians- Kalb- und Bockfelle, Fernambuk, rothe Farbe, Flaggtuch, Friese, Flanelle, englische Fayance, Flintensteine,

tensteine, Flöhsaamen, Perlgraupen, Schwaben- und Sagogrütze, Galgant, Gummi Arabicum, Silberglötte, Grauwerk,
Baumwolle, geschlagen Gold, Franz- und Böhmisch Glas,
Garten Saamen, Roggen, Blau- Braun- Gelb- Roth-
und Sandelholz, Hornspitzen, geraspelt Hirschhorn, Harz,
Hausenblasen, Handschuhe, halbseidene Waaren, Zucker-
kistenbretter, Hanffaamen, Hering, Indigo, Ingber,
holländischen Käse, Korkpfropfen, Kümmel, Apothekerkruken, Kokosknöpfe, Kramwaren, Lackmuuß, Lorbeerbeeren
und Blätter, Lakritzensaft, steife Leinwand, weiße Wachslichter, englisch Leder, Kalbleder, Sohlleder und Lederwaaren, Laken, Leinwand und Linnenwaaren, Siegellack,
Mandeln, Muskatblüthe, Muskatnüsse, Materialwaaren,
Mennig, Meßing, Metallarbeit, Mützen, Multum,
Murgeln, baumwollene Mützen, Gewürznelken, Neunaugen, Nudeln, weißen Nicht, Ocker, Orlean, Orangeschaalen, Oliven, Baum- Lein- Terpenthin- Lohr- und Rü-
benöle, Pack- Post- und Makulaturpapiere, Papierne Ta-
peten, Pfeffer, Prunellen, Pflaumen, reife und trockne
Pommeranzen und Schaalen, Paradießkörner, Puder,
Pfefferkümmel, Porzellan und Fayance, Pantoffeln, Plüsch,
Queckfilber, Rosinen, Reis, Rappee, Carotten, trocknen
Rosmarin, Rothstein, Safran, Swefel, braunen und
weißen Syrup, Semmel- Venedische- und weiße Seife,
Seidenband, Salpeter, Succade, Sassafras, Spangrün,
Semen Sabadillae, Senesblätter, Silttgelb, Schmaack,
Klee- und andere Saamen, Fensterschwamm, Stahl, Sar-
ge, Satin, Segeltuch, seidene, wollene und andere Strüm-
pfe, Stuhlrohr, Sensen, Schwefelbluhmen, Salmiak,
Seidenwaaren, Sago, Schleifsteine, Spiegel, Senf,
Sammet, Schneidemesser, Kanaster- Portorico- Suicent-
und andere fabricirte Rauchtabacksarten, Tabackskästel,
Blättertaback, Tabacksstengel, Tamarinden, Terpentin,
Tripp, Thee, Tamis, Umbra, Vitriol, Violenwurzeln,
Velverett, Franz- Franken- Moseler- Rhein- und Portu-
giesweine,

giesweine, Serefer, Mallaga, Champagner und Burgunder, rothen und weissen Weinstein, Waid, Wau, weisses
Wachs, Wallrath, Brunnen= und wohlriechendes Wasser,
Wachstuch, Lammwolle, Nehewolle, Wollenwaaren, Zinnober, Zuckern und Zwirn.

Dagegen nahm es von uns: Fayance, Bett= und Schreibfedern, Malz, Erbsen und gelbes Wachs.

XI.) Aus Lübeck erhielten wir: Alaun, Aurum Pigmentum, Antimonium, Arrak und Rumm, Anies, Apfel,
Apfelsina, Gallapfel, Anschovis, Pott= und Waidasche,
Asa Foetida, Amidom, Apothekerwaaren, Aloe, Albesal-
be, Arsenicum, Atlas, Ambos, Anker, Austern, Englisch und hamburger Bier, Butter, Bührenzeug, Franzbranntewein und Liqueure, Bleyweis, Bimstein, Frucht-
und Lindenbäume, Blausteln, Bast, Oelblau, Bindfaden,
Braunroth, Borax, Bley, Bleyhagel, Bleyerz, Bouteillen, Bücher, Baumwolle, rothen Bolus, Bernsteingraus, eichene Bretter, weis Blech, Blumenzwiebeln,
braunschweiger Grün, Caffeebohnen, Cakaobohnen, Citronen, Citronenschaalen und Saft, Cardemom, Cochenille,
Curkumey, Campfer, weissen und braunen Canehl, Corinthen, Coriander, Crapp, Cappern, Cubeben, Cascaril,
Cassia Fistula, Canehlblüthe, Castanien, Caninchen= und
Camehlhaare, Claviere, Corduan, Coufret, Meßing= und
Eisendrath, Dachpfannen, sichten Dielen, Wein= und Cydereßig, Englisch Gewürz, eisernes Geräthe und Grapen,
Nagel, Schmelztiegel, Schollen und Strömling, salzes und
geräuchertes Fleisch, Flachs, Feigen, Biber= Bock= gel-
be= Kalb= Lamm= Kuppen= Saffians= und Ziegenfelle, Fernambuck, Fenchel, Fönum graecum, Huthfutterale, Flaschenkeller, Fliesensteine, Fischbein, Flaggtuch, Flöhsaamen, Finis, Fliegenstein, Flintenstein, Feuerwurz, Fisch-
häute, Perlgraupen, Sago= Manna= Wiener= und Hirse-
grütze, Fensterglas, Schellack, Gummi Arabicum und

. Dra-

Dragant, Silberglötte, Grauwerk, baumwollen Garn,
Gips, Roggen, Gerste und Erbsen, Blattgold, Braunschweiger Grün, Gläser, Galgant, Glas zu Wettergläsern,
Ebenholz, Nürnberger Spielzeug, latten, Zuckerkisten-
bretter, Turse, Paß- und Reinhanf, Hopfen, berger Hering, Blau- Braun- Gelb- und Rothholz, Mahagoniholz,
Hornspitzen, Hirschhorn, Harz, Hausenblasen, Handschuhe, Sandelholz, Pockholz, Honig, geraspelt Hirschhorn,
Harpös, Pferdehaar, Indigo, Ingber, holländischen,
schweizer und danziger Käse, Korkpfropfen und Holz, Kümmel, Königsgelb, Kreide, Kupfer, Wollkratzen, kurze Waaren, Fuß- und Wiegenkörbe, Kugellack, Kellerhart, irdene,
Stein- und Apothekerkruken, Kokosknöpfe, lackmuuß,
lorbeerberen und Blätter, leim, lakritzensaft, leinwand,
linnen Tücher, weisse Wachslichter, laternen, Binsohlle-
der, englisches und Rußisches Sohlleder, Wahl- Roß- und
Schaafleder, leinsaamen, Siegellack, Schellack, laken,
mathematische Instrumenten, Mandeln, Muskatblüthe und
Nüsse, Mennig, Meßing, Messer und Gabel, Schneidemesser, Metallarbeiten, Bastmatten, Möbeln, Medicin, Me-
lötenkraut, Putzmühle, Murgeln, gewalkte Mützen, Gewürznelken, Nudeln, Netz und Stecknadeln, Rüben- lein- Baum-
Rapp- Terpenthin- Spieck- lohr- Vitriol- Dege- Ruß- De-
le, Oker, Orlean, Oblate, Oliven, eingemachtes Obst,
Ofen von Steinguth, Pack- Post- Preß- Concept- Schreib-
Noten- Blau- und Makulaturpapier, Pappen, papierne
Tapeten, Pfeiffen, Pfeffer, Prunellen, Nelkenpflanzen,
reife, trockne und kandirte Pommeranzen und Schaalen,
Porzellan und Fayance, Paradießkörner, Puder, Schieß-
pulver, Pfefferkümmel, weissen Pfeffer, Pelzereyen,
Pfeiffenkörbe, Prüßing, Pfirschenkerne, Pantoffeln, Queck-
silber, Rosinen, Reis, Rappee, Rothstein, Reveltuch,
Raventuch, trocknen Rosmarin, Röthe, Weberrohr, Sa-
fran, Schwefel, Syrup, Semmel- Venedische und weisse
Seife, Salpeter, Succade, Spiegel, Spangrün, Senf,
Senesblätter, Sittgelb, Schmack, Sittwersaamen und

Wurzeln, Fensterschwamm, Stahl, Dreylinge, Schleif-
Reinschemühlen- und Bodensteine, Klinker, Segeltuch,
Sardellen, Salmiack, Sensen, Sassafras, kleine Sägen,
Sittgelb, Rüben- Canarien- Hanf- und Kleesaamen,
Schrittschuhe, Schrapen, Spaniol, Billiardstöcke, Schifs-
takelage, Staubbürsten und Qväste, Thran, Terpenthin,
Tamarinden, allerhand fabricirten Rauchtaback, Taback in
Carotten und Blättern, Tabacksstengel, Thee, Tripp, wollen Tripel, Theerbürsten, Tulpenzwiebeln, Umbra, Vitriol, Violenwurzeln, Velverett, Brunnen Wasser, Franz-
Portugies- Moseler- und Rheinweine, Champagner, Burgunder, Oeil de Perdrix, Malvasier, Mallaga, Sect,
Muskat, Picardon, Bergerac, rothen und weissen Weinstein, weisses Wachs, Wayrauch, Wallrath, Wacholderbeeren, Werg, Lamm- und Scheerwolle, Bartramwurzeln,
englisch Zinn, Zinober, rohe und weisse Zuckern, Zuckerbenit, Zuckerbilder, Zwiebeln und Zunder.

Lübeck hat wieder von uns genommen: Weidasche,
Buchbinderspähne, Bett- und Schreibfedern, Stangenei-
sen, eiserne Nagel, Fayance, Fliesensteine, geräucherte
Gänse, Glas, Walzen und Hafer, Orhost- und Tonnen-
stäbe, Bodenstücke, altes Kupfer und Messing, Leinöl,
Mauer- und Dachsteine, Pfeiffen, Pech, wollene Strümpfe,
Taback in Bättern und Carotten Rauf- und Scheerwolle.

XII.) Aus Leipzig ward eingeführet: Bücher, Fleckboy,
Barchent, Camelott, Calmank, Cattunen und Chitzen,
Cattune Bettdecken, Diell, Hermelinfelle, schwarze
Pelzfelle, Grauwerk, Spiegelglas, verschiedene Eisen-
waaren, nürnberger Spielzeug, Strohhüte, Sinn waaren,
steife Leinwand, Laken, Lederwaaren, Mützen, Nesseltuch,
grau Papier, Rappee, Ganz- und Halbseidene Waaren,
Nehseide, seidene Bänder und Tücher, seidene und zwirn
Strümpfe, Scheidewasser, Tamis, thüringer Waaren,
Hölzerne Uhren, Violinen, Wollenwaaren und Zwirn.

XIII.) Aus Braunschweig ward eingeführet: Bücher, Camelott, Calmank, Cattunen und Chitzen, Chalong, Diverse

verſe Eiſenwaaren, gemeine Kramwaaren, Laken, Siegellack, Leinwand und Linnenwaaren, Multum, Neſſeltuch,
Concept- Schreib- und Makulaturpapier, Rappee, Halbe
und Ganze Seidenwaaren, Schneidemeſſer, Tamies und
Wollenwaaren.

Weder nach Leipzig noch nach Braunſchweig exportirten wir in dieſen beyden Jahren, zufolge der Aus-
fuhrsliſten, etwas von unſern Waaren.

XIV.) Aus andern Orten Teutſchlands ward eingeführet: Anies, Pottaſche, Barchent, Fleckboy, Calmank,
Cammertuch, Chalong, Cattunen und Chitzen, Drell,
wollene Decken, diverſe Eiſenwaaren, Ettamine, Flaggtuch, Flanelle, Frieſe, Frieſade, Fenſter- und Spiegelglas, Bier- und Weingläſer, Handſchuhe, Hopfen, Lim-
burger Käſe, Kühe, Kümmel, Laken, Leinwand, Metallarbeiten, Multum, Baumwollene Mützen, Neſſeltuch,
Concept- und Schreibpapier, Pech, Pferde, Schießpulver,
Rothſtein, Rußbütten, Senſen, Scheidewaſſer, Salmiak, Seidenwaaren, Wollenwaaren, Selzer- und Pyrmon-
terwaſſer, wohlriechende Waſſer, Rheinweine und thüringer Waaren.

Dahin ward wiederum exportiret: Butter, Malz, Hammel, Pferde, Rindvieh, Schweine, Spiegel und Scheerwolle.

XV.) Aus Danzig ward im Jahr 1782 nur Raven- und
Reveltuch, aber im Jahr 1783 eingeführet: Bleyerz,
Vahßleder, Makulatur, Schwefel, Blättertaback und weiſſe Wachslichter; Dahin in eben dem Jahre exportiret:
altes Eiſen, ſalzen Heering und Heringsthran.

§. 64.

Vergleichen wir nun den Betrag der Importen, welche wir
von dieſen Nationen und Oertern gezogen haben, mit dem Betrage der Exporten, welche wir ihnen wieder überlaſſen haben, ſo ergiebt ſich leichtlich, an wem wir in unſerm Handel, in den beyden Jahren 1782 und 1783, verlohren und von wem wir gewonnen haben, wie aus folgender Berechnung erhellet. Im Jahr
1782 haben wir nemlich

Einge-

84

## Pommersche Staatskunde.

| | Eingeführet aus | Ausgeführet nach | Verlust. | Gewinst. |
|---|---|---|---|---|
| Holland | 8837 rthl. 23 gl. | 8065 rthl. — gl. | 772 rthl. 23 gl. | — rthl. — gl. |
| England | 15,452 - 39 - | 14,210 - — - | 1242 - — - | — - — - |
| Frankr. u. Spanien | 53,382 - — - | 32,948 - — - | 20,434 - — - | — - — - |
| Dänemark 2c. | 32,441 - 26 - | 37,035 - 8 - | — - — - | 14,593 - 30 - |
| Schweden | 113,633 - 38 - | 561,334 - 47 - | — - — - | 447,701 - 9 - |
| Russland | 59,987 - 17 - | 558 - 36 - | 59,428 - 29 - | — - — - |
| Preußischen Staaten | 65,024 - 43 - | 46,530 - 32 - | 19,494 - 11 - | — - — - |
| Mecklenburg | 70,011 - 21 - | 19,432 - 35 - | 50,578 - 34 - | — - — - |
| Wismar | 77 - — - | 1085 - — - | — - — - | 1008 - — - |
| Hamburg | 32,850 - 11 - | 948 - 32 - | 31,901 - 27 - | — - — - |
| Lübek | 62,045 - 14 - | 11,940 - 20 - | 50,104 - 42 - | — - — - |
| Leipzig | 2410 - 24 - | — - — - | 2410 - 24 - | — - — - |
| Braunschweig | 3486 - 24 - | — - — - | 3486 - 24 - | — - — - |
| Uebrige Teutschland | 34,918 - — - | 12,688 - 4 - | 22,329 - 44 - | — - — - |
| Danzig | 300 - — - | — - — - | 300 - — - | — - — - |
| | | | 261,383 rthl. 18 gl. | 463,302 rthl. 39 gl. |
| | | | | 261,383 - 18 - |
| | | | | = 201,919 rthl. 21 gl. |

Abgegen der Verlust — 261,383 - 18 -

und die Jahrmarktsbezahlung — 17,821 - 36 -

Bleibt Gewinst = 184,097 rthl. 33 gl.

Haupst. IV. Abschn. II. Stadtwirthschaft. §. 64.

| Im Jahr 1783 über | Eingeführet aus | Ausgeführet nach | Verlust | Gewinst |
| --- | --- | --- | --- | --- |
| | rthl. — ßl. | rthl. — ßl. | rthl. — ßl. | rthl. — ßl. |
| Holland | 16,531 . 7 | 164,393 . 17 | 16,531 . 7 | — . 26 |
| England | 22,565 . 39 | 1168 . — | — | 141,827 . — |
| Frankr. u. Spanien | 51,140 . 43 | 60,279 . 7 | 49,972 . 43 | — |
| Dänische Staaten | 16,637 . 11 | 371,735 . 12 | — | 43,661 . 44 |
| Schweden | 111,026 . 29 | 843 . 35 | 62,107 . 28 | 259,808 . 31 |
| Rußland | 62,951 . 15 | 32,069 . 44 | 42,638 . 46 | — |
| Preußische Staaten | 74,708 . 42 | 23,397 . 22 | 71,040 . 20 | — |
| Meklenburg | 94,437 . 42 | 7801 . 15 | — | — |
| Wismar | 323 . 24 | 6154 . 28 | 26,005 . 24 | 7477 . 39 |
| Hamburg | 32,160 . 4 | 2236 . 25 | 44,829 . 26 | — |
| Lübek | 47,066 . 3 | — | 3138 . 8 | — |
| Leipzig | 3138 . 8 | — | 6107 . — | — |
| Braunschweig | 6107 . — | 13,293 . 47 | 23,671 . 25 | — |
| Uebrige Teutschland | 36,965 . 24 | 293 . 36 | 74 . 12 | — |
| Danzig | 368 . — | | | |

346,116 rthl. 47 ßl.  452,775 rthl. 44 ßl.

Abgezogen der Verlust 346,116 — 47

= 106,658 rthl. 45 ßl.

und die Jahrmarktslösung 18,025 — —

Bleibt der Gewinst = 88,633 rthl. 45 ßl.

§ 3

a) Die hier herausgebrachten Summen des Handelsgewinstes in diesen beyden Jahren stimmen nicht völlig genau mit den oben §. 61 Angegebenen überein. Es muß bey der schwierigen Auseinandersetzung der Posten für jede Nation irgendwo ein Fehler vorgegangen seyn, den ich jetzt nicht ausfindig machen kann. Indessen beträgt er eine unbedeutende Kleinigkeit und ist auf die Hauptsache, das Handelsverhältniß, worinn wir mit andern Staaten stehen, zu bestimmen, von keinem Einfluß.

## §. 65.

Unsere Schiffahrt hat freylich seit Endigung des letzten Seekrieges sehr abgenommen, da der auswertige Frachthandel in sein altes Gleis wieder zurückgetreten ist, daher ein Theil von den vielen damals dazu gebaueten Schiffen jetzt frachtlos in unsern Häfen liegt; ein Schicksal, das wir mit mehrern Handelsörtern gemein haben, da dergleichen Umschläge bey Handelsspeculationen, die von allgemeinen Welthändeln abhangen, nicht zu vermeiden stehen. Wir haben auch hier im Lande bisher keine wichtig nachtheilige Folgen davon gesehen und sie dürften um so eher zu ertragen seyn, je grösser der Gewinst gewesen, welchen das Land aus der starken Rhederey während des Seekrieges gezogen, wenn gleich Einzelne leiden, welche sich verhältnismäßig zu stark in diesem besonderen Handelszweige versteckt hatten.

## §. 66.

Polizeyverfassungen, welche sich auf die städtischen Gewerbe beziehen:

I.) Alle Handwerksartikel oder Rollen müssen von der Landesregierung bestätiget seyn und dürfen die Zünfte für sich und ohne Vorwissen der Obrigkeit nichts darinn ändern, so wie die Landesregierung nichts darinn zuläßt, was der Polizey- und andern Landesordnungen oder den Gerechtsamen der Städte zuwieder seyn kann, auch von Zeit zu Zeit eine Revision derselben vornimmt a).

II.)

II.) Ohne Vorwissen ihrer ordentlichen Obrigkeit dürfen die Zünfte keine Zusammenkünfte halten, wobey immer ein obrigkeitlicher Beysitzer zugegen seyn muß *b*).

III.) Die kostbahren Amtskösten neuer Meister sind bey willkührlicher Strafe verboten; ungewöhnliche und ganz unbrauchbare Meisterstücke sollen von ihnen nicht gefordert werden, sondern solche Arbeiten, welche bey jedem Handwerke nach jedesmalligem Gebrauche üblich und abzusetzen sind *c*).

IV.) Zwangheyrathen, Einschnürung der Arbeiten, monopolische Satzungen, Vereinigungen und Auftreibungen sollen bey den Gewerken nicht gedulbet noch die Anzahl der von einem Meister zu haltenden Gesellen und Lehrburschen zum Bedruck der Gewerbe eingeschränkt werden *d*).

V.) Die Handthierung der Eltern (des Schinders seine bis in die zweyte Generation ausgenommen) und die Verheyratung mit einer geschwächten Person soll von den Zünften nicht ausschliessen, eben so wenig sollen unehelich nachhin aber legitimirte Kinder davon abgehalten werden *e*).

VI.) Bezüchtigte oder geschmähete Meister und Gesellen sollen nicht unehrlich gemacht und aus dem Amte gestossen, noch Gesellen und Burschen die Arbeit bey ihnen verboten, sondern die Sache bey der ordentlichen Obrigkeit angebracht werden *f*). Eben so wenig sollen die Zünfte sich anmassen, ihre Mitglieder mit Strafen weiter zu belegen, als es ihnen in ihren Rollen zugelassen ist *g*).

VII.) Wenn in einem Amte oder unter mehrern Aemtern im Lande Streit entstehet, soll das Eine das Andere vor einem auswertigen Amte, unter dem Schein gütlicher Handlung oder gemeiner Beliebung, nicht fordern lassen *h*).

VIII.) Aufstand unter irgend einem Vorwand zu erregen, den Ort zu verlassen oder die Arbeit zu untersagen, ist den Gesellen schlechterdings verboten *i*), wenn aber unter Meister und Gesellen Streitigkeiten entstehen und der Geselle darüber den Ort verläßt, soll die Zunft ihm nicht nachschreiben und verfolgen *k*).

IX.)

IX.) Die bey einigen Gewerken, als Drechslern, Riemern, Spinnrademachern und Beutlern, gemachte willkührliche Eintheilung der Gesellen in Seestädter, Landstädter und Oberländer ist, wegen der daraus bey Wanderschaften, Unterbringung der Gesellen und Forderung der Arbeit entstehenden nachtheiligen Folgen, bey Strafe vierwöchentlicher Gefängniß bey Wasser und Brod gänzlich aufgehoben *kk*).

X.) Handtwerker sollen an Waaren nicht mehr, als was ihnen zum Gebrauch ihres Handtwerks vonnöthen an sich bringen und, ausser ihren eignen Waaren, mit Fremden oder Einheimischen keine Handlung treiben *l*).

X. b.) In der alten Tax- und Viktualordnung von 1622 war verordnet, daß die Goldschmiede das Silber nicht unter 14 Loth 4 Grän fein verarbeiten sollten, in der Neuern aber ist festgesetzet: daß das Rheinische Gold zu 17, das Kronengold zu 20 und Ungarisch Gold zu 23 Karath, das Silber zu 13 Loth fein verarbeitet werden und ein jeder Goldschmied schuldig seyn soll, sowohl der Stadt als seinen eignen Stempel, auch seinen Namen auf seinen Arbeiten zu setzen, und daß fremde Goldschmiede und Juvelierer keine Gold- und Silberarbeiten feil haben sollen, bevor sie im Land probieret worden *ll*). Galanteriewaaren aus geringhaltigem Golde oder Silber gearbeitet, sollen ins Land gar nicht eingeführet, ungemünztes Gold und Silber aber nicht ausgeführet werden *lll*).

XI.) Freymeister kann die Landesregierung an Orten, wo der Landesherr dieß Recht hergebracht hat, einsetzen, jedoch sollen dadurch die Städte nicht beschweret und dem Herkommen nachgegangen werden *m*).

XII.) Zur Aufhelffung der Gewerbe, Manufacturen und Fabriken ist, ausser den oben § 37 erwehnten von der Krone angebotenen Vortheilen, die Ausfuhr der Lumpen, der rohen Häute und Felle und die Einfuhr der Rasche, Boy, Hüte, des Amidoms und Puders, der Spielkarten, überall verboten, dem aus England eingeführten Salze aber, so wie dem fremden Schnupf-

und

und Rauchtaback die Vortheile des neuen Tarifs entzogen und zum
Beſten der einländiſchen Strumpfwebereyen verordnet worden,
daß: a) allen Fremden unterſagt ſeyn ſolle, ausländiſche wollene
Strümpfe in- und auſſerhalb der Jahrmärkte einzuführen und ab-
zuſetzen, jedoch mit Ausnahme der preuſſiſchen Strumpfwirker;
b) Wenn Einheimiſche, zum Handel oder eignem Gebrauch,
fremde wollene Strümpfe einführen, ſie dafür eine Abgabe von
20 Procent erlegen ſollen *n*).

. *) Vermöge Reſkripts der Königl. Regierung vom 17 Febr. 1786
ſind den Zuckern, welche aus der wismarſchen Siederey eingeführet
werden, die Vortheile des neuen Tarifs beygelegt worden.

XIII.) Die Mälz- und Braugerechtigkeit haftet in den Städten auf gewiſſe Häuſer.

XIV.) Die pommerſchen Kaufleute ſollen in allen Stücken
freyen Handel und Wandel genieſſen und den Landeszuwachs frey
und ungehindert verfahren dürfen, wohin ſie wollen *o*).

XV.) Die den Handel und Gewerbe drückenden unbilligen
Statuten und Gebräuche der Kaufmannſchaften und Gewerke ſollen abgeſchaft ſeyn *p*).

XVI.) Den Kaufmannſchaften in den Städten ſtehet frey,
Zuſammenkünfte zu halten, über die Mittel zur Aufnahme des
Handels und zur Wegräumung der Hinderniſſe Berathſchlagungen
anzuſtellen und, mit Approbation der Magiſtrate, Vorſtellungen
deshalb zu machen *q*).

XVII.) Das alte Statut: daß überall keine unvermälzte
Gerſte, von anderen Getraidearten aber nichts vom neuen Einſchnitt, das nicht vor Bartholomäi auf Kaufmannsboden gelegen,
vor Winters ausgeſchiffet werden durfte: iſt durch neuere Verordnung und bis auf weitere Verfügung aufgehoben und dagegen ge-
ſtattet worden, ſowohl unvermälzten Gerſten als friſches Getraide,
das nicht vor Bartholomäi auf dem Boden geweſen, frey auszu-
ſchiffen, ſondern auch das vom Landmann waſſerwerts gelieferte
Getraide unmittelbar aus den Schuten in die Schiffe zu verladen,

ohne daß es, wie vormals, vorher auf Kaufmannsböden gelegen haben dürfe r).

XVIII.) Der vormalige durchs Herkommen festgesetzte allgemeine Umschlagstermin auf Petristuhlfeyer (den 22. Februar), in welchem nicht nur Kapitalien umgesetzt, sondern auch Landgüther abgeliefert wurden, ist im Jahr 1776 auf den Donnerstag nach dem ersten Sonntage nach Trinitatis verleget worden, weil bey dem alten Termin theils der Einschnitt noch nicht völlig zu Gelde gemacht, theils die Bestellung der Sommersaat noch nicht geschehen seyn konnte, woraus mehrere Unbequemlichkeiten erwuchsen s).

XIX.) Damit das Land nicht mit untauglichen Waaren angefüllet und den städtischen Einwohnern ihre Nahrung entzogen werde, ist alles Häusiren und Umherlaufen mit Waaren, besonders auf dem platten Lande, verboten und fremden Krämern untersaget, ausser Jahrmärkten Waaren im Lande feil zu haben t).

XX.) Zum Behuf des Zolls und der von Schiffen und Fahrzeugen zu leistenden Abgaben nach der Grösse derselben, soll ein jedes Schif vermessen und vom Magistrat des Orts ein Messerbrief ausgefertiget werden, worinn die Länge, Breite, Tiefe und Lastenzahl desselben angegeben wird. Dieser Messerbrief soll beständig am Bord des Schifs vorhanden seyn u).

XXI.) Neue Schiffe sollen im Lande nicht auf den Kauf für Fremde gebauet werden, sondern wenigstens vier Jahre für einheimische Rechnung fahren, ehe sie ausser Landes verkauft werden mögen v).

XXII.) Die in Pommern gebaueten und pommerschen Einwohnern eigenthümlich gehörigen Schiffe geniessen, nach Beschaffenheit ihrer Bauart, die halbe oder ganze schwedische Freyheit, das ist, ein Sechstheil oder Drittheil an den schwedischen und pommerschen Licenten; Eben so, wenn sie nemlich pommersche Güther nach Schweden oder schwedische Güther nach Pommern bringen, die ganze Freyheit; wenn sie aber fremde Güther nach Schweden

*den*

ben oder Schwedische Güther nach der Fremde führen, nur die
halbe Freyheit. Um zum Genus dieser Freyheit zu gelangen, müssen sie vom Magistrate ihres Orts Certificate darüber, daß sie in
Pommern gebauet und Pommerschen Einwohnern eigenthümlich
zugehören, beym Königl. Kommerz-Kollegio in Stockholm bey-
bringen und Freybriefe auslösen, die aber nur auf ein Jahr gültig
sind und daher jährlich erneuert werden müssen *w*).

XXIII.) Pommersche Schiffe, welche das Mittelländische
oder andere von den afrikanischen Seeräubern unsicher gemachten
Meere befahren, erhalten Königliche Pässe zu ihrer Sicherheit,
wofür sie die sogenannten Convoygelder bezahlen; dagegen dürfen
pommersche Unterthanen nicht auf Schiffen solcher Nationen fahren, welche mit diesen Räubern keinen Frieden haben *x*).

XXIII. b) Schiffer, welche auf dem platten Lande wohnen,
dürfen mit ihren Schiffen nicht über See und nach auswertigen
Oertern fahren, bevor sie sich in einer der Seestädte wohnhaft nie-
dergelassen und daselbst Bürger geworden *xx*).

XXIV.) Zur sichern Einbringung der Schiffe in die Einläufe
aus der See und auf den Fahrwassern zu und von den Seestädten
sind zu Mönchguth, Tiessow, Peert, Görne, Peenamünde und
auf dem Ruden Piloten bestellet, und mit Ordnungen und Vorschriften versehen; Auch haben die Seestädte ihre besondere Loot-
sen *y*).

XXV.) In Ansehung der auf der Seeküste sich ereignenden
Strandungen ist verordnet: daß, sobald ein Schif Zeichen der
bedürfenden Hülfe giebt, niemand der zunächst sich findenden Landeseinwohner sich entziehen oder säumig finden lassen soll, demselben zu Hülfe zu eilen; 2) Zur Bergung sind nicht die Bewohner
der Strandgegend, in der die Strandung geschiehet, vorzüglich
berechtiget, sondern dem Schiffer stehet frey, dazu zu rufen, wen
er will und den er zuerst habhaft werden kann, so wie es ihm ebenfalls 3) unbenommen ist, sein Schif und Gut mit seinen eignen
Leuten zu bergen, wenn er dazu im Stande ist und dürfen die Strand-

bewoh-

bewohner sich ihm dazu nicht aufbringen; 4) Herrschaften, welche am Strande wohnen oder daselbst die Gerichtsbarkeit haben,
sind bey schwerer Verantwortung schuldig, die geborgenen Güther
und Schifs-Geräthschaften, gegen billige Belohnung, in ihre
Verwahrsam zu nehmen, Diebstal abzuwenden und allen Unord-
nungen vorzubeugen, dem Eigenthümer in Disposition und Ver-
äusserung des Schifs oder Güther keinen Zwang anzuthun, sondern
ihm dabey alle Hülfe zu leisten z).

<blockquote>

*a*) L. T. A. vom 16 Dec. 1669. L. C. I. 701. der Königl. Regierung
Bescheid vom 19 Febr. 1707. b. III. 590. Patente vom 13 Febr.
1732. N. G. 274, vom 9 Febr. 1735. b. 379. und vom 25 Sept.
1764. L. C. III. 592.

*b*) Patent vom 13 Febr. 1732. N. G. 274.

*c*) P. O. Kap. XXIII. Tax- u. Victualiordn. vom 18. Dec. 1672.
Tit. I. §. 3. L. C. III. 773. L. T. A. vom 7 Jan. 1686. b. I. 732.
der Königl. Regier. Bescheid vom 4 März. 1707. b. III. 590. Patent vom 13 Febr. 1732. Num. XII. N. G. 280.

*d*) Kommiß. Receß von 1663. Num. VIII. L. C. I. 391. P. O. Kap.
XXIII. Patent vom 25 Sept. 1764. L. C. III. 591.

*e*) Patent vom 13 Febr. 1732. Num. XI. N. G. 280.

*f*) Patente vom 29 Aug. 1549 und vom 28 April. 1623. L. C. III.
587. 588. P. O. Kap. V. Patent vom 23 Febr. 1732. Num. V.
N. G. 276.

*g*) Patent vom 23 Febr. 1732. Num. VIII. N. G. 278.

*h*) Patent vom 28 Apr. 1623. L. C. III. 587 und vom 13 Febr. 1732.
Num. VI. N. G. 278.

*i*) Daselbst. Num. V. 277.

*k*) P. O. Kap. XXIII.

*kk*) Patent vom 8 Aug. 1785. L. C. V. 894.

*l*) Tax- und Victualiordn. von 1672. Tit. I. §. 7. L. C. III. 774.

*ll*) Tax- und Victualiordnung von 1623. Tit. VIII. und vom 18 Dec.
1672. Tit. XIII. L. C. III. 762. 791. ff.

*lll*) Hamburger Münzreceß vom 14 März 1622. L. C. III. 660. Patente vom 8 Jan. 1666, vom 18 März 1668, vom 3 Apr. 1672,
vom 16 Sept. 1681, L. C. III. 681, 682, 687, 693 und vom 22
Jun 1742. N. G. 463.

*m*) Komm. Receß von 1663. Num. IX. L. C. I. 391. Sentenzen des
Königl. Hohen Tribunals zu Wißmar in Sachen Bürgermeister
und Raths der Stadt Greifswald ꝛc. vom 24 Apr. 1730. und vom
1 May 1756.

</blockquote>

*n*) Pa-

*n*) Patente vom 20 May 1704. L. C. III. 579, vom 14 Jun. 1706. d. 571, vom 9 Febr. 1725. N. G. 195, vom 27 Apr. 1725. d. 200, vom 17 Jan. 1735. d. 378, vom 10 März 1744. d. 492, vom 22 Oct. 1744. d. 500, vom 5 Febr. 1751. d. 598, Königl. Resolution an Städte vom 21 Oct. 1754. L. C. II. 518. Patente vom 5 May. 1755. N. G. 668, vom 14 Jan 1760. L. C. III. 580, und vom 11 Sept. 1775. d. V. 508. Rescripte der Königl. Regierung vom 8 Apr. 1785, vom 8, 17 und 20 Febr. 1786.

*o*) Allgemeine Landesprivil. von 1421, 1464, 1474, 1560, 1622, 1663, 1720. ff. L. C. I. 431, 433, 434, 438, 461, 462 °). Königl. Resolution vom 16 Jul. 1664. d. III. 472. Patent vom 2 Jan. 1775.

*p*) Königl. Resol. vom 15 Jul. 1664. L. C. I. 843. und vom 16 Jul. 1664 d. III. 472.

*q*) Königl. Resol. vom 3 März 1698. L. C. III. 499.

*r*) Patent vom 2 Jan. 1775. L. C. V. 472. Rescript der Regierung an den Oberlicentinspector und an den Magistrat der Stadt Stralsund vom 2 Febr. 1775. d. 473.

*ſ*) Patent vom 12 Febr. 1776. L. C. V. 341.

*s*) Patente vom 20 Febr. 1690. L. C. III. 539, vom 7 Aug. 1689. d. 580, vom 8 May 1699. d. 582, vom 29 März. 1726. N. G. 205. Packkammerordn. Num. XV. d. 365. Patente vom 8 May 1743. und vom 17 Jul. 1747. d. 483. und 560 Königl. Resol. vom 21 Oct. 1754. L. C. II. 516. Patente vom 25 Jun. 1764. d. III. 554, vom 16 Oct. 1775. d. V. 493.

*u*) Verordn. vom 6 Nov. 1723. N. G. 159. Königl. Reglement für die Schifsmesser vom 11 May 1778 L. C. V. 484.

*v*) Patent vom 19 Sept. 1692. L. C. III. 938. Königl. Resol. vom 21 Oct. 1754. d. II. 517.

*w*) Königl. Resol. vom 15 Nov. 1652. L. C. III. 462, vom 1 März 1655. d. I. 832, vom 12 Febr. 1724. d. 916. Kommerz Kollegii Schreiben an die Königl. Regierung vom 5 Apr. 1725. und vom 1 Jun. 1730. d. V. 449 und 453. Licentordn. Num XIX. N. G. 308. Königl. Resolution vom 1 Jun. 1770. L. C. V. 470.

*x*) Patent vom 4 Sept. 1748. N. G. 573.

*xx*) Patente vom 5 Nov. 1721 und vom 2 Febr. 1730. N. G. 74 und 247 imgl. Erkenntnis des Königl. hohen Tribunals vom 21 Oct. 1776. in Gesterdings Museum Th. II. S. 212.

*y*) Ordnung für die Seefahrenden die zum Ruden einkommen und für die Piloten daselbst, vom 15 Jun. 1664 L. C. III. 471. — Erweiterte Ordnung für die Seefahrenden und Piloten beym Ruden, Mönchguth, Tießow, Görne, Peert und Peenamünde vom 3

M 3                                    Aug.

Aug. 1691. b. 523. — Ordnung, wornach die Seefahrenden — und Piloten — sich zu achten haben, vom 30 Jan. 1764. Stralsund 4. und L. C. III. 533.

z) **Barnims** I, **Witzlafs** III, **Wartislavs** VI und IX. Verordnungen wegen schifbrüchiger Güter in den Jahren 1274, 1291, 1383 und 1452. L. C. III. 443 — 446. Landesprivil von 1421, 1464, 1474, 1560, 1663, 1720. ff. b. I. 431, 433, 434, 438, 461. — In den ältern Verordnungen bis 1474 ist der dritte Pfennig zum Bergelohn festgesetzet. — Der Königl. Regierung Verordnung wegen der Hülfe in Noth gerathener Schiffe und Bergung gestrandeter Güter vom 14 Jul. 1777. L. C. V. 482.

*) Schwedischpommersche Schiffe haben die Freyheit, Producten des Schwedischen Reichs nach Engeland zu führen. Königl. Rescript an die Regierung vom 1 Jun. 1730. L. C. V. 454.

# Dritter Abschnitt.

**Verfassungen in Ansehung der Landstraßen, Brücken, Maaß, Ellen, Gewicht, Münze und Posten.**

## §. 67.

Reisende sollen sich der ordentlichen Heer- und Landstraßen bedienen und keine Nebenwege reisen. Auf diesen sollen sie aller Sicherheit genießen, aber sich auch friedlich beweisen, bey Strafe des gebrochenen Landfriedens. Die Magistrate in den Städten sollen solche Einrichtungen treffen, daß Reisende jederzeit Fuhren und Pferde ohne Verzögerung um einen billigen Lohn erhalten können a). Die Obrigkeiten haben darauf zu sehen, daß sowohl in den Städten als auf dem Lande, besonders an den Landstraßen, bequeme und ordentliche Gasthöfe von tüchtigen Wirthen gehalten und mit den nöthigen Bedürfnissen für Reisende, mit reinlichen Zimmern und Lager, auch guten Stallungen versehen werden. Hat jemand die Kruggerechtigkeit an der Landstraße, verabsäumet aber

die

die nöthigen Einrichtungen zur Bequemlichkeit der Reiſenden, ſo
iſt die Königl. Regierung befugt, entweder die Kruggerechtigkeit
andern zu verleihen oder ſelbſt zu den erforderlichen Einrichtungen
die nöthigen Anſtalten vorzukehren b).

a) P. O. Kap. XIX. Ł. E. III. 377.
b) Daſelbſt Kap. VIII. d. 364.

## §. 68.

Beſſerung der Wege, Dämme und Brücken liegt der Regel
nach jeder Herrſchaft auf ihrem Grund und Boden ob, doch giebt
es Fälle, wo die Benachbarten dabey Hülfe zu leiſten ſchuldig ſind,
wenn nemlich die Landſtraſſe in einer unverhältnißmäßigen Länge
über eine Feldmark weggehet, oder wo weitausgedehnte Niedri-
gungen aufzufüllen, oder lange Dämme anzulegen und zu erhalten
ſind, deren alleinige Refection dem Guthsbeſitzer zum auſſerordentlichen Nachtheil gereichen würde. In ſolchen Fällen haben ſchon
ältere Landesverordnungen die Hülfe der Benachbarten in einem
Bezirk von anderthalb Meilen feſtgeſetzet und der von einem jeden
zu beſſernde Antheil einer ſolchen Landſtraſſe iſt theils ſchon vormals durch Steine oder Pfäle ausgeprickt, theils dieß nur in neuern
Zeiten angeordnet worden a). Wenn zur Winterszeit die Land-
und Poſtſtraſſen ſo ſehr verſchneien, daß ſie nicht zu paßiren ſind,
ſo ſind die Herrſchaften verbunden, die Wege auf ihrem Grund
und Boden, ſobald die Schneetrift nachgelaſſen hat, entweder
durchs Wegſchaufeln des Schnees oder mit einem Schneepfluge,
ſogleich wieder öfnen und fahrbar machen zu laſſen, auch Poſten
und andern Reiſenden, die in einem Schneegeſtöber eingeſchneiet
ſind, die ſchleunigſte Hülfe auf geſchehene Anzeige zu leiſten b).
Zur Aufſicht alles deſſen, was die Unterhaltung der Wege, Dämme
und Brücken betrift, ſind ſchon von alten Zeiten her, in Pommern beſondere Wegekuratoren in den Diſtrikten, in Rügen die
Gartendeputirten beſtellet geweſen, im Jahr 1775 aber iſt noch
ein Generalwegeinſpektor angeſtellet worden c). Dieſem liegt
nach ſeiner Inſtruktion ob:

1) Jähr-

1 ) Jährlich im Maymonat alle Diſtrikte durchzureiſen, die Beſchaffenheit der Bäche, Dämme und Brücken nachzuſehen, alles Schadhafte anzumerken, jedem Guthsbeſitzer ein Verzeichniß davon zuzuſtellen und zu beſorgen, daß das Erforderliche gleich nach beſtellter Sommerſaat tüchtig und dauerhaft gemacht werde;

2 ) Gleich nach der Erndte dieſe Reiſe wieder vorzunehmen und nachzuſehen, ob alle von ihm angeordneten Arbeiten tüchtig bewerkſtelliget worden, und diejenigen, welche ſie unterlaſſen, durch Execution anzuhalten, daß alles vor Winter noch beſchaffet werde;

3 ) Nach jeder Hauptreiſe der Königl. Landesregierung von dem Zuſtande der Wege, Dämme und Brücken Bericht abzuſtatten.

a) L. T. A. vom 10 März 1614. L. C. I. 614, vom 16 Dec. 1669. b. 703. P. O. Kap. XIX. Patente vom 8 Aug. 1721, vom 3 Auguſt 1730, vom 30 Jan. 1754. N. G. 71, 258, 656, vom 14 Aug. 1777. Die Hülfe der Nachbarn bey ſolchen Landwegen ſoll ſich nur auf Fuhren und Handdienſte erſtrecken, der Eigenthümer aber muß die nöthigen Materialien als Holz, Steine, Sand liefern und Dämmer- Zimmer- und Gräberlohn tragen; Sind Steine und Sand auf ſeinem Felde nicht vorhanden, ſo müſſen ſie ihm von den nächſtanliegenden Feldern von unſchädlichen Oertern verabfolget werden.

b) Patent vom 28 Jul. 1785. L. C. V. 893.

c) Inſtruktion, wornach der beſtellte gemeine Wegeinſpektor ſich zu richten hat, vom 14 Nov. 1775.

## §. 69.

Schon in älteren Zeiten iſt feſtgeſetzet worden, daß einerley Maaße und Gewichte im Lande ſeyn ſollte a). Dieſe Vorſchrift iſt in neuern Zeiten wiederhohlet und zugleich verordnet, daß die alten ſtralſundiſchen Maaßen und Gewichte, die gänzlich nach dem lübeckſchen eingerichtet ſeyn ſollen, überall zur Norm dienen und alle übrigen Maaße und Gewichte im Lande genau mit denſelben übereinſtimmen ſollen. Um dieſe völlige Uebereinſtimmung deſto

deſto gewiſſer zu erhalten, ſollen in den Städten auf den Rathhäu-
ſern und Kollekturen und in den Flecken in den Kirchen die erforderlichen Aichmaaßen und Aichgewichte b) gehalten, darnach alle
Maaße und Gewichte verfertiget und, nach angeſtelleter Unterſuchung und befundener Richtigkeit, mit dem obrigkeitlichen Stempel geikt werden. Zu verhüten, daß keine falſche Maaßen und
Gewichten einſchleichen mögen, ſind die Obrigkeiten jeden Orts
angewieſen, jährlich eine Viſitation unerwartet vorzunehmen und
alles unrichtige Maaß und Gewicht nicht nur zu vernichten ſondern
auch die Schuldigen nachdrücklich zu beſtrafen c).

a) Erbvertrag vom 15 May 1569. L. C. I. 264. L. L. A. vom 16
Dec. 1669. b. 702.
b) Dieſe Aichmaaße und Aichgewichte ſollen nach den Stralſundiſchen
gemacht und juſtiret, darauf bey der Königl. Regierung produci-
ret und, nach befundener Richtigkeit, mit dem Königlichen Zeichen
bemerkt werden. Auf dem Rathhauſe zu Stralſund ſtehen zwei
metallene Scheffel, welche das Richtmaaß aller übrigen Scheffel
ſind und mit Leinſaamen gegen dieſelben überſchlagen werden. Eben
daſelbſt hängt auch eine eiſerne Elle, wornach alle Uebrigen probi-
ret werden. Im Niedergerichte werden die metallenen Gewichte
und Pottmaaßen aufbewahret und im Kammergerichte eiſerne mit
Gelenken verſehene Reiſen und Stäbe zu den Tonnenmaaßen.
c) Patent vom 11 Jan. 1725. R. G. 193.

### §. 70.

Nach dem angenommenen Grundſaße, daß das ſtralſundiſche Maaß und Gewicht mit dem lübeckiſchen übereinſtimme,
würde:

1 ſtralſundiſche Elle 255,80 linien des königl. franzöſiſchen
Fußes halten. Die Elle hält

2 Fuß, und jeder Fuß 129 linien des franz. Fußes.

16 Fuß machen eine Ruthe;

30 Quadratruthen einen Morgen;

15 Morgen eine Hakenhufe;

30 — eine Landhufe;

60 — eine Hägerhufe;

1600 Ruthen (genauer 1598¼) eine geographische Meile;

   1 Scheffel hält 1684 Kubickzoll des Französischen Fußes und wird in vier Viert und 16 Metzen abgetheilet

12 Scheffel machen ein Drömt und

  8 Drömt eine Last.

 1 Pott, der in vier Pegel abgetheilet wird, hält 45⅝ Französische Kubickzoll.

 2 Pott machen eine Kanne;

36 — ein Anker;

 4 Anker ein Ohm;

 6 — — Orhoft;

 1 Tonne, die in halben und Vierteln abgetheilet wird, hält 192 Pott;

 1 Decher sind 10 Stück;

 1 Zwölfter sind 12 Stück;

 1 Mandel sind 15 Stück;

 1 Stiege sind 20 Stück;

 1 Zimmer sind 40 Stück;

 1 Schock sind 60 Stück;

 1 Wall sind 80 Stück; ·

 1 Groß hundert macht 2 Schock oder 120 Stück;

 1 Last Butter, gesotten Salz, Fleisch ꝛc. hält 12 Tonnen, Bonsalz aber 18 Tonnen;

 1 Last ungehöheten Heering 13 Tonnen, gehöheten aber nur 12 Tonnen;

 1 Pfund von 32 Loth hält 10059 holländische Asen,

 1 leichter Stein hält 10 Pfund, ein schwerer Stein (wie in der Licenttaxe angenommen ist) 21 Pfund;

 1 Ließpfund hat 14 Pfund;

 1 Centner 112 Pfund;

 1 Schifpfund hält 20 Ließpfund oder 280 Pfund;

 1 Schwere Schifslast beträgt 4000 Pfund.

*) Das Lübeksche Gewicht findet bloß im großen Handel statt; der Krämer, Höcker, Schlächter wiegt nach Cöluischem Gewichte aus.

§. 71.

### §. 71.

Unsere jetzige eigenthümliche Landmünze ist nach dem Leipziger Münzfuß vom Jahr 1690 ausgepräget und seit dem Jahr 1763 eingeführet, nachdem das Land sowohl während des siebenjährigen Krieges als auch die Jahre vorher seit 1750 mit mancherley Münzsorten viele Veränderung erfahren hatte a ). Goldmünzen sind in diesem Zeitpunkte nicht gepräget worden; die Silbermünzen bestehen:

In Zweydrittelstücken zu 32 Schillingen;
- Eindrittelstücken zu 16 Schillingen;
- Einzwölfstelstücken zu 4 Schillingen;
- Groschen zu 2 Schillingen;
- Schillingsstücken;
- halben Schillingsstücken, oder Sechslingen.
- Viertel Schillingsstücken oder Witten, wovon man doch seit 1776 aus blossem Kupfer Geschlagene hat, die nun fast allein im Lande umlaufen, nachdem die Silbersechslinge und Witten sich fast gänzlich verlohren haben.

Da die Ausmünzung dieser Sorten nach dem Leipziger Münzfuß geschehen, so sind:

Die Zwey- und Eindrittelstücke, zu 14 Loth 4 Grän, die Mark fein zu 12 Reichsthaler ausgebracht;

Die $\frac{1}{12}$ Säcken, zu 7 Loth und $12\frac{3}{8}$ Rthlr;

Die $\frac{1}{12}$ Stücken zu 5 Loth und $12\frac{1}{2}$ Rthlr:

Die $\frac{1}{16}$ Stücken zu 4 Loth und 13 Rthlr;

Ausser diesen eigenen Landessorten ward auch der Umlauf auswertiger ihnen an Gehalt und Würden gleichmäßigen Silbersorten, vollwichtiger Dukaten zu 2 Rthlr. 32 ßl. und alter Louisd'or zu 4 Rthlr. 40 ßl. gestattet b ). Dieser Norm aber ist in Ansehung dieser Goldsorten nie gleichmäßig nachgegangen worden, sondern der auswertige Cours hat ihren jedesmaligen Werth in unserm Silbergelde immer bestimmet.

Von

Von diesen verschiedenen Münzsorten wurden bey ihrer Einführung ungefehr 1,200,000 Rthlr. ausgemünzet und ob man
gleich durch landesherrliche Verordnungen c) dem während des
Krieges und der minderhaltigen Münze allgemein bekannt und üblich gewordenen Auswägen, Kippen und Wippen, Ausführung
und Einschmelzung der schwersten Stücken vorzubeugen und dadurch einer neuen Zerrüttung im Münzwesen auszuweichen suchte,
so traten doch in den Jahren 1765 und 1766 so mancherley Umstände in- und ausserhalb landes zusammen d), wodurch unser gutes Silbergeld im Lande so sehr vermindert ward, daß, wie die
hohe Krone in den Jahren 1767 und 1768 ihre verpfändeten Do-
manialpartikeln einlösen wollte, und dazu Wechsel aus Schweden
remittirte, diese aus Mangel des Silbergeldes nicht realisiret werden konnten, sondern die hohe Krone sich gemüßiget sahe, abermals im Jahr 1768 eine neue Ausmünzung von ungefehr 100000
Rthlr. zu veranstalten. Allein auch dieser neue Zuwachs verschwand
durch ähnliche Umstände bald wieder aus dem Lande und es ward, anstatt seines guten Geldes, mit den alten ausgekippten schwedischen
Fünf und Zehnörstücken, die in Schweden selbst keinen Werth mehr
haben und unserm Silbergelde nach dem Leipzigermünzfuße bey weitem nicht gleich kommen, und mit unwichtigen französischen Louis-
d'ors und andern auswertigen Goldmünzen überschwemmet

Bey dem daraus entstehenden Mangel an gutem Silbergelde, sahe sich die Landesregierung endlich im Jahr 1777., da man
keine neue Ausmünzung nach dem Leipziger Fuße mit Vortheil
vornehmen konnte und von ihm auch nicht abgehen wollte, genöthiget den Umlauf aller nach dem Leipziger Münzfuße ausgeprägten
Churfächsischen, Brandenburgschen, Braunschweigschen und Lü-
neburgschen vollwichtigen Zwehdrittelstücke, mit einer Agio von
3 Procent in Summen gegen Zwehgroschenstücke, in einzelnen
Stücken aber zu 33 Schillinge zu verstatten, so daß sie überall im
Handel und Wandel als Landesmünze genommen werden müssen
und selbst die Königl. Kammer die Hälfte der Pächte in diesen
Münzsorten allemal annimmt e). Durch diese Münzoperation ist

nun

nun das Land hinlänglich mit Silbergelde versehen, und an Geld-
münzen fehlet es auch nicht, da hier beständig ausser holländischen
und andern Dukaten auch Louis-Frederic- und Charlesd'or nach
dem jedesmaligen Cours Umlauf haben.

Die Menge des im Lande umlaufenden Geldes ist, wie überall, also auch hier schwer zu bestimmen. Der Herr Kammerrath
von Reichenbach giebt in seinen Beyträgen f) drey, höchstens
viermalhunderttausend Reichsthaler an, warum ich diese Summe
für zu geringe angeschlagen halte, darüber habe ich mich in der
Beylage III. A. geäussert und wiederhohle hier nur den Wunsch,
diesen gewis nicht unwichtigen Punkt aus richtigen Gründen zu
mehrerer Gewisheit gebracht zu sehen.

Buch und Rechnung wird im Lande gehalten nach Reichsthalern und Schillingen. 1 Reichsthaler hält 48 Schillinge,
96 Sechslinge, 192 Witten und 576 Pfenninge; 1 Schilling
hält 2 Sechslinge, 4 Witten und 12 Pfenninge; Ein Sechsling,
2 Witten und 6 Pfenninge; 1 Witten, 3 Pfenninge.

1) J. N. Hennings Betrachtung über das hiesige
(Schwedischpommersche) Geld, und dessen Erhaltung und
Vermehrung im Lande. In Versuch in politischen Schrif-
ten. Th. II. S. 1—43.

a) Unsere älteren Münzangelegenheiten und Verfassungen kann ich
hier um so eher übergeben, als der Herr Kammerrath von Reichenbach umständlich davon in seinen Beyträgen, VIII. St. S.
3—61, gehandelt hat. Sonst ist von dieser Materie nachzusehen:

1) Kurze Vorstellung des jetzigen Münzwesens und was dabey
weiter zu vermuthen, wie auch wie demselben Uebel vorzubauen.
Stralsund 1671. 4.

2) Bericht, was für eine eigentliche Bewandnis es mit dem
pommerschen Münzwesen zu Zeiten des Generalstatthalters Grafen
Bielke gehabt. Ungedruckt.

3) Des Pommerschen Patrioten (Julius Friedr. von Keffenbrink) Erster gemeinnütziger Unterricht 1) von dem innern Verhältniß der mehrsten bisher in Pommern und Meklenburg bekannt
R 3                                            geworde-

geworbenen Münzsorten; 2) von der Art und Weise den innern Gehalt einer jeden andern Münze zuverlässig zu bestimmen und 3) von
dem besten Vorschlage zur Einrichtung des Münzwesens in dem
Königl. Schwedischen Herzogthum Vorpommern. 1764. 4. —
Zweyter Unterricht von dem eigentlichen Wehrte eines pommerschen
Guldens und von dem Verhältnis desselben gegen einen Reichsgul-
den seit 1559. Stettin 1767. 4.

4) Kurze Nachricht zur Pommerschen Münz-Wissenschaft, abge-
fasset von Friedr. Wilh. von der Osten. In Pomm. Sammlungen. Heft I. S. 1—20.

*b*) Patent vom 11. Febr. 1763. L. C. III. 745.

*c*) Verordnung wieder das Kippen, Wippen und Auswägen der vollwichtigen Münze vom 28. März 1763. b. 740.

*d*) Die Nachweben des Krieges, die plötzliche Reduktion des minderhaltigen Geldes, wiederhohltes Viehsterben und mehrere auf einander folgende Miswachsjahre verminderten schon natürlicherweise
unsern Geldstock, weil bey ermangelnden Produkten zur Ausfuhr
und fortgehender Einfuhr fremder Produkten und Waaren mehr
Geld ausser Landes gehen muste, als wieder einfliesset konnte. Dazu kam, daß in den Jahren 1765 und 1766 der Silberpreiß zu 28
bis 29 Mark und der Cours auf Hamburg bis zur 36 und 37 Procent gieng, welche Veränderungen und die nicht gleichförmig aus-
gefallene Ausstückelung unserer Münzsorten den Kippern und Wip-
pern Gelegenheit gaben, unser Geld auszuwägen, die schwerern
Sorten als siebenlöthiges Silber, die leichten aber mit alten leichten Silbersorten in Barren verschmolzen, nach Hamburg zu verkaufen.

*e*) Patent vom 10. Dec. 1777. L. C. V. 516.

### §. 72.

Das Postwesen ist im Lande in der Maaße eingerichtet, daß
die auswertigen Posten wöchentlich zweymal in unsern Handelsstäd-
ten ankommen und wieder abgehen.   Montags und Freytags kommen die Posten von Hamburg über Rostock, welche die Briefe aus
Meklenburg, Hollstein, Dänemark, Schweden, aus einem Theile
des Reichs, aus Italien, Frankreich, Spanien, Grosbritannien
und

und Holland bringen; Dienstags und Sonnabends gehen diese Posten mit den Briefen nach diesen Reichen wieder ab. Sonntags und Mittwochens kommen die Posten über Anklam, welche die Briefe aus der Mark Brandenburg, Sachsen und dem übrigen Theil des Reichs, aus Rußland, Polen, Preußen, Schlesien und dem preussischen Pommern bringen, und Sonntags und Donnerstags dahin wieder abgehen.

Zur innern Kommunikation sind zwischen den Städten Stralsund, Greifswald, Wolgast, Barth, Loitz, Tribsees, Richtenberg, Damgarden, lassahn und Bergen ordentliche Postfahrten eingerichtet, nach Grimm, Gützkow und Garz aber Postboten angeordnet.

Zur Kommunikation mit dem Königreiche Schweden sind zwischen Stralsund und Ystadt zwey Postjagden eingerichtet, welche beständig, so lange die Schiffahrt möglich ist, zwischen beyden Oertern ab- und zugehen und Personen und Sachen nach der festgesetzten Postjagdtaxe überführen. Ihr Abgehen wird allemal einige Tage vorher in den stralsundischen Zeitungen bekannt gemacht.

Fünftes

# Fünftes Hauptſtück.
## Schul= und Studienverfaſſung.

## Erſter Abſchnitt.
### Schulen.

### §. 1.

Die Verfaſſung der Schulen im Lande iſt noch gröſtentheils ſo, wie ſie in den erſten Zeiten nach der Reformation eingerich-tet worden. Auf dem platten Lande ſind in allen Kirchdörfern Schulen, welche von den Küſtern gehalten werden. In den von den Kirchen abgelegenen Dörfern kann jede Grundherrſchaft, mit Rath des Predigers, Schulhalter annehmen und wieder entlaſſen a). Schon lange hat man eingeſehen, daß der Unterricht, den dieſe Schulhalter ertheilen können, nicht zweckmäſſig ſey und die Auf-klärung der Jugend durch ihn nicht erreicht werden könne, die menſchenfreundlichen Abſichten unſrer Landesobrigkeit aber für das Wohl der Jugend und des ganzen Landes haben bisher noch nicht zur Ausführung gebracht werden können, da man noch keine tüch-tige Schulhalter gebildet hat und keine Fonds zu ihrer hinlänglichen Unterhaltung ausfindig machen können, Hinderniſſe, die faſt noch überall dem Aufnehmen der Schulen im Wege ſtehen. Indeſſen ſtehet zu hoffen, daß auch dieſe Schwürigkeiten werden aus dem Wege geräumet und damit eine neue Periode unſers Schulweſens angefangen werden.

a) Der Königl. Regierung Reſolution vom 13. Nov. 1724. L. C. II. 706.

### §. 2.

In den gröſſern Städten haben die Magiſtrate das Patronatrecht über die Schulen; in den Amtsſtädten ſtehet es dem Landesherrn zu. Winkelſchulen, neben den öffentlichen Stadtſchulen zu
halten, iſt unterſaget, die ſogenannten Nebenſchulen der Küſter
in den Städten aber ſind zugelaſſen a). Die Oberaufſicht über die
Schulen im Lande ſtehet dem Landesherrn zu b).

a) Kirchenordn. Theil V.
b) S. oben Hauptſtück I. Abſchnitt I. §. 22. 8. a.

### §. 3.

1) Joh. Carl Dähnerts Beytrag zur Geſchichte des
Gymnaſii in Stralſund. In deſſen Pomm. Bibliothek. B.
IV. S. 19—29 u. 66—78.

2) Chriſtian Heinr. Groskurds Nachricht von der
erneuerten und verbeſſerten Einrichtung des Unterrichts im
ſtralſundiſchen Gymnaſio. Stralſund 1779. 4.

Das Gymnaſium in Stralſund iſt aus den beſonderen Schulen erwachſen, welche in katholiſchen Zeiten bey den drey Hauptkirchen ſich fanden und worüber der Magiſtrat bereits in den Jahren
1303 und 1319 von den Rügianiſchen Fürſten Witzlav IV. und
Sambor das Patronatrecht erhalten hatte. Im Jahr 1560
wurden dieſe drey Schulen vereinigt und das daraus entſtandene
Gymnaſium in das vormalige Katharinenkloſter verlegt, deſſen
Mönche auch ſchon Unterricht, beſonders in der Theologie gegeben
hatten. Es hat vor vielen andern Schulen das vorzügliche Glück
gehabt, unter der Aufſicht einſichtsvoller Kuratoren zu ſtehen, durch
deren thätige Vorſorge die durch veränderte Zeiten und Umſtände
nöthig gewordenen Verbeſſerungen nach dem Verhältnis der fort-
ſchreitenden Aufklärung bewürkt, geſchickte und berühmte Lehrer
aufgeſucht und angeſtellet, alle zum Unterricht nöthigen Hülfsmittel angeſchaft und der Fleiß ſich auszeichnender Jünglinge durch
Belohnungen angefeuert worden.

Das Gymnasium ist in sechs Klassen vertheilet, bey welchem sieben Lehrer angestellet sind. Ausserdem ertheilen noch besondere Lehrmeister in der Französischen, italienschen und englischen Sprache, im Zeichnen und Tanzen Unterricht. Die jetzige Einrichtung des Unterrichts ist ganz darauf angelegt, daß nicht bloß junge Leute, die sich eigentlich den Wissenschaften gewidmet haben, sondern auch solche, die Officiere, Kaufleute, Landwirthe, Künstler u. dgl. werden wollen *a*), gebildet werden mögen. Seit 1592 trägt auch der jederzeitige Stadtsuperintendent, als Professor der Theologie, die Glaubenslehre in der ersten Klasse des Gymnasii vor. An Hülfsmitteln beym Unterricht besitzet das Gymnasium:

1) Die Bibliothek, zu der schon im Jahr 1562 der Grund gelegt worden, ist bey einem nur geringen Fond mehrentheils aus Schenkungen und aus den Zuschüssen des Scholarchats erwachsen und bestehet aus einem schon ansehnlichen Vorrathe von philologischen, historischen, philosophischen, naturhistorischen und mathematischen Schriften und alten Klassikern.

2) Ein Münzkabinet, das der vormalige Königl. Schwedische Kanzleyrath, Christian Staude, von dessen Legaten zu Stipendien ich schon im ersten Theile (Hauptst. I. §. 64. XXII. S. 123. ff.) geredet habe, nebst einer ansehnlichen Anzahl der wichtigsten und kostbarsten numismatischen Werke dem Gymnasio vermacht hat. Es bestehet aus einer zahlreichen Sammlung ächter alter mehrentheils römischer Münzen und einiger geschnittenen Steine.

*C. H. Groskurd* Recensus numorum familiarum Romanarum, quae in Museo Gymnasii servantur. Sund. 1782. 4.

3) Eine Sammlung physikalischer und mathematischer Instrumenten.

*a*) Eine ähnliche Absicht mit dem stralsundischen Gymnasio hegte schon der vormalige Rektor desselben, M. Christoph Andreas Büttner, die er bekannt machte in:
Vorläufige Nachricht von der neuen Einrichtung des stralsundischen Gymnasii. Stralf. 1764. 4.

§. 4.

## §. 4.

1) C. G. N. Gesterdings Nachricht von der Raths-schule zu Greifswald nebst Verzeichniß der Lehrer daselbst. Im Pomm. Magazin. Theil I. S. 101 — 122. und V. 168 — 173.

2) Constitutiones Scholae Gryphiswaldanae, wie die-selben — aus dem Lateinischen ins Teutsche übersetzet, zum Theil erweitert, zum Theil auch in etwas geändert worden. Greifsw. 1726. 4.

Die greifswaldische Rathsschule ist, gleich der stralsundi-schen, aus den einzelnen Schulen erwachsen, welche sich in katho-lischen Zeiten bey den Stadtkirchen fanden. Die Vereinigung die-ser Schulen geschah in Anleitung des Visitationsrecesses von 1557. und die neue Schule ward in das ledige Franciscaner- oder graue Kloster verlegt. Die Schule ist in fünf Klassen abgetheilet und mit sechs Lehrern besetzet. Das Patronat stehet dem Magistrate zu, kraft dessen er den Rektor bestellet, die übrigen Schulkollegen aber werden von dem jedesmaligen Rektor vociret a). Die Aufsicht über das Schulwesen führet das Scholarchat b).

a) Vereinigung H. Philipps I. mit dem Rath wegen Bestellung der — Schulbedienten im Jahr 1553. L. C. II. 256.
b) S. oben Theil I. Hauptst. I. §. 86. IV. S. 147.

## §. 5.

Die Schule zu Wolgast ist im Jahr 1537 vom H. Philipp I. gestiftet, hat einen Rektor, Kantor, Bakkalaureus und Schreib- und Rechenmeister. Sie stehet unter der Aufsicht des Scholar-chats, welches aus dem Präpositus, den beyden Bürgermeistern und dem Archidiakono bestehet a).

Die Schule zu Barth bestehet aus dem Rektor, aus dem Konrektor, welcher zugleich Kantor ist, und aus dem Schreib- und Rechenmeister. Das Scholarchat bestehet auch hier aus dem Präpositus und einigen Gliedern des Magistrats b).

D 2                    Bey

Bey der Schule zu Grimm stehet ein Rektor und ein Kantor, der zugleich Organist ist.

Die Schule zu Tribbsees ist nur bloß mit einem Rektor besetzet; Eben so die Schule zu Damgarbten.

Bey der Schule zu Loitz stehet der jebesmalige Diakonus als Rektor, der den Kantor und Organisten zum Gehülfen hat.

Bey der Schule zu Lassahn ist der Kantor als einziger Schullehrer angesetzet.

Der Schule zu Gützkow stehet der jebesmalige Diakonus vor. Für die Franzburgsche ist die untenbemerkte Ordnung publiciret *c*).

Bey der Schule zu Bergen stehen drey Lehrer, ein Rektor, ein Kantor und ein Schulschreiber, der zugleich Organist ist.

*a*) Leges Scholae Wolgastanae, auctoritate Ministerii et Senatus ibi affixae. 1602 et 1652. In *P. Michaelis* Pastor dioecesin luam dirigens. (Rostock 1721. 8.) S. 213.

*b*) Ordnung der Stadtschule in Barth, vom 31. May 1747. Greifswald. 4.

*c*) Schulordnung der Stadt Franzburg, zum Druck befördert von M. Joh. Christ. Friese. Greifsw. 1750. 4.

---

# Zweyter Abschnitt.
## Universität Greifswald.

---

### §. 6.

1) *I. P. Palthen* Diss. Historia Ecclesiae Collegiatae S. Nicolai Gryphiswaldensis. 1704. 4. von neuem abgedruckt in *J. H. von Balthasars* zweyten Sammlung einiger zur pommerschen Kirchen-Historie gehöriger Schriften. (Greifsw. 1725. 4.) S. 826 — 860.

2) *Andr.*

2) *Andr.. Weſtphal* Diſſ. de Ducum Pomeraniae
meritis in rem Litterariam.    Gryph. 1723. 4.

3) *C. I. Kellmann* Progr. Fata Academiae per ſecula
priora exponens, Griphisw. 1756. fol. und in der Geſchichte der Greifswaldiſchen Jubelſeier (Greifsw. 1756.
4.) S. 71 — 86.

4) — — Orat. de Fatis tertii poſt Academiam
conditam Seculi et innumeris Suethici Solii in eam meritis. Daſelbſt. S. 129 — 149.

*) *A. de Baltbaſar* Syllabus Scriptorum de Academia
Gryphiswaldenſi et ad hiſtoriam ejusdem pertinentium.
Gryph. 1756. 4.

Der **Herzog Wartislav IX.** von Pommernwolgaſt ſtif-
tete im Jahr 1456, mit Zuſtimmung des Herzogs **Otto III** von
Pommernſtettin, die Univerſität Greifswald, um den Eingebohrnen einen nähern Weg zu Wiſſenſchaften und Künſten zu öfnen und
eine Pflanzſchule für den Staat und für die Kirche im Lande und
unter den Augen der Landesfürſten ſelbſt zu haben.    Daß ſie immer Lehrer gehabt habe, die dieſe wolthätigen Abſichten der Landesfürſten redlich zu erfüllen geſucht haben, wird kein Unbefange-
ner leugnen und die Beweiſe der Zufriedenheit unſrer Fürſten ſelbſt
und unſrer größten Staatsbeamten mit ihr, finden ſich überall
in unſern Landesdokumenten a), ungeachtet nie weder Tauſende noch
viele Hunderte hieher gelocket worden.    Es hat ihr auch weder in
ältern noch neuern Zeiten an Männern gefehlet, die ſich durch
Schriften auswerts bekannt gemacht haben und deren Schriften
noch jetzt geſchätzt werden.    Dem ungeachtet wird niemand leugnen,
daß hier Mängel und Gebrechen geweſen, die Frage aber: ob ſie
allein von den Lehrern veranlaßt worden und ob ſie immer von der
Art geweſen, daß ſie von ihnen allein gehoben werden können, oder
ob ſie nicht zum Theil durch Umſtände herbeygezogen worden, die auſſer ihrem Wirkungskreiſe lagen; wird nur eine wahrhafte Geſchichte der Univerſität, welche wir von der Zukunſt erwarten müſſen, be-
antworten können.

Die

Die erste Veranlassung zur Erichtung der Universität gab der Auffenthalt der Rostockschen Professoren zu Greifswald in den Jahren von 1435 bis 1443, welche sich der daselbst herrschenden Unruhen wegen hieher begaben. Bey der Rükkehr der Mehresten blieben einige hier zurück und brachten, mit Unterstützung des hiesigen Bürgermeisters, Heinrich Rubenow *h*) es dahin, daß der Herzog sich zur Stiftung der Universität entschloß. Dieser große Mann trug nicht nur mit seinem eignen Vermögen zur Gründung der Universität bey, sondern vermogte auch den hiesigen Magistrat zu mildthätiger Unterstützung derselben *c*). Die Stiftungsbulle des Pabsts Calixt III. ist vom 29 May 1456 und die Bestätigungsurkunde des Kaisers Friedrich III. von eben dem Jahr *d*). Die bisherige hiesige Parochialkirche zu St. Nicolai ward auch vom Bischof Henning zu Camin in eine Kollegiatkirche mit zwanzig Präbenden erhöhet und mit der Universität dergestalt verbunden, daß keine andere als Akademieverwandte zum Genuß der Präbenden zugelassen werden sollten *e*). Vom Jahr 1525 an gerieth die Universität gänzlich wieder in Verfall, weil wegen der in den Jahren 1516 und 1524 hier wütenden Pest und wegen Einführung der Reformation Lehrer und Lernende sich entfernten, so daß nur drey Lehrer übrig blieben, von welchen zwey Mittglieder des hiesigen Magistrats wurden. In diesem Zeitraume war nicht nur der größte Theil der Einkünfte, welche der Universität bey der Stiftung zugewandt worden, besonders die Präbenden bey der Kollegiatkirche, sondern auch viele von den Gebäuden und Grundstücken in der Stadt verlohren gegangen *f*). Philipp I. stellete sie im Jahr 1539 wieder her und berief von neuem Lehrer, mit deren Unterhalt es aber anfangs mislich aussah, bis er im Jahr 1558 die Universität von neuem dotirte *g*). Diese von ihm angewiesenen Einkünfte aber wollten schon damals nicht, vielweniger in der Folge, zur Unterhaltung der Universität hinreichen, allein es war auch nie die Meynung der Landesfürsten gewesen, daß damit allein das ganze Werk aufrecht erhalten werden sollte, vielmehr hegten sie das gute Vertrauen zu ihren Landständen, daß auch sie etwas zum Unterhalt der Universität beytragen würden. Diese Hofnung schlug aber, der Landesfürsten

ften

ſten vielfältigen Vorſtellungen auf Landtagen und der Univerſität
öfteren bringenden Anhaltens ungeachtet fehl, weil nach den
Aeuſſerungen der Stände das Land ohnehin ſchon mit Steuern
über Vermögen beſchweret war *h*). Bey dieſen vom Landesherrn
und Landſtänden mehrmalen anerkannten kümmerlichen und be-
drängten Umſtänden, da noch die geringe Zubuſſe aus der Her-
zoglichen Kammer und aus andern Zuflüſſen nicht ſelten Jahre
lang ausblieben, konnte die Univerſität nicht gedeien, vielweniger
zu einigem Flor gelangen. Es konnten immer nur wenige Lehrer
angeſtellet, und dieſe Wenigen weder hinlänglich noch richtig bezahlet werden. Sie ſahen ſich daher genöthiget, andere Aemter
und Bedienungen, wovon ſie ſich ernähren konnten, nebenher zu
ſuchen, wodurch ſie oft ganz von der Univerſität entfernt wurden *i*).
Die daraus für den Wohlſtand der Univerſität ganz natürlich ent-
ſpringenden üblen Folgen bewürkten endlich, daß ihr der letzte Herzog Bogislav XIV, mit Einſtimmung der Landſtände, anfänglich im Jahr 1626 die zum Amte Eldena gehörigen Dörfer, Grubenhagen, Weitenhagen, Panſow und Subzow, und darauf im
Jahr 1634 das ganze Amt Eldena, mit Ausnahme einiger Güther und Reſervaten, mit allen Herrlichkeiten und Gerechtigkeiten,
höchſten und niedern Gerichten an Hals und Hand, Jurisdiktion
und Patronaten ꝛc. als ein vermachtes Eigenthum des Corporis
Academici ſchenkte

So wichtig dieſe landesherrliche Schenkung auch in der Folge für den Beſtand der Univerſität geworden iſt, ſo konnte ſie doch
ihren damaligen Bedürfniſſen nicht abhelfen, weil das Amt während des dreißigjährigen Krieges mit einer groſſen Schuldenlaſt
bebürdet worden, wofür ein Theil deſſelben verpfändet war, und
der Uebrige wegen der großen Verwüſtungen des Landes wenig
trug *k*). Die Königin Chriſtina fand bald „daß das vorhin con-
„ſtituirte Patrimonium Academicum, als das Amt Eldena, zu ſol-
„chen Unkoſten nicht allerdings proportionable ſey„ und erklärte
ſich desfals ſchon im Jahr 1651, daß ſie zu Anſtellung mehrerer
Lehrer und Verbeſſerung ihrer Salarien die Einkünfte der Univerſität „mit einem erklecklichen Augment aus ihren eignen Mitteln

„zu vermehren und dergestalt perpetuirlich zu machen gesonnen sey,
„damit hinführo kein Mangel bey ihr zu verspühren seyn möge.„
Zugleich trug sie auch Landständen an, die auf dem Amte Elden«
haftenden Schulden zum Besten der Universität zu übernehmen,
allein sie lehnten dieß ab, „weil es ihnen so wenig verantwortlich
„als zuträglich schien, den armen bereits mehr als zu viel erschöpf-
„ten Landsaßen, aus deren Seckel die Abstattung genommen wer-
„den müste, bey jetzigem Zustande noch mehr aufzubürden,, *l*).
Nachherige landesherrliche Anträge dieser Art blieben eben so fruchtlos *m*) und die Universität muste suchen sich selbst durch gute Be-
wirthschaftung des Amts aus den Schulden herauszuhelfen, welches aber bey den in der Folge mehrmalen erlittenen Kriegsdrang-
salen nur langsam geschehen konnte, so daß erst um die Mitte des
gegenwärtigen Jahrhunderts alle Schulden abgetragen, sämtliche
Pfandstücke abgelöset und ein nicht unbeträchtliches baares Kapital
zusammengespahret war. Nun schien der Zeitpunkt gekommen zu
seyn, da zur Verbesserung des Lehrwesens und Erweiterung der
Lehranstalten nach den gewachsenen Bedürfnissen geschritten werden konnte, besonders da es keinen Zweifel litt, daß die Einkünfte
aus dem nun völlig frey gewordenen Amte Eldena ansehnlicher
Verbesserungen fähig seyn würden. Ohne diese aber abzuwarten
und der nöthigen Fonds zu den vermehrten Ausgaben versichert zu
seyn, fieng man damit an, einen Vorrath mathematischer und
physikalischer Instrumenten, von Maschinen und Modellen anzu-
schaffen, die akademische Bibliothek durch ausserordentliche Zuschüsse aus der Kasse beträchtlich zu vermehren, neue Lehrstellen zu errichten und die alten zu verbessern, eine Samlung anatomischer Präparaten anzukaufen, einen botanischen Garten anzulegen und mehrere
andere neue Einrichtungen zu treffen. Dieß alles hätte noch ohne
Nachtheil der Kasse bestritten werden können, besonders da es nicht
auf einmal, sondern nur nach und nach zum Stande kam, wenn
sich nur nicht zu gleicher Zeit andere grosse Ausgaben gefunden hätten. Die vielen Bauten in der Stadt und auf dem Lande, besonders die Aufführung des neuen Kollegiengebäudes, die schweren
Kriegssteuern an die Preussische Armee und die deshalb den Amts-

einwoh-

einwohnern zu leiſtenden Vergütungen w), und mancherley andere
Präſtationen und Ausgaben erforderten ſo groſſe Summen Geldes,
daß die ordentlichen Einkünfte, bey der verſpäteten Verbeſſerung
der Amtsrevenüen *), nicht hinreichen konnten, ſondern von neuem
Schulden gemacht werden muſten, die ſich von Jahr zu Jahr an-
häuften, ohne daß der Adminiſtration allein darüber Vorwürfe gemacht werden konnten, da ein beträchtlicher Theil derſelben entweder unwillkührlich oder von den Obern anbefolen worden.  Indeſſen veranlaſſete dieß ſchon im Jahr 1755 eine Viſitation der Univerſität und die Kommiſſion richtete auch vorzüglich ihr Augenmerk
auf die Verbeſſerung der Revenüen aus dem Amte Eldena, um
dadurch die nöthigen Fonds zur fernern Erweiterung und Verbeſſerung des Lehrweſens, wie nicht weniger zum Abtrag der damals
bereits gemachten Schulden, die ſich über 25000 Rthlr. beliefen,
herbey zu ſchaffen, worüber ſie auch ihre Vorſchläge nach Hofe
einſandte.  Zu deren Ausführung wurde zwar von Königl. Maytt
noch im Jahr 1756 eine eigene ökonomiſche Executionskommiſ-
ſion o) angeordnet, allein der einfallende Krieg veranlaſte in den
Geſchäften dieſer Kommiſſion einen Aufſchub bis zum Jahr 1761,
die ſie auch dann bloß auf die Legung einiger Bauerdörfer, die ſie
in Ackerwerke verwandelte, einſchränkte und im Jahr 1766 wieder aufgehoben ward p), da von den Schwediſchen Reichsſtänden
eine allgemeine Landeskommiſſion verordnet ward, die den Auftrag
hatte, auch die Angelegenheiten der Univerſität einzurichten.  Die
darauf im Jahr 1771 angefangene und im Jahr 1773 erneuerte
Viſitation brachte endlich die ſo lange im Werk geweſene Unterſuchung der Univerſität, ſowohl in Abſicht auf das Lehrweſen, als
auf ihren ökonomiſchen Zuſtand zu Ende und bewürkte den Königl.
Receß vom 11. May 1775, worinn nicht nur im Lehrweſen verſchiedene neue und beträchtliche Einrichtungen gemacht, ſondern
auch zur Beſorgung aller ökonomiſchen Angelegenheiten eine eigene
Akademiſche Adminiſtration errichtet und zu Tilgung der Schulden
ein beſonderer Amortiſſementsfond ausgeſetzet worden.

a) Nur ein Beyſpiel.  Der wolgaſtiſche Kanzler Valentin von Eich-
ſtede ſagt im Leben Philips I.  Etſi autem dicta Univerſitas (Gry-

phica) suo quodam fato nec amplitudine nec frequentia plerisque
aliis comparari queat, conslat tamen, eam statim in exordio —
magnum patriae in luctuoso desidio cum Friderico Electore Bran-
denburgensi praesidium attulisse *), nostraque aetate veluti fuisse
officinam, ex qua tota fere Pomerania in ecclesiis, scholis, aulis
et rebus publicis utiles homines accepit. Quod beneficium et de-
cus *omnes bonos grata mente agnoscere es scholam hanc amare,
fovere et juvare decet.*

*) Die beyden damaligen hiesigen Rechtslehrer Matthias von Wedel
und Johann Meyloff, wurden nicht nur gebraucht, die Rechte des
wollgastischen Hauses an die Succeßion in das Herzogthum Stettin gegen den Churfürsten von Brandenburg in Schriften zu vertheidigen,
die noch vorhanden sind, sondern auch der Erstere an den Kaiser und
der Letzte an den König von Polen wegen dieser Angelegenheit abge-
sandt. S. meinen Grundris der pommerschen Geschichte S.
129 und 131.

b) Rubenow dieser eifriger Beforderer der Universität, war ein ge-
bohrner Greifswalder und zur Zeit der Stiftung Burgermeister all-
hier und H. Wartislavs IX Rath und Kanzler, da er vorher schon
des König Erichs Kanzler gewesen war. Er ward der erste Rektor der neuen Universität und beständiger Prokanzler des Bischofs
von Camin der in katholischen Zeiten Kanzler der Universität war.
Er gerieth bald nachher mit dem Herzoge Erich II in Mißverstän-
niß, worin die Stadt und Universität verwickelt und Rubenow
gezwungen ward, die Stadt zu verlassen. Er kam zwar nach einigen Monaten zurück, weil er aber eine strenge Rache an seinen
Gegner ausübte, so machte er sich dadurch bey der Bürgerschaft
so verhaßt, daß er am letzten Tage des 1462ten Jahres, in welchem er das Rektorat zum zweytenmal, Namens des H. Swan-
tibors geführet hatte, von zwey Bürgern auf dem Rathhause er-
mordet ward. S. Aug. de Balthasar Vitae Prof. Ictorum Gry-
phiswald.

c) Des Magistrats Conceßion auf verschiedene Häuser und Beneficien
für die Universität vom 11 Nov. 1456. L. C. II. 749.

d) L. C. II. 742 und 745. Die Päbstliche Bulle erfolgte nicht eher,
als bis der Herzog die zureichliche Dotation der neuen Universität
versichert und den Päbstlichen Gevollmächtigten, den Bischof von
Brandenburg, davon überzeugt hatte. Urkunde von 1455. L. C.
II. 741.

e) Konkordat zwischen der Universität und dem Magistrat wegen der
zu errichtenden Kollegiatkirche vom Jahr 1456 und Bischof Hen-
ninge

*e*) *wegen Errichtung der Kollegiatkirche vom 5 Jul. 1457. L. C. II.
754. 760.

*f*) Der Herzog Bogislav XIV bezeuget im Dotationsinstrumente von
1634, daß zur Zeit der Restauration unter Philipp I. von den
anfangs der Universität gewidmeten Einkünften nicht mehr „als et:
wa in alles zweyhundert Gulden Münze übrig und vorhanden ge:
wesen." L. C. II. 845.

*g*) Diese Dotation bestand in dem rügianischen Kanon, oder den
Geldpächten, welche der Landesherrn aus den dortigen Pfarren zu
erheben hatte und damals ungefehr 200 Gulden betrugen; in 1000
Gulden an baarem Gelde aus der Fürstl Kammer, die nachher auf
das Amt Franzburg und zuletzt auf das Amt Eldena angewiesen,
und der Universität für den Betrag ihrer Hebungen daraus hypo:
thecirct wurden; in einigen Hebungen aus den Dörfern Leest,
Wampen, Hennekenhagen, Hinrichshagen und Kreuzmannshagen,
und endlich in zwey Last Roggenmehl und zwey Last Gerste, wel:
che zum Konviktorio aus dem Amte Eldena geliefert wurden. L.
C. II. 810. 812.

*h*) L. L. A. vom 10 Febr. 1560, vom 27 May 1585, vom 12 Apr.
1595, vom 25 Jan. 1605 und vom 7 März 1606. L. C. I. 484,
571, 598, 600 und 609. Am letztern Orte heisset es unter an:
dern: „Nachdem wir aber befunden, daß, der nun etliche Jahre
„der geschwinden theuren Zeiten wegen, man wenig gelahrte Leute,
„damit der Jugend gedienet, der gar schlechten und geringen Sti:
„pendien halber, daselbst halten können, hätten wir jährlich ein
„ansehnliches aus unser Kammer über das Ordinarium, was aus
„dem Amte Eldena dazu verordnet und gereichet wird, zuschließen
„müssen. Weil aber unsere Kammer sehr hoch, leider! beschweret,
„und es daher derselben, der Länge wegen, solche Bürden auszu:
„stehen, unmöglich fallen würde; So wolten wir an die
„Stände ganz gnädig begehret haben, sie wolten sich die Universi:
„tät, in welcher gleichwol derselben Kinder in Gottesfurcht und
„guten Künsten unterwiesen würden, mit anbefohlen seyn lassen,
„versehen uns auch, weil Anno 1589 die Stände derselben zu an:
„derer Gelegenheit zu geruhen verheissen, und daß jeder eine ge:
„raume Zeit her mit keiner Landesbürde beschweret, sie wür:
„den der Universität, aus christlicher guten Affection und Favor  wo
„nicht mit zwo, dennoch zum wenigsten mit einer anderthalben
„Extraordinar:Steuer gut und freywillig beyspringen " — „Wor:
„auf die Stände sich erkläret, daß sie zwar den freien Künsten und
„andern rühmlichen Sachen wohl gewogen, auch heilsam und gut,

P 2                              „daß

„daß die Universität, der Jugend zum besten, erhalten, in Erwä-
„gung, wenn Universitäten und Schulen aufgehoben, alsdann,
„tamquam fundamento sublato, Kirchen und alle Regimente fal-
„len müssen, sie dennoch die Sachen, bey den jetzo laufenden
„vielfältigen Steuern, also beschaffen gefunden, daß sie vor dieß-
„mal auch einigerley Zulag halben sich nicht erklären könnten." Ob
„wir uns nun zwar wohl einer bessern und anmuthlichern Erklärung
„versehen, haben wirs dannoch an seinen Ort stellen müssen und in
„die Stände nicht weiter bringen können; Weil uns aber, dieselbe
„allein zu unterhalten, unmöglich, wollen wir uns zu ihnen, den
„Ständen, gänzlich versehen, sie demnächst zu vorfallender besse-
„rer Gelegenheit sich beregte Universität werden bestermaaßen recom-
„mendiret und befohlen seyn lassen."

*i)* — „Daß wir bey uns reislich erwogen und angemerkt, was gestalt
„unsere Universität zum Greifswald nach jetzigen theueren und ge-
„schwinden Zeiten mit Einkünften und jährlichen Intraden sehr
„schlecht versehen, und dannenhero aus Mangel gewisser und er-
„giebiger Intraden, die Salaria der Professoren und andere der
„Universität zugehörigen Personen, also schlecht constituiret und
„verordnet, daß sie auf den dritten Theil ihren Aufenthalt davon
„nicht gehoben, weniger für die Ihrigen davon ichtswas erspahren
„mögen, besondern ihre schwere Arbeit und Lucubrationes mit
„Seufzen verrichten, auch danebenst auch wohl bürgerliche Nah-
„rung suchen müssen, wodurch denn dieses nothbringlich erfolget,
„daß nicht allein die Jugend an ihren Studiis merklich verabsäu-
„met, besondern auch leichtlich geschehen könnte — daß die Univer-
„sität, an dero Conservation dem gemeinen Vaterlande höchlich ge-
„legen, ganz ruiniret und zu Grunde gerichtet werden mögte."
Dotation H. Bogislav XIV. vom 28 Jul. 1626. L. C. II. 840.

*k)* Bey der Uebergabe des Amts Eldena hafteten auf demselben an
antichretischen Schulden, welche die Universität übernehmen muste, — — — Fl. 76219 —
An Nachstand der Akademieverwandten Salarien
und der Oekonomie, so gleichfals aus den Amtsintraden bezahlet werden sollte 30593 —

= Fl. 106,812 —

Bey der ersten Visitation der Universität zu Schwedischen Zeiten,
im Jahr 1646 betrugen die Einkünfte aus dem Amte nur noch
4865. fl.

*l)* Project des Staats vom Jahr 1651 und der Landstände Antwort
darauf. Kap. XI.

m)

*m*) Durch die Königl. Reſolution vom 7 Novbr. 1670 (L. C. II. 893.
Num. 2. und 3.) ward der Univerſität die Verſicherung gegeben; a)
Daß der König bedacht ſeyn wollte, das Amt von den darauf haf‑
tenden Schulden zu befreyen und die dafür verpfändeten Stücke
einzulöſen; b) daß das Amt hinführo von aller Kontribution und
Anlage befreyet ſeyn ſollte. Es ergiengen auch deßhalb Königl.
Briefe ſowohl an die Regierung als an Stände, (L. C. II. 896.
897.), wodurch dieſe angemuthet wurden, die aufs Amt haften‑
den Schulden zu übernehmen und aus dem Landkaſten zu tilgen *).
Allein dazu wollten Landſtände ſich ſo wenig entſchlieſſen, als dem
Amte die Steuerfreyheit zugeſtehen, entſchloſſen ſich aber, nach
verſchiedenen darüber angeſtelleten Unterhandlungen, der Univerſi‑
tät mit einem Don Gratuit von 5000 Rthlr. unter die Arme zu
greifen, worüber unterm 20 Dec. 1673 ein förmlicher Receß abge‑
ſchloſſen (L. C. II. 899.) und von Königl. Maytt. unterm 20 May.
1674. (L. C. II. 902.) beſtätiget ward. Das Kapital ward aber,
nach dem Verſprechen der Landſtände, nicht würklich ausgezaylet,
ſondern nur verzinſet und dazu jährlich eine Steuer unter dem Na‑
men der Univerſitätszinſe ausgeſchrieben. Wie der nordiſche Krieg
im Anfange dieſes Jahrhunderts ſich in Pommern zog hörete die
Zinszahlung auf und da Landſtände auch nach wiederhergeſtellten
Frieden ſich dazu nicht weiter verſtehen wollten, ſo kam die Sache
zum Proceß, der erſt im Jahr 1777 durch einen neuen Vergleich
der Königl. Regierung mit Landſtänden, welcher von Königl. Maytt.
beſtätiget worden, ſiſtiret werden mögen.

Als ein Mittel, die Univerſität aufzuhelfen, kam ihre Verle‑
gung nach Stettin und Verbindung mit dem dortigen Gymnaſio
Carolino mehrmalen in Vorſchlag, als in den Jahren 1666, 1681.
(L. C. I. 407. 870.) und 1705, (Pomm. Bibl. III. 49.) es fan‑
den ſich aber immer ſo viele Bedenklichkeiten dabey, daß es un‑
terblieb.

Gewechſelte Schriften vor und wieder die 1666 vorgeweſene
Verlegung der Univerſität Greifswald nach Stettin. In J. C. C.
Oelrichs Beyträge zur Geſchichte der Gelahrheit. (Berlin 1770.
4.) Band II. S. 17—46.

*) In der Königl. Reſolution war vorgeſchrieben, daß mit den Gläu‑
bigern der Univerſität eine Liquidation zugelegt werden ſollte, um
herauszubringen, wie viel ein jeder mit Recht zu fodern hätte. Die‑
ſe Liquidation geſchahe vor der Königl. Regierung am 19. Novbr.
1673 und da befand ſich die Schuldenlaſt der Univerſität annoch,
1) an alten Fürſtl. Schulden, wofür Amtspartikeln verpfändet

P 3                                                          war‑

waren — — Gulden = 41000.
2) An anderen zinsbaren Kapitalien — 7632.
3) An unzinsbaren Schulden — 2198.
Also, ohne die Deserviten, zu deren Abtrag jährlich 1000 Gulden auf den Staat gesetzet waren, 50830.
Die gesamten Einkünfte der Universität betrugen damals nur 10302
Fl. 6 ßl. zu den Ausgaben aber wurden erfordert 11445 Fl., es
war also ein Mangel jährlich von 1142 Fl. 18 ßl.

*n*) Die Preußischen Kriegssteuern, z. B. die dem akademischen Amte
zur Last fielen, betrugen im Jahr 1758, außer den in Natura ge-
lieferten 48471 Rationen Fourage in baarem

| | | | | |
|---|---|---|---|---|
| Gelde — — | Rthlr. | 10277 | ßl. | 43 |
| 1759 an Gelde — | | 7341 | | 45¼ |
| 15124 Schffl. Roggen u. Mehl à 36 ßl. | | 11343 | | |
| 762 = Hafer à 24 ßl. — | | 381 | | |
| 4905 Centner Heu à 32 ßl. — | | 3141 | | 16 |
| 1071 Schock Stroh à 5 Rthlr. — | | 5357 | | 24 |

Zusammen in beyden Jahren = Rthlr. 37842 Fl. 32¼
wovon der akademischen Kasse zur Last fielen:
1) An Vergütungen, welche den Pächtern geleistet werden mußten Rthlr. 11864 ßl. —
2) An Kontributionen, Fourage- und Pferde-
lieferungen fürs Amt 5192
3) An nachgelassenen Pächten und Dienstgel-
dern an die Bauern 5564

Zusammen Rthlr. 22,620 = —

*) Die allmähltge Verbesserung der akademischen Einkünfte, womit
aber auch zugleich die Ausgaben vermehret worden, erhellet aus folgender Berechnung.

| | Einnahme. | | Ausgabe. | |
|---|---|---|---|---|
| Im Jahr 1650 — | Rthlr. 4692 ßl. 16. | | Rthlr. 1692 ßl. 16. | |
| = = 1673 — | 5151 = 6. | | 5722 = 24. | |
| = = 1700 — | 6514 = 24. | | 6505 = 14. | |
| = = 1730 — | 8684 = 37. | | 4472 = 12. | |
| = = 1753 — | 11959 = 39. | | 10732 = 18. | |
| = = 1774 — | 22363 = 24¼ | | 21014 = 7. | |

*o*) Königl. Resolut. vom 13. Dec. 1756. nebst dem Transsumt aus den
Vorschlägen der Visitationskommission vom 31. Jul. 1756. L. C V.
103. In den Patriotischen Beyträgen, I. 63, heißt es von den
Professoren: „Damit sie eine Vermehrung ihres Gehalts möglich
„machten und andere Absichten sich durchsetzen liessen, muste auf ein
„Plus

„Plus gedacht werden, und um das zu erzwingen, mit mehr wie
„einem Bauerhofe eine dem Publicum schädliche Veränderung vor-
„geben." Ich will diese Veränderung hier mit zwey Worten treulich aus den Akten darlegen, woraus erhellen wird, ob sie von den
damaligen Professoren veranlasset sey oder nicht. Seit 1752 sind
die Bauerdörfer Neuendorf, Wampen und Ladebov gelegt und in
Ackerwerke verwandelt und die Dörfer Kemy, Wieck und Neuenkirchen diesen neuen Höfen, so wie das Dorf Friedrichshagen dem
alten Amtshofe Eldena zum Dienst zugelegt worden. Weiter sind,
so viel ich weiß, keine Bauerdörfer gelegt worden. Neuendorf war
das erste, das 1752 gelegt ward. Wie es damit zugegangen, ergiebt des damaligen Ritterschaftlichen Kurators Dictamen ad Pro-
tocollum Concilii vom 27. Jan. 1752, worinn es heißt: „Cura=
„tores haben sich in dieser Absicht (die Amts=Revenüen zu verbes-
„serb,) ihrer Schuldigkeit nach Mühe gegeben, einen hauswirth=
„schaftlichen Vorschlag vom Amte Eldena zu machen²), selbigen
„Sr. Excellenz und der K. H. Regierung zu präsentiren. Gedachte
„S. E. und die K. H. Regierung haben durch ein Special=Rescri=
„ptum Curatoribus aufgegeben einen Versuch zu thun. Es
„würden also alle dem Plan gemachten Einwürfe (der Professoren)
„von keiner Erheblichkeit seyn können, weil Quästio An?
„festgesetzet ist. Ratione Modi betreffe solches hauptsächlich Oeco=
„nomica, und würde der Ausgang zeigen, ob es Realitäten oder
„leere Wörter seyn. Er vor seinen Theil kavire mit all dem Sei-
„gen, daß der Plan ökonomisch und überließe der Beurtheilung
„der hohen Landesregierung, wie weit man es geschehen lassen
„könnte, der Akademie dergleichen Vortheil zu entziehen.
„Was die Legung der Bauern anbetrift, so gestehet man allerdings,
„daß auf die Vermehrung derselben des Landes beste mit beruhe,
„jedoch ist bekannt, daß erfordernden Umständen nach die Obrig=
„keit befugt sey, selbige zu legen, und zu verändern. Bey der
„Akademie würde also dieser Punkt von gar keiner Schwierigkeit
„seyn. — Ueberdem hätte sich Akademia in vorigen Zeiten kein
„Gewissen gemacht, ein Ackerwerk wieder mit Bauern zu be-
„setzen." — Dem Concilio blieb bey diesen Umständen nichts übrig,
als geschehen zu lassen, was es nicht ändern konnte, die Bauern aber
wandten sich sowohl an die Landesregierung, als an das Tribunal,
allein ohne Erfolg, und sie mußten ihre Höfe verlassen. Die übrigen Dörfer sind im Jahr 1761 auf Königl. Maytt. ausdrücklichen
Befehl in der hier angeführten Resolution, nach dem Vorschlage
der Visitationskommißion, von der Exekutionskommißion gelegt
worden. Jetzt sind die Dörfer Friedrichshagen, Wieck und Neuenkirchen

enkirchen durch die akademische Administration vom Hofdienste bereits wieder befreyet und auf Pacht gesetzet worden.

*.) Nach diesem Anschlage sollte das ganze Amt jährlich 1120 Rthlr. 32 ßl. tragen, da es bis dahin nur 6730 Rthlr. 32 ßl. getragen hatte.

p) Königl. Rescript vom 6 Oct. 1766. L. E. V. 107.

### §. 7.

Die vornehmsten Privilegien, Gesetze und Vorschriften für e Universität sind:

I.) Bulla Fundationis P. *Calixti* III. data Romae IV. Kal. Jul. 1456. Edit. a J. Fr. Mayer. Gryph. 1704. 4. 1706. fol.

II.) K. Friedrichs III. Bestätigung der Universität vom Jahr 1456.

III.) H. Wartislavs IX. Bewidmung der Universität vom Jahr 1456.

IV.) H. Otto III. von Stettin Konfirmation der Bewidmungen des H. Wartislavs vom Jahr 1459.

V.) H. Wartislavs X. Privilegien der Universität vom Jahr 1459.

VI.) Bischof Benedicts von Cammin Exemtion der Universität von aller fremden Jurisdiction vom 15. Febr. 1488.

VII.) Statuta, Reformation und Ordnung der Universität erneuert 1545 und bestätiget vom H. Philipp I. 1547.

VIII.) Philipps I. Dotation der Universität vom Jahr 1558. mit der Konfirmation seiner Söhne vom Jahr 1563.

IX.) Visitations-Receß der Universität vom Jahr 1568.

X.) H. Ernst Ludwigs renovirte Ordnung der Universität vom 20 Jul. 1571.

XI.) Visitations-Receß H. Ernst Ludwigs vom 20 April 1578.

XII.) H. Bogislavs XIV. Dotationen der Universität vom 28 Jul. 1626 und 9 Oct. 1634.

XIII.) Desselben Bestätigung des Präsentationsrechts der Universität zu den ledigen Professoraten vom 1 März 1627.

XIV.)

XIV.) Königl. Visitations-Receß vom 19 Sept 1646.

XV.) Instruktion für die Curatores der Universität vom 20 Jun 1660.

XVI.) Vergleich zwischen der Universität und dem Magistrat der Stadt Greifswald, betreffend die Besetzung der Superintendentur und der Pastorate daselbst vom Jahr 1664.

XVII.) Königl. Visitations-Receß vom 16 May 1666.

XVIII.) Receß über den Vergleich der Herren Landstände mit der Universität wegen der Exemtion des Amts Eldena vom 20 Dec. 1673. mit der Königl. Bestätigung vom 20 May 1674.

XVIIII.) Vergleich zwischen der Universität und dem Magistrat der Stadt Greifswald wegen Exemtion der akademischen Häuser und wegen der von Universitätsverwandten zu leistenden Rekognition, wenn sie in städtischen Häusern wohnen, vom 8. Nov. 1676, nebst der Königl. Konfirmation vom 20 May 1702, wie auch Judicata der Königl. Regierung und des hohen Tribunals zur Deklaration dieses Vergleichs von 1722 — 1757.

XX.) Königl. Visitations-Receß vom 20. May 1702.

XXI.) Königl. Instruktion für den Kanzler der Universität, vom 20 May 1702.

XXII.) Der Königl. Regierung Instruktion für die Kuratoren der Universität vom 20 Dec. 1721.

XXIII.) Visitations-Bescheid vom 20 Nov. 1730.

XXIV.) Königl. Exemtionsbrief der Universität von der Jurisdiction des Königl. Hofgerichts vom 12 März 1753.

XXV.) Königl. Visitations-Receß vom 11 May 1775, nebst den Gesetzen fürs Konviktorium, für die Studierenden und dem Administrations-Reglement. Dieser Receß ist das jetzige eigentliche Grundgesetz der Universität, und die übrigen hier angeführten Gesetze und Verordnungen gelten nur in soferne sie durch diesen Receß nicht abgeändert worden.

XXVI.) Königl. Maytt. und der Königl. Regierung Resolutionen in Angelegenheiten der Universität vom 24 Sept. 1653, vom 25 May 1661, vom 7 Nov. 1670, vom 23 März 1683, vom 8 Oct. 1686, vom 18 Jun. 1741, vom 30 Apr. 1754, vom 25 Aug. 1760 und vom 20 März 1777.

XXVII.) landesherrliche Verordnungen, daß Landeskinder zu Greifswald studieren sollen, vom 7. Nov. 1670, vom 8 Oct. 1686, vom 12. Jan. 1702, vom 4 Apr. 1708.

L. C. II. 742—972. V. 90. 110. 172.

A. v. Balthasars Verzeichnis der Briefe und Verordnungen, nach welchen die Akademie Greifswald sich vom Anfange ihrer Stiftung bis jetzo zu richten gehabt. In der Pomm. Bibliothek III. 94—105.

## §. 8.

Die Anzahl der Professoren auf der Universität ist jetzo auf funfzehn festgesetzet und zwar sind in jeder der drey obern Fakultäten drey, in der Philosophischen aber sechs verordnet. Ausser diesen ordentlichen Lehrern findet noch eine unbestimte Anzahl von ausserordentlichen Lehrern an Abjunkten und Privatdocenten statt, welche der Kanzler nach den Umständen und Bedürfnissen der Universität anstellen kann, und welchen der Unterricht in der Muttersprache, in den gelehrten Sprachen, in den schönen Wissenschaften und in der Geschichte und Theorie der bildenden Künste eigentlich anvertrauet ist, dabey sie aber auch verpflichtet sind, in den höheren Wissenschaften den Professoren hülfliche Hand zu leisten und die etwa zufällig sich ereignenden Lücken auszufüllen. Für die lebenden Sprachen und Exercitien sind eigene Lectoren und Exercitienmeister bestellet. Bey der neuen Einrichtung, welche die Universität durch den neuesten Königl. Visitationsreceß im Jahr 1775 erhielt, ist darauf besondere Rücksicht genommen, daß junge Leute innerhalb zwey bis drey Jahren in der Wissenschaft, welche sie sich vorzüglich erwählet haben, so weit gebracht werden mögen, daß

sie

ſie ſich ſelbſt durch eigenen Fleiß weiter helfen können; daß aber
nicht bloß und allein Gelehrte von Profeſſion zugezogen, ſondern
auch Jünglinge, welche ſich den Landesgeſchäften, dem Militär-
dienſte, der Landwirthſchaft, dem Handel, der Schiffahrt, den
Künſten, den Manufakturen und andern bürgerlichen Gewerben
gewidmet haben, zu rechtſchaffenen und brauchbaren Staatsbür-
gern gebildet werden mögen.    Zu dem Ende iſt verfüget, daß
auſſer den gewöhnlichen Kurſus der Wiſſenſchaften, wie ſie ſonſt
auf Univerſitäten gelehret werden, noch: in der theologiſchen Fakultät die Grundwahrheiten und Pflichten der chriſtlichen Religion
mit Vorbeygehung des Kunſtmäſſigen im theologiſchen Syſtem;
Eben ſo in der juriſtiſchen Fakultät ein beſonderer Unterricht im bürgerlichen Rechte für die Faſſung eines jeden Bürgers, in dem Pri-
vat- und Staatsrechte der Provinz, in der Geſetzgebungstheorie
und ihrer Anwendung auf des Landes ſchon vorhandene Geſetze und
deren Verbeſſerung, beſonders in Polizey- und Haushaltungsſa-
chen; in der mediciniſchen Fakultät die Chemie, ſo wie in der philoſophiſchen Fakultät die einzelnen Theile der Naturgeſchichte, Phy-
ſik und Mathematik mit beſtändiger Rückſicht und Anwendung
auf die Oekonomie, Manufakturen und Fabriken, Künſte und
Handwerke, Navigation und andere bürgerliche Gewerbe vorge-
tragen werden ſollen.

J. C. Dähnerts Entwurf des verbeſſerten Unterrichts
in den Künſten und Wiſſenſchaften auf der Univerſität Greifswald. 1776. 4.

### §. 9.

Zur Unterſtützung des Unterrichts nach dieſem gemeinnützi-
gen Entwurf ſind ſchon manche Anſtalten und Hülfsmittel vorhanden und die noch Fehlenden werden nach und nach, ſo wie die Einkünfte der Univerſität es nur immer verſtatten, angeſchaffet und
eingerichtet. Jetzo ſind davon vorhanden:

I.) Die Bibliotheck. Sie iſt überhaupt zwar zahlreich
und in manchen Fächern, als in der nordiſchen Geſchichte beträcht-

lich,

lich, dagegen aber auch in andern Fächern und besonders in Ansehung ausländischer und neuerer Schriften noch immer sehr unvollständig, so daß sie den Bedürfnissen der Lehrer nach jetzigem Stande der Wissenschaften nicht entspricht, wie ein jeder Sachverständiger aus dem gedruckten Verzeichnisse derselben selbst abnehmen kann. Alle Schriften, welche im Schwedischen Reiche gedruckt werden, müssen auf Königl. Befehl frey an ihr geliefert werden. Die Einkünfte sind bisher zu geringe, daß ein dem jährlichen Zuwachs an neuen Büchern angemessener Ankauf geschehen könnte. Sie bestehen theils in gewissen und bestimmten, theils in ungewissen und zufälligen Hebungen.

A. Die Gewissen und Bestimmten sind:

| | |
|---|---|
| a. Ein Legat des Generalsuperintendenten Jacob Rungen, von — rthlr. | 50. |
| b. Ein Legat des Generalsuperintendenten Friedrich Rungen | 50. |
| c. Ein Legat des Professors Balthasar Rhau, von | 50. |
| d. Ein Legat des Professors der Rechte und Konsistorialdirektors D. Friedrich Gerschow, von | 50. |
| e. Ein Legat des Prälaten Albrecht von Wakenitz, von — — | 250. |
| f. Ein Legat Sr. Hochfürstl. Durchlauchten des Regierenden Herzogs Adolph Friedrich IV. von Mecklenburg-Strelitz, zur Fortsetzung der von Sr. Durchlaucht an die Bibliothek geschenkten vollständigen Sammlung der | |

Latus = rthlr. 450.

Transport   rthlr. 450.

Philoſophical  Transactions
von   —   —   150.

An Kapital  = Rthlr. 600.
wovon die jährlichen Zinſen betragen Rthlr.   30 — ßl.

g. Die akademiſche Kaſſe giebt jährlich
nach dem Staat   25 — .

h. Der Stadtmuſikus giebt für das
ausſchließende Recht im akademiſchen Amte aufzuwarten jährlich
Pacht   —   —   —   10 — .

B. Die ungewiſſen und zufälligen Hebungen beſtehen:

a. In der Hälfte aller Inſcriptionsge-
bühren, die nach einem ſiebenjähri-
Durchſchnitt der Jahre von 1778
bis 1784 betrugen, jährlich   —   53. 34 .

b. In einer Abgabe von Promotionen,
in gleicher Maaße   —   —   5. 34 .

c In den Strafgefällen die im Studentengerichte fallen, nach eben dem
Durchſchnitt   —   —   3. 21 .

d. In den Freywilligen Gaben der Univerſitätsverwandten beym Antritt
ihrer Aemter, bey neuen Kontrakten
über akademiſche Grundſtücke u. dgl.
nach gleichem Durchſchnitt   —   6. 10 .

Zuſammen = Rthlr. 133. 41 ßl.

Sie ſtehet unter der Aufſicht eines Bibliothekars, der ein
Profeſſor aus der philoſophiſchen Fakultät iſt, und eines Vicebi-
bliothekars und wird täglich zwey Stunden zum öffentlichen Gebrauch geöfnet.

Q 3                    1) J.

1) J. C. Dähnerts kurze Geſchichte der akademiſchen Bibliothek, in einer Rede bey ihrer Eröfnung. Greifsw. 1750. 4.

2) — — — Academiae Grypeswaldenſis Bibliotheca, Catalogo Auctorum et Repertorio Reali univerſali deſcripta. Tomi. III. Grypesw. 1775 — 76. 4.

II.) Die Sammlung anatomiſcher Präparaten hat ihre erſte Grundlage durch den Ankauf der Schaarſchmidtſchen Präparaten aus Berlin erhalten und iſt nachher durch die Bemühung der hieſigen Lehrer der Arzeneygelahrtheit und durch gelegentlichen Ankauf immer mehr und mehr erweitert worden. Sie ſtehet unter der Aufſicht eines Profeſſors der Arzeneygelahrtheit und was zur Erhaltung der Präparaten erforderlich iſt, muß requiriret werden.

A. Weſtphals Verzeichniß der Präparaten, welche auf dem anatomiſchen Theatro der Akademie zu Greifswald befindlich ſind. Stralſund 1760. 8.

III.) Der botaniſche Garten ward im Jahr 1763 angelegt und erlangte in kurzer Zeit einen Reichthum ſeltener Pflanzen, wie die gedrukten Verzeichniſſe beweiſen, allein eine unglückliche Feuersbrunſt, welche am Anfange dieſes 1787ten Jahres das Gewächshaus in die Aſche legte, verzehrte einen großen Theil der ſchätzbarſten Pflanzen. Indeſſen iſt bereits ein Gewächshaus, das bey weitem ſchöner und dauerhafter iſt, als das Vorige, wieder erbauet und es ſtehet zu hoffen, daß auch der Verluſt an Pflanzen bald werde erſetzet werden. Zum Garten gehöret auch eine in dieſem Jahre im elbenaiſchen Holze angelegte Plantage von Bäumen und Sträuchen. Die Inſpektion über den Garten führet der jederzeitige Profeſſor der Naturgeſchichte und Oekonomie. Bey demſelben iſt ein eigner botaniſcher Gärtner angeſtellet. Zur Korreſpondenz das Botanici ſind jährlich 20 Rthlr. und zur Unterhaltung der Gartengeräthſchaften auch 20 Rthlr. ausgeſetzt.

1) S.

· 1) *S. G. Wilke* Hortus Gryphicus, exhibens plantas prima ejus conſtitutione illatas et altas una cum horti Hiſtoria.   Gryph. 1765. 8.

2) *C. E. Weigel* Diſſ. ſiſtens Hortum Gryphycum. Gryphisw. 1782. 4.

IV.) Zum Naturalienkabinet iſt der erſte Grund durch eine Schenkung des verſtorbenen Aſſeßors beym Sanitätskollegio, D. Droyſen, gelegt und in der Folge theils durch anderweitige Schenkungen, beſonders des Durchlauchtigen Kanzlers der Univerſität, theils durch Ankauf vermehret worden. Der mineralogiſche Theil des Kabinets ſtehet unter der Aufſicht des Profeſſors der Chemie, der Uebrige unter der Aufſicht des Profeſſors der Oekonomie und Naturgeſchichte.

V.) Von phyſikaliſchen und mathematiſchen Inſtrumenten, wie auch von allerhand Modellen iſt eine beträchtliche Sammlung vorhanden, welche ſeit 1750 auf Koſten der Univerſität nach und nach angekauft worden und unter der Aufſicht des Profeſſors der Phyſick und Mathematick ſtehen. Was zur Unterhaltung dieſer Inſtrumenten nöthig iſt, muß jedesmal requiriret werden.

VI.) Der Aſtronomiſche Gnomon, welcher im Jahr 1753 in der hieſigen wüſten Mönchenkirche eingerichtet worden, die dazu vom hieſigen Stadtmagiſtrate mit der ruhmwürdigſten Bereitwilligkeit zum Dienſte der Wiſſenſchaften überlaſſen ward.

1) Anlage eines aſtronomiſchen Gnomons in Greifswald. Pomm. Bibliotheck. II. 235.

2) L. H. Röhl vom greifswaldiſchen aſtronomiſchen Gnomon. Greifsw. 1786. 4.

VII.) Das aſtronomiſche Obſervatorium iſt im Jahr 1775 in einem alten Thurm der Stadtmauer, welchen der Magiſtrat gegen ein jährliches Grundgeld von 1½ Rthlr. dazu eingeräumt hat, eingerichtet und mit den nöthigen Inſtrumenten verſehen.

hen. Es stehet, so wie der Gnomon, unter der Aufsicht des Professors der Astronomie. Zur Unterhaltung dieser Instrumenten werden jährlich 50 Rthlr. bestanden.

Verhandlungen zwischen der Akademie und dem Magistrat wegen eines zum Observatorio zu überlassenden Thurms. l. C. V. 109.

VIII.) Eine Reitbahn wird auch jetzo eingerichtet.

Was sonsten zur Vermehrung dieser gelehrten Apparate erforderlich ist, kann nur, wenn die Kosten über zwanzig Reichsthaler betragen, mit Einwilligung des Kanzlers angeschaft werden. Auf solche Art sind in den Zehn Jahren, von 1776 bis 1785, ausserordentlich verwandt, für die Bibliotheck Rthlr. 989 ßl. 43¼

für die Anatom. Präparaten — . 140 . 30
— — Naturalien Kabinet — . 60 . 39
— — Math. und Physikal.
Instrumenten — — ; 429 . 36

Zusammen = Rthlr. 1611 ßl. 4¼

## §. 10.

Zur Unterstützung dürftiger Studirenden gereicht theils das Konviktorium, theils die Stipendien, welche von wohlmeinenden Patrioten bey der hiesigen Universität gestiftet worden.

I.) Im Konviktorio oder Kommunität werden Mittags sechs und dreyßig Personen, drey nemlich, der jedesmalige Senior, der Schwerinsche und Levesche Stipendiat völlig frey, die übrigen drey und dreyßig aber für fünf Reichsthaler jährlich gespeiset. Die Aufsicht darüber führet der jedesmalige Dechant der philosophischen Fakultät, bey dem ein jeder, der den Tisch begehret, sich melden und um einen Accessschein nachsuchen muß. Beym Speisen, führet der Senior die Aufsicht und wachet für die Ordnung. Die Wirthschaft besorget der Oekonomus.

Es

Es ward schon im Jahr 1562 eingerichtet.  Im folgenden Jahre schenkte der Fürstl. Pommersche Großhofmeister, Ulrich von Schwerin, auf Spantekow erbgesessen, fünfhundert Gulden dazu, daher die Familie noch jetzt das Recht hat, eine Stelle im Konviktorio zu vergeben a).  Im Jahr 1564 überließ der hiesige Stadtmagistrat das Dominikaner oder Schwarze Kloster zum Konviktorio b), und im Jahr 1562 gab der Herzog Ernst Ludwig der Universität die Freyheit, zum Besten dieses Instituts, auf dem frischen Haf einen Zesekahn zu halten und von Eis zu Eis fischen zu lassen, seitdem aber Vorpommern an Preussen abgetreten worden, hat die Uebung dieser Gerechtigkeit nicht weiter gestattet werden wollen, obwohl die Universität mehrmalige Bitten deshalb gewagt hat.  Im Jahr 1709 stiftete der stralsundische Kämmerer, Henning Leve, einen Freytisch im Konviktorio c).

Gesetze für das Konviktorium vom 30 Sept. 1774 von Sr. Königl. Maytt. unterm 11 May 1775 bestätiget. s. C. V. 135 — 138.

II.) Die Stipendien, welche zum Besten der studirenden Jugend bey der Univesirtät gestiftet worden, sind:

a. Das Blüchersche.  Ulrich von Blücher, auf Daber und Plate erbgesessen, vermachte im Jahr 1599, vermöge seines Testaments, eintausend Gulden zum Konviktorio, wofür zwey Studierende den freyen Tisch in demselben und freye Wohnung auf dem Kollegio, das damals auch einige Wohnungen für Studenten enthielt, geniessen sollten.  Die Erben des Stifters verlangten aber in der Folge, daß die Zinsen den Stipendiaten in Gelde ausgekehret werden sollten, welches auch immer geschehen.  In neuern Zeiten hat sie nur ein Stipendiat und gewöhnlich auf drey Jahr erhalten.  Es wird von der Familie, jetzt von dem hiesigen Hofgerichtsdirektor, Herrn von Platen, vergeben.  Es ist im Jahr 1601 zuerst ertheilet worden und seitdem haben es fünf und sechszig Studierende genossen.

b. Das Watenitzsche ist von den beyden Brüdern, Albrecht von Watenitz, Landrath im Herzogthum Wolgast und Domkantor des Stifts Camin, und Georg von Watenitz, Erbherr auf Klevenow, gestiftet worden. Ersterer schenkte schon im Jahr 1601. funfhundert Gulden, im Jahr 1624 abermals fünfhundert und in seinem Testamente noch viertausend Gulden; letzterer aber im Jahr 1605 eintausend Gulden, zusammen also sechstausend Gulden oder dreytausend Reichsthaler, die noch jetzt das Stipendium ausmachen. Nach der Stifter Ableben entstanden aber mit den Erben Streitigkeiten, welche erst am 16 April 1644 verglichen wurden, daher das Stipendium erst im Jahr 1647 in Gang gebracht werden konnte. Die Zahl der Stipendiaten und die Dauer des Genusses ist von den Stiftern nicht bestimmt, durch nachherige Vereinbahrungen aber festgesetzet worden, daß jedesmal sechs Stipendiaten zugleich und zwar drey Jahr nach einander, jährlich fünfundzwanzig Reichsthaler, genießen sollen, wogegen sie schuldig sind, sich der Gottesgelahrtheit zu widmen, dem Vaterlande in Kirchen und Schulen zu dienen und, vor der letzten Hebung, einen Beweis ihres angewandten Fleisses durch eine öffentliche Rede oder Disputation abzulegen. Die Kollatur stehet der Familie zu und wird von dem jederzeitigen Besitzer des Familiengutes Klevenow geübt. Vom Jahr 1647 bis jetzt haben es zweyhundert vier und achtzig Stipendiaten genossen.

c. Das Usedomsche. Der Fürstl. Pommersche Hofgerichtspräsident, Landrath und Landvogt auf Rügen, Eccard von Usedom, vermachte dazu in seinem Testamente vom 17 Sept. 1627. dreytausend Gulden. Von den Zinsen sollen jährlich drey Studierende jeder fünfundzwanzig Reichsthaler haben, die Zeit des Genusses aber ist nicht bestimmt, sondern hängt vom Kollator ab. Zum Genuß dieses Stipendii sind vorzüglich berechtiget: 1) Die Anverwandten des Stifters; 2) die Kinder Arnolds von Bohlen, Kaspars von Normann, Erichs von Kahlden, Heinrichs von Gagern, und des wolgastischen Präpositus, D. Samuel Marci; 3) Anderer vom Adel und sonstiger ehrlicher

licher Leute aus Rügen Kinder und der greifswaldiſchen Profeſſoren
Söhne.    Die Stipendiaten ſollen am Sterbetage des Stifters,
den 8 März, eine lateiniſche Rede halten.    Die Kollatur hat der-
jenige aus der Familie, der jedesmal das Familienguth Carßiß im
Beſiß hat.    Es hat im Jahr 1649 ſeinen Anfang genommen und
ſeitdem haben es vierundneunzig Perſonen genoſſen.

Des Stifters Wittwe, Judith von Paſelich, legte im
Jahr 1647 noch fünfhundert Gulden zu und verordnete, daß von
den Zinſen der jedemalige Rektor der Univerſität 10 Rthlr. der Sekretair und Struktuar (jeßo Rentmeiſter) 2½ Rthlr. haben ſollten,
„damit dieſe ermuntert würden, auf das Stipendium ein ſorgfäl-
„tiges Auge zu haben, die Abforderung der Zinſen jährlich zu
„procuriren und zur beſtimmten Zeit wieder auszuzahlen.‟

d. Das Meviusſche.    Der Vicepräſident des Königl.
Hohen Tribunals zu Wismar und vormaliger Profeſſor der Rechte auf hieſiger Univerſität, David Mevius, legierte im Jahr
1644 ſechshundert Gulden zu einem Stipendium.    Von den Zinſen erhält ein Studirender jährlich 12½ Rthlr. und der jedesmalige
Rektor der Univerſität 2½ Rthlr. für die Verwaltung.    Die Zahl
der Hebungen für jeden Stipendiaten hängt von der jedesmaligen
Beſtimmung des Kollators ab, welcher allemal der Senior unter
den nächſten Blutsverwandten des Stifters iſt.    Findet ſich in der
Familie Jemand, welcher des Stipendii bedürftig iſt, hat der immer den Vorzug.    Seit 1702 haben es dreyunddreyßig genoſſen.

e. Das Szirmayſche iſt von dem Kaiſerlichen Huſaren-
obriſten, Thomas Szirmay, welcher ums Jahr 1706 in Greifswald ſtudiret und Beneficien genoſſen hatte, im Jahr 1743 ge-
ſtiftet worden.    Er hatte dazu 3000 Kaiſergulden beſtimmt, da
er aber noch in ſelbigem Jahre zu Amberg mit Tode abgieng, gerieth die hieſige Univerſität mit der Altorfiſchen in einen Rechts-
ſtreit, als welcher die Wittwe des Obriſten dieß Stipendium zugewandt wiſſen wollte.    Durch einen Spruch des Kaiſerl. und Reichskammergerichts erhielt die Univerſität endlich zweytauſend Gulden

R 2                        im

im Jahr 1748 ausgezahlet. Durch die erfparten und zu Kapital geschlagenen Vakanzmittel ist nunmehr in diesem 1787ten Jahre der Hauptstuhl wieder zu dreytaufend Kaifergulben oder zwentau-fend Reichsthaler angewachfen, wovon die Zinfen künftig an zwen hier studirende Ungarn werden gereicht werden, da bisher nur ei-ner zur Hebung kommen können. Vom Jahr 1752 bis jetzt ha-ben es zehn Perfonen genoffen. Die Kollatur stehet der Familie des Stifters zu; jetzt hat sie der Herr Baron Andreas von Pot-tornya.

f. Das Lembkifche. Der hiefige Profeffor der Medicin, D. Johann Lembke, setzte in feinem Testamente vom 30 Apr. 1746 achttaufend Reichsthaler zu Stipendien aus. Die Anzahl der Stipendiaten, die zu gleicher Zeit zur Hebung kommen, soll nicht über acht, wohl aber geringer feyn können, nemlich in dem Falle, wenn mehrere aus feiner Familie zu gleicher Zeit studieren, als welche eine doppelte Hebung, jede von 100 Rthlr. jährlich und auf fechs Jahre, erhalten follen, dagegen die übrigen Stipendi-aten, jeder nur 50 Rthlr. und auf drey Jahre bekommen, doch können aus der Familie nur drey auf einmal zur Hebung kommen. Die Fremden, die zum Genuß diefer Stiftung gelangen können, find: 1) Verwandte von der Frau des Stifters; 2) Barthifche Stadtkinder und 3) der greifswaldifchen Profefforen Kinder, und zwar follen diefe drey Klaffen es, fo viel möglich, abwech-felnd genieffen. Finden fich aus diefen drey Klaffen keine Stipen-diaten, fo könen dann 4) auch andere Landeskinder dazu gelangen. Die Kollatur ist bey den Aeltesten aus der Familie des Stifters. Seit 1747 haben es fiebenundzwanzig Stipendiaten aus der Fa-milie und neunundbreyßig Fremde genoffen.

g. Das Droysenfche hat der Königl. Schwedifche Hofrath und Prokurator Domaniorum in Pommern, Abraham Droy-fen, gestiftet und dazu in feinem Testamente vom 26 Febr. 1756. dreytaufend Reichsthaler ausgefetzet. Die Zinfen diefes Kapitals betragen in jetzigem Gelbe nur 140 Rthlr. jährlich, weil ein Theil beffelben in Münze abgeliefert worden, die bey der Münzveränbe-
rung

rurig der Reduktion untergegangen. Dieſe werden in drey Theile, jeder zu 46⅔ Rthlr. getheilet; Einen Theil erhält ein Studioſus aus der Droyſenſchen Familie, den Zweyten ein Studioſus aus der Familieven-der Frau des Stifters, einer gebohrnen Balthaſar, und den Dritten die aus beyden Familien vorhandenen Wittwen, zur gleichmäßigen Theilung. Die Studirende, welche zur Perception gelangen wollen, müſſen nicht nur zu der einen oder anderen der beyden Familien gehören, ſondern auch die Namen Droyſen oder Balthaſar führen. Sind aus der einen oder anderen Familie keine des Stipendii fähige Studierende vorhanden, ſo fält der dadurch vakant bleibende Theil der Zinſen, ſo lange bis ſich wieder ein Stipendiat findet, den jedesmal vorhandenen Wittwen der hieſigen Hofgerichts= und Magiſtratsperſonen zur gleichen Theilung zu. Die Kollatur iſt dem hieſigen akademiſchen Senat vorbehalten, zur Adminiſtration aber ſind die beyden Senioren der juriſtiſchen und philoſophiſchen Fakultäten verordnet. Jeder Studirender genieſſet es drey Jahre. Seit dem Jahr 1760 haben die Vortheile dieſer Stiftung funfzehn Studierende aus beyden Familien, neunzehn Wittwen aus beyden Familien und neun Wittwen von Hofgerichts= und Rathsgliedern genoſſen.

h. Das Scheffelſche rührt aus dem Teſtamente des hieſigen Lehrers der Medicin, D. Chriſtian Stephan Scheffel, vom 20 März 1759 und 23 May 1760, her. Es beträgt eintauſend Reichsthaler und iſt hauptſächlich für Söhne hieſiger Profeſſoren beſtimmt. Durch die Erſpahrung der Zinſen in den erſteren Jahren iſt ein kleines Kapital von 240 Rthlr. erwachſen, von deſſen Zinſen, nach dem Willen des Stifters, der jedesmalige Rektor der Univerſität 8 Rthlr. Sekretair und Rentmeiſter aber 4 Rthlr. erhalten, Die Kollatur hat das Koncilium Academicum.

i. Endlich hat noch der im Jahr 1769 verſtorbene hieſige Rechtslehrer und Direktor des Königl. Geiſtlichen Konſiſtorii, D. Siegfried Coelo von Aeminga, ſein Vermögen, nach Abzug einiger Legaten, auf einen beſtimmten Fall, der erſt in der Folge eintritt, zu Stipendien legiret.

R 3                    1) A.

1) *A. Weſtphal* Memoria beneficiorum, quibus Academiae Gryphicae ſalutem Nobiles Pomeraniae ac Rugias amplificarunt. Gryph. 1732. 4.

2) (A. von Balthaſars) Verzeichnis einiger Stipendien, welche — zu Greifswald zum Nutzen der ſtudierenden Jugend — vorhanden ſind. Greifsw. 1750. 4. und in Geſterdings Pomm. Muſeum. II. 307 — 329.

3) J. C. C. Oelrichs Tabelle aller im ganzen Herzogthum Pommern vorhandenen Stipendien, nebſt den Fundations Inſtrumenten. In ſeinen Beyträgen zur Geſchichte der Gelahrheit. Theil. I. (Berlin 1767. 4.) Num. IX. S. 245 — 450.

4) Urkunden von den Legaten zu Stipendien und Beneficien für Studierende bey der Univerſität. In den Landes Conſtitutionen. Band V. S. 173 — 188.

a) L. C. II. 816. V. 173.

b) Vergleich zwiſchen der Univerſität und dem Magiſtrat wegen Abtretung des ſchwarzen Kloſters vom 2 Sept. 1564.

c) Dokumente dieſe Stiftung betreffend S. L. C. V. 178.

## §. 11.

Der Königl. Viſitations-Receß vom 11 May 1775. L. C. V. 110 — 157.

Von der erſten Stiftung an ſind die landesfürſten immer Patronen und Nutritoren der Univerſität geweſen und ſie haben dieß Patronat immer als ihr vorzügliches und gemeinſchaftliches Recht angeſehen, das bey den Vertheilungen des fürſtlichen Hauſes nie in die Theilung gekommen, ſondern beyden Häuſern gemeinſchaftlich verblieben iſt a). Im weſtphäliſchen Frieden und Grenzvergleiche zwiſchen Schweden und Brandenburg ward aber auch dieſe Kommunion gänzlich aufgehoben und das Patronat über die Univerſität verblieb den Königen von Schweden allein b).

Vom

Vom Könige hangen demzufolge alle neue Einrichtungen von Lehr-
ſtellen, Emolumenten und Verbeſſerungen ab; Er beruft alle Profeſſoren; Ertheilet und beſtätiget Privilegien und Geſeße und ord-
net nach Gutdünken Kommißionen zur Unterſuchung des jedesmaligen Zuſtandes der Univerſität ſowohl beym Lehr- als Finanz- und
Oekonomieſtaat an.

a) Philipps I und ſeiner Söhne Beſtätigung der akademiſchen Privilegien von 1558 u. 1563 L. C. II. 810. Jaſeniber Erbvergleich
von 1569. d. I. 300.

b) Königl. Reſol. vom 24 Sept. 1653. Num. I. L. C. I. 861.

### §. 12.

Unmittelbar unter Königl. Maytt. ſtehet der Kanzler dem
Regiment bey der Univerſität vor.    Ihn haben alle Profeſſoren
und alle übrige Univerſitätsverwandten als den Vormann zu reſpek-
tiren, der an Königl. Maytt. Statt die Oberaufſicht über das Lehrweſen, über die Diſciplin und über die Oekonomie und ganze Verfaſſung der Univerſität führet und deſſen Verordnungen und Be-
fehlen ein jeder ohne Wiederrede zu befolgen und zu gehorchen ſchuldig iſt.    Unmittelbahre Anträge an Königl. Maytt. oder Abſchik-
kungen ans Königl. Hoflager ſind dem akademiſchen Senat nicht
erlaubt, ſondern ſeine unterthänigen Anſuchungen müſſen dem Kanzler oder, bewandten Umſtänden nach, der Landesregierung zur
weitern Beförderung an Königl. Maytt. übergeben werden a).
Iſt der Kanzler abweſend oder ſonſt behindert, kann er in jedem
beſonderen Fall oder auf eine beſtimmte Zeit einen Vicekanzler
nach ſeinem Wohlgefallen beſtellen und mit einer Inſtruktion verſehen, die deſſen Zuſtändniſſe und die Pflichten der Akademieverwandten gegen ihn beſtimmt.

Das Kanzleramt iſt vom Anfange der Univerſität an üblich
geweſen und war bis auf den osnabrückſchen Frieden, laut der
Stiftungsbulle, dem Biſchofe von Camin und, bey Sedisvakan-
zen, dem Domkapitel anvertrauet.    Zu Schwediſchen Zeiten haben

ben die jedesmaligen Generalstatthalter es bekleidet *b*). Weil
aber die Kanzler so wenig in ältern als neuern Zeiten bey der Universität gegenwärtig seyn konnten, so verordnete der Bischof gleich
beym ersten Anfang der Universität einen Prokanzler zur Vertretung seiner Stelle *c*). Dieß Amt ward bald auf längere, bald
auf kürzere Zeit, oft nur zu einzelnen Handlungen aufgetragen und
ist in gleicher Art in den ersten schwedischen Zeiten beybehalten worden. Nur seit dem Jahr 1703 bekleidet es der jedesmalige Generalsuperintendent für beständig. Die damit verbundenen Gerechtsamen sind nicht immer gleich gewesen und jetzt schränken sie sich
darauf ein, daß der Prokanzler bey Promotionen, auf jedesmal
dazu erhaltene Vollmacht, die Stelle des Kanzlers vertritt, und
auf den Fleiß und die Sitten der Lehrenden und der Lernenden aufmerksam ist.

*a*) Königl. Rescript an den Kanzler vom 20 Märj 1777. L. C. V. 172.

*b*) Das Kanzleramt haben zu Schwedischen Zeiten geführet:

    Graf Johann Oxenstierna;
    —— Carl Gustav Wrangel;
    —— Otto Wilhelm Königsmark;
    —— Niels Bielke;
    —— Georg Mellin;
    —— Johann August Meyerfeld;
    —— Axel Löwen;
    —— Hans Heinrich Liewen;
    —— Friedrich Carl Sinklaire;
    Se. Durchl. Friedrich Wilhelm Fürst von Heßenstein.

*c*) B. Hennings Bestellung eines Prokanzlers vom 21 Sept. 1456.
L. C. II. 746.

## §. 13.

Gleich bey der Stiftung verordnete auch der Pabst die beyden Bischöfe von Brandenburg und Camin zu Konservatoren
der Universität, um für die Aufrechthaltung ihrer Privilegien und
Erhaltung ihrer Einkünfte zu wachen, wegen ihrer beständigen Abwesenheit von der Universität bestelleten sie auch hiezu einen Subs
konser-

Konfervator *a*). Wie nach der Reformation diese geistlichen
Konfervatoren aufhöreten, bestellete der Herzog Philipp I, an ihrer statt, im Jahr 1558 vier Kuratoren aus seinen Räthen,
welchen er auftrug, die Rechnungen der Universität jährlich nachzusehen und auf das Lehrwesen und auf die Disciplin Acht zu haben *b*). Im Jasenitzer Erbvergleich ward 1569 festgesetzet:
„Daß aus jeder Regierung zwey Kuratoren, einer aus den Hof-
„räthen oder Amtleuten, der andere aus der Landschaft bestellet
„werden und sie dahin sehen sollten, daß der Universität Güther,
„Privilegien und Gerechtigkeiten conserviret, alles zu rechten Ge-
„brauch angewandt und davon nichts unterschlagen oder sonsten
„wieder die Fundation und Dotation an andere Orten gewendet
„würde" *c*). Zu Schwedischen Zeiten ward anfänglich darinn
dem alten Herkommen nachgegangen, daß ein Mitglied der Königl. Regierung und ein Landrath zu Kuratoren, auf Vorschlag der
Universität, ernannt wurden; in Ansehung ihrer Obliegenheiten
aber (da sie seit dem Jasenitzer Erbvergleiche nur auf ökonomische
Geschäfte bey der Universität sich erstreckt zu haben scheinen;) ward
in der ihnen 1660 ertheilten Instruktion wieder auf die alte Vorschrift H. Phillipps I. vom Jahr 1558 Rücksicht genommen und
ihnen auch die Aufsicht aufs Lehrwesen und auf die akademische Disciplin anvertrauet *d*). Dieß ward auch in dem Visitations-Re-
cesse von 1666 und in dem Kommissions-Recesse von 1681 wiederhohlet und am letztern Orte zuerst festgesetzet, daß beyde Kuratoren aus dem landräthlichen Kollegio, auf Vorschlag der Landstände, genommen und ein ritterschaftlicher und ein städtischer Landrath dazu bestellet werden sollten *e*). Während den Kriegszeiten
zu Anfange dieses Jahrhunderts und in der Zeit, da das Land unter dänischer Hoheit stand, scheinen die Kuratoren eingegangen zu
seyn, im Jahr 1720 aber wurde, auf Vorstellung der Landstände,
die Anstellung der Kuratoren von neuem von Königl. Maytt. anbefohlen und ihnen der Generalsuperintendent als Mitkurator, aus
dem Mittel des Concilii Academici, zugeordnet *f*). Dem zufolge wurden noch im Jahr 1721 Kuratoren angeordnet
und ihnen in der neuen Instruktion aufgegeben, dahin zu sehen:

„Daß der Universität Aufnehmen, Ruhm und Wohlfahrt in allen
„und jeden Vorkommenheiten befordert und erhalten, die Admi-
„niſtration des Amts Elbena und aller Revenüen mit guter ordent-
„licher Wirthſchaft und Oekonomie geführet würde, — auch die-
„ſe Curam Academiae auf alle der Univerſität übrige in dem letzte-
„ren Viſitations-Receſſe (von 1702.) exprimirten Verfaſſungen
„zu erſtrecken g)“. Durch dieſe neue Kuratel und beſonders
durch einzelne derſelben in der Inſtruktion beygelegte Gerechtſame
glaubte das Concilium Academicum ſich in ſeinen durch das Dota-
tionsinſtrument erhaltenen Vorrechten beſchränkt und machte deshalb bey der Königl. Regierung ſowohl als bey Königl. Maytt.
Selbſt Vorſtellungen, ſie waren aber nicht nur fruchtlos, ſondern
Se. Königl. Maytt. beſtätigten auch, auf abermaliges Anhalten
der Landſtände, die Kuratel und die ihr ertheilte Inſtruktion im
Jahr 1724 von neuem h). Die Kuratoren ſind nun wohl ſeit
dieſem Zeitpunkte immer beybehalten worden. Indeſſen konnte
doch nicht allen Misverſtändniſſen, die ſich von Zeit zu Zeit zwiſchen der Kuratel und dem Concilio über einzelne Angelegenheiten
und Gegenſtände hervorgaben, eher vorgebeuget werden, als bis
durch den neueſten Königl. Receß die Grenzen der gegenſeitigen
Gerechtſame und Obliegenheiten deutlich abgeſteckt worden.

*g)* S. Bullam Fundat. Calixti III. L. C. II. 744. und Biſchof Ste-
phans von Brandenburg Beſtellung eines Subkonſervators vom
23 Dec. 1456. in C. *Pylii* Memorabilia Pomeraniae circa Natali-
tia Domini Sedini 1722. 4.) p. 24. — Dazu wurden gemeiniglich Mitglieder der Univerſität ſelbſt genommen, wie auch der erſte
von den beyden Biſchöfen beſtellete Subkonſervator, Hermann
Glupwachter war. Dieſer war Lehrer der Rechte, des Domkapi-
tels zu Camin Theſaurarius und Biſchöflicher Official in dem Lande zwiſchen der Swine und Oder.
D. Georg Brockmann vom Biſchöflichen Official zu Greifswald. 1784. 4.

*b)* „Cumque diſciplina in omni ſocietate nihil ſit magis neceſſarium:
„certos ex Conſiliariis noſtris ordinabimus *Curatores* et Inſpecto-
„res academiae. Videlicet Virum aliquem ex Ordine Nobilium
„primarium, antecellentem virtute, ſapientia et auctoritate, cui
„adjungetur Capitaneus praecipuus ex praefecturis noſtris, nec
„non

„non Cancellarius aulae noſtrae et Conſul Gryp＊waldenſis.    Hi
„quatuor quotannis rationem accepti et expenſi exigent a Quae-
„ſtore Academiae, et conceſſum ipſis erit, non ſolum Diſcipulo-
„rum petulantiam cohercere, verum etiam Profeſſores, ſi quos
„officii parum memores invenerint, vel in viam revocare vel
„prorſus a docendi munere removere, in eorumque locum
„conſenſu noſtro alios ſpectatae probitatis et eruditionis vi-
„ros ſubſtituere.    Nec non de Facultatibus, praelectionibus,
„legibus, exercitiis, publicis aedificiis et aliis rebus, prout
„Academiae noſtrae erit commodum et utile, diſponere —“.
Inſtrum. Dotat. *Philippi I. L. C. II.* 813.

c) Jaſeniker Erbvergleich von 1569. Tit. von der Univerſität und von
der Viſitation. L. C. I. 300. 308.

d) Projekt des Staats 1651 Kap. XI. Königl. Reſol. vom 24 Sept.
1653. Num. I, des Generalſtatthalters Konſtitution und Inſtruk=
tion für die Kuratores der Univerſität vom 20 Jun. 1660. Königl.
Reſol. vom 20 May 1661 Num. I, und Viſitations=Receß von
1666. L. C. II. 861, 865, 868, 892.

e) Kommiſſions=Receß von 1681. L. C. I. 407.

f) Königl. Reſol. vom 20 Dec. 1720 Num. XI. L. C. I. 906.

g) Der Königl. Regierung Inſtruktion für die Kuratoren der Univer=
ſität vom 20 Dec. 1721. L. C. II. 952.

h) Königl. Roſolution vom 12 Febr. 1724. Num. IX. L. C. I. 918.

## §. 14.

Unter der Aufſicht des Kanzlers führen der Rektor und der
akademiſche Senat das Regiment bey der Univerſität mit der Pote=
ſtät, welche ihm von Alters her beygelegt worden, ohne einige an=
dere Einſchränkung, als die in Anſehung der ökonomiſchen Ver=
waltung durch den neueſten Receß feſtgeſetzet worden.    Das Rek=
torat iſt das wichtigſte Amt innerhalb der Univerſität und ertheilt
die höchſte Würde bey derſelben.    Es dauert nur ein Jahr a);
Am erſten May jeden Jahres wird die Wahl eines neuen Rektors
vorgenommen und der Erwählte innerhalb vierzehn Tagen einge=
führet.    Bey der Wahl wird die Ordnung der Fakultäten, und in den
Fakultäten die Ordnung der Perſonen nach dem Dienſtalter beobach=
tet, denn ein jedes Mitglied des Koncilii iſt zur Führung des Rektorats
in ſeiner Ordnung berechtiget, und damit dieß gleichmäſſiger in allen

Fakul=

Fakultäten geſchehen könne, iſt die Philoſophiſche in zwey Klaſſen, jede von drey Mitgliedern abgetheilet, daß alſo das Rektorat in fünf Jahren durch alle Fakultäten und Klaſſen läuft, da dann, nach Vorſchrift des Neueſten Receſſes, eine ordentliche Viſitation der Univerſität vom Kanzler oder Vicekanzler mit Zuziehung eines Regierungsraths, eines Ritterſchaftlichen Landraths und eines Städtiſchen Landraths gehalten werden ſoll.

a) Doch ſind Beyſpiele vorhanden, daß ſowohl die Obern als das Koncilium ſelbſt die Rektoratsverwaltung, aus erheblichen Urſachen und unter beſonderen Umſtänden, verlängert und auf mehrere Jahre ausgedehnet haben.

### §. 15.

Alle Geſchäfte und Angelegenheiten der Univerſität beſorget und dirigiret der jederzeitige Rektor und macht ſie zum Theil für ſich ab, zum Theil mit Zuziehung des Konciliums, das aus allen ordentlichen Profeſſoren beſtehet. In allem, was er von Amtswegen anordnet, müſſen die Profeſſoren ihm gehorchen und bey der Ausübung willige Hände bieten. Er wachet über den Fleiß der Lehrenden und Lernenden; Er ſorget für die richtige Vertheilung der Vorleſungen in jedem halben Jahre und verhütet, daß es an keinem Stücke beym Unterricht mangle; Er übergiebt dem Kanzler halbjährig ein nach den Wiſſenſchaften geordnetes tabellariſches Verzeichnis aller gehaltenen Vorleſungen; die Sprachund Exercitienmeiſter ſtehen in Anſehung ihres Fleiſſes und ihres Betragens unter ſeiner beſonderen Aufſicht; Studenten- und Disciplinarſachen macht er mit dem Syndikus allein ab; Am Ende jeden Monats erkundiget er ſich in einer beſonderen Konciliarverſammlung nach dem Fleiſſe und nach dem Betragen der Studierenden bey den übrigen Lehrern; Hält jährliche Reviſionen der Bibliothek und der übrigen Apparaten nach den vorhandenen Inventarien, ſo wie es ihm überhaupt obliegt für das ganze Eigenthum der Univerſität zu wachen und das darüber vorhandene Inventarium in beſtändiger Vollſtändigkeit zu erhalten; Er ſorgt mit dem Syndikus

kus dafür, daß die Rechte und Befugnisse der Universität und des Patrimonii nicht beeinträchtiget oder geschmälert werden, und übt die Rechte, die der Universität aus dem kleinen Kaiserlichen Komitiv zustehen. Er hat auch die Siegel in seiner Verwahrung.

Alle die Universität überhaupt rührende Angelegenheiten aber, als Erhaltung der Privilegien und Vorrechte, Abfassung neuer und Abänderung alter Statuten, Präsentationssachen, Annahme und Bestellung akademischer Beamten, der Sprach- und Exercitienmeister, Kirchenpatronatsangelegenheiten und Berufung der Prediger an den Patronatskirchen, die Verwaltung der akademischen Gerichtsbarkeit, alles was zur Verbesserung des Lehrwesens auf irgend eine Art gereichen kann, die Angelegenheiten, welche die Bibliothek und andere gelehrten Samlungen und Apparaten betreffen, die Verwaltung und gehörige Verwendung der Stipendien, das Konviktorium betreffende Sachen, die Betreibung akademischer Processe, alle an die Obern oder andere Kollegia im Lande zu bringende Angelegenheiten und überhaupt alles, was das Wohl der Universität befördern, Schaden und Nachtheil von ihr abwenden kann, trägt der Rektor dem akademischen Senat, entweder in den monatlich zu haltenden Konciliarversammlungen oder zwischenher schriftlich vor, läßt die Beschlüsse nach der Mehrheit der Stimmen vom Syndikus abfassen und besorgt die Bewerkstelligung derselben. Zu diesen Versammlungen läßt der Rektor fordern und jeder Professor ist schuldig, sich dazu einzufinden. Der Rektor hat darinn den Vortrag und eine entscheidende Stimme, im Fall einer Stimmengleichheit. Alle schriftliche Vorstellungen an die Obern werden vom Rektor und sämtlichen Professoren unterschrieben, wobey ein jeder, der an dem Schluß der Mehrheit keinen Antheil genommen hat, befugt ist, seine Meynung besonders abzugeben.

### §. 16.

Die Beamten der Universität sind:

I.) Der Syndicus. Er wird vom Kanzler, auf Präsentation des Concilii, gewählet und erhält vom Concilio die Vollmacht,

macht,

macht, vor dem er auch ſeinen Eid ableget. Er führet alle Proceſſe der Univerſität und wachet nebſt dem Rektor für die Aufrecht-haltung aller Vorrechte; Er dirigiret in den Konciliarverſamm-lungen das Protokoll, machet die Beſchlüſſe und verfaſſet alle Schriften und Aufſätze, die im Namen der Kommüne abgehen; Das Archiv und deſſen Regiſtraturen ſind ſeiner Aufſicht anvertrau-et; Er formiret mit dem Rektor das Studentengericht und ent-ſcheidet in allen Studentenſachen; Er iſt der Richter im akademi-ſchen Amtsgerichte und endlich iſt er auch bey der akademiſchen Adminiſtration angeſtellet.

II.) Der Amtshauptmann wird, auf Präſentation der akademiſchen Adminiſtration, ebenfals vom Kanzler ernannt, vom Concilio aber bevollmächtiget und vereidet, auſſerdem wird er aber vor der Königl. Regierung wegen der landesherrlichen Reſervaten im Amte Eldena vereidet. Hauptſächlich iſt er zwar bey der akademiſchen Adminiſtration angeſtellet, allein er iſt doch pflichtig, dem Rektor und Koncilium an Hand zu gehen und deſſen Aufträ-ge zu erfüllen.

III.) Der Sekretair wird auf gleiche Art, wie der Syndi-kus, berufen. Er führet beym Koncilio, bey den Fakultäten im Studentengerichte und bey der Adminiſtration die Protokolle und expediret alle bey der Univerſität in den verſchiedenen Departements vorkommende Schriften und Ausfertigungen.

IV.) Der Rentmeiſter wird wie der Amtshauptmann an-geſtellet. Er hat ſeine Geſchäfte ebenfalls hauptſächlich bey der Adminiſtration, doch darf er ſich ebenwenig entziehen, dem Kon-cilio auf Erfordern an Hand zu gehen.

V.) Ferner ſind noch bey der Univerſität angeſetzet: der Buchdrucker, der botaniſche Gärtner, der Oekonomus, der Amts-chirurgus, der Buchbinder, ein Mahler, Mauer- und Zim-mermeiſter.

VI.) An Bedienten hält ſie: Den Pedellen mit ſeinem Ge-hülfen, den Reitenden Diener, den Landreiter und vier Heidereiter. Sie ſalariret auch einige Schulmeiſter und vier Hebammen im Amte.

§. 17.

## §. 17.

Die Privilegien und Gerechtſame, deren die Univerſität überhaupt und der akademiſche Senat insbeſondere ſich zu erfreuen hat, ſind:

I.). Die Rechte des Geiſtlichen Standes, vermögen deren ſie theils die Immunität von allen Steuern und Abgaben ſowohl für ſich als für alle ihre Angehörigen *a*), theils verſchiedene andere Vorrechte bey gerichtlichen Handlungen und Proceſſen genieſſet, als 1) In Anſehung des Modi Procedendi den Proceſſum ſummarium und eine ſchleunige Rechtshülfe *b*); 2) Das Perpetuum Executoriale *c*); 3) Die Sportulnfreyheit und die freye Prokuratur bey den Landesgerichten *d*); 4) Das Beneficium Competentiae *e*); 5) Genuß der Zinſen über Alterum Tantum *ee*), und 6) Die Freyheit vom Stempelpapier *f*).

II.) Daß ſie, als Corpus, unter keinem anderen Gerichte ſtehet, als: in bloß akademiſchen Angelegenheiten unter ihrem Kanzler; in Publicis unter der Königl. Landesregierung und in Juſtißſachen unter dem Königl. Hohen Tribunal *g*).

A. von Balthaſars rechtliche Deduction, daß die Akademie Greifswald und deren Membra, auch in cauſis contentioſae jurisdictionis nicht unter dem Königl. Hofgerichte, ſondern immediate der K. H. Regierung und H. Tribunal ihr Forum ſortiren. In beſſen Rituale Academicum. (Gryph. 1741. 4.) 377 — 432.

III.) Die völlige Gerichtsbarkeit über Univerſitätsverwandten, deren Angehörigen und Bedienten, wie auch im Amte Elbena, ſowohl in bürgerlichen als Kriminalfällen *h*).

1) G. G. *Gerdes* de Iurisdictione criminali, Academiis ſpeciatim Gryphicae competente. Wismariae 1734. 4. et in Ritual. Acad. p. 359 — 376.

2) A. de *Balthaſar* Orat. de Jurisdictione Academiae Gryphicae competente tam activa quam paſſiva. L. c. 284 — 308.

IV.)

IV.) Das Recht Statuten zu machen *i*).

*F. P. Breitsprecher* Progr. de Jure statuendi Academiae Gryphicae competente. Gryphisw. 1772. 4.

V.) Das kleine Komitiv, welches der Universität vom Könige von Polen und Churfürsten von Sachsen, als Reichsvikar, unterm 13 Dec. 1741 ertheilet worden. Die ihr daraus zustehenden Rechte übet der jederzeitige Rektor, als Kaiserl. Hof- und Pfalzgraf.

Comitivam ab Augustissimo in terris Saxonicis Imperii Vicario Rectori et Concilio Academiae Gryphicae indultam proponit *H. H. Engelbrecht.* Gryph. 1742. 4.

VI.) Das Recht den Rektor selbst und aus den Mittgliedern des Concilii zu wählen *k*).

VII.) Das Nominations- und Präsentationsrecht zu den erledigten Professoraten und Beamtenstellen bey der Universität.

VIII.) Das Patronatrecht über die akademischen Amtspfarren zu Kemtz, Hanshagen, Weitenhagen und Wieck, Dersekow, Lewenhagen und Neuenkirchen; über die Präpositur Grimm und über die Pfarre zu Görmin *m*).

IX.) Das Nominationsrecht zur Superintendentur und zu den Pastoraten in der Stadt Greifswald, welches die Universität gemeinschaftlich mit dem Stadtmagistrate übet, wovon ich im folgenden Hauptstücke handeln werde.

*a*) S. Päbstl. Stiftungsbulle. L. C. II. 744. K. O. Tit. Von der Freyheit der Kirchendiener. L. T. A. vom 22 März 1628. Num. VIII. L. C. V. 664. Rescripte wegen der Accisefreyheit. L. C. II. 909. III. 1191, 1192, 1201, 1202. Acciseordn. vom 17 Jun. 1725. Kap. I. Tit. von Exinirten. R. G. 51. Consumtionsordn. vom 3 May 1734. R. G. 353.

*b*) L. T. A. vom 7 May 1606. L. C. I. 609. Tribunalsordn. P. II. Tit. V. §. I. n. 18.

*c*) Königl. Resol. vom 24 Sept. 1653. Num. VIII. L. C. II. 863. Perpetuum Executoriale für die Kirchen und Pia Corpora im Lande vom 20 Jun. 1665. L. C. II. 643.

*d*) Kö-

*d*) Königl. Resol. vom 25 May 1661. Num. VII. L. C. II 868. Hofgerichtsordn. P. I. Tit. XV. § 2. Visit. Receß 1707. n. 37. Konsistorialordn. P. III. Kap. V. § 1. Receß von 1707. n. 33. Tribunals-Rescript vom 21 Febr. 1662. L. C. II. 870. Regier, Rescript ans Hofgericht vom 26 März 1662. L. C. V. 79. Des Tribunals Rescript ans Hofgericht vom 10 März 1723. L. C. II. 955. Der Regierung Rescript an die Universität vom 22. Nov. 1739 L. C. II. 964.

*e*) Visitations Receße vom 16 May 1666. §. Wenn auch die Zeiten einfielen x. und vom 20 May 1702. Kap. II. §. 14. L. C. II. 888. u. 938.

*ee*) S. *A. de Balthasar* Disp. de Usuris etc. p. 46. n. 3.

*f*) Verordn. wegen Einführung des Stempelpapiers vom 6 Aug. 1690. III. 245.

*g*) Bestätigungsurk. K. Friedrichs III. von 1456. L. C. II. 745. Wartislavs IX. Bestätigung des Vicedomini von 1457. L. C. II. 761. Bischof Benedicts Exemtion der Universität von aller fremden Jurisdiction von 1488. L. C. II. 767. Königl. Exemtionsbrief für die Universität von der Jurisdiction des Königl. Hofgerichts vom 12 März 1753 L. C. II. 971.

*h*) Bischof Hennings Publikation der Päbstl. Stiftungsbulle vom 21 Sept 1456. L. C. II. 746. Dotationsinstr. H. Bogislavs XIV. L. C. 847. Visitations Receß vom 19 Sept 1646. L. C. II. 759. Königl. Rescript vom 18 Jun. 1741. L. C. II. 966.

*i*) B. Hennings Publ. x. L. C. II. 747. Wartislavs IX. Bevollmächtigung zur Errichtung des akademischen Senats von 1456 und Bestät. des Vicedomini. L. C. II. 746. 761. Philipps I. Bestät. der Universitäts Statuten von 1547. L. C. II. 809.

*k*) B. Hennings Publ. und Wartislavs Bevollm. L. C II. 746.

*l*) Bogislavs XIV. Bestätigung der Privilegien vom 1 März 1627. L. C. II. 843.

*m*) Wartislavs IX Urkunde über die Kirche zu Grimm von 1456, Wartislavs X Urkunde über die Kirche zu Görmin von 1460, Bogislavs XIV. Dotation von 1634 L. C II. 753, 765 und 847. Die Universität hatte noch das Patronatrecht über die Kirche zu Demmin vom H. Wartislavs IX, über die Kirchen zu Tribsees und Tribohm aber vom Abt Matthias zu Nienkamp im Jahr 1456. erhalten, das sie aber nicht mehr besitzt.

## §. 18.

Die Einkünfte, welche zur Unterhaltung der Universität gewidmet sind, fließen:

I.) Aus dem Ertrage des Amts Elbena;

II.) Aus den Pächten und Hebungen ausser dem Amte,
welche theils noch aus den frühern Dotationen der Landesfürsten, theils aus Legaten von Privatpersonen herrühren;
Endlich

III.) Aus einigen anderen ungewissen und zufälligen Zu-
flüßen.

## §. 19.

1) *I. P. Palthen* Oratio de Coenobio Hildensi. Edid.
*L. R. a Werner.* Cuſtrini. 1756. 4.

2) A. von Balthasars Historie des Klosters Elbena
und des Hafens Wyck. In Dähnerts Pomm. Bibl. V.
241—352.

Das Cisterzienserkloster Ilda oder Hilda, nachher Elbena
genannt, ist von dem Fürsten von Rügen, Jaromar, welcher
damals auch den zwischen dem Ryck und der Peene belegenen Theil
von Pommern besaß, noch vor dem Jahr 1203 a) gestiftet, mit
Mönchen aus dem dänischen Kloster Esserum besetzt und von ihm
und seinen Söhnen reichlich dotiret worden. Die pommerschen
Herzoge, welche ihre Rechte an die Gegend, worinn das Kloster
lag, nicht aufgegeben hatten, wetteiferten mit den Fürsten von
Rügen in Mildthätigkeit gegen dasselbe und suchten durch diese
Schenkungen ihre Ansprüche zu sichern. Dadurch ward es bald so
reich und mächtig, daß es schon im Jahr 1233 die Stadt Greifswald, im Bezirk seiner Besitzungen und an der damaligen rügianischen Grenze, anlegen konnte, denn im Jahr 1227 war das
Land bis an den Ryck und damit die Ländereyen des Klosters dis-
seits dieses Flusses wieder unter pommerscher Hoheit gekommen,
die

die jenseits Belegenen aber unter rügianischer Hoheit geblieben, daher sich in den nachfolgenden Zeiten Bestätigungen der Klosterbesitzungen von beyderseitigen Landesfürsten finden. Bey der Reformation hörete die Klosterverfassung auf, die Klostergüther wurden 1535, vermöge des Treptowschen Landtagsschlußes, gleich den übrigen Feldklöstern, vom Herzoge Philipp I, eingezogen, dem Abte und den noch übrigen Mönchen, welche nicht gleich anderweitig versorget werden konnten, ein jährlicher Unterhalt ausgesetzet und zur Administration der Güther ein fürstlicher Amtmann angestellet. In dieser Verfassung blieb das Klosteramt bis zum Jahr 1634, da es der Herzog Bogislav XIV der Universität zu ihrem Unterhalte schenkte und zwar „ mit dem högsten und niedrig-
„sten Gerichte an Hals und Hand, Jurisdiction über die Amts-
„unterthanen, Auf- und Ablassung, Mulcten und allen andern Zu-
„behörungen, Herrlich- und Gerechtigkeiten — um es als ein ver-
„machtes Eigenthum des Corporis Academici einzunehmen, zu
„besitzen und zum Aufnehmen der Hohen Schule durch einen tüchti-
„gen, ihm annehmlichen und gefälligen Amtmann zu administriren,
„zu nützen und dergestalt zu gebrauchen, wie er und seine Vorgänger es
„bis dahin besessen, genutzet und gebrauchet hätten, ohne einige Be-
„hinderniß, Turbation oder Eindrang an dem der Universität ver-
„liehenen und verschriebenen Dominio utili des Klosters Elbena.“
Ferner versprach der Herzog für sich und seine Nachfolger: „Der
„Intraden sich in geringsten nicht anzumaßen, auch dieselben kei-
„nesweges, unter was Prätext auch solches immer geschehen könn-
„te oder mögte, an sich zu ziehen oder zu andern als den bemerk-
„ten Usibus und des Corporis Academici Besten erogiren und an-
„wenden zu lassen;“ jedoch unter dem Vorbehalt: „daß die Uni-
„versität verbunden seyn sollte, so oft es für nöthig erachtet wür-
„de, von der Administration Rechnung zu thun.“ Ueberdem re-
servirte der Herzog sich und seinen Nachfolgern annoch:

1) Die landesfürstliche hohe Obrigkeit über das Amt und dessen Pertinenzien;

2) Die Reichs- Krais- und Landsteuern in demselben;

3)

3) Die Kognition in Fällen, da Frembe in des Amts Bezirk delinqviren;

4) Die hohe und andere Jagdten;

5) Die Strandgerechtigkeit;

6) 500 Gulden Ablagergeld und einige Dienste aus verschiedenen Dörfern ins Amt Wolgast b):

7) Die sonst zum Kloster Eldena gehörig gewesenen Güther Cröselin, Ludwigsburg, Freist, Laßow, Vierow und Rabbenhagen;

8) Den Probsteyenhof in Greifswald, und

9) Die Hölzung beym Dorfe Keßin.

a) Das eigentliche Stiftungsjahr ist unbekannt, da die Klostermatrikel verlohren gegangen, daß es aber nicht erst im Jahr 1207 gestiftet worden, wie unsre einheimischen Annalisten behaupten, erhellet hinlänglich aus einer Urkunde vom Jahr 1203 (S. 70. beym Dreger.), worinn der Fürst Witzlav I von Rügen die Schenkung seines Bruders Barnuta bestätiget, welcher dem Kloster die Insel Koos, die noch jetzt zum Amte Eldena gehöret, in seinem Testamente vermacht hatte.

b) Dieß Ablagergeld und diese Dienste wurden der Universität durch die Königl. Resolutionen vom 24 Sept. 1753. §. V. Num. 2 und 3 (L. C. II. 863.) und vom 25 May 1661. § V. (L. C. II. 869.) bis dahin remittiret, daß das Amt zum Wohlstande gebracht seyn würde. Wie darauf die Königl. Kammer und der Reduktionsonwald die Universität dieser Reservaten wegen im Jahr 1697 in Ansprache nahmen und das Amt mit Execuitionen belegten, erfolgte im folgenden Jahre die Königl. Deklaration, daß die Universität bis auf weitere Untersuchung nicht beschweret werden sollte. Diese Untersuchung ward bey der Visitation angestellet und die Kommißion rieth in ihrem Bericht vom 28 Oct. 1699 Königl. Maytt. an, die Universität von diesen Reservaten sowohl fürs Vergangene als Zukünftige überall zu entbinden, und dabey ists geblieben.

## §. 20.

Zu diesem Amte gehören folgende Ackerwerke und Dörfer:

1) Eldena, ein Ackerwerk, der vormalige Sitz des Klosters und jetziger Amtshof, hat guten Acker, Wiesen, Koppeln und

und Weiden, auch die Abtrift mit den Schaafen auf einem Theil
des greifswaldischen Stadtfeldes.  Der Hof hat die Brauerey- und
Brennereygerechtigkeit und das ausschließende Recht, alle Krüge im Amte mit Bier und Branntewein zu verlegen,  so wie die
Amtseinwohner verbunden sind,  ihr Bier und Brantewein bey
Ausrichtungen von da zu nehmen.  Er ist auch von allen Landsteuern befreyet, doch müssen Personal- und Viehsteuern auch Quartalaccise getragen werden.

2) Derſekow, ein Kirchdorf, jetzt mit Pachtbauern besetzt,
vormals aber ein Ackerwerk.  Es hat theils guten theils schlechten Acker, gute Koppeln und Weide, aber nur mittelmäßige Heuwerbung.  Zur Feurung und Befriedigungen ist hinlängliche Hölzung auch Torf vorhanden.  Es hat die Schäfereygerechtigkeit und
ein Bauerhof ist zur Holländerey eingerichtet.  Im Dorfe findet
sich eine Windmühle, eine Schmiede und ein Krug.  Die Kirche hat zwey Oerter Holz, die Wüsteney und das Mönchholz genannt.  Zur Pfarre gehören, ausser den Prediger- Küster und
Wittwenwohnungen und zugehörigen Gärten,  zwey Landhufen an
Aeckern, Wurthen und Wiesen.  Noch finden sich zwey Kathen im
Dorfe, welche nach Grossen Zastrow gehören.

3) Diedrichshagen, ein Ackerwerk.  Der Acker ist sehr ver-
schieden, doch mehrentheils sandig; Die Weide ist zwar groß aber
schlecht und die zur Feldmark gehörigen Wiesen sind nicht hinlänglich,
daher von benachbarten Feldern zugelegt worden.  Brenn- und Be-
friedigungsholz ist hinlänglich auch Torf vorhanden.

4) Friedrichshagen ein Bauerdorf,  hat gute Koppeln,
Weide und Wiesewachs.  Bisher haben die darinn wohnenden
Bauern nach Elbena gedienet, seit Trinitatis dieses 1787ten Jah-
res aber sind ihnen die Dienste erlassen und sie auf Pacht gesetzet.

5) Grubenhagen, ein Ackerwerk.  Der Boden ist ziemlich
gut, nur zum theil kaltgründig, zum theil sandig.  Weide, Koppeln und Heuwerbung sind gut.  Hier ist auch ein Gehöft für einen Heidereiter, wozu 40 Morgen Acker und Wurthen und 17

Morgen

Morgen Koppeln und Wiesen gehören. Dieß Ackerwerk ist steuerfrey.

6) **Lanshagen,** ein Kirchdorf und Ackerwerk, hat bisher eine sehr weitläuftige Feldmark gehabt, womit aber jetzt eine wichtige Veränderung vorgenommen wird, indem ein beträchtlicher Theil derselben, welcher zum Kornbau nicht geschickt war, zur Holzsaat bestimmt und ein anderer Theil, von etwa sechs Last Aussaat, zum Dorfe Kemzerhagen geschlagen wird, daher das Ackerwerk bey weitem so gros nicht bleibt, als es bisher gewesen ist. Hier sind auch 1) zwey Bauerhöfe, welche besonders verpachtet werden, mit erforderlichem Acker, Wiesen und Waide; 2) Ein Heidereitergehöft, wozu an Acker ungefehr sechs Drömt Winterkorn in jedem Schlage, einige Koppeln und etwas Heuwerbung gehören; 3) Eine Papiermühle, wozu an Acker zwey Drömt Winteraussaat in jedem Schlage gehören; 4) Ein Krug.

Die im Dorfe befindliche Kirche hat eine Wurthe, ein kleines eingehägtes Tannenholz, vier Kathen und bey jedem eine Wurthe. Der zur Pfarre gehörige Acker wird jetzo reguliret; Dazu gehören noch sechs Kathen, die dem Prediger Grundgeld geben, die Küsterwohnung mit einer Wurthe und das Wittwenhaus.

7) **Hinrichshagen,** ein Dorf mit Pachtbauern besetzt. Der Acker ist zwar etwas sandig, aber ein gutes Roggenfeld. Koppeln und Waide sind hinlänglich und gut, die Heuwerbung aber nur geringe. Die Bauern haben das Recht einen Hürdenstall zu halten. Holz zur Feurung und zu Befriedigungen ist auf den Hufen hinlänglich vorhanden.

8) **Kemz,** ein Kirchdorf mit Dienstbauern besetzt. Der Acker ist von guter Beschaffenheit, Koppeln und Weide sind ebenfals gut und die Heuwerbung gut und zureichend, Holz aber nicht hinlänglich vorhanden. Die drey Bauern mit ihren Kathenleuten, wie auch sechs von den übrigen Einliegern leisten nach Neuendorf Hofdienste. Ferner befindet sich im Dorfe 1) eine Wind- und eine Wassermühle, zu welcher letztern 6½ Morgen Acker, 2 Morgen

Morgen Wieſen, eine Koppel und das Ellernholz auf dem Müh-
lenteiche gehören; 2) Ein Krug mit drey Morgen Acker, und
3) Eine Schmiede.

Zur Kirche gehöret an Acker 2¼ Morgen, eine Koppel,
eine Wurthe und ein kleines Ellernbruch), auch ein Kathen von zwey Wohnungen. Zur Pfarre auſſer der Wedemen
1) 37½ Morgen Acker, das Holz auf dem Vierentheile und eine
Koppel und Wieſe in der Kemzerhäger Feldmark; 2) Das Wittwenhaus; 3) Die Küſterey mit einer Wurthe.

9) Kemzerhagen, ein Dorf mit fünf Pachtbauern beſetzet, die abgeſondert auf ihren Huſen wohnen. Von zweyen Bauern
dieſes Dorfs hat der jederzeitige Generalſuperintendent gewiſſe Pächte und Hebungen. Hier iſt auch eine Papiermühle, wozu auch etwas Acker, Weide und Wieſen gelegt worden.

10) Keſſin war ſonſt ein Ackerwerk iſt aber ſeit einigen
Jahren mit drey Pachtbauern beſetzet worden. Der Acker iſt ſehr
verſchieden und alte Heide vorhanden, welche allmählig ausgebrochen und zum Kornbau angewandt werden kann. Es hat gute Heuwerbung und Koppeln, ziemliche Weide und Weidegerechtigkeit
in der Glaberowſchen Kronhölzung, nothdürftiges Holz zur Feurung und Befriedigungen auch guten Torf. Es ſteuert für eine
Huſe ins Amt Wolgaſt.

11) Kießhof, ein Ackerwerk, zu dem ſchon in älteren Zeiten die Feldmark des eingegangenen Dorfs Hennekenhagen, das
nun wieder mit Kathenleuten beſetzet wird, geſchlagen worden.
Der Acker iſt theils gut, theils ſchlecht; Erſterer liegt in fünf und letzterer in ſieben Schlägen. Es hat gute Koppeln und Heuwerbung, auch
zureichliche Weide. Die Hölzung iſt der Herrſchaft vorbehalten,
ſo wie der Torf. Es hat die Abtriſt mit den Schaafen auf der
neuenkircher Heide und auf dem leeſter Felde.

12) Koitenhagen und Großen Schönwalde ſind zwar
eigentlich zwey beſondere Dörfer, die aber dicht neben einander liegen und als kombinirt angeſehen werden. Beide ſind mit acht
Bauern

Bauern beſetzet, von welchen einer Pacht giebt, die übrigen ſieben aber, ſtatt der Pacht, Fuhren zum Dienſt der Univerſität leiſten. Der Acker iſt mehrentheils gut, nur ein Theil ſandig. Die
Koppeln ſind gut, Heuwerbung und Weide ziemlich, die Hufen-
hölzung aber nicht hinreichend. Das Dorf hat die Hürdengerechtigkeit. In Koitenhagen ſind noch: 1) Ein Heidereitergehöft,
wozu ungefehr 30 Morgen Acker, einige Koppeln, Wuhrten und
Wieſen belegen ſind; 2) Ein Krug, wozu an Acker, Koppeln
und Wieſen zwölf Morgen gehören. Neben dem Kruge iſt ein
Brunnen mit vortreflichen Waſſer, woraus das Trinkwaſſer für die
Stadt Greifswald geholet wird, den die Univerſität verpachtet hat.
In Schönwalde ſtehet auch der Töpferlehm, der in Greifswald
verarbeitet wird.

13) **Ladebo,** ein Ackerwerk, hat recht guten Ackerboden,
Koppeln, Heuwerbung und Weide. Holz iſt nicht hinreichend,
aber guter Torf vorhanden.

14) **Lewenhagen,** ein Kirchdorf, iſt mit vier Pachtbauern beſetzt und hat einen recht guten Boden. Koppeln, Heuwerbung und Weide ſind ebenfalls gut, Holz aber nicht hinreichend.
Es hat die Hürdengerechtigkeit. Im Dorfe findet ſich ein Krug,
wozu etwas Acker und einige Wurthen gehören. Die hieſige Kirche hat drey Morgen Acker auf dem greifswaldiſchen Stadtfelde.
Die zur Pfarre gehörigen Aecker, Weiden, Koppeln und Wieſen
ſind 1782 gänzlich vom Baueracker getrennt und auſſer aller Kommunion geſetzet worden.

15) **Leeſt,** ein Bauerdorf mit vier Pachtbauern beſetzet.
Der Boden iſt ziemlich gut, wie auch Weide, Heuwerbung und
Hölzung. Das Waſſer des greifswalder Boddens, der hier einen
kleinern Buſen bildet, ſpühlt vom Ufer jährlich etwas Merkli-
ches ab.

16) **Neuendorf,** ein Ackerwerk wohin die Kemzer Hof-
dienſte leiſten. Es hat guten Acker, Koppeln und Heuwerbung,
aber nicht völlig hinreichendes Holz.

17) Neu-

17) Neuenkirchen, ein Kirchdorf, das mit zehn Bauern besetzet ist, welche bisher nach Wampen dieneten, jetzt aber
vom Hofdienste befreyet sind und ihre Höfe gepachtet haben. Der
Acker ist ziemlich gut, nur eine Strecke leidet vom Fluggsande,
dem man doch jetzt Einhalt zu thun bedacht ist. Koppeln, Heuwerbung und Weide sind gut. Holz mangelt, dagegen ist Torf
vorhanden. Im Dorfe finden sich noch eine Windmühle, wozu
zwey Morgen Acker gehören und ein Krug mit etwa einem Morgen
Acker. Zur Kirche gehören drey Morgen Acker, einige Wuhrten
und zwey Kathen von drey Wohnungen; Zur Pfarre 60 Morgen
Acker mit dem Heidenholze; Zur Küsterey ein halber Morgen
Acker und eine Koppel. Von dem Felde dieses Dorfs wird auch
der gelbe Sand geholet, welcher in Greifswald verbraucht wird.

18) Panso, ein Dorf, das mit sieben Pachtbauern besetzet ist, hat guten Boden, Weide, Koppeln und Wiesewachs,
aber nicht zureichliche Hölzung. Hier ist ein Krug mit zwölf
Morgen Acker. Zu der hiesigen Kapelle, ein Filial von Dersekow,
gehöret eine Wiese und drey Kathen.

19) Potthagen, ein Heidereitergehöft, dem die Kruggerechtigkeit beygelegt ist. Es ist eine neue Anlage, wozu kein anderes Land gelegt worden, als etwas Gartenland. In der Folge
haben sich hier noch einige Kathenleute angebauet, die nach klein
Schönwalde dienen. In dieser Gegend stehet ein sehr beträchtli-
ches Torfmoor, woraus die Universität nicht nur die Deputate nimmt, sondern auch noch jährlich zwischen 800,000 und
1,000,000 Stück zum Verkauf in Greifswald, stechen läßt.

20) Radelow, ein Ackerwerk. Der Acker ist mehrentheils nur von schlechter Beschaffenheit und viel alter Acker und
Heide vorhanden, die dann und wann kultiviret werden. Weide
und Wiesen sind schlecht, Holz ist gar nicht vorhanden, aber guter
Torf. Es steuert für eine Hufe ins Amt Wolgast.

21) Klein Schönwalde, ein Ackerwerk. Der Boden
ist sehr ungleich, Koppeln und Heuwerbung sind gut, Weide nur
mittel-

mittelmäßig. Holz zur Feurung und Befriedigungen sind vorhanden. Die Einlieger zu Weitenhagen und Potthagen dienen hieher.

22) Subzow, ein Ackerwerk, hat einen guten tragbaren Boden; Koppeln, Heuwerbung und Weide sind auch gut. Holz zur Feurung und Befridigungen wird aus der akademischen Hölzung geliefert.

23) Turow, ein Ackerwerk, hat einen guten tragbaren Boden, Heuwerbung, Koppeln und Weide sind ebenfalls gut, Holz ist nicht zureichlich, aber guter Torf. Es steuert für 2 Hufen und 25 Morgen ins Amt Wolgast.

24) Ungnade, ein Bauerdorf, das bisher mit sechs Pachtbauern besetzt gewesen. Im Jahr 1786 ist mit diesem Dorfe eine gänzliche Veränderung vorgenommen worden. Der Acker des vormals, vermuthlich im dreißigjährigen Kriege, verwüsteten Hofes Boltenhagen, der bisher in die Ungnader Feldmark eingezogen war, ist davon wieder separiret und bebauet worden. Die fünf Bauern, welche in Ungnade geblieben, sind völlig aus einander gesetzt und die Kommunion unter ihnen aufgehoben worden, damit sie in der Folge auf Erbpacht gesetzet werden können, und endlich ist noch ein Kolonisten Dorf angelegt worden. Aus dem bisherigen Bauerdorfe Ungnade sind also drey besondere Partikeln geworden, nemlich:

a) Altungnade, worinn fünf Pachtbauern wohnen. Es hat einen guten Boden, gute Koppeln und Weide, viele Heuwerbung und hinlängliches Holz. Das Dorf hat auch die Hürdengerechtigkeit. Die hiesige Kapelle ist ein Filial von Lewenhagen.

b) Boltenhagen, das zum Gehöfte für einen Bauern eingerichtet und ganz neu bebauet worden. Es hat einen guten Boden und Weide, viel Wiesewachs und hinlängliches Holz.

c) Neuungnade, worinn sich zwölf Kolonisten selbst angebauet und jeder einige Morgen an Acker, Wiesen und Weide zur Erbpacht erhalten haben.

25) Wann

25) Wampen, ein Ackerwerk, das einen recht guten Boden hat. Die Weide ist ebenfalls gut, die Heuwerbung ist stark. Das erforderliche Holz zu Befriedigungen ist vorhanden, Brennholz aber jetzt noch nicht zureichlich, dagegen aber guter Torf. Mit diesem Guthe ist

26) Die Insel Koos verbunden und dienet ihm zur Holländerey. Es wohnen zwey Familien auf dieser Insel; Der Ackerbau, der hier getrieben wird, ist von geringer Bedeutung. Die Hölzung ist zur Disposition der Herrschaft. Das Wasser des greifswalder Boddens thut auch an den Ufern dieser Insel sowohl als des Guthes Wampen jährlich merklichen Schaden, dem man Einhalt zu thun jetzt ebenfalls bedacht ist.

27) Weitenhagen, ein Kirchdorf, ist als Schäferey zum Ackerwerk Klein Schönwalde gelegt, wohin auch die hier befindlichen Kathenleute dienen. Zur hiesigen Kirche gehöret ein Kathen, zur Pfarre zwey Hackenhufen Acker, eine Wiese und einige Koppeln, zur Küsterey eine Wurthe.

28) Wieck, ein Kirchdorf am Ausfluße des Rycks und zugleich der Hafen der Stadt Greifswald, weßhalb die Stadt hier einen Hafenvogt hält. Die Einwohner nähren sich theils von der Fischerey, wofür sie ein bestimmtes Wassergeld an die Universität geben, theils fahren sie zur See oder arbeiten für Tagelohn, denn sie haben weiter kein Land, als Gartenplätze und einige Morgen Acker zur Miethe. Hier wird ein Königl. Licentbesucher und ein Konsumtionsbesucher gehalten. Hier ist auch eine Fehre über den Fluß zwischen Wieck und Elbena, wobey die Universität einen Fehrmann hält, der zugleich die Kruggerechtigkeit hat. Die hiesige Kirche hat mit Weitenhagen einen gemeinschaftlichen Prediger und weiter keine liegende Gründe, als eine Kathenstelle.

29) Der sogenannte Epistelberg, auf dem Greifswaldischen Stadtfelde belegen, ist ein Grundstück von 35 Morgen 85 Ruthen, das zwar der Universität zustehet, aber nicht zum Amte Elbena gehöret. Sie hat es im Jahr 1738 von dem General, Baron von Kirchbach, gegen ein Aequivalent in Heinrichsha-

U 2                                          gen

gen, unter Beſtätigung der Königl. H. Regierung vom 5ten Sept. 1738, eingetauſchet und dem jederzeitigen Oekonomus beym Konviktorio zum Genießbrauch überlaſſen. Es wird an den greifswaldiſchen Diſtrikt für 13 Morgen verſteuert.

Die Hölzungen im akademiſchen Amte ſind zwar das nicht mehr, was ſie in älteren Zeiten geweſen; allein doch immer noch ſehr beträchtlich. Seit dem ſiebenjährigen Kriege hat auch die Univerſität angefangen, durch eine beſſere Forſtwirthſchaft, Wiederbeſäung der vormals ausgerodeten Holzgegenden und Einſchränkung des zu großen Verbrauchs die Hölzungen immer mehr und mehr wieder aufzuhelfen. Auſſer den Hufenhölzungen, welche ſich bey den einzelnen Güthern und Dörfern finden und denſelben mehrentheils, jedoch unter Aufſicht der Heidebedienten, zum hauswirthſchaftlichen Gebrauch überlaſſen ſind, ſind die großen Hölzungen in drey Hauptreviere, das Hanshäger, Grubenhäger und Eldenaiſche, und einigen Nebenrevieren abgetheilet, worüber vier Heidereiter zur Aufſicht beſtellet ſind.

1) Das Hanshäger Revier iſt ſehr weitläufig, und wird durch das neue Ausſäen, welches bey der hier vorgenommenen Veränderung nach und nach geſchehen ſoll, noch viel ausgedehnter werden. Es beſtehet bloß aus Tannenholz und hat ſeinen eignen Heidereiter, dem auch ein Theil der Diedrichshäger Hölzung anvertrauet iſt.

2) Das Grubenhäger Revier beſtehet mehrentheils aus Eichenholz, ſo wie die dazu gehörigen Nebenreviere auf der weiten häger Feldmark, als die Schwinge, die Hufe, die Bährenhorſt, der Eichbuſch und der Gölkenbuſch. Es ſtehet unter der Aufſicht des Heidereiters zu Grubenhagen, dem der Heidereiter zu Potthagen zum Gehülfen zugeordnet iſt. Zu dieſem Beritt gehören noch die Hufenhölzungen zu Derſekow, Panſow, Ungnade, Hinrichshagen und Subzow.

3) Das Eldenaiſche Revier hat hauptſächlich Büchen, wenigere Eichen, Fauleſchen und einige andere Baumarten. Es

ſtehet

stehet unter der Aufsicht des Heidereiters zu Koitenhagen, der
auch die Hufenhölzungen zu Friedrichshagen, Kemz, Neuendorf,
Ladebo, Roos, Wampen und Kieshof zu bewachen hat.

*) Die Beylage IV. A. liefert eine ökonomische Uebersicht des ganzen
Amtes Eldena nach seinem jetzigen Zustande.

### §. 21.

Die Einkünfte aus diesem Amte sind theils Gewisse und Fi-
xirte, theils Ungewisse und Unfixirte.

I.) Die Gewissen und Fixirten bestehen jetzo:

a) In den grossen Pachten von den Ackerwerken und Dorfschaften — — . Rthl. 21,166 ßl. 41.

b) In den kleinen Pachten von einzelnen
kleinen Grundstücken — • 138 • 40.

c) In den Pachten von vier Korn- und
zwey Papiermühlen — • 1104 • —

d) In den Pachten von zwey Schmieden • 56 • —

e) In den Pachten von acht Krügen • 144 • 34

f) In dem Grundgelde von eigenthümlichen Kathen und der Pacht von der Fischerey zu Wieck und dem Brunnen zu
Koitenhagen • 302 • 36.

Noch werden von einzelnen Ackerwerken und
Dorfschaften 248 Scheffel Hafer in Natura geliefert. Summa — Rthl. 22,913 ßl. 7.

II.) Die Unfixirten und Ungewissen Einkünfte aus dem Amte betragen nach
einem zehnjährigen Durchschnitt, vermöge der
Beylage IV. B, unter folgenden Titeln jährlich:

a) Für verkauftes Holz Rthl. 516 ßl. 2.

b) — — — Torf • 333 • 3.

Latus — Rthl. 849 ßl. 5. Rthl. 22,913 ßl. 7.

Transport — Rthl. 849 ßl. 5. Rthl. 22,913 ßl. 7.
c). An loskaufsgeld    Rthl. 166 ßl. 19.
d)  - Strafgefällen aus
    dem Amtsgerichte      -   14 - 38.
e) Für verkauftes Ge-
   traide a)     —        -   21 - 8.
                                      -   1051 - 22.
                    Summa Rthl. 23,964 ßl. 29.

a) Das Getraide, welches die Universität sowohl aus dem Amte als
   aus dem greifswaldischen Stadtdorfe Langen Hinrichshagen in Natura erhält, wird theils als Deputate an Bediente und arme Unterthanen wieder in Natura vertheilet, theils der Ueberrest verkauft,
   daher diese unfixirte Einnahme.

### §. 22.

II.) Die Pächte und Hebungen, welche die Universität
ausser dem Amte Eldena zu erheben hat, bestehen in folgenden
einzelnen Pösten, als:

1) Aus der Stadt Greifswald und zwar
   a) Vom Hospital St. Georg an
      Heuer für hundert Morgen
      Acker zu 8 ßl.    —        Rthl. 16 ßl. 32.
   b) Vom Hospital St. Spiritus
      an Ackerheuer     —         -   3 - 16.
   c) Ackerheuer von dem langen
      Stück     —        —         -   6 - —
   d) Heuer für vier Morgen Acker
      und ¼ Morgen Wiese im Stadt-
      felde    —        —          -  15 - —
   e) Miethe für zwey kleine der Uni-
      versität gehörige Häuser      -  16 - —
   f) Legatengelder aus dem Bu-
      kowschen Testamente    —      -  10 - —
                    Latus ———— Rthl. 67 —

2) Aus

Transport — Rthl. 67 ßl. —

2) Aus Görmin für die Priesterhufe von 22½ Morgen Acker, welche der jederzeitige Prediger in Gebrauch hat und dafür giebt    —    .  2 . 32.

3) Aus Gristow, wegen des Patronats    .  5 . —

4) Aus dem Junkernhofe zu Hinrichshagen bey Greifswald an Ackerheuer    —    .  37 . 9.

5) Aus Hohenmühle an Geldpacht    —    .  2 . —

6) Aus Züssow an Geldpacht    —    .  — . 44.

7) Aus Mesekenhagen und Kowall Pacht für 7 Morgen Wiesen    —    —    .  25 . 20.

8) Aus Langen Hinrichshagen: Geldpacht    —    —    —    .  10 . 8.

In Natura 35 Scheffel Roggen,
         35 — — Gerste und
         35 — — Hafer.

9) Für die Nußung der kleinen Gehölze bey Casneviß auf Rügen giebt der jederzeitige dortige Prediger, laut eines im Jahr 1752 getroffenen Vergleichs, an jährlicher Rekognition    .  1 . 36.

10) Aus dem Rügianischen Kanon, welcher von folgenden Pfarren jährlich auf Palmarum entrichtet wird, als:

Aus Altenkirchen    —    Rthl. 15 ßl. —

.  Bobbin    —    .  12 . 24.
.  Casneviß    —    .  11 . 32.
.  Garz    —    .  7 . 24.
.  Gingst    —    .  12 . 24.
.  Pazig    —    .  10 . —
.  Poseriß    —    .  11 . 32.
.  Rambin    —    .  6 . 32.
.  Sagard    —    .  20 . —
.  Schaprode    —    .  4 . 8.

Latus — Rthl. 111 ßl. 32. Rthl. 152 ßl. 5.

Transport — Rthl. 111 ſl. 32. Rthl. 152 ſl. 5.
Aus Schwantov — Rthl. 3 ſl. 16.
‑ Trent — ‑ 5 ‑ 40.
‑ Wiek — ‑ 12 ‑ 24.
‑ 133 ‑ 16

Summa Rthl. 285 ſl. 21.

a) Die Pächte für die Rielmannshufe und für die Papenhufe werden vom hiefigen Magiſtrat seit 86 Jahren zurückgehalten.

### §. 23.

III.) Endlich hat noch die Univerſität einige zufällige Ein‑ flüſſe und die Zinfen von ihren ausstehenden Kapitalien, als:

a) Promotionsgefälle, welche nach einem zehnjährigen Durchschnitt jährlich betra‑ gen — — Rthl. 10 ſl. —

b) Andere zufällige Einnahme, in gleich‑ cher Maaße — — ‑ 696 ‑ 20.

c) Die Zinfen von 20,554 Rthl. 2 ſl. an Ka‑ pitalien, welche die Univerſität jetzt aussteh‑ hen hat, betragen jährlich — ‑ 1032 ‑ 18.

Summa Rthl. 1738 ſl. 18.

### §. 24.

Es betragen alfo die jetzigen jährlichen Einkünfte der Univer‑ ſität am Ende des 1787ten Jahres:

I.) An Revenüen aus dem Amte Rthl. 23,964 ſl. 29.

II.) An Pächten und Hebungen außer dem Amte — — ‑ 285 ‑ 21.

III.) An zufälligen Einnahmen und Zin‑ fen — — ‑ 1738 ‑ 18.

Summa = Rthl. 25,988 ſl. 20.

§. 25.

## §. 25.

Die Ausgaben, welche die Univerſität zu beſtreiten hat, ſind theils Gewiſſe und Firirte, theils Ungewiſſe und Unfirirte, theils Zufällige.

I.) Die gewiſſen und firirten Ausgaben beſtehen in folgenden Pöſten:

1) In den Salarien aller bey der Univerſität angeſtelleten Profeſſoren, Adjunkten, Beamten, Sprach- und Erercitienmeiſter und Bedienten, als:

a) Der Profeſſoren, nemlich:

| | | | |
|---|---|---|---|
| 3 in der Theologiſchen Fakultät | Rthl. 1236 fl. | — | |
| 3 in der Juriſtiſchen | 1236 | — | |
| 3 — — Medicinſchen | 1236 | — | |
| 7 — — Philoſophiſchen | 2984 | — | |
| = | 6692 | — | |
| b) der beyden Adjunkten | 315 | — | |
| c) der Beamten — | 1116 | — | |
| d) Der Sprach- und Erercitienmeiſter — | 445 | — | |
| e) Des botaniſchen Gärtners — — | 250 | — | |
| f) Der Bedienten in und auſſer der Stadt — | 392 | 16 | |
| g) Für den Kanzler Secretair — — | 100 | — | |
| | | | Rthl. 9310 fl. 16. |

2) Abgaben an die Bibliothek, als:

a) Die Zinſen von den zur Bibliothek vermachten Legaten, welche die akademiſche Kaſſe an ſich genommen hat, Rthl. 30.—

latus — 30.— Rthl. 9310 fl. 16.

Transſp. — Rthl. 30. — Rthl. 9310 fl. 16.

b) Jährlicher Zuſchuß aus der
Kaſſe nach dem Staat — . 25. —

———————— Rthl. 55 fl. —

3) Zum Behuf der Wiſſenſchaften ſind auf
dem Staat jährlich ausgeſetzt, nemlich:

a) Zur Unterhaltung des botaniſchen Gar-
tens:

1) Fürs Waſſerfahren und Gartentö-
pfe — Rthl. 20.
2) Zur Korre-
ſpondenz — . 20.

———————— Rthl. 40. —

b) Zur Unterhaltung der
aſtronomiſchen Inſtrumen-
ten — — — — . 50. —

c) Beytrag zu den Critiſchen
Nachrichten — — . 50. —

———————— . 140 . —

4) Zur Unterhaltung des Konviktorii,

a) Für die Speiſung der 36 Konviktori-
ſten — — — Rthl. 780. —

b) Für Ackerheuer — . 54 —

c) Für Unterhaltung der
Utenſilien — — — . 40 —

———————— . 874 . —

5) Zinſen von den zu Stipendien vermachten Kapitalien, welche bey der Univerſität
ſtehen:

a) 500 rthl. vom Blücherſchen Stipen-
dio — rthl. 25 fl. —

————————————————————
500 rth. Satus — . 25 fl. — Rthl. 19,379 . 16.

' 500 rthl. Transp. — Rthl. 25 ßl. — Rthl. 10,379 · 16.

b) { 7000 rthl. N⅓ vom Lembk-
ſchen          350.
Agio zu 3 Pro-
cent    —      10.38
1000 rth. in Courant 50. —

                    —      · 410 · 38
c)   300 · vom Meviusſchen · 15 · —
d) 2000 · ld'or vom Szir-
manſchen   —   · 100 · —
e) 1240 · vom Scheffelſchen · 62 · —
f) { 1000 · vom Uſe-
domſchen    50. —
750 · N⅓   —   37.24
Agio zu 3
Procent   1. 8

                    —      · 88 · 32
g) 3000 · vom Wakenitzſchen · 150 · —

= 16790   —   —          · 851 · 22.

6) Zinſen von anderen Legaten, deren Kapi-
tallen ebenfalls bey der Univerſität beſtätiget ſind, als:

a) 166 Rthlr. 32 ßl. vom Owſtin-
ſchen Legat für die Philoſophiſche Fakultät   —   —   rthlr. 8 ßl. 16.

b) 30 Rthlr. Vom Stypp-
mannſchen Legat für die
Kirche und den Prediger
zu Neuenkirchen   —   · 1 · 24.

c) Des Superintendenten
Hebung aus Derſekow   · — · 38.

d) Die Grimmſche Hebung
für den Paſtor zu St.
Jacob in Greifswald   · 7 · 40.

                    · 18 · 22.

Satus   —   Rthl. 11,249 · 12.

                Transp.  —  Rthl. 11,249 ßl. 12.

7) Beytrag an die Stadt Armenkaffe. Dazu werden von der Univerſität jährlich 50
Rthlr. gegeben, weil aber Univerſitätsver-
wandte jetzt jährlich aus eignen Mitteln
24 Rthlr. zuſammenſchießen, ſo trägt die
Kaſſe nur bey                 26  •  —

8) Königl. Amtspächte und Grundgeld, als

    a) Ans Amt Wolgaſt wegen
       Kieshof —     —    rthlr. 3 ßl. 14.

    b) An die Stadt Greifswald
       Grundgeld für des Oeko-
       nomen Scheune und fürs
       Obſervatorium —  •  2 • 16.

                                  5 • 30.

9) Zinfen von angeliehenen Kapitalien; die
Univerſität war nemlich am 1ten May
   1786 ſchuldig

    51602 rth. 20 ßl. zu 4 Procent rthl. 2064 ßl. 5.
     7877 • 32 • • 5 —     • 393 • 42
a) 59480 rth. 4 ßl. —    — rth. 2457 ßl. 47
b) 15163 • 28 • an   zinsbah-
                ren Aſſekura-
                tionskapitali-
                en zu 5. P. C. • 758 • 8
= 74643 rth. 32 ßl.    —          • 3216 • 7.
c) 7116 • 41 • an   derglei-
                chen unzins-
                bahren Ka-
                pitalien, wo-
                zu noch kom-
                men die

= 81,760 rth. 25 ßl.       Latus —   Rthl. 14,497 • 1.

=81,760 rth. 25 ßl.　　Transp. — Rthlr. 14,497 · 1.

d) 17434 · 2 · Legaten-Ka-
　　　　　　pitalien, wo-
　　　　　　von die Zin-
　　　　　　sen oben be-
　　　　　　reits bemerkt
　　　　　　worden, fer-
　　　　　　ner
e) 1033 · 4 · an unbezahl-
　　　　　　ten Forderun-
　　　　　　gen.
_____
100,227 · 31 ·
　20554 · 2 · Aktivschul-
　　　　　　den, welche
　　　　　　die Universi-
　　　　　　tät · zinsbar
　　　　　　ausstehen hat,
　　　　　　davon abgezo-
_____ gen bleibt
=79673 · 29 · der wahre Schuldenstand
der Universität, zu dessen allmähligen Abtrag
im Königl. Visitations-Receß ein Amortisse-
mentsfonds von 3500 Rthlr. jährlich ausgesetzet worden, woraus erstlich die Zinsen
von den angeliehenen Kapitalien 59480
Rthlr. 4 ßl. abgetragen und mit dem Reste
Schulden getilget werden, also — —　·　1042 · 1.
10) Die Prokuratur beym K. H. Tribunal　·　　10 · —

　　　　　Summa = Rthlr. 15,549 ßl. 2.

　　　　　　　§. 26.

II.) Die ungewissen und unfixirten Ausgaben kommen
unter folgenden Titeln vor und betragen nach einem zehnjährigen
Durchschnitt, zufolge der Beylage IV. C:

　　　　　　E 3　　　　　　　　1) Zum

1) Zum Behuf der Wiſſenſchaften und ſolcher Anſtalten, wozu auf dem ordinären Staat nichts Beſtimtes ausgeſetzt worden, ſondern das Erforderliche jedesmal requiriret werden muß, als.

  a) Zur Unterhaltung der anatomiſchen Präparaten — — Rthl. 14 ßl. 3.

  b) Auſſerordentliche Zu-
    ſchüße zur Bibliothek — • 98 • 47.

  c) Zur Erhaltung und Ver-
    mehrung der mathemati-
    ſchen Inſtrumenten — • 42 • 46.

  d) Zum botaniſchen Gar-
    ten — — • 9 • 6.

  e) Zur Unterhaltung und
    Vermehrung der Natura-
    lienſammlnng — — • 6 • 3.
                                ———————— rthl. 171 • 9.

2) Allerhand Ausgaben, als:
  a) Zu Schreibmaterialien • 37 • 23.
  b) — Briefporto — • 24 • 12.
  c) — Reiſe- und Deputa-
    tionskoſten — • 48 • 7.
  d) — Druckerlohn — • 18 • 45.
  e) — Holzſchldgerlohn • 152 • 39.
  f) — Ehrenausgaben • 10 • 38.
                                ———————— rthl. 292 • 20.

3) Zur Unterhaltung armer Unterthanen — • 248 • 13.
4) An Landeskontribution für den Epiſtelberg • 14 • —
5) Beytrag zur Feuer-Aſſekuranz-Societät — • 101 • 11.
6) Baukoſten — — — — • 3077 • 35.
                    Summa = Rthl. 3904 • 40.

III.) Die zufälligen Ausgaben betragen, gleichfalls nach einem Zehnjährigen Durchſchnit, jährlich — Rthl. 853 ßl. 14.

Die

Die sämtlichen Ausgaben der Universität betragen also hiernach jährlich:

I) An gewissen und firirten Ausgaben Rthl. 15,549 fl. 2.

II) — ungewissen und unfirirten Ausgaben — — • 3904 • 40.

III) — zufälligen Ausgaben — • 853 • 14.

Summa Rthl. 20,307 fl. 8.

Die Einnahme Beträgt — — • 25988 • 20.

Es bleibt also Ueberschuß — Rthl. 5681 fl. 12.

### §. 27.

Zur völligen Uebersicht des Finanzstaats der Universität liefere ich hier eine summarische Berechnung der würklichen Einnahme und Ausgabe in dem Rechnungsjahre vom 1ten May 1785 bis zum 1ten May 1786, woraus sich ergiebt, was würklich eingenommen und wieder ausgegeben worden.

### Einnahme

1) Vorrath vom vorigen Jahre — Rthl. 7842 fl. 13$\frac{1}{2}$.

2) Revenüen aus dem Amte Elbena • 19249 • 28

3) Pächte und Hebungen ausser dem
Amte — — — — — • 298 • 37

4) Rückständige Hebungen des Bufow-
schen Testaments von 1697 bis 1785,
welche in diesem Jahre eingeflossen a) • 735 • —

5) Holzgelder — — — — • 386 • 27

6) Torfgelder — — — • 15 • —

7) Loßkaufsgelder — — — • 154 • —

8) Zinsen auf rückständige und zu spät
eingegangene Revenüen — — • 8 • 44

9) Zufällige Einnahme — — • 1257 • 28

10) Promotionsgelder — — • 12 • —

11) Ersetzung an die akademische Kasse • 76 • 34

12) Verkauftes Getraide — — • 16 • 44

Latus — Rthl. 30,053 fl. 15$\frac{1}{6}$.

|  | Transp. — Rthl. 30,053 ßl. 15¼. |
|---|---|
| 13) Zinſen von ausſtehenden Kapitalien | ⹀ 1115 ⹀ 3 |
| 14) Inſcriptionsgelder *b*) — ⹀ | 17 ⹀ 36 |
| 15) Rekognition des Stadtmuſikanten | ⹀ 10 ⹀ — |
| 16) Gaben zur Bibliothek — — | ⹀ 10 ⹀ 40 |
| 17) Pia Collatio *c*) — — — | ⹀ 15 ⹀ 36 |
| 18) Armgelder — — — — | ⹀ 24 ⹀ — |
| 19) Depoſita ⹀ — — — — | ⹀ 72 ⹀ 16 |

Summa der Einnahme = Rthl. 31,319 ßl. 2⅞.

### Ausgabe.

| 1) Salarien — — — Rthl. | 9004 ßl. — |
|---|---|
| 2) Akademiſche Bibliothek *d*) — ⹀ | 508 ⹀ 13¼. |
| 3) Unterhaltung des Konviktorii — ⹀ | 763 ⹀ 8 |
| 4) Stipendien — — — ⹀ | 447 ⹀ 10, |
| 5) Legaten — — — ⹀ | 18 ⹀ 22 |
| 6) Baukoſten — — — ⹀ | 5489 ⹀ 38¼. |
| 7) Abgetragene Kapitalien — — ⹀ | 2540 ⹀ — |

8) Allerhand Ausgaben, als

| a) Schreibmateria- lien — — Rthl. 27 ßl. 27. | |
|---|---|
| b) Prokuratur beym H. Tribunal — ⹀ 10 ⹀ —. | |
| c) Briefporte — ⹀ 13 ⹀ 14. | |
| d) Reiſe und Deputa- tionskoſten — ⹀ 32 ⹀ —, | |
| e) Ehrenausgaben — ⹀ 14 ⹀ 12. | |
| f) Holzſchlägerlohn ⹀ 199 ⹀ 40. | |
| g) Druckerlohn — ⹀ 12 ⹀ 8. | |
| h) Unterhaltung der aſtronomiſchen Ju- ſtrumenten — ⹀ 50 ⹀ —. | |
| i) — — der anato- miſchen Präparaten ⹀ 10 ⹀ 14. | |

Rthl.    369 ⹀ 19.

Latus — Rthl. 19,140 ßl. 14¼.

Transp.   —   Rthlr. 19,140 ßl. 14¼.

9) Arme Unterthanen und andere  —   •   366 • 20
10) Landes Kontribution   —    —   •    14 •  2
11) Königl. Pächte und Grundgeld   •    5 • 30
12) Zufällige Ausgaben   —   —   •   623 • 25¼.
13) Unterſtützung der Critiſchen Nach-
    richten   —    —    —   •    50 • —
14) Beytrag zur Feuer - Aſſekuranz-
    Societät   —    —    —   •    14 • 17½.
15) Akademiſche Wittwen Kaſſe   —   •    15 • 36
16) Armkaſſe der Stadt   —   —   •    50 • —
17) Separationskoſten von Ungnade   •    40 • 24.
18) Unbezahlte Forderungen  •   —   •   1119 • 36.
19) Generalſuperintendenten Hausmie-
    the   —    —    —   •    50 • —
20) Fonds d' Amortiſſement   —   •   1072 •  3.
21) Zinſen von angeliehenen Kapita-
    lien   —    —    —   •   2565 •  9.

Summa der Ausgaben   =   Rthl. 25,127 ßl. 25½.
Vorrath zum künftigen Jahr   =   •   6191 • 24⅗.

Summa   =   Rthl. 31,319 ßl. 2¼.

*a*) Dieſe Hebungen waren ſeit 1697 von dem Adminiſtrator des bu-
kowſchen Teſtaments zurückgehalten worden, worüber ein langwieh-
riger Rechtsgang entſtanden, der endlich vom K. H. Tribunal zum
Vortheil der Univerſität entſchieden ward und dem zufolge der ganze angeführte Rückſtand nachbezahlet werden muſte.

*b*) Die Inſcriptionsgelder ſo wie die unter den beyden folgenden Nummern aufgeführten Pöſte fließen in die Bibliothekskaſſe.

*c*) Pia Collatio iſt ein von Alters hergebrachter Abzug vom Lohn
der Profeſſoren, jährlich von 1 Rthlr., welcher bis zum Jahr 1775
in die akademiſche Kaſſe floß, durch den neueſten Königl. Receß aber
der akademiſchen Wittwenkaſſe überlaſſen iſt, daher hier auch unter
Nummer 15 wieder in Ausgabe gebracht worden.

*d*) Die akademiſche Kaſſe ſchoß der Bibliothekskaſſe in dieſem Jahre
409 Rthlr. 17½ ßl. vor, die nach und nach wieder getilget werden
müſſen.

### §. 28.

Zur Verwaltung des gesammten Eigenthums der Universität in der Stadt und auf dem Lande und der daraus fliessenden Einkünfte, zur Direktion der Bauten, der Oekonomie und der Policey im Amte, ist im Jahr 1775 durch den neuesten Königl. Receß eine besondere Oekonomische Administration angeordnet worden, die aus folgenden Mitgliedern bestehet, nemlich aus:

1) Den beyden landständlichen Kuratoren;
2) Dem Generalsuperintendenten, als Prokanzler und Kurator aus dem Mittel des akademischen Senats:
3) Dem jederzeitigen Rektor der Universität;
4) Zwey Professoren, als Deputirten des Koncilii, die auch von demselben erwählet werden und diese Stellen fünf Jahre verwalten, nemlich von einer Visitation zur andern.

Dann sind noch zum Beytrit bey der Administration und zur Besorgung der dabey vorfallenden Geschäfte verordnet:

1) Der Amtshauptmann;
2) Der Syndicus;
3) Der Sekretair und
4) Der Rentmeister

### §. 29.

Das Königl. Reglement für die akademische Administration dienet derselben zur Norm und Richtschnur, bey den ihr anvertraueten Geschäften. Die Mitglieder sind wegen dieser Geschäfte allein dem Kanzler der Akademie verantwortlich, und der akademische Senat ist nicht befugt, weder seinen Deputirten Vorschriften über die Behandlungsart der Angelegenheiten zu geben, noch wegen dessen, was sie in der Administration vornehmen, Rechenschaft von ihnen zu fordern. Der Rektor der Universität hat zwar beständig einen freyen Zutritt zu der Administration, damit er den ganzen Zustand der Universität kennen möge, allein er hat kein Votum, doch kan er sein Gutachten über die vorliegenden Angelegenheiten abgeben.

Die

Die beyden Professoren, welche vom Koncilio zur Administration deputiret werden, sind für den ununterbrochenen Gang und
promte Abmachung der Geschäfte verantwortlich, deshalb sie wenigstens einmal in jeder Woche zusammenkommen müssen, die Kuratoren haben sich aber zum wenigsten einmal im Monat in der
Administration einzufinden, um über die wichtigeren Angelegenheiten zu deliberiren. In allen Angelegenheiten, welche nicht bloß
ökonomisch sind, entscheidet die Mehrheit der Stimmen, in bloß
Oekonomischen aber die Meynung, für welche zwey Kuratoren sich
erklären; jedoch kann in wichtigeren Fällen der Entschluß nicht eher
bewerkstelliget werden, bevor er der Decision des Kanzlers unter-
stellet worden, von dessen Gutfinden es dann abhängt, ob er das
Koncilium darüber hören wolle.

Fallen in Abwesenheit der Kuratoren wichtige Sachen vor,
oder es treten Umstände ein, worüber eine deutliche Vorschrift
mangelt; so müssen sie entweder bis zu ihrer nächsten Ankunft ausgesetzet bleiben oder sie müssen dazu ausserordentlich eingeladen werden, und es liegt dem Prokanzler und dem Rektor besonders ob,
dahin zu sehen, daß die Kuratoren immer, wenn es nöthig ist,
zugezogen werden; können diese aber nicht zugegen seyn und die
Sache leidet keinen Aufschub, so dürfen doch die Deputirten darüber, ohne in Gegenwart und mit Einwilligung des Prokanzlers
und des Rektors nichts beschliessen und abmachen.

## §. 30.

Die ganze innere Oekonomie des Amts Elbena ist dem akademischen Amtshauptmann, unter der Aufsicht der Administration, anvertrauet, welcher daher auf die Erhaltung der Grenzen
und Scheiden des Amts sowohl als der einzelnen Dörfer und Güther, auf den Zustand der Gräben, Dämme, Wege und Brücken, auf die Landwirthschaft der Pächter und Bauern, auf den
Zustand und auf die forstmäßige Behandlung der Hölzungen,
auf die vorgeschriebene Anpflanzung der Weiden, Obstbäume und
Hecken, auf die Beschaffenheit der Gebäude und auf den Zustand

und

und das Betragen der Amtseinwohner zu sehen hat, deßhalb er das ganze Amt zweymahl im Jahr durchreisen und der Administration Bericht von allem abstatten muß. Er muß alle Steuern und Kontributionen, wie sie ausgeschrieben werden, nach dem festgesetzten Steuerfuß übers Amt vertheilen, von den Kontribuenten entgegennehmen, an die Behörde wieder abliefern und der Administration jährlich Rechnung davon ablegen. Alle Bauten in der Stadt und auf dem Lande stehen unter seiner Aufsicht. Zur Hülfe bey allen diesen Geschäften wird ihm ein Amtsnotarius bestanden, der die Protokolle und Korrespondenz führet und alle schriftlichen Aufsätze fasset.

## §. 31.

Der Syndicus ist der Administration zugeordnet, um ihr mit seinem rechtlichen Gutachten an Hand zu gehen, die Kontrakte zu entwerfen, die Processe zu führen und ihre besonderen Akten und Handlungen unter seiner Aufsicht zu haben.

Der Sekretair der Universität führet auch bey der Administration das Protokoll, die Registratur und besorget alle Expeditionen; so wie er auch ein Diarium über alle Einnahme- und Ausgabeordres führet, das gegen den Rentmeister zur Kontroll dienet.

## §. 32.

Der Rentmeister besorget das ganze Kassa- und Rechnungswesen der Universität. Alle Jahr im Aprilmonat wird ein Staat für das folgende Rechnungsjahr, das vom May zum May läuft von der Administration entworfen und vom Kanzler gebilliget. Der solchergestalt autorisirte Staat dienet der Administration zur Norm und die bestimmten Titel desselben dürfen nicht überschritten werden. Alle baar vorhandenen Mittel, auffer den Summen die dem Rentmeister zu täglichen Ausgaben anvertrauet werden, werden in der akademischen Kasse aufbewahret, wozu ein Kurator, der jederzeitige Rektor und der Rentmeister drey verschiedene Schlüssel

ſel haben. Ueber alle einflieſſenden Mittel erhält der Rentmeiſter
eine Einnahmeordre und er darf keine Auszahlungen machen, ſie
mögen ſo geringe ſeyn wie ſie wollen, bevor er eine förmliche von der
Adminiſtration ausgeſtellte Anweiſung dazu erhalten hat, welche
ihm nebſt der Quitung über die geſchehene Auszahlung zum Be-
lag bey der Hauptrechnung dienet. Am Anfange jeden Monats
muß er einen Verſchlau über den Kaſſazuſtand der Adminiſtration
vorlegen. Das Hauptbuch wird von ihm nach der doppelten
Rechnungsart geführet, allemal am lezten April abgeſchloſſen,
von der Adminiſtration nachgeſehen und, nach befundener Richtigkeit, von ihr unterſchrieben dem Kanzler zugeſandt, von dem es
abhängt, dafür zu ſorgen, daß es reviditet und danächſt dem akademiſchen Koncilio zugeſtellet werde, in deſſen Archiv es zur Verwahrung niedergelegt wird.

---

# Dritter Abſchnitt.

## Bibliotheken, Gelehrte Societäten, Buchdruckereyen.

---

Schwediſchpommerſche Litterar- und Kunſtnachrichten.
Im Pommerſchen Archiv. 1785. Viertes Stück.
S. 219. ff.

### §. 33.

Von öffentlichen Bibliotheken, die ſich im Lande finden, habe
ich hier noch zu bemerken:

I.) Die Greifswaldiſche Univerſitätsbibliothek, von
der ich oben (§. 9. S. 123.) bereits geredet habe, ſcheinet erſt im
Jahr 1604 ihren Anfang genommen zu haben. Der Kanzler
Valentin von Eichſtedt erwehnet zwar a), daß der Herzog
Philipp I., bey der Wiedereinrichtung der Univerſität im Jahr

1539,

1539, auch eine Bibliothek angerichtet hätte, allein es findet sich davon so wenig, als von den Handschriften, die der Bürgermeister Rubenow der Universität in seinem Testamente vermacht hat, eine Spur in den akademischen Handlungen b). Bey den geringen Einkünften der Universität, in den beyden ersten Jahrhunderten, konnte kein Fond zur Bibliothek ausgesetzt werden, und ihr ganzes Einkommen bestand in einigen Legaten und anderen unbedeutenden ungewissen Zuflüssen bis zum Jahr 1702, da ihr durch den Königl. Visitations-Receß ein jährlicher fixirter Zuschub aus der akademischen Kasse von 25 Rthlr. zugelegt ward, welcher auch bisher noch nicht vermehret worden. Unter diesen Umständen kann es nicht auffallen, daß der Büchervorrath einer der ältesten Universitäten in Teutschland noch im Jahr 1730 nur aus fünf bis sechshundert Bänden bestand. Nach diesem Zeitpunkte ist sie durch ausserordentliche Zuschüsse aus der akademischen Kasse in den Stand gesetzt worden, einige ganze Privatbibliotheken, als die Bibliothek des Freyherrn von Nettelbla, bey seinem Abzuge nach Wezlar, und des Rektors der wolgastischen Stadtschule, Johann Bötticher, anzukaufen. Eine nicht minder beträchtliche Vermehrung erhielt sie durch die Freigebigkeit des Professors der Medicin, Johann Stephan Scheffel, des Hofraths Abraham Droysen und der hiesigen teutschen Gesellschaft, da die ersteren beyden ihre Bibliotheken der Universität in ihren Testamenten vermachten, die letztere aber ihre ganze Sammlung von Schriften zur Kritik und Geschichte der teutschen Sprache und der schönen Litteratur ihr schenkte. Hauptsächlich aber hat sie ihren jetzigen Zustand dem unermüdeten Fleisse und der seltenen Betriebsamkeit des verstorbenen Professors Dähnert zu danken, welcher ihr im Jahr 1747 als erster besonderer Bibliothekar vorgesetzt ward. Er machte sich nicht nur durch die ausserordentliche und bey den geringen Einkünften fast unglaublich scheinende Vermehrung c), sondern auch durch eine lichtvolle Anordnung, die man nicht in allen Bibliotheken antrifft, und durch die Anfertigung der brauchbaren Katalogen um dieselbe äufserst verdient. Von den typographischen Monumenten und von andern seltenen Büchern, welche sich in dieser Bibliothek finden,

hat

hat er in der Pommerſchen Bibliothek Nachricht ertheilet *d*). In der Bibliothek findet ſich auch eine vorzügliche Sammlung von Handſchriften zur Aufklärung der pommerſchen Geſchichte und Verfaſſung. Die erſte Grundlage dazu iſt durch den Ankauf der hinterlaſſenen Handſchriften des Profeſſors Andreas Weſtphal und des Rektors Johann Bötticher gelegt, wozu nachher die wichtige Sammlung gekommen iſt, welche der Profeſſor A. G. von Schwarz hinterlaſſen hat *e*). Eben ſo wichtig iſt die von Dähnert angefangene Sammlung aller, ſeit Einführung der Buchdruckerey, in Pommern gedruckten Bücher, beſonders wegen der groſſen Sammlung kleiner Gedächtnißſchriften auf die Perſonen des ausgeſtorbenen Fürſtlichen Hauſes, auf Staatsbeamten, Gelehrte und andere merkwürdige Leute aus adelichen und bürgerlichen Familien *ee*).

II.) Die Kirchenbibliothek zu St. Nikolai in Greifswald iſt aus dem Ueberreſt des Büchervorraths der Mönche im Grauen Kloſter erwachſen, wohin vermuthlich auch die der Univerſität zugedachte Bücherſammlung des Bürgermeiſters Rubenow gekommen iſt. Von den alten Monumenten in derſelben hat Dähnert am unten angeführten Orte Nachricht gegeben *f*). Sie hat aus einigen Legaten und anderen Einkünften einige Zuflüſſe.

II.) Die Rathsbibliothek in Stralſund iſt jetzt ſchon ſehr beträchtlich, nicht nur wegen der Anzahl der Bücher, die ſich über 14000 Bände beläuft, ſondern auch wegen der Wichtigkeit der darinn befindlichen Werke. Den Grund dazu legte der um die Stadt wohlverdiente Kämmerer Henning Lewe, durch die Schenkung ſeiner Bibliothek, welche nachher durch Legaten und andere Zuflüſſe vermehret worden *g*).

IV.) Das Gräflich Löwenſche Muſeum in Stralſund beſtehet zwar gröſtentheils aus Kriegegeräthſchaften, Riſſen, Inſtrumenten und Kunſtſachen, enthält aber doch auch eine Bibliothek, gröſtentheils von taktiſchen Schriften. Es iſt von dem vormaligen Königl. Generalſtatthalter dieſer Provinz, dem Grafen Axel Löwen, geſammlet und dem Magiſtrate der Stadt zur Verwahrung auf dem Rathhauſe übergeben worden.

(V.

V.) Von der Bibliothek des stralsundischen Gymnasii habe ich oben (§. 3. S. 106.) bereits Nachricht gegeben. Bey den dortigen Kirchen zu St. Nicolai und St. Marien finden sich auch Bibliotheken, und nach der Kirchenordnung h) sollen bey allen städtischen Kirchen, zum Besten der Prediger, Bibliotheken gesammelt werden, die auch zu Wolgast, Barth und Grimm, nicht weniger bey einigen Landkirchen vorhanden sind.

a) Vita Philippi I. ad Ann. 1539. p. 134 und Orat. Philippicae. p. 9. 10.

b) Eben so wenig ist die von der Königl. Regierung im Jahr 1691 erlassene Verordnung (L. C. II. 678.): daß die bey den Kirchen zu Wolgast, Barth und Grimm befindlichen mit Mönchsschriften versehenen Bücher an die Universitätsbibliothek abgeliefert werden sollten; in Erfüllung gegangen.

c) Dähnert fand bey seinem Antritt des Bibliothekariats im Jahr 1747 vor, an — — — Folianten — 1622 Bände  
Quartanten — 1703  
In Octav — 1462  
— Duodez — 499  
= 5286 Bände

Bey seinem Tode waren vorhanden Folianten — 3951 Bände  
Quartanten — 7001  
In Octav — 8513  
— Duodez 2581  
Zusammen = 22046 Bände

d) 1. Beytrag zur Kenntnis der Monumentorum Typographicorum in der akademischen Bibliothek zu Greifswald. In der Pomm. Biblioth. I. 129. ff.

2) Verzeichnis seltener Bücher auf der akademischen Bibliothek zu Greifswald. Erstes Stück Daselbst. III. 3. ff. Zweites Stück. Daselbst. III. 353. ff.

e) Von den pommerschen Handschriften der Universitätsbiblioth., welche im Jahr 1751 schon vorhanden waren, findet sich ein Verzeichnis des seel. Dähnerts in der Pomm. Biblioth. I. 161. und 185. Von der Schwarzischen Sammlung habe ich in der Vorrede zum zweiten Theil meiner Pomm. Sammlungen Nachricht gegeben.

ee)

ee) Gedächtnißſchriften auf die Herzöge in Pommern und deren Fürſtl.
Angehörige, welche ſich auf der Univerſitätsbibliothek finden.   In
der Pomm. Biblioth. I. 72.

f) Pomm. Biblioth. I. 177.

g) S. Oben Th. I. S. 107.

h) Kirchenordnung. Th. V. Tit.   Von Liberyen. S. 76.

### §. 34.

Verſchiedene gelehrten Geſellſchaften, welche von Zeit
zu Zeit durch den Eifer einzelner Liebhaber entſtanden und zuſam-
mengehalten worden, ſind doch von keiner langen Dauer geweſen.

I.) Um das Jahr 1678 war hier in Greifswald eine Teutſche Geſellſchaft, ich weis aber weder von ihrer Einrichtung noch
von ihren Arbeiten einige Nachricht zu geben, eben ſo wenig weis
ich, ob ſie mit einer anderen, die hier im Jahr 1659 geweſen ſeyn
ſoll, zuſammenhängt oder nicht.

II.) Im Jahr 1704 machten die beyden hieſigen Lehrer,
der Oberkirchenrath, J. F. Mayer und der Profeſſor der Geſchichte, J P. Palthen, den Entwurf zu einer gelehrten Societät bekannt.   Sie hatten die Abſicht alle Theile der Gelehrſamkeit
zum Gegenſtand der geſellſchaftlichen Bemühungen zu nehmen und
nicht nur die eignen Schriften der Mitglieder, ſondern auch kleine
Schriften anderer Gelehrten, welche der Vergeſſenheit entriſſen zu
werden verdienten, zu ſammeln und durch den Druck bekannt zu
machen.   Es iſt ungewis ob dieſe Societät Fortgang gehabt habe,
das aber iſt völlig gewis, daß von ihren Arbeiten nichts gedruckt
worden.

(*I. P. Palthen*) Progr. quo de inſtituenda Eruditorum
Gryphiswaldenſium Societate Litteraria Actisque illius
ſtato tempore edendis deſtinata panduntur.   Gryphisw.
1704. 4.

III) Die Teutſche Geſellſchaft zu Greifswald ward
den 2ten Sept. 1739 unter dem Vorſitz und Betrieb des neulichſt
verſtorbenen Regierungspräſidenten und Ritters, Grafen Mal-

ehe Friedrich von Putbus, welcher hier damals studierte, eröfnet und von Königl. Maytt. unterm 18 Aug. 1704 bestätiget.
Die Reinigkeit der Muttersprache, ihre Ausbesserung im Vaterlande, die Bearbeitung der Theorie der schönen Wissenschaften und
Proben einer guten Dichtkunst und Beredsamkeit waren die Gegenstände dieser Gesellschaft. Sie arbeitete in den ersten Jahren mit
vieler Thätigkeit und gewis nicht ohne Nutzen, wie ihre Schriften
beweisen. Im Jahr 1763 suchte sie ihren Wirkungskrais zu erweitern und wollte sich nicht bloß mit der teutschen Sprache und
schönen Wissenschaften, sondern auch mit den übrigen Wissenschaften beschäftigen, allein die bald darauf erfolgte Entfernung mehrerer Mitglieder von Greifswald und andere Ereignisse setzte sie ausser Thätigkeit, wiewohl sie noch nicht ganz aufgehöret hat.

1) Gesetze der Königl. Deutschen Gesellschaft in
Greifswald. 1740. 8.

2) Critische Versuche, ausgefertiget durch einige
Mitglieder der deutschen Gesellschaft in Greifswald. XV.
Stücke. Greifsw. 1741 — 46. 8.

IV.) Unter dem Namen der Collectorum historiae et juris
patrii verband sich durch den Betrieb des damaligen Professors der
Rechte, Augustin von Balthasar, und des Hofgerichtsasses-
sors, Johann Friedrich von Boltenstern, im Jahr 1742
eine Gesellschaft hiesiger Gelehrten in der Absicht mit einander,
die Geschichte, Rechte und Gewohnheiten des Landes zu bearbei-
ten und aufzuklären, auch alle dazu erforderlichen Nachrichten, Urkunden und Dokumenten aufzusuchen und zu sammeln. Diese
Gesellschaft erweckte dem Studio der Landesgeschichte und Rechte
viele Liebhaber, veranlaßte mehrere Samlungen von dahin gehörigen Schriften und Nachrichten und würde in der Folge für die Bearbeitung der Landesgeschichte und Rechte wichtig geworden seyn,
wenn sie von längerer Dauer gewesen wäre. Aus was für Ursachen sie sobald wieder zu Ende gegangen weis ich nicht, allein
nach dem Jahr 1745 finde ich weiter keine Spuhren von ihr. Die
Ausarbeitungen der Mitglieder in diesem Zeitpunkte enthalten Er-
läute-

läuterungen der Landespolizeyordnung mit vielen Beylagen bestärkt, wovon aber nichts durch den Druck bekannt gemacht worden, nur der Professor von Balthasar hat einige seiner Vorlesungen in einer damaligen hiesigen Wochenschrift einrücken lassen.

1) Maaßregeln der Pommerschen Gesellschaft, welche unter dem Namen Collectorum historiae et juris patrii zu Greifswald im Jahr 1742 errichtet und am 1 Oct. d. J. eröfnet worden. Greifswald. 1742. 4. Auch in J. H. Balthasars Greifswaldischen Wochenblatt. Stück LI. und LII. S. 405 — 413.

2) Verzeichniß der Jährlichen Bemühung der unter dem Namen Collectorum historiae — blühenden Gesellschaft, worinn — ein kurzer Extract aller bisher von den Mitgliedern dieser Gesellschaft eingereichten Abhandlungen mitgetheilet wird. Greifsw. 1745. 4.

V.) In Stralsund hatte sich ungefehr ums Jahr 1750 eine Gesellschaft verdienter Männer zur Kultur der englischen Sprache vereiniget, die aber auch seit einigen Jahren aufgehöret hat. Sie hat uns gute Uebersetzungen von verschiedenen englischen Schriftstellern geliefert und ihre gesammelte Bibliothek von englischen Schriften ist in die stralsundische Rathsbibliothek gekommen.

### §. 35.

Im Lande sind zwey Buchdruckereyen vorhanden, nemlich: 1) Die Universitätsbuchdruckerey in Greifswald, welche im Jahr 1581 angeleget worden, und 2) die Regierungs- und Rathsbuchdruckerey in Stralsund, die im Jahr 1630 zuerst eingerichtet ist. Beyde sind in vorzüglich gutem Stande und übernehmen auch eigene Verlagsarbeiten. Die leztere hat den ausschliessenden Druck aller Landespatente, des Kalenders und anderer öffentlichen Sachen; Die erstere die Censur- und Preßfreyheit, welche ihr durch den neuesten Königl. Receß a) in der Maaße beygelegt worden:,, daß zwar keine theologische Schriften zum Druck

3 2 „befor-

„befördert werden sollen, die nicht vorhero vom Decano cenſirt
„worden, alle andere Arten von Schriften aber, welche nicht die ge-
„offenbarte Religion angehen, folglich im eigentlichen Verſtande
„nicht als theologiſch anzuſehen ſind, ohne alle Cenſur gedrukt wer-
„den dürfen. Jedoch darf der akademiſche Buchdrucker nichts
„zum Druck befördern, wovon er nicht den Autor, falls ſolcher
„ein Einheimiſcher iſt, zuverläßig angeben könne. Wird von aus-
„werts etwas zum Druck eingeſchickt, ſo iſt der Buchdrucker ſchul-
„dig, ſelbſt dahin zu ſehen, daß nichts darinn enthalten ſey,
„welches gegen die Religion, gegen den Staat und verordnete
„Obrigkeit und gegen die guten Sitten anläuft oder auch auf Ver-
„unglimpfung und Beſchimpfung anderer Leute abzielet. Im er-
„ſtern Fall iſt der einheimiſche Autor ſelbſt verantwortlich, im letz-
„tern hat der Buchdrucker, der ſeine Schuldigkeit verabſäumet,
„zu erwarten, daß er nach der Strenge der Rechte werde beſtra-
„fet werden.“

Die Wanderung der Buchdruckerkunſt, ihre Ankunſt
in Pommern, Ausbreitung und gegenwärtiger Zuſtand daſelbſt. Von Jmm. Friedr. Lewezow. Erſtes
Stück. Stettin. 1777. Zweites Stück. 1779. 4.

a) §. 13. L. C. V. 121.

# Sechstes Hauptstück.
## Kirchliche Verfassung.

### §. 1.

In den katholischen Zeiten war das jetzige Schwedische Pommern und die Insel Rügen unter drey verschiedenen geistlichen Jurisdiktionen vertheilet. Der Theil zwischen der Peen und dem Ryck ward, mit dem übrigen Pommern bis an die Leba, vom Bischof Otto von Bamberg im Jahr 1128 bekehret und dem neuerrichteten pommerschen Bißthume untergeordnet; der übrige Theil, welcher die jetzigen Distrikte Barth, Grimm und Tribsees begreift, ward zwar auch diesem Bißthume beygelegt, wie ihn der Fürst Ratibor I im Jahr 1148 den Rügianern entrieß und bekehrte, wie aber der Herzog Heinrich der Löwe von Sachsen die Fürsten Bogislaf I und Casimir I im Jahr 1164 zwang, Vorpommern von ihm zur Lehn zu tragen, so legte er diesen letztern Theil dem Stifte Schwerin bey, weshalb der Bischof von Schwerin einen Archidiakonum zu Tribsees hielt. Die Insel Rügen ward im Jahr 1168 von den Dänen und Sachsen erobert und vom Bischof Absalon bekehret, der es leichtlich erhielt, daß sie dem Bißthume Roßkild zugelegt ward, und der Bischof hielt einen Probst auf Rügen. Diese verschiedenen geistlichen Jurisdiktionen verursachten nach eingeführter Reformation viele Schwierigkeit und verwickelten die Landesfürsten in viele Mishelligkeiten mit Dänemark und Mecklenburg, die sich der alten Rechte ihrer Stifter annahmen.

§. 2.

### §. 2.

Die Reformation drang früh bis nach Pommern durch. Johann Buggenhagen, damals noch Rektor an der Stadtschule zu Treptow an der Rega, und Johann Bolduan, Abt des nahe bey Treptow gelegenen Klosters Belbuk, überzeugten sich zu erst im Jahr 1520 aus Luthers Schriften und verbreiteten seine Lehren nicht nur unter den übrigen Mönchen des Klosters, sondern auch in der umliegenden Gegend, besonders unter den Bürgern von Treptow. Dieß erregte Aufmerksamkeit bey der Geistlichkeit, vorzüglich bey dem damaligen Bischofe von Camin, Erasmus Manteufel, einem großen Eiferer für die katholische Religion, welcher den sonst Luthern nicht ungeneigten Herzog Bogislav X so lange anlag, daß er das wormser Edikt gegen Luthern und seine Anhänger publicirte und die Mönche aus dem Kloster vertreiben ließ. Dieser Schritt ward der Ausbreitung der lutherischen Lehren und der Reformation sehr beförderlich. Die vertriebenen Mönche zerstreueten sich im Lande und ihre Predigten und Lehren fanden überall Beyfall. Johann Buggenhagen gieng nach Wittenberg und ward einer der würksamsten Gehülfen von Luthern und Melanthon. Johann Kurk und Christian Ketelhudt kamen nach Stralsund, wo durch ihre Bemühung die Reformation im Jahr 1525 zum Stande kam; Johann Knipstrow, welcher in der Folge der erste Generalsuperintendent im Herzogthume Wolgast ward, lehrete in Pyritz, Stargard, Stralsund und Greifswalde.

Auch hier im Lande ward die Kirchenreformation von unten auf in Gang gebracht. Die Reformatoren fanden bey den gemeinen Bürgerschaften in den Städten die mehreste Unterstützung. Sie nahmen sie bey sich auf, schützten sie gegen die Obrigkeiten, räumten ihnen die Kanzeln ein, vertrieben entweder die katholischen Geistlichen oder setzten sie doch durch ihr Betragen in solche Furcht, daß sie sich von selbst entfernten. Auf solche Art ward in den Jahren von 1523 biß 1532 die Uebung der katholischen Religion in den mehresten Städten abgestellet, da noch die Landesherrn ihr zugethan waren und bevor sie an der Reformation einigen

Theil

Theil nahmen.  Georg I, welcher ſeinem Vater Bogislav X
im Jahr 1523 in der Regierung folgte, war ſeiner altväterlichen
Religion eifrig zugethan und wenn er die Reformatoren gleich nicht
ſelbſt verfolgte, ſo geſchah' es doch durch die vornehme Geiſtlichkeit
unter ſeiner Regierung.  Sein Bruder, Barnim IX, war zwar
der Reformation geneigter, allein er hatte während ſeines Bruders
Lebzeiten zu wenig Antheil an der Regierung und durfte ſeine Geſinnungen nicht äuſſern, ſo lange Georg I lebte.  Nur erſt nach
deſſen im Jahr 1531 erfolgten Tode gewann die Sache der Reformation ein anderes Anſehen, da ſein Sohn, Philypp I, ihr
ebenfalls bald geneigt ward, beyde Herzoge ſich öffentlich für ſie
erklärten und am Ende des Jahres 1534 den Ständen auf dem
Landtage zu Treptow an der Rega die gänzliche Abſchaffung der
katholiſchen Religion antrugen.  Da die Akten dieſes merkwürdi-
gen Landtages und ſelbſt der Landtagsabſchied a) bisher nicht aus-
fündig gemacht werden können, ſo bleibt uns vieles von den damaligen Verhandlungen dunkel und zweifelhaft.  Nur ſo viel wiſſen
wir mit Gewisheit, daß die Prälaten ſich vorzüglich der intendir-
ten weltlichen Adminiſtration der geiſtlichen Güther wiederſetzten
und daß die Ritterſchaft, welche gleichfalls der Reformation nicht
günſtig war,  weil ihr dadurch viele Vortheile entzogen wurden,
ſich vom Landtage,  vor dem Schluße deſſelben,  entfernet habe,
und daß alſo die Beſchlüße wegen Abſchaffung der katholiſchen Religion, wegen Reformation der Kirche nach dem Muſter der Wit-
tenbergſchen, wegen Viſitation und Adminiſtration der Kirchengüther und wegen Einrichtung der künftigen Kirchenverfaſſung bloß
von den Herzogen und Städten genommen ſeyn müſſen.  Anfangs
war man der Meynung, den Biſchof von Camin, unter dem Namen eines Generalſuperintendenten über das ganze Herzogthum,
bey ſeiner geiſtlichen Jurisdiktion zu konſerviren und ihm in jeder
Vogtey einen Specialſuperintendenten unterzuordnen, wie aber der
Biſchof Erasmus Manteufel dieſen Antrag ausſchlug, ſo wurden drey Generalſuperintendenten zu Greifswald, Stettin und Stolp
angeordnet. Buggenhagen, welcher von Wittenberg gerufen worden, um die neue Kircheneinrichtung zu beſorgen,  entwarf eine

Kirchen

Kirchenordnung und visitirte, nach geendigtem Landtage, die Kirchen und Kirchengüther und richtete das ganze Kirchenwesen nach
dem Geist der Reformation ein. Die Klöster und andere geistlichen Stiftungen in den Städten wurden der Disposition der Städte überlassen, jedoch unter der Bedingung, daß die Einkünfte wieder zum Behuf der Hospitalien, Armen und Schulen in den Städten angewandt werden sollten b). Die Feldklöster ließen die Landesherrn in Besitz nehmen und ihre Güther und Einkünfte durch
Amtleute administriren. Die Mönche, die noch zurückgeblieben
waren, wurden versorgt, die Alten und Unbrauchbaren erhielten
einen Unterhalt auf Lebenszeit; Die Brauchbaren welche sich zur
evangelischen Religion wandten, wurden bey Kirchen und Schulen angestellet, und die Jungen nach Wittenberg zum Unterricht
auf landesherrliche Kosten geschickt, da die Landesakademie in diesem Zeitpunkte verfallen war.

Diesen Anstalten widersetzte sich der Abt zu Nienkamp öffentlich und mit vielem Eifer und Thätigkeit. Er klagte beym
Reichskammergerichte und bewürkte ein Mandat an die Herzoge,
den treptowschen Schluß wieder aufzuheben. Dieß theilte er der
zu Jarm versammelten Ritterschaft mit, welche daher, weil sie ohnehin nicht geneigt war, sich dem treptowschen Schluß zu unterwer-
fen, Anlaß nahm, eine neue Berathschlagung über die kirchlichen
Angelegenheiten von den Herzogen zu verlangen, unter dem Vorwande, daß sie zu den bisherigen Veränderungen in der Religion
und im Kirchenwesen ihre Einwilligung noch nicht gegeben hätte.
Allein die Herzoge appellirten vom kammergerichtlichen Mandat an
ein freyes Koncilium und wiesen die Ritterschaft mit ihrem Gesu-
che ab, weil es ihre eigene Schuld gewesen, daß der treptowsche
Schluß ohne ihre Theilnehmung gefaßt worden c). Die Aufnahme der Herzoge in den Schmalkaldischen Bund im Jahr 1536 gab
ihren Anordnungen im Lande mehr Nachdruck und bewürkte bald,
daß der Abt zu Nienkamp, nach getroffenem Vergleich, das Kloster
räumte und daß der Adel von fernerem Wiederspruch abstand, wodurch die Herzoge freyere Hände erhielten, das angefangene Werk

der

der Reformation durchzuſetzen und die nöthigen Einrichtungen im Kirchenweſen nach und nach zum Stande zu bringen.

a) Der Treptowſche Landtagsabſchied vom Jahr 1534 wird von allen einheimiſchen Schriftſtellern angeführet und doch iſt er bisher nirgends zu finden geweſen. Dieß verleitete den ſeel. Dähnert zu der Vermuthung (in der Vorrede zum erſten Theil ſeiner Sammlung der Landeskonſtitutionen S. VI.), daß er nie als eine Akte vorhanden geweſen und daß nur erſt eine Zeit nachher die förmlichen Abſchiede auf Landtagen hier üblich geworden ſeyn mögten. Allein der letzte Theil dieſer Vermuthung fällt weg, da wir bekanntlich ja Landtagsabſchiede ſchon von 1526 haben (S. meine Pomm. Sammlungen. Band. II. S. 71.), und daß zu Treptow ein förmlicher Abſchied abgefaßt und ausgeliefert worden, wird daraus wahrſcheinlich, daß alle damaligen Verhandlungen, die Klage des Abts zu Rienkamp, das Mandat des Kammergerichts und die Antworten der Herzoge an die Ritterſchaft und an die Städte ſich ausdrücklich auf einen Abſchied beziehen. Sollte ſich dieſer Abſchied nicht im Archiv des Reichskammergerichts finden?

b) Artikel, ſo die Städte zu Treptow übergeben. nebſt der Fürſten Antwort im Jahr 1535. In Pomm. Samml. B. II. S. 113. ff.

c) H. Barnims Reſolution an die Ritterſchaft des Herzogthums Stettin. D. D. Wollin Sontags nach Nativit. Mariae 1535. In Pomm. Samml. B. II. S. 98. ff. Von des Herzogs Philipps I Antwort an die Ritterſchaft des Herzogthums Wolgaſt findet ſich ein Auszug in *H. H. ab Engelbrecht* Specimine III. Obſervat. forenſium (Wismar et Lipſ. 1750. 4.) pag. 551.

## §. 3.

Aus der Reformation erwuchſen folgende Veränderungen in der Kirchenverfaſſung des Landes:

I.) Die Herzoge vindicirten ſich die höchſte Gewalt in Kirchen- und Geiſtlichen Sachen. In den erſten Jahren nach der Reformation übten ſie ſolche durch die drey Generalſuperintendenten auf den angeordneten Synoden, im Jahr 1563 aber wurden dazu drey Konſiſtorien zu Greifswald fürs Herzogthum Wolgaſt, zu Stettin fürs Herzogthum Stettin, zu Colberg fürs Bißthum Camin angeordnet.

II.) Das Bißthum Camin ward in ſeinem Stande beybehalten und den Biſchöfen alle Gewalt im Geiſtlichen und Weltlichen in den Stiftslanden gelaſſen, wie ſie ſie bis dahin gehabt hatten. Vom Jahr 1556 an aber wurde der biſchöfliche Stuhl immer mit Prinzen aus dem Pommerſchen Hauſe beſetzt und erſt im weſtphäliſchen Frieden völlig ſäkulariſiret.

III.) Die Johanniter Komtureyen Zachan und Wildenbruch wurden ebenfalls beybehalten und jene zum Herzogthum Wolgaſt gelegt.

IV.) Die auswertigen geiſtlichen Jurisdiktionen in dieſem Landestheile ſahe der Herzog durch die eingeführte Reformation für von ſich ſelbſt erloſchen an und ſetzte ſich in den Beſitz der damit verbunden geweſenen Rechte und Einkünfte, allein er gerieth darüber ſowohl mit Dänemark als mit Meklenburg in Mißhelligkeiten und ſahe ſich genöthiget, mit beyden einen Vergleich einzugehen.

1) Wegen des Stifts Schwerin Rechten in dem vormaligen landſeſten Theil des Fürſtenthums Rügen ſchloß der Herzog Ernſt Ludwig von Wolgaſt mit dem Herzoge Ulrich von Meklenburg, als Adminiſtrator des Stifts Schwerin, den Bützowſchen Vergleich unterm 21 Sept. 1588 a); wodurch dieſer nicht nur den Stiftszehnden in dieſen Gegenden, ſondern auch die geiſtliche Jurisdiktion, jenem gegen eine Summe von zehntauſend Gulden völlig überließ, jedoch mit Ausnahme der dem Stifte eigenthümlich zugehörigen Güther Elpen, Bisdorf, Woſen, und Spickersdorf, welche damals noch mit aller Jurisdiktion und Rechten dem Stifte verblieben und erſt vom Herzog Bogislav XIII durch den Güſtrowſchen Vergleich vom 20 Sept. 1591 b) für eine Summe von ſiebenzehntauſen Gulden eingelöſet wurden, womit die Rechte welche das Stift Schwerin ſeit 1172 in Pommern gehabt hatte, gänzlich aufhöreten.

2) We-

2) Wegen der Geistlichen Jurisdiktion und Einkünfte, welche das dänische Stift Roskild in Rügen hatte, schloßen die Herzoge Barnim IX und Philipp im Jahr 1543 den Kieler Vertrag *c*) mit dem Könige Christian III, kraft dessen sie 1) die Stiftsgüther *d*), die sie nach der Reformation eingezogen hatten, dem Stifte zurückgaben und sich nur die Landeshoheit und ihre alten Gefälle aus den Stiftsgüthern *e*) vorbehielten; 2) Ward ausgemacht, daß anstatt des Probstes, den der Bischof vormals in Rügen gehalten hatte, ein Superintendent bestellet werden sollte, dessen Bestellung und Nomination den Herzogen überlassen, die Konfirmation aber dem Bischofe von Roskild vorbehalten ward. Anfänglich sind nun wohl, vermöge dieses Vergleichs, besondere Superintendenten auf Rügen bestellet worden, nachhin aber ist diese Stelle, weil daraus vielfältige Weiterungen und Irrungen erwuchsen, mehrentheils den jederzeitigen Generalsuperintendenten mit übertragen worden, bis endlich der König von Dänemark allen diesen Rechten in den Roskildschen und Kopenhagenschen Friedensschlüßen *f*) gänzlich entsaget hat, und seitdem scheinet die Stelle eines Rügianischen Superintendenten ganz erloschen zu seyn, doch geniesset der jederzeitige Generalsuperintendent noch jetzt den Theil des Bischofsroggens und andere Einkünfte aus den Ralswykschen Güthern, welche vormals zum Unterhalt des Superintendenten angeschlagen waren.

*a*) L. C. I. 239.

*b*) L. C. I. 241.

*c*) L. C. I. 222.

*d*) Die Stiftsgüther bestanden aus dem Bischofshofe zu Ralswiek, aus Bischofsdorf, Contop, Putgarden, Nobbin, Drossewiz und einigen Hufen in Sagard. Ausserdem hatte der Bischof noch 3360 Scheffel Roggen und andere Zinsen und Einkünfte aus der Insel zu erheben. Mit diesen Güthern und Einkünften war schon damals die Familie von Barnekow vom Bischofe und Stifte belehnet, welche sie jetzt noch größtentheils besitzt.

*e*) Der Bischof von Roskild hielt zur Uebung seiner Jurisdiktion in Rügen einen Landprobst und einen Landschreiber, die auf dem Bischofshofe zu Ralswiek ihren ordentlichen Sitz hatten. Sie mu-

sten

ſten aus dem eingebohrnen rügiauiſchen Adel genommen und mit
Vorwiſſen und Einwilligung des Landesherrn beſtellet werden.  Der
Biſchof muſte auch dem Landesherrn jährlich einen gelben Gaul vereh-
ren.  Dies geſchah ebenfalls ſo oft ein neuer Landprobſt angeſtellet
ward, wogegen die Landesfürſten des Biſchofs Regalien und Gerichtsbarkeit zu vertreten ſchuldig waren.  Ueberdem hatten ſie einen Antheil an dem Biſchofsroggen und ein gewiſſes Opfergeld aus den ſtif-
tiſchen Güthern. S. Rügian. Landgebrauch. Tit. CCLV. S. 238.
ſ) L. C. I. 226. 228.

### §. 4.

Der jetzigen kirchlichen Verfaſſung nach iſt das Land in ſechs
Synoden abgetheilet, nemlich in die Greifswaldiſche, Rügiäniſche,
Wolgaſtiſche, Barthiſche, Loizſche und Grimmſche.  Die Rü-
gianiſche, welche die ganze Inſel begreift, iſt wieder in vier Präpoſituren abgetheilet, deren jede, ſo wie jede Synode in Pommern,
einen Präpoſitum hat.  Die beyden größeren Städte, Stralſund
und Greifswald, haben ihre beſonderen Miniſteria, die Prediger
in den übrigen Städten aber gehören zu den Synoden.

J. C. Dähnerts Verſuch eines Verzeichniſſes der
Kirchſpiele und Pfarren in Städten und auf dem Lande,
wie auch der in jedem eingepfarrten Oerter. S. L. C.
V. 58. ff.

### §. 5.

### I.) Die Greifswaldiſche Synode.

Der Generalſuperintendent iſt zugleich auch Präpoſitus dieſer
Synode und Pleban zu Gützkow, wo er einen Vicepleban beſtellet,
der von der Königl. Regierung beſtätiget wird.  Die Synode hat
zwölf Kirchſpiele die von eilf Paſtoren und einem Diakonus beſorget
werden, denn Kemz und Ludwigsbjrg, Weitenhagen und Wieck
ſind kombinirt.  Die Kirchſpiele ſind:

1) Busdorf, wovon die Herren von Behr das Patronat
beſitzen.  Eingepfarrte Dörfer ſind: Busdorf; Bandelin; Dar-
gelin

grün; Negentin; Müſſow; Camin; Schmolbow; Etréſow und
Zeſtelin.

2) Derſekow. Das Patronat hat die Univerſität Greifswald. Eingepfarrt ſind: Derſekow; Panſow; Klein Zaſtrow;
Hinrichshagen; Hohenmühl und Subzow.

3) Griſtow. Patron iſt der Stadtmagiſtrat zu Greifswald. Eingepfarrt ſind: Griſtow; Kalkwitz; Broock; Tremt;
Jeſer; Jager; Meſekenhagen; Kowall; Karrendorf; Fretow
und Lips.

4) Gützkow, hat auſſer dem Vicepleban noch einen Diakonum, den ebenfalls der Generalſuperintendent beſtellet. Eingepfarrt ſind: die Stadt Gützkow; Wieck; Dargezin; Bargatz;
Kunzow; Neuendorf; Brechen; Pentln; Owſtin; Upatel; Frit-
zow; Kölzin; Dambeck; Strellin und Schulzenhof vor Güß-
kow.

5) Hanshagen. Das Patronat ſtehet der Univerſität
Greifswald zu. Eingepfarrt ſind: Hanshagen; Carbow; Gla-
zerow und Reßin.

6) Kemz und Ludwigsburg. Das Patronat hat die
Univerſität Greifswald. Eingepfarrt ſind: Kemz; Kemzerhagen;
Friedrichshagen; Neuendorf; Rappenhagen und Ludwigsburg.

7) Groſſen Klefow. Patronen ſind die Herren von Behr.
Eingepfarrt ſind: Groſſen Kleſow; Kleinen Kieſow; Sanz;
Diedrichshagen und Schlagtow.

8) Lewenhagen. Das Patronat gehöret der greifswaldiſchen Univerſität. Eingepfarrt ſind? Lewenhagen; Altungnade;
Jarmshagen; Heiligengeiſthof; Boltenhagen und Krauelshorſt.

9) Neuenkirchen. Das Patronat gehöret der Univerſität Greifswald. Eingepfarrt ſind: Neuenkirchen; Wampen;
Kooß; Leiſt; Kleshof; Hannekenhagen; Petershagen; Steffens-
hagen; Wackerow und Wackerbal.

10) **Reinberg.** Patron ist der Magistrat der Stadt Greifswald. Eingepfarrt sind Reinberg; Demzow; Falkenhagen; Hennekenhagen; langen Heinrichshagen und Stahlbrode.

11) **Weitenhagen.** Das Patronat stehet der Universität zu. Eingepfarrt sind: Weitenhagen; Grubenhagen; Helmshagen; Potthagen; Güst; Klein Schönwalde; Groß Schönwalde und Koitenhagen.

12) **Wieck.** Patron ist die Universität. Eingepfarrt sind: Wieck; Ladebo und Eldena.

## §. 6.

### II.) Die Rügianische Synode.

a) **Berger Präpositur,** deren Präpositus der erste in Rügen und zugleich Pastor in der Stadt Bergen ist; Er hat das Vorrecht den jederzeitigen Generalsuperintendenten zu instituiren. Zu dieser Präpositur gehören sieben Kirchspiele, als:

1) **Bergen,** ausser dem Präpositus ist noch ein Diakonus vorhanden, die beyde von Königl. Maylt. vociret werden. Eingepfarrte sind: Stadt Bergen; Meklade; Murkeviz, Tegelhof; ein Theil von Muggliz; Groß Kubbelkow; Prisseviz; Burniz; Buscheviz; Teschenhagen; Ralswieck; Zirzeviz; Dumseviz; Klein Kubbelkow; Jarniz; Sabliz; Steder; Puliz; Kayseriz; Züliz; Plateviz; ein Theil von Maschenholz; Bresniz; Nipkenburg; Strusmannsdorf: Cluptow; Siggermow; Klein und Groß Zitteviz; Crakow; Tilzow; Möllen; Seehlen; Saßiz; Koselsdorf und Medow.

2) **Casneviz.** Patron sind die Grafen von Putbus. Eingepfarrte sind: Casneviz; Neuhof; Krakeviz; Neuenkamp; Glowiz; Gremmin; Lanskeviz; Altenkamp; Lizenhagen; Glasiz, Krimviz; Strachtiz; Dumgneviz; Tangniz; Wolzow; Ketelshagen; Güstliz; Kranseviz und Rösterhagen.

3)

3) **Lanken.** Patron ſind die Grafen von Putbus. Eingepfarrt ſind: Lanken; Garftitz; Alten- und Neuenſien; Selkin; Wibboiſe; Dolgen; Bliſchow; Putbuſſer Jagdhaus; Gravitz; Dummertevitz; Gobbin; Klein Streſow; Burtevitz; Preetz; Waldkrügerheide; Sülzitz und Bieſemitz.

4) **Das Mönchgüther Kirchspiel** beſtehet aus dem vereinigten Pfarren Hogen und Zicker. Das Patronat iſt Königlich. Eingepfarrt ſind: Groß nnd Klein Zicker; Tieſow; Jager; Lobbe; Reddevitz; Göhren; Labe; Kleinhagen; Philippshagen und Middelhagen.

5) **Pazig.** Das Patronat ſtehet Königl. Maytt. zu. Eingepfarrt ſind; Pazig; Groß- und Klein Banzelvitz; Gnitz; Wobrke; Theſenvitz; ein Theil von Ramitz; Parchtitz; Lüſſemitz; ein Theil von Mugglitz; Lipzitz; Reiſchevitz; Gademow; Volkvitz; Dramvitz und Hagen.

6) **Vilmenitz.** Das Patronat haben die Grafen von Putbus und der hieſige Prediger iſt zugleich Hofprediger zu Putbus. Eingepfarrt ſind: Vilmenitz; Putbus; Darſeband; Grebshagen; Dolgemoſt; Alt- und Neu Paſtitz; Lönnevitz; Vierkenhof; Poſewald; Nadelitz: Groß Streſow; Freetz; Kollhof; Wobbanz; Neuendorf; Groß und Klein Wrechen; Zehnmorgen; Wilm und Beuchow.

7) **Zirkow.** Das Patronat ſtehet den Grafen von Putbus zu. Eingepfarrt ſind: Zirkow; Daarz; Dalkevitz; Sillwitz; Vogelſang; Carow; Crabitz; Trips; Streu; Bulitz; Tieſow; Heidekrug; Dollan; Langenſaal; Lubkow; Kikut; Muſtitz; Tribberatz: Hagen; Schmacht; Aalbäck; Binz; Serams; Pantow; Zargelitz; Schellhorn; Viervitz; Seelevitz; Niſtlitz; Roſengarten und Tribſitz.

b) **Die Gingſter Präpoſitur** hat acht Kirchſpiele; nemlich:

1) **Gingſt.** Patron ſind Se. Königl. Maytt, den Diakonum aber vociret und nnterhält der Präpoſitus. Eingepfarrt

ſind;

ſind: Glingſt; Baggenitz; Boldevitz; Breen; Buſchevitz; Cappell; Cubitz; Dubkevitz; Gagern; Groſow; Gurtitz; Hagen; Hedwigshof; Heikt; Horſt; Juſtine; Klukſevitz; Klüs; Könitz; Kolbenhof; Koſel; Kotevitz; Lieſchow; Lüſſevitz; Malkevitz; ein Theil von Maſchenholz; Mönkevitz; Murewieck; Näds: Neuendorf; Panſevitz; Preſeke; Preſenitz; Ramitz; Rattelvitz; Schwesnevitz; Silenz, Steinhof; Teſchevitz; Varbelvitz; Silenz; Steinhof; Teſchevitz; Venz; Vickerie; Unruh; Volzevitz; Tomwall und Wüſteney.

2) Hiddenſee. Das Patronat iſt Königlich. Eingepfarrt ſind: Kloſterhof; Vitte; die Fähre; Neuendorf: Grieben; Ploghagen und das Poſthaus auf Wittow.

3) Landau. Das Patronat haben die Herren von der Oſten und von Bagevitz. Eingepfarrt ſind: Landow; Ralow; Duſſevitz; Rügenhof; Vick: Horſt und Libitz.

4) Neuenkirchen. Patron iſt Se. Königl. Maytt. Eingepfarret ſind: Neuenkirchen; Liddow; Groß und Klein Grubbenow; Laaſe; Lebbin; Reetz; Tribbevitz; Vieregge; Hagen und Reuter.

5) Rappin. Das Patronat iſt Königlich. Eingepfarrt ſind: Rappin; Teetzitz; Groß und Klein Moiſſelbritz; Teſchevitz; Helle; Schweikvitz; Varnzevitz; Groß und Klein Carzitz; Bubkevitz; Poſſlitz; Zirmoiſſel; Damban und ein Theil von Klein Banzelvitz.

6) Schaprode. Das Patronat iſt Königlich. Eingepfarrt ſind: Schaprode; Udars: Dornhof; Poggenhof; Rätelitz; Streu; De; Leſten; Dwarsdorf; Wiſche; Stolpe; Gröthagen; Roſengarten; Moor: Mühlhof und Wiel.

7) Trent. Das Patronat ſtehet Königl. Maytt. zu. Eingepfarrt ſind; Trent; Granſchevitz; Freeſen; Subzow; Ganſchevitz; Neuendorf; Lawenitz; Jabelitz; Tribkevitz; Libnitz; Saatz; Rentz; Vaſchevitz; Kukelvitz; Seſſien; Breetz und Garditz.

8)

8) **Ummanz.** Das Patronat gehöret dem Magiſtrat der Stadt Stralſund. Eingepfarrt ſind: Ummanz; Waaſe; Wuſſe; Freeſenort; Surendorf: Heydekathen; Markow; Tankow; Wokonitz; Büſchow; Vogdey und Lps.

c) Die Poſeritzer Präpoſitur hat acht Kirchſpiele, als,

1) **Poſeritz:** Das Patronat iſt Königlich. Eingepfarrt ſind: Poſeritz; Ueſelitz; Grabow; Glutzow: Ventzevitz; Wuſtitz; Goldberg: Cabelow; Siſſow; Benz, Eillichow; Groß und Klein Datzow; Prosnitz; Siggelow; Dodenburg; Groß Warkſow; Lupath; Groß Stubben und Murkevitz.

2) **Altenfähr.** Das Patronat iſt Königlich. Eingepfarrt ſind: Altenfähr; Beßien: Poppelvitz; Barnkevitz; Scharptitz; Güſtrowenhöfen und Schlavitz.

3) **Garz.** Der König iſt Patrón. Eingepfarrt ſind: Stadt Garz; Roſengarten; Groß und Klein Wendorf; Polchow; Schoritz; Kotelvitz; Silmenitz; Bartefahn: Dumſevitz; Ubechel; Preſeke; Cowall; Gützlafshagen; Heidenfeld; Vietegaſt; Kniepow; Zirkow; Coldevitz; Schwiene und Carnitz.

4) **Guſtow.** Patronen ſind die Herren von der Oſten und der Beſitzer von Guſtow. Eingepfarrt ſind: Guſtow; Drigge; Saalkow: Cransdorf; Jarkvitz; Neſebanz; Goldevitz; Klein Warkſow; Sellenthin; Grahlerhof; Grahlerfähre; Groß und Klein Bandelvitz; Wamperfähre und ein Theil von Siggelow.

5) **Rambin.** Patron iſt Se. Königl. Maytt. Eingepfarrt ſind; Rambin; Kloſter St. Jürgen; Drammendorf; Rodenkirchen; Neuendorf; Natzevitz; Negaſt; Dünkevitz; Survitz; Götemitz; Bantow; Gulevitz; Caſſelvitz; Brechen; Gurrevitz; Grabitz; Gieſendorf; Papenhacken und ein Theil von Mulitz.

6) **Samtens.** Das Patronat ſtehet dem Beſitzer von Plüggentin zu. Eingepfarrt ſind: Samtens; Plüggentin: Serow; Negas; Ein Theil von Mulitz; Dumrade; Groß und

Klein Carow; Güttin; Dreſeviz; Burkeviz; Möllen; Franken-
thal; Lüttow; Bergelaſe; Tolkemiz; Grundesdorf und Heide-
kathen.

7) **Schwantow.** Das Patronat iſt Königlich. Eingepfarrt ſind: Schwantow; Neparmiz; Renz; Melniz; Puddemin;
Radewiz; Zelten; Wulfsberg; Garlepow und Klein Stubben.

8) **Zudar.** Patron ſind die Grafen von Putbus. Eingepfarrt ſind: Zudar; Loſentiz; Groß und Klein Malzien; Pop-
pelviz; Saveniz; Zicker; Grabow; Gleviz̧en Fähre; Priz-
wald; Buſe; Hagen und Bauhof.

d) Die Jasmund = Wittowſche Präpoſitur beſtehet
aus vier Kirchſpielen. Der Senior unter dieſen vier Paſtoren
wird allemal von der Königl. Landesregierung zum Präpoſitus beſtellet. Die Diakonatſtellen zu Altenkirchen, Wieck und Sagard
werden von den Predigern ſelbſt, wenn ſie es für nöthig finden, be-
ſez̧et und unterhalten.

1) **Altenkirchen,** auf Wittow, der derzeitige Paſtor iſt
Präpoſitus dieſes Cirkels. Das Patronat ſtehet Königl. Mahtt.
zu. Eingepfarrt ſind: Altenkirchen; Banzelviz; Breege; Casneviz; Cummerow; Drewoldke; Fernlütkeviz; Gelm; Gohre;
Gudderiz; Lankensburg; Lobkeviz; Marcho; Niehof; Nobbin;
Nonneviz; Preſenz̧ke; Puttgardt; Reiderviz; Schwarbe; Züliz; Vitte; Varnkeviz und Wollin.

2) **Bobbin,** auf Jasmund. Patron iſt Graf Brahe.
Eingepfarrt ſind: Bobbin; Spiecker; Ruſchwiz; Baldereck;
Kesdorf; Bismiz; Ranz̧ow; Polkviz; Glowe; Schwendt;
Mardeviz; Blandow; Borow; Lubz̧iz; Mönkviz; Ranz̧ow;
Schabow; Salſiz; Lohm; Kriwiz; Dalmeriz; Banz̧en; Pol-
chow; Rackenberg; Wall; Qvollz̧iz; Schlaut; Kampe und
Schwerenz.

3) **Sagard,** auf Jasmund. Patron iſt Graf Brahe.
Eingepfarrt ſind: Der Flecken Sagard; Varnkeviz; Beu-
ſtrin; Bliſchow; Borrin; Borgriz; Buddenhagen; Borgwall;

wall; Capell; Clementelwitz; Crampas; Dargast; Drosevitz; Dubnitz; Falkenburg; Flege; Goldberg; Groß und Klein Volt-zitz; Gummanz: Hagen: Lanken; Litzowerfähre; Lubitz; Klein-jasmund; Marlow; Mühlenhof: Midlitz; Mönkendorf; Mu-kran; Nebberhof; Nedsitz; Neuhof; Nipmerow; Pluckow; Groß und Klein Poissow; Primoisel; Qvatzendorf; Rees; Rus-sewase; Salser; Sasnitz; Kalkbrennerey; Semper; Schalow; Seeltze; Tarchow; Stasel; Tiefegrund; Trupe; Trochendorf; Viezke; Vogelsang; Vorwerk; Warber; Weslien; Wittenfelde; Wostevitz; Wildsiede und Slone.

4) **Wieck.** Patron sind Se. Königl. Maytt. Eingepfarrt sind: Wieck; Lanken; Dranske; Starrevitz; Gramtz; Banz; Burkow; Zürkvitz; Lutkevitz: Bohlendorf; Schmantevitz; Woldenitz; Parchow; Bischofsdorf: Veiervitz; Vansenitz; Con-top; Fährhof; Malmeritz; Kreptitz; Cammin; Kuhle; Wit-towsche Fähre:

## §. 7.

III ) Die **Wolgastische Synode** hat neunzehn Pfarren, woran vierzehn Pastoren, ein Archidiakonus und ein Diakonus stehen. Kombinirt sind: Großen Bünsow und Rubkow; Hohen-dorf und Katzow; Plnnow und Murchin; Schlatkow und Qvilow. Die zur Synode gehörigen Pfarren sind:

1 ) Die Stadt **Wolgast.** Das Patronat der Präpositur stehet Königl. Maytt.; des Archidiakonats dem Magistrat der Stadt Wolgast zu.

2 ) **Bauer.** Patronen sind die Herren von Lepel auf Sekeritz und Wehrland. Eingepfarrt sind: Bauer, Wehrland und Waiblitz.

3 ) **Boltenhagen.** Patron ist der Herr General von **Wakenitz.** Eingepfarrt sind; Boltenhagen; Kühlenhagen; Lobmannshagen; Netzeband; Spiegelsdorf und ein Theil von Schalensee.

4) Großen Bünsow. Patronen sind die Freyherrn von Kirchbach. Eingepfarrt sind: Großen Bünsow; Klein Bünsow und Pamitz.

5) Rubkow. Patron ist Herr von Parsenow. Eingepfarrt sind; Rubkow; Krenzow; Zarrentin; Bugow; Wahlendow und Bömitz.

6) Cröslin. Patron ist Se. Königl. Maytt. Eingepfarrt sind: Cröslin; Voddow; Carrin; Rubenow; Freist; Grossen Ernsthof; Hollendorf; Behnken; Grünschwade; die Inseln Ruden und Greifswaldsche Die; Peenamünde und Gaatz auf der Insel Usedom.

7) Hohendorf und Katzow. Das Patronat ist Königlich; Eingepfarrt sind: Hohendorf; Zarnitz; Hohensee; Sekeritz; Zenitz; Buddenhagen; Pritzler; Katzow; Lüttendal; Negenmark und ein Theil von Schalense.

8) Lassahn. Der König ist Patron und vociret sowohl den Plebanum als Diakonum. Eingepfarrt sind: die Stadt Lassahn; Buggenhagen; Silberkuhl; Jamitzow; Klotzow; Wangelkow; Papendorf; Pulow; Warnekow; Waschow; Vorwerk und Jasdow.

9) Pinnow und Murchlin. Die Patronate stehen den Besitzern dieser beyden Güther zu. Eingepfarrt sind: Pinnow; Libnow; Johannishof; Lenschow; Murchin. Luckow?

10) Ranzien. Patron sind die Herren von Wolfradt. Eingepfarrt sind: Ranzien; Lüssow; Schmatzien; Gribow; Balitz; Jasedow, Oldenburg und Pretschow.

11) Schlatkow und Qvilow. Patron von Schlatkow sind die Herrn von Horn zu Ranzin, von Qvilow die Herren von Owstin. Eingepfarrt sind: Schlatkow; Paetschow; Qvilow; Poltzin und Vitense.

12) Wusterhusen. Das Patronat gehöret Königl. Maytt. Eingepfarrt sind; Wusterhusen; Spandowerhagen; Nonnendorf;

Latzow

Latzow; Warſin; Pritzwald; Conerow; Guſtebin; Klein Ernſt-
hof; Stevelin; Kräſelin; Lubmin; Kröpelin; Firow; Freſendorf
Etilow; Brünſow; Galekow und Loßin.

13) Zarnekow und Steinfuhrt. Von letzterem iſt Se.
Königl. Maytt. von Erſterem der Beſitzer von Wrangelsburg Patron.
Eingepfarrt ſind: Zarnekow; Carlsburg; Steinfuhrt; Gieſchenha-
gen; Brüſſow; Wrangelsburg und Mökow.

14) Züſſow. Das Patronat iſt Königlich. Eingepfarrt
ſind: Züſſow; Krebzow; Nebzin; Turow und Rabelow.

15) Zithen. Das Patronat hat der Herr von Kruſe.
Eingepfarrt ſind: Zithen; Gargelin; Menzlin; Conſages; Sal-
chow; Rämitzow; Klitſchendorf; Daugzin und Relzow.

### §. 8.

IV.) Die Barthiſche Synode beſtehet aus Dreißig
Kirchen, woran, mit dem Diakonus zu Barth, ſiebenundzwan-
zig Prediger ſtehen; indem Abtshagen mit Elmenhorſt, Arndshagen mit Pantlitz, Drechow mit Lepelow, Franzburg mit Wolfsdorf kombiniret ſind. Die Kirchſpiele dieſer Synode ſind:

1) Barth. Das Patronat der Präpoſitur ſtehet Königl.
Maytt., des Diakonats dem Magiſtrat der Stadt Barth zu.
Eingepfarrt ſind: Die Stadt Barth; Viehof; Alt und Neu Pla-
nitz; Vahrenkamp und Holzwärter Hof.

2) Abtshagen. Das Patronat iſt Königlich. Eingepfarrt ſind: Abtshagen; Glashägen; Wittenhagen; Ungnade
und Siewertshagen.

3) Elmenhorſt. Das Patronat iſt Königlich. Eingepfarrt ſind: Elmenhorſt; Kakernehl; Bockhagen; Zarrendorf
und Windebrack.

4) Arndshagen. Das Patronat haben die Beſitzer von
Schlemmin, Daſchow, Todenhagen und Wiepkenhagen gemein-

Bb 3  ſchaft-

schaftlich. Eingepfarrt sind: Arendshagen; Trinwillershagen; Tobenhagen; Neuen Lübke; Wiepkenhagen und Oldenwillershagen.

5) Pantlitz. Das Patronat stehet dem Herrn Obristlieutenant von Thun und dem Herrn von Lillienanker zu. Eingepfarrt sind: Pantlitz; Prusdorf; Daskow; Behrenshagen; Ditmannsdorf und Tempel.

6) Bobstedt. Das Patronat ist Königlich. Eingepfarrt sind: Bobstedt; Preschewitz; Fuhlendorf und Pruchten.

7. Damgarbten. Patron sind Se. Königl. Maytt. wegen Beyershagen und der Besitzer von Pütenitz, auf dessen Grunde die Kirche liegt. Eingepfarrt sind: Stadt Damgarbten; Pütenitz; Wendorf; Steinort; Beyershagen; Plummendorf und Henningsberg.

8) Drechow. Patron sind die Herren von Gadow. Eingepfarrt sind: Drechow; Catzenow; Hugelsdorf; Rönkendorf; Krakow und Weber.

9) Lepelow. Patron ist der Graf von Bohlen. Eingepfarrt sind: Lepelow; Behrenwalde; Keutenhagen; Neuhof; Weitenhagen und Jägerhof.

10) Eixen. Patron ist Herr von Bülow. Eingepfarrt sind: Eixen; Bisdorf: Spiekersdorf; Cabelsdorf; Stormsdorf Wohsen und Derschendorf.

11) Flemendorf. Das Patronat ist Königlich. Eingepfarrt sind: Flemendorf; Arbshagen; Großen Cordshagen; Zülendorf; Bartelshagen; Carnin; Friedrichsruh und Dabitzer Wiese.

12) Franzburg. Das Patronat ist Königlich. Eingepfarrt sind: die Stadt Franzburg; Neubauhof und die Dammühle.

13) **Wolfsdorf.** Das Patronat ist Königlich. Eingepfarrt sind: Wolfsdorf; Neumühl; Grenzin; Hohenbarnekow;
Buchholz und Eichholz.

14) **Kenz.** Der König ist Patron. Eingepfarrt sind:
Kenz; Rubitz; Küstrow; Dabitz; Zipke; Zatel; Redebas; Löb-
nitz; Wobbelkow; Frauendorf und Divitz.

15) **Langenhanshagen.** Das Patronat haben die Grafen von Putbus. Eingepfarrt ist bloß dieß Kirchdorf, das aber
aus drey Höfen und verschiedenen anderen Pertinenzien bestehet.

16) **Lüdershagen.** Das Patronat ist Königlich. Eingepfarrt sind: Lüdershagen; Bartelshagen; Spollershagen;
Martenshagen und Götkenhagen.

17) **Mohrdorf.** Patron ist der Herr Baron Klot ge-
nannt Trautvetter. Eingepfarrt sind: Mohrdorf; Hohendorf;
Mienpleen; Oldenpleen; Günz; Nisdorf; Batevitz; Bisdorf,
Prohmort; Werder; Vogelwiese; Huwe; Kinnbakenhagen.

18) **Nipars.** Patron ist Graf Jahnke. Eingepfarrt
sind: Nipars; Martensdorf; Muzkow; Cummerow; Wüsten-
hagen; Laffenthin; Buschenhagen; Duwendieck und Zansebur.

19) **Prerow.** Das Patronat ist Königlich. Eingepfarrt
sind: Prerow; Born; Bleck; Bliesenrad; Arenshop; Zingst;
Müggenburg; Sundische Wische; Stramminke; Die; Kirr und
Darsserort.

20) **Prohn.** Das Patronat stehet dem Magistrat der
Stadt Stralsund zu. Eingepfarrt sind; Prohn; Klein und
Groß Damitz; Kramerhof; Redingshagen; Jungfernhof;
Schmedeshagen; Preetz; Oldendorf; Sommerfeld; Muks;
Wendischlangendorf; Zarrenzin; Solkendorf und Clausdorf.

21) **Pütte.** Patron ist der Magistrat der Stadt Stralsund. Eingepfarrt sind: Pütte; Zimkendorf; Pantlitz; Crön-
vitz; Klein Korbeshagen; Grünhufe; Lüssow; Viersdorf; Lan-
gendorf; Platenberg; Born und Garbodenhagen.

22)

22) **Richtenberg.** Das Patronat iſt Königlich. Eingepfarrt ſind: Stadt Richtenberg; Dolgen; Obeliß; Steinfeld; Gersdin; Müggenhall; Miljenhagen; Wulfshagen; Lendershagen; Endigen; Papenhagen und Zandershagen.

23) **Saale.** Der König iſt Patron. Eingepfarrt ſind: Saale; Hermannshagen; Kükenshagen; Michelsdorf; Neuendorf und Schlichtmühlen.

24) **Schlemmin.** Patron iſt der Beſitzer dieſes Dorfs. Eingepfarrt ſind: Schlemmin; Eickhof und Neuenroſt.

25) **Semlow.** Patron iſt Herr von Behr. Eingepfarrt ſind: Semlow, Forkenbek; Zarnow; Ravenshorſt und Carlshof.

26) **Starkow.** Patron iſt Königl. Maytt. Eingepfarrt ſind: Starkow; Düwelsdamm; Mannſchenhagen; Alt und Neu Seehagen; Kindeshagen; Horſt; Altenhagen; Hövet; Jagdhaus und Sternhagen.

27) **Steinhagen.** Der König iſt Patron. Eingepfarrt ſind: Steinhagen; Krummenhagen; Cordshagen; Beertke; Jakobsdorf; Nienhagen; Moiſal; Pennin; Borgwall; Seemühl; Niegas und ein Theil von Endigen.

28) **Tribohm.** Patron iſt der Herr Regierungsrath von **Thun.** Eingepfarrt ſind: Tribohm; Palmſien; Plennin; Camiß und Gruel.

29) **Velgaſt.** Patron iſt Se. Königl. Maytt. Eingepfarrt ſind: Velgaſt; Bußin; Schuwenhagen und Brück.

30) **Voigdehagen.** Patron iſt der ſtralſundiſche Magiſtrat. Eingepfarrt ſind: Voigdehagen; Citterpenningshagen; Andershof; Teſchenhagen; Lübershagen; Dewin und Wendorf.

### §. 9.

V.) Die Loizische Synode hat zehn Kirchſpiele, die durch acht Prediger verſehen werden. Kombinirt ſind: Creuzmanshagen mit Lewenhagen in der greifswaldiſchen Synode, Trantow mit Saſſen, Wotenik mit Noſſendorf. Die Kirchſpiele ſind:

I )

1) **Loitz.** Patron der Präpoſitur ſind Se. Königl. Majtt. des Diakonats der Magiſtrat der Stadt Loitz. Eingepfarrt ſind: die Stadt Loitz; Bauhof; Ruſtow; Drosdow; Schwinge; Vorbeen; Schloßmühle Sandmühle und Schopenmühle.

2) **Bisdorf und Gribenow.** Patron iſt Herr von Keffenbrink. Eingepfarrt ſind: Bisdorf; Gribenow; Zetelvitz; Lüſſow; Zarnewanz; Candelin; Neuendorf; Benkenhagen; Richte und ein Theil von Prutmannshagen.

3) **Creutzmannshagen.** Patron iſt Herr von Keffenbrink. Eingepfarrt ſind: Creutzmanshagen und Willershuſen.

4) **Görmin.** Das Patronat hat die Greifswaldiſche Univerſität. Eingepfarrt ſind: Görmin; Paſſow; Groſſen Zaſtrow; Boeke; Goeslow; Gargenow und Triſſow.

5) **Gülzow.** Das Patronat iſt Königlich. Eingepfarrt ſind: Gülzow; Poggendorf; Zarniglow; Mielitz und Wüſtenhilow.

6) **Rakow.** Das Patronat iſt Königlich. Eingepfarrt ſind; Rakow; ein Theil von Bretwiſch; Boltenhagen; Grabow; Düwier; Griſchow und Dönnie.

7) **Trantow.** Das Patronat iſt Königlich. Eingepfarrt ſind: Trantow; Zarrentien; Groß und Klein Vierow und Schwingermühle.

8) **Saſſen.** Das Patronat iſt Königlich. Eingepfarrt ſind: Saſſen; Treuen; Schmietkow; Puſtow; Damerow; Rothenmühl und Wüſteney.

9) **Wotenik und Noſſendorf.** Das Patronat hat der Magiſtrat der Stadt Demmin. Eingepfarrt ſind: Wotenik; Seedorf; Randow; Noſſendorf; Toitz und Volksdorf.


## §. 10.

VI.) Die Grimmſche Synode hat dreyzehn Kirchen mit dreyzehn Predigern. Kombinirt ſind Glewitz und Mederow, Rolofshagen und Stoltenhagen. Die Kirchſpiele ſind:

1) **Grimm.** Den Prápoſitus vociret zwar Königl. Mavtt. jedoch hat die Univerſität das Recht, nur eine Perſon dazu vorzuſchlagen. Den Diakonum beruft der Magiſtrat der Stadt Grimm. Eingepfarrt ſind: die Stadt Grimm; Kkvenow; Grellenberg; Bartmannshagen; Barkow; Jeßin; Lehnihagen; Borgſtedt; Caſchow; Vietlübbe; Holthof; Pöttershagen und ein Theil vós Pruttmannshagen.

2) **Baggendorf.** Patron iſt Herr von Mevius. Eingepfarrt ſind: Kirchbaggendorf; Wendiſchbaggendorf; Zarrentin; Eickhof; Granſebieth; Brönkow; Voigtsdorf; Strelow; Oelsdorf; Leierhof; Baßien; Turow und ein Theil von Bretwiſch.

3) **Brandeshagen.** Patron iſt der Herr Obriſtlieutenant von Klinkowſtröm. Eingepfarrt ſind: Brandeshagen; Arendſee; Benkenhagen; Brinkhof; Cordshäger Mühle; Middelhagen; Milzow; Millzower Ziegeley; Neuhof; Niederhof; Schönhof und Wüſtenfelde.

4) **Develsdorf.** Patron iſt der Beſitzer dieſes Guthes. Eingepfarrt ſind: Develsdorf; ein Theil von Baſſendorf; Buchholzer Damm; der Theerofen und die Ziegeley.

5) **Glewitz und Medrow.** Das Patronat hat der Graf von Meyerfeldt. Eingepfarrt ſind: Glewitz; Zarnikow; Langenfelde; Grammendorf; Jankendorf; Medrow und Granſebieter Damm.

6) **Horſt.** Das Patronat ſtehet Königl. Mavtt. zu. Eingepfarrt ſind: Horſt; Geerdswalde; Groß und Klein Wendorf; Segebadenhau; Bremerhagen; Willerswalde; Eldenow und ein Theil von Gager.

7) **Nehringen.** Patron iſt der Graf von Meyerfeldt. Eingepfarrt ſind: Nehringen; Botsdorf; Camper; Dorow; Speckendamm; Veeskow; Stubbendorf; Robde; die Ziegeley und ein Theil von Baſſendorf.

8) **Reinkenhagen.** Patron iſt der Beſitzer von Engelswacht. Eingepfarrt ſind; Reinkenhagen; Engelswacht; Mannhagen; Wilmshagen und Hildebrandshagen.

9) **Rolofshagen.** Das Patronat ſtehet der Herrſchaft zu Rolofshagen und Qvitzien zu. Eingepfarrt ſind: Rolofshagen; Qvitzin; Müggenwolde; Schönenwolde; Hoikenhagen und Papenhagen.

10) **Stoltenhagen.** Patron iſt die Herrſchaft zu Hohenwarth. Eingepfarrt ſind: Stoltenhagen und Hohenwahrt.

11) **Triebſees.** Das Patronat iſt Königlich. Eingepfarrt ſind: Stadt Tribbſees; Amtshof; Kaſſebohm; Landsdorf; Techlin; Stremelow; Siemersdorf; Oberſchlag; Wäſchowdamm Wölſchendamm und Tribbſeeiſche Paß.

12) **Vorland.** Das Patronat ſtehet der Herrſchaft zu Qvitzin und Rolofshagen zu. Eingepfarrt ſind: Vorland; Gremersdorf; Nekentin; Pöglitz; Zettelvitz; Klein Barnekow und Splitsdorf.

## §. 11.

Das Miniſterium der Stadt Stralſund beſtehet aus neun Predigern, nemlich aus den drey Paſtoren und drey Diakonen an den drey Hauptkirchen, aus einem Archidiakonus an der St. Nikolaikirche und aus zwey Paſtoren an den Kloſterkirchen. Einer der Paſtoren an den Hauptkirchen iſt zugleich Stadtſuperintendent, der doch gewöhnlich an der St. Nicolaikirche ſtehet. Das Patronat über die Kirchen ſtehet der Stadt zu und ſie beruft alle Prediger, nur der erwählte Superintendent wird vom Landesherrn beſtätiget. Die Wahl der Paſtoren und des Archidiakonus ſtehet dem Magiſtrat allein zu, die Diakonen aber wählet die Gemeine nach dem vom Magiſtrate genehmigten Vorſchlage der Proviſoren. Das Examen, die Ordination und Inſtitution der Erwählten verrichtet der Generalſuperintendent a), welcher aber die

fe Geschäfte in Stralsund vornehmen muß. Ist er behindert, so
tritt der Stadtsuperintendent an seine Stelle. Die Stadt ist in
drey Kirchspiele, zu St. Nicolai, zu St. Marien und St. Jacobi abgetheilet und, außer den Vorstädten, sind vom umherliegen-
den platten Lande noch Parow, Heynholz, Papenhagen und die
Insel Dänholm in den Stadtkirchen eingepfarrt. Zu den Gemeinen der Klosterkirchen gehören bloß die Bewohner der Klöster.
Der Prediger an der Klosterkirche zu St. Johannis versiehet auch die
Kirchen der Klöster zu St. Annen und Brigitten und zu St. Jürgen am Strande.

*a*) Erbvertrag von 1615. Num. II. L. C II. 55.

## §. 12.

Das Ministerium in Greifswald bestehet aus dem
Stadtsuperintendenten, der zugleich Pastor an der St. Nikolaikirche und Präpositus der greifswaldschen Synode ist, aus den beyden
Pastoren an den übrigen Stadtkirchen, welche zugleich als Professoren
der Theologie bey der Universität stehen, aus einem Archidiakonus und
zwey Diakonen. Das Patronat über die Kirchen hat seit der Reformation mehrmahlen Irrungen veranlasset, indem der Landesfürst,
die Universität und der Stadtmagistrat sich dazu berechtiget hielten.
In den ältern Zeiten stand es ohne Wiederrede den Aebten des Klosters Eldena, als Erbauern und Eigenthümern der Stadt Greifswald zu, das sie sich ausdrücklich vorbehielten a), wie sie die Stadt
dem Landesherrn überliessen, und es der Universität bey ihrer Stiftung schenkten b), nur mit dem Vorbehalt, daß es ans Kloster zu-
rückfallen sollte, wenn etwa die Universität dereinst wieder eingehen
sollte. Beym Anfange der Reformation trat dieser Vorbehalt
durch den Verfall der Universität würklich ein, das Kloster aber
war noch der katholischen Religion zugethan, der Magistrat nahm
sich also der Ansetzung der evangelischen Prediger an und hielt sich
dadurch berechtiget, dieß auch in der Folge zu thun. Wie aber
die Landesherrn nachher die Reformation im ganzen Lande einführ-
ten und das Kloster Eldena an sich nahmen, sahen sie die vormaligen

ligen Rechte des Abts und alſo auch dieß Patronatrecht als ihnen
anheimgefallen an, auch die Univerſität ſuchte, nach ihrer Wieder-
herſtellung im Jahr 1539, es wieder in Uebung zu bringen.
Hieraus entſtanden viele Verwickelungen und Irrungen, welche
endlich der Herzog Philipp I. im Jahr 1553 durch einen Vergleich
f) dergeſtalt beylegte, daß der Univerſität und dem Magiſtrat die
gemeinſchaftliche Nomination zu der Stadtſuperintendentur und den
beyden Paſtoraten, dem Landesfürſten aber die Wahl zuſtehen ſollte. Den Vorſchriften dieſes Vergleichs gemäß iſt es damit bisher
immer gehalten worden, wenn ſich gleich von Zeit zu Zeit neue
Irrungen hervorgethan haben. Die Stadtſuperintendentur iſt
aber ſeit der Reformation nur dreymal von beſonderen Perſonen
bekleidet worden; gewöhnlich iſt ſie mit der Generalſuperintenden-
tur verbunden.

Dem greifswaldiſchen Miniſterio ſtehet es zu, alle Kandiba-
ten zu Predigerſtellen im Lande, die nur ausgenommen, welche
an den ſtralſundiſchen Stadtkirchen beſtellet werden, zu examiniren d).

(J. H. von Balthaſars) Verzeichniß der Paſtorum
und Profeſſorum Theologiae in Greifswald nach der Reformation. In J. C. Dähnerts Pomm. Bibliothek. Th. II. S. 163 — 181.

a) Wartislaus III Urkunde von 1449. L. C. II. 247.

b) Des Abts Diedrichs Schenkungsurkunde 1456.
L. C. II. 752.

c) L. C. II. 256.

d) K. O. Th. II. Tit. von Examinatoribus. Fürſtl.
Viſitationsreceß von 1558. — „In Betrachtung, daß
„das Examen — bey den Kirchen dieſer Stadt bleiben
„wird.“ — Philipp Julius Verordn. vom 10 Dec.
1605. L. C. V. 6.

§. 13.

### §. 13.

Der Generalſuperintendent iſt das Haupt der Geiſtlichkeit im Lande, dem, vermöge der Kirchenordnung a), das Kir-
chenregiment vom Landesherrn anvertrauet iſt. Er wird vom Landesherrn auf vorgehabten Rath und Bedenken der Landſtände in der
Maaße berufen b), daß die Landesregierung Königl. Maytt. zwey
Perſonen in Vorſchlag bringt, die Präſentation aber Landſtänden
vorher mittheilet und ihr Bedenken über die vorgeſchlagenen Perſonen erfordert, auch wohl auf der Landſtände Empfehlung noch
eine dritte Perſon dem Vorſchlage hinzuſetzet, woraus dann Königl.
Maytt. eine wählet. Der Berufene wird vom Präpoſitus zu
Bergen inſtituiret und von einem Kommiſſario der Königl. Re-
gierung in Gegenwart der Landſtände eingeführet. Auf einheimi-
ſche Theologen und auf gelahrte, friedfertige und gottesfürchtige
Männer, welche reiner Lehre und guten Wandels ſind, ſoll bey
Beſetzung dieſer Stelle vorzüglich geſehen werden c).

a) K. O. Th. II. Tit. vom Superint. S. 36.

b) Jaſenitzer Receß von 1569. Tit. Vom Superint. L. C. I. 301.
L. T. A. vom 18 März 1616. L. C. II. 597. 602. IV. 553. vom
22 Jan. 1605. L. C. I. 600, vom 7 May. 1606. L. C. 610 und
vom 21 Dec. 1679. L. C. I. 713. Regimentsform von 1663.
Num. XI. L. C. I. 372. Königl. Reſol. vom 10 Jun. 1732. L. C.
III. 64.

c) Jaſenitzer Receß von 1569. L. C. I. 301. L. T. A. vom 22 Jan.
1605. L. C. 600. und vom 18 März. 1616. L. C. II. 602.

### §. 14.

Ins Eccleſiaſticum Paſtorale. Oder vollſtändige Anleitung, wie Prediger, Kirchen- und Schulbediente in
ihrer Lehre und im Leben und Wandel, beſonders in ihrem
Amte, imgleichen Patroni und Eingepfarrte, Richter
und Sachwalde bey allen Vorfällen in Kirchen- und
Schulſachen, denen Kirchen-Geſetzen gemäß, ſich zu verhalten haben. Nach Anweiſung der Pommerſchen Kir-
chen-

chen ⸱ Ordnung und Agende. entworfen von D. Auguſtin
von Balthaſar.  1ſter Theil.  Roſtock und Greifswald. 1760. IIter Theil. 1763. fol.

Der Generalſuperintendent hat, auſſer den Pflichten, die
ihm als Präſes des Geiſtlichen Konſiſtorii obliegen und wovon im
folgenden Hauptſtücke gehandelt wird, folgende Obliegenheiten:

I.) Muß er alle zu Predigern zu beſtellende Kandidaten examiniren (doch nicht allein ſondern mit dem greifswaldiſchen Miniſterio), ordiniren und inſtituiren *a* );

II.) Hat er auf Beybehaltung der reinen Lehre nach den ſym-
boliſchen Büchern der Pommerſchen Kirche, auf die Erhaltung
des Kirchenweſens, auf der Prieſterſchaft Lehre, Leben und Wandel zu ſehen, daher die Königl. Regierung auch ſein Gutachten,
wenn Sachen, die das Kirchenweſen und den Klerum rühren, auf
landtagen oder ſonſt vorkommen, vorhero erfordert, er aber, wenn
Mängel vorfallen, denen er allein nicht abhelfen kann, der Regierung Bericht davon abzuſtatten hat *b* );

III.) Hat er für die Erhaltung der Kirchengüter zu wachen,
deshalb er zu den Aufnahmen der Kirchenrechnungen, ſowohl in den
Städten als auf dem lande, von den Patronen eingeladen werden
muß *c* );

IV.) Kirchenviſitationen zu halten.  Sie ſind entweder Allgemeine oder Beſondere.  Die Generalkirchenviſitationen werden
vom landesherrn oder von der Königl. landesregierung angeordnet und dann dazu, auſſer dem Generalſuperintendenten, einige
Perſonen aus den Regierungs ⸱ und Hofräthen ſamt den landſtänden
angeordnet.  Die Speciellen Kirchenviſitationen, welche alle drey
oder vier Jahre, oder wenn es ſonſt nöthig iſt, auf beſondere Verordnung der Königl. Regierung gehalten werden ſollen, verrichtet der
Generalſuperintendent, ein Mitglied des Königl. Hofgerichts und
ein Sekretär.  Bey ſolchen Viſitationen ſoll das leben und Wandel der Kirchen ⸱ und Schuldiener, ihr Betragen unter einander,
gegen ihre Obrigkeit, Vorgeſetzten und Eingepfarrten, ihre Be-

schwerden

schwerben; Das Leben und Wandel der Eingepfarrten; der Unterhalt der Kirchen- und Schuldiener; der Zustand der Kirchenmittel und die Beschaffenheit der Kirchen- Schul- und Hospitalgebäude untersucht werden. Ausser diesen solennen Visitationen soll sich der Generalsuperintendent unvermuthet und so oft er es nöthig hält bey den Pfarren einfinden und nach der Kirchendiener Leben und Wandel erkundigen *d* ).

1 ) General- Kirchen- Visitations- Instruktion, wie dieselbe 1652 mit Rath der Landstände beliebet, von Königl. Maytt. 1655 genehmiget und 1662 den Visitatoren zur Norm gesetzet ist. — L. C. II. 615. — 629.

2 ) *I. S. Laurentii* Diff. Paratitla ad Instructionis Visitatorum §. VIII. Gryphisw. 1693. 4.

V.) Zu Synobiren. Die Synobirungen werden gleichfalls in Generale und Speciale abgetheilet. Generalsynobirungen sollen gehalten werden, wenn sich Zweifel in der Lehre oder in den Ceremonien hervorthun. Die können nur vom Landesherrn angeordnet werden, weil aber diese Gegenstände bey den Specialsynobirungen und Visitationen in Untersuchung gezogen werden können, so hat man sie in neuern Zeiten für überflüßig geachtet und seit 1593 keine mehr angeordnet. Die Specialsynobirungen sollen jährlich oder doch ein Jahr ums andere vom Generalsuperintendenten gehalten werden. Auf denselben erkundiget er sich nach den Kenntnissen und nach dem Betragen der Prediger, hält Disputationen, ermahnet zur Reinigkeit in den Ceremonien, untersuchet den Zustand der Kirchengebäude und nimmt die Synobalrechnungen auf *e* ).

1 ) Synodologia Pomeranica, ex Actis originalibus edita a *I. F. Meyero.* Griph. 1703. 4.

2 ) J. H. von Balthasars Sammlung einiger zur Pommerschen Kirchen- Historie gehörigen Schriften. I. Theil. Greifsw. 1723. II Theil. 1725. 4.

IV.

VI.) Führet er die Oberaufſicht über die Schulen im Lande, vermöge welcher er für die Anlegung und Unterhaltung der nöthigen Schulen zu ſorgen hat, auch bey Beſtellung der Schullehrer und bey Abfaſſung der Schulordnungen zugezogen werden muß *f*).

VII.) In den erſten Zeiten nach der Reformation war dem Generalſuperintendenten, vermöge der Kirchenordnung, auch eine Art von Jurisdiktion über die Prediger eingeräumet, dieſe iſt ihm aber nachher entnommen und dem Geiſtlichen Konſiſtorio beygelegt, daher kann er jetzt nur den Ungehorſamen eine geringe Geldſtrafe zur Synodalkaſſe auflegen und entſtandene Streitigkeiten in geiſtlichen und Kirchenſachen auf eine gütliche Art beyzulegen ſuchen, in Entſtehung der Güte aber muß er ſie ans Konſiſtorium verweiſen *g*).

VIII.) Muß er der Königl. Landesregierung von den vorfallenden Mängeln in Kirchen- und Konſiſtorialſachen, die er ſelbſt nicht abhelfen kann, alle Quartal Bericht abſtatten, damit denſelben ſofort abgeholfen werden könne *h*).

*a*) K. O. Th. IV. Tit. Von Examinator. S. 46. K. A. Tit. I. Von Ordination der Priſter. Tit II. Von der Inſtitution S. I. ff. 17. 18. Herzogl. Mandat vom 10 May 1593. L. C. II. 553. Regimentsform von 1663. L. C. I. 376. — Iſt der Generalſuperintendent behindert, die Inſtitution ſelbſt zu verrichten, ſo kann er ſie dem Präpoſito oder Senior der Synode auftragen. Die Diakonen in kleinen Städten und auf Rügen inſtituiret Paſtor Loci. K. A. S. 2. 17.

*b*) K. O. Th. II. Tit. Von heil. Feyertagen. S. 22. Th. VI. Tit. Von den Diakonen. S. 86. Konſiſtor. Inſtr. Th. I. Kap. I. §. 2. 3. Kap. 2. §. 1. Mandat vom 10 May. 1593. L. C. II. 553. Verordn. vom 4 Oct. 1616. Num. IV. L. C. II. 606. Komm. Receß von 1663. Num. 1. L. C. I. 375. 378. und von 1681. L. C. I. 407. Königl. Reſol. vom 15 Oct. 1686. Num. I. L. C. V. 15. Der Königl Regierung Reſol. vom 30 März 1703. Num. XIII. u. vom 25 May 1705. L. C. II. 694. 700.

*c*) K. O. Th. VI. Tit. Von den Diakonen S. 86. 87. Tit. Von der Rechenſchaft in Dorfkirchſpielen S. 107. Der Königl. Regier. Reſolut. vom 24 May. 1695. L. C. V. 18. Königl. Reſol. vom 4 Nov. 1695. Num. V. und vom 9 Febr. 1700. L. C. II. 681. 690.

*d)* K. O. Th VI. Tit. Von der Visitation. S. 77. Tit. Von der Visitat auf den Dörfern. S. 96. Tit Von Verbesserung armer Pfarrer. S. 106. Tit. Von Executionen. S. 111. L. T. A. von 1556. L. C. I. 469, und vom 18 März. 1616. L. C. II 597. Fürstl. Resolut. vom 4 Oct. 1616. L. C. II. 606. L. T. A. vom 7 Febr. 1633. Num I. L. C. I. 661. Patent vom 8. May. 1663. L. C. II 632. Komm. Receß von 1663. L. C. I. 375. Statuta Synodalia Kap. VII. §. 3. L. C. II. 588. Komm. Receß von 1669. Num II. und von 1681. Num. I. L. C. I. 395. 405. Königl. Resolut vom 4 Nov. 1695. Num. III und vom 20 Nov. 1703. Num. VII. L. C. II. 681. 732. Patent vom 11 Jan. 1725. N. S. 191.

*e)* K. O. Th. I. Tit. Von Ceremonien. S. II. Th. III. Tit. Von Synodis S 38. L. T A. vom 22 Jan. 1605 und vom 7 März 1606. L. C. I. 599. 608. Der Königl. Reg. Resolut. vom 17 März 1691. Num 1. L C. II. 673. Königl. Resolut. vom 4 Nov. 1695. Num. 1. und vom 5 Aug. 1705. Num. IV. L. C. II. 681. 702.

*f)* K. O. Th. V. Tit. Von Schulen. S. 58. 72. L. T. A. vom 18 März 1616. L. C. II. 601. Akademischer Visitat. Receß von 1568 und vom 20 May. 1702. L. C. II. 825. 940.

*g)* K. O. Th. III. Tit. Von Konsistorien. S. 32. Tit. Von Strafen der Kirchenpersonen S. 35. Tit. Vom Superintendenten. S. 37. 39. Konsistor. Instr. Th. II. §. 17. Fürstl. Verordn. vom 13 May. 1636. Num. III. L. C. III 136.

*h)* K. O Th III Tit. Von Konsistorien. S. 32. Konsistor. Instr. Th. I. Kap. 2. §. 1. Receße Num. 4. und 2.


### §. 15.

Leges Praepositis Ecclesiarum in Ducatu Pomeraniae Reginae et Principatu Rugiae — praescriptae, repetitae *) et ad observandum publicatae. Gryphiswaldiae, 1666. 4. Von neuem abgedruckt mit der neuen Kirchenordnung im Jahr 1731. und in Landes-Konstitutionen II. 646. ff.

Die Präpositi der Synoden und Cirkel werden sämtlich vom Landesherrn berufen *a)*, nur in Ansehung der Grimmschen Präpositur

poſitur hat die Univerſität das Recht, der Königl. Landesregierung eine einzige Perſon dazu vorzuſchlagen b). Zu dieſem Amte ſollen nur geſchickte und qualificirte und beſonders ſolche Perſonen genommen werden, welche ſchon einige Jahre in Kirchen oder Schulämtern geſtanden haben. Sie werden vom Generalſuperintendenten ſelbſt dazu eingeführet und ihre Obliegenheiten, auſſer der Verwaltung ihrer Pfarrämter, beſtehen darinn, daß ſie:

I.) Die Inſpection und Direktion über die anderen Prediger ihrer Synode führen und auf deren Lehre, Leben und Wandel Acht haben c);

II.) Jährlich einmal alle in ihrer Synode belegenen Pfarren beſuchen und ſich erkundigen, ob der Kirchenordnung nachgelebet worden und wie der Unterricht der Jugend beſchaffen ſey; die Prediger Küſter und Vorſteher zur Erfüllung ihrer Pflichten ermahnen und von den etwa befundenen Mängeln dem Generalſuperintendenten Bericht abſtatten d);

III.) Einmal im Jahr, in dem der Generalſuperintendent ſelbſt nicht ſynodiren kann, die ſämtlichen Prediger und Küſter der Synode zuſammenrufen und alles das beſorgen, was die Kirchenordnung deshalb vorſchreibt, beſonders aber die Prediger examiniren und unterrichten e);

IV.) Geringſchätzige Sachen, als Zwiſtigkeiten unter Predigern, oder zwiſchen Predigern und Küſtern, oder mit Schulbedienten, u. dgl. durch gütlichen Vergleich beyzulegen bemühet ſeyn ſollen f);

V.) Die Verbrechen, die in ihren Synoden vorfallen und von der weltlichen Obrigkeit zu beſtrafen ſind, binnen zwey Monaten aber nicht beſtraft worden, dem Königl. Geiſtl. Konſiorio anzeigen g);

VI.) Dafür wachen, daß die Prediger die Kirchenrechnungen genau und richtig führen h);

VII.)

VII.) In einem Synodalbuche richtig aufzeichnen, was sowohl in ihren Amtsgeschäften als sonst von Wichtigkeit in der Synode vorgefallen ist *i*);

VIII.) Die Synodalkasse verwahren und Rechnung darüber führen *k*;

IX.) Dahin sehen, daß Kirchen - und Schulbediente keinen Eindrang ihn ihren Vorrechten leiden und daß Wittwen und Waisen in dem Genuß ihres Gnadenjahrs nicht beeinträchtiget werden *l*).

Pastor dioecesin suam dirigens — das ist, der seinem anbefohlnen Synodo wohl fürstehende Präpositus, zur Erläuterung des Kirchen - Regiments dargestellet von M. Peter Michaelis. Rostock und Parchim. 1721. 8.

*) Die Leges Präpositorum im Herzogthum Wolgast sind zuerst vom Generalsuperintendenten Jacob Runge entworfen und auf dem bartbischen Synodo im Jahr 1593 angenommen worden (S. Balthasars erste Sammlung S. 575.), sie haben aber die landesherrliche Bestätigung nicht eher als im J. 1617 erhalten, da sie der Herzog Philipp Julius publiciren und hier in Greifswald drucken ließ. Im Herzogthume Stettin aber waren sie schon im Jahr 1594 vom H. Johann Friedrich bekannt gemacht worden. Unter Schwedischer Hoheit ward bereits im Jahr 1655 eine Revision derselben nöthig gefunden (S. General - Kirchen Visitat. Instr. Num. XIX. L. C. II. 624), von der Königl. Landesregierung veranlaßet und die neuen Leges, nachdem der Generalsuperintendent und das Königl. Geistl. Konsistorium darüber vernommen worden, im Jahr 1666 publiciret und durch den Druck bekannt gemacht. Wie in den Jahren 1690 und 1691 die Uebersetzung der Kirchenordnung und Agende in die hochteutsche Sprache vorgenommen und bekannt gemacht ward, wurden auch, auf Königl. Befehl, die Leges Präpositorum mit abgedruckt, man wählte aber die Fürstlich Stettinsche und nicht die Königl. Schwedische Ausgabe dieser Gesetze, damit die neue Ausgabe der Kirchenordnung für das Brandenburgisch Pommern, das sich derselben bisher bedienet hatte, auch in der Folge brauchbar bleiben möchte (S. N. A. *Baehr* Orat. de Historia et Fatis Ordinationis Ecclesiasticae. Gryphisw 1746. 4.) Dies veranlaßte sowohl bey den Landständen als bey der Geistlichkeit

lichkeit Aufmerkſamkeit und die Königl. Regierung bewilligte im Jahr
1702. auf des Generalſuperintendenten Mayers Anhalten, einen
neuen Druck, der aber unterblieb, bis die Königl. Regierung im
Jahr 1724, auf Anhalten des Generalſuperintendenten von Krakevitz, mit Zuſtimmung der Landſtände von neuem ſich dahin erklärte, daß ſie nöthig fände: „daß die Leges Präpoſitorum, ſo
„Ao. 1666. von der Königl. Schwediſchen Regierung zum Druck
„befördert worden, anjetzo von derſelben zu renoviren, weil ſel-
„bige eigentlich von Alters her in Vorpommern attendiret und zur
Norm geſtellet worden" Reſolut. der Königl. Regier. vom 13 Nov.
1724. Num. XIV. L. C II. 708), und dieſer neue Abdruck der Prä-
poſiturgeſetze von 1666 erfolgte auch würklich mit der neuen Ausgabe der Kirchenordnung im Jahr 1731.

　　J. H. von Balthaſars Bericht von den Pommerſchen und Rügianiſchen Statutis Synodicis, legibus
Präpoſitorum und dem ſechsten Hauptſtück des Catechis-
mi. Greifswald 1758. 4.

*a*) In der Kirchenordnung Th. III. Tit. Von Synodis S. 40. 41.
　und in den Synodalſtatuten Kap. VIII. §. 1. L. C II. 589. wird die
　Vokation der Präpoſitorum zwar dem Generalſuperintendenten bey-
　gelegt, dieß iſt aber nie in Obſervanz gekommen, da alle die Pfar-
　ren, womit Präpoſituren verbunden, königliche Patronate ſind,
　bis auf die beyden Jasmundſchen.

*b*) S. Oben Hauptſt. V Abſchn II. § 17. n. VIII. S. 144.

*c*) L. I. A. von 18 März 1616. L. C. II. 604. K. O. Th. III. Tit.
　Von Synodis S. 41. Kommißions Receß von 1663. L C. I. 376.
　Synodalſtatut. Kap. VIII. §. I. L. C. II. 589. Leges Präpoſit. §.
　I — IV. L. C. II. 646.

*d*) S. Kirch. Viſitat. Inſtr. Num. XXIV. L. C. II. 628. Leges
　Präpoſit. §. XV.

*e*) Synodalſtatut Kap. VIII. §. 9. Leges Präpoſitor. §. V. VI.
　VII.

*f*) Konſiſtor. Inſtr. Th II. §. 17. 18. Th. III. Kap. I. §. 2. 17.
　Synodalſtatut Kap. VIII. §. 2.

*g*) K. O. Th. III. Tit. Von Eheſachen. S. 42. Konſiſtor. Inſtr.
　Th. I. Kap. 2. §. 3.

*h*) Leges Präpoſitor §. XV.

*i*) Daſelbſt. §. XIV.

*k*) Synodalſtatuten. Kap. VIII. §. 3. 4. 5.

*l*) Leges Präpoſit. §. VIII. X.

　　　　　　　　　§. 16.

### §. 16.

Statuta Synodalia für die Pfarrherrn und Kirchenbiener in Pommern. Auf dem Synodo zu Greifenhagen gestellet 1574, von J. K. Maytt. in Schweden für die Vorpommerschen Lande confirmiret und publiciret 1666 *). Greifswald. 1666. 4. Von neuem abgedruckt in der neuen Ausgabe der Kirchenordnung 1731 und in den Landes-Constitutionen. II. 577 — 561.

Die Berufung der Prediger stehet den Patronen jeder Pfarre zu. Zu Pfarrdiensten sollen nur gottesfürchtige, gelehrte, ehrliche Männer genommen werden, welche der Lehre aus Gottes Wort mächtig und geschikt sind, recht zu lehren, ein gottseeliges Leben führen und der Gemeine ein Vorbild seyn können. Niemand darf sich des Predigtamts unbefugter Weise anmassen oder ohne rechtmäßige Vokation in dasselbe eindrängen a). Bey Besetzung der Pfarrämter ist zu beobachten:

I.) Daß der Patron bey Zeiten und vor völligem Ablauf des Gnadenjahrs auf die Besetzung der erledigten Pfarrstelle bedacht sey b);

II.) Daß er vor der Wahl eine öffentliche Vorbitte in der erledigten Kirche, einige Sonntage nach einander, veranstalte; daß er

III.) Dafür sorge, daß von den Kandidaten eine Probepredigt vor der Gemeine gehalten und, nach gehaltener Predigt, die Gemeine vernommen werde, ob sie wieder die Lehre, Gaben, Leben und Wandel derselben etwas zu erinnern habe c): Bey Königlichen Pfarren halten die Kandidaten die Probepredigten vor der Königl. Regierung und die Gemeinen werden ihrentwegen nicht vernommen, doch wohl auf ihren Vorstellungen in besonderen Fällen Rücksicht genommen;

IV.) Hat die Gemeine gegen die Kandidaten nichts mit Fug und Bestand einzuwenden, so wählet der Patron, giebt dem Erwählten

wählten die Vollmacht und präſentiret ihn dem Generalſuperintendenten zum Examen *d*), bey Königl. Patronatspfarren aber müſſen
die Kandidaten examiniret ſeyn, bevor ſie Königl. Maytt. zu einer
Pfarrſtelle vorgeſchlagen werden können *e*); worauf

V.) Der Generalſuperintendent den Kandidaten dem greifswaldiſchen Miniſterio zum Examen ſiſtiret und, nach befundener
Tüchtigkeit ordiniret, über beydes ſein Zeugniß ausſtellet und ſich
mit dem Patron über die würkliche Einführung in die Pfarre
vereinbahret *f*);

VI.) Die vorzunehmende Inſtitution wird der Gemeine zuvor
bekannt gemacht, vom Generalſuperintendenten, oder, wenn er
behindert iſt, vom Präpoſito der Synode, nach Vorſchrift der
Kirchenordnung und Agende, vollzogen und der neue Prediger darauf in die Pfarrwohnung eingewieſen *g*).

VII.) Berufene Prediger, die anderwerts bereits im Kir-
chenamte geſtanden, ſollen bey der neuen Stelle nicht angenommen werden, bevor ſie Zeugniſſe von ihrem vorhergehenden Leben
und Wandel beygebracht haben *h*), wenn aber bekannte und ver-
diente Theologen von andern Orten berufen werden, ſoll der Generalſuperintendent ihnen die Kirchenordnung und Agende vorlegen
und ſie angeloben, dieſen Landesgeſetzen zu folgen und keine Neuerungen darinn zu machen *i*); ſo wie alle Prediger, beym Eintritt
ins Amt, die Befolgung derſelben und dem Generalſuperintendenten Gehorſam angeloben müſſen *k*);

VIII.) Alten, ſchwachen und kranken Predigern ſollen die
Benachbarten aus der Synode in ihren Amtsverrichtungen zu Hülfe kommen, oder es werden ihnen Subſtituten geſetzet, welchen die
künftige Nachfolge im Amte verſichert iſt *l*);

IX.) Kein Prediger darf eignen Gefallens ſeine Pfarre ver-
laſſen oder von einer zur andern rücken *m*);

X.)

X.) Die Konservation der Wittwen oder Töchter der Verstorbenen Prediger bey den Pfarren ist zwar von jeher in Pommern
üblich, doch nie von unbedingter Nothwendigkeit gewesen, sondern
hängt von den jedesmaligen Umständen ab und der Generalsuperintendent hat dafür zu sorgen, daß dadurch keine untüchtige Personen zu den Pfarren befordert werden *n*).

*) Die Synodalstatuten sind mit den Präpositurgesetzen zu gleicher
 Zeit unter Schwedischer Hoheit verbessert worden. Ihre Geschichte findet sich in dem im vorigen §. angeführten Bericht des Generalsuperintendenten von Balthasar.

*n*) K. O. Th. II. Tit. Vom Predigtamt. S. 12 Th. IV. Tit. Von
 Vokation S. 52. 53. K. A. Tit. II. Wie man Pfarrherrn einsetzen soll. S. 17. Synodal Statuten. Kap. IV.

*b*) Kommiß. Receß von 1681. Num. I. L. C. I. 406. Abschiede des
 H. K. Tribunals vom 23 Aug. 1738 und vom 9 Jul. 1753. in
 von Balthasars Iure Pastor. I. 670. Not. 660. Wenn das Gnadenjahr verflossen ist und der Patron in Zeit von sechs Wochen,
 nachdem er von der Königl. Regierung erinnert worden, nicht zur
 Wahl schreitet, so ist er für dasmal seines Rechtes verlustig, und
 es finden sich Beyspiele, da in solchem Falle die Königl. Regierung oder das Königl. Konsistorium, bewandten Umständen nach,
 die Wahl vorgenommen. S. von Balthasar a. a. O. 669.
 Not. 658.

*c*) Abschiede des Königl. Konsistorii vom 24 Jan. 1756 und vom 21
 May. 1749 in von Balthasars I. P. II. Beylagen CCLXIII. und
 CCLXIV. S. 774. ff. *H. H. ab Engelbrecht* Consultat. Ictorum Gryphisw. (Stralf. et Gryphisw. 1741. fol.) R. IX. n. 4!
 p. 38.

*d*) Der Königl. Reg. Resolut. vom 13 Nov. 1724. Num. I. L. C,
 II. 707.

*e*) Königl. Resolution vom 15 Oct. 1786. Num. II. L. C. V. 16,
 vom 16 Oct. 1695 und vom 5 Aug. 1705. Num. VI. L. C. II.
 679. und 702.

*f*) Acta. Synodor. Gryphisw. 1541,1544,1556 in von Balthasars
 1sten Samml. S. 8,24,140. K. O. Th. IV. Tit. Von Examinatoribus. S. 46. K. A. Tit. II. Wie man Pfarrherrn einsetzen
 soll. S. 17. Komm. Receß 1663. L. C. I. 376.

*g*) K. O. Th. III. Tit. Von der Forma Institut. S. 53. K. A.
 Tit. II. Wie man Pfarrherrn einsetzen soll. S. 17.

*p*)

*h*) K. O. Th. III. Tit.  Vom Predigtamt. S. 13. K. A. Tit. II.
*i*) K. O. Th. IV. Tit.  Von der Ordination. S. 51.
*k*) K. O. Th. III. Tit.  Vom Superintendenten. S. 37.
*l*) K. O. Th. III. Tit.  Von Synodis S. 40.  Synodal-Statuten.
  Kap. VI. §. 5.  Königl. Reſcript vom 31 März, 1729. L. C. II.
  715.
*m*) K. O. Th. IV. Tit.  Von ordentl. Vokation. S. 52.
*n*) Synodal Bedenken der Pommerſchen Theologen vom 24 Aug.
  1572. Tit. IX. Num. III. L. C. II. 548.  Komm. Receß 1663. L.
  C. I. 376.  Königl. Reſol. vom 4 Nov. 1695. Num. XVI, vom
  20 Nov. 1703. Num. XV und vom 13 Nov. 1724. Num. XIII. L.
  C. II. 683, 708, 734.

### §. 17.

1) *Franciſci Stypmanni* Tractatus de Salariis Cle-
ricorum.  Gryph. 1650.  Kilon. 1687. 8.

2) *A. de Balthaſar* Diſſ. de Libris ſeu Matriculis
Eccleſiaſticis ſimulque de Salariis et Accidentiis Clerico-
rum.  Gryphisw. 1747. 4.  Edit. II. 1748. 4.

Den Predigern iſt in der Kirchenordnung eine ehrliche
und löbliche Verſorgung verſprochen, die ihnen, wenn es erforderlich und der Kirchenkaſten es vermag, mit Vorwiſſen des
Patrons, wohl verbeſſert *a*), aber von Eingepfarrten nicht geſchmälert werden ſoll *b*).  Die Einkünfte der Prediger ſind bey allen
Pfarren nicht gleich und übereinſtimmend; ſondern werden für jede
Pfarre in den Matrikeln beſtimmt.  Sie beſtehen theils in firirten
Hebungen und Emolumenten, theils in Accidentien.  Die firirten Hebungen beſtehen:

I.) In den Pfarräckern und Wieſen.  Sie ſind nicht bey
allen Pfarren gleich, ſondern in Anſehung ihrer Beträchtlichkeit
ſehr von einander verſchieden und den Predigern zu ihrem beſſern
Unterhalte beygelegt, deshalb ſie auch keinen Steuern und Kontributionen unterworfen ſind *c*).  Doch ſollen ſie den Ackerbau nicht
übermäßig treiben, damit ſie dadurch an ihren Amtsgeſchäften nicht
behindert oder vom Studiren abgezogen werden *d*).

II.) In den Salarien, die sie entweder und gewöhnlicher Weise aus Kircheneinkünften erhalten, oder, wenn die Kirchen dazu aus Armuth nicht vermögend sind, auf eine andere Art für sie zusammengebracht werden müssen.

III.) In dem sogenannten Vierzeitenpfennig, welcher alle Quartal von jeder Person über zwölf Jahren zusammengebracht werden muß. Es wird damit nicht überall im Lande übereinstimmend, sondern nach dem hergebrachten Gebrauche jeden Orts gehalten. In den Städten ist er fast ganz abgekommen, und wo er noch gegeben wird, wie in Greifswald, da kommt er dem Kirchenkasten zu gut. Auf dem platten Lande wird er überall erhoben, an einigen Orten zum Besten der Kirche, an den mehresten aber für den Prediger. Der Betrag ist auch nicht überall gleich, an einigen Orten werden 2, an Andern 4, auch wohl 8 Schillinge gegeben, nach Bestimmung der Kirchenmatrikeln *e*).

A. von Balthasar Von dem Ursprung des in Pommern und andern Orten üblichen Vierten-Zeiten-Pfennings. Im Greifswaldischen Wochenblatt. Stück. XXXVI. Art. I. S. 281 — 285.

IV.) In dem Klingebeutelgeld, als wovon die Prediger an einigen Orten, nach Bestimmung der Matrikel, den dritten Theil erhalten.

V.) In den Kornzehnden, welche auf Rügen und auch an einigen Orten in Pommern, oder, wo sie nicht gegeben werden, an deren statt das Meßkorn gegeben werden. Dieß Meßkorn darf nicht von der schlechtesten Sorte gegeben werden, aber die Prediger sollen auch friedlich seyn, wenn es so gegeben wird, wie der Eigner es zur Mühle, zum Kaufmann und in die Königl. Magazine schickt. Es soll richtig gemessen werden, ob aber gehäufte Maaße oder Uebermaaße geliefert werden müsse, beruhet auf jeden Orts Herkommen, auch muß der Prediger es an manchen Orten selbst abhohlen lassen. Es wird auch von gelegten Bauerhöfen, von neu besezten wüsten Feldern und von neu gerodeten Feldern ge-

geben

geben f). In Rügen werden auch die ſogenannten Schmalz-oder vielmehr Schmalzehnden, gewöhnlich nur von Lämmern und Gänſen, in einigen Kirchſpielen doch auch von Füllen und Kälbern, an die Prediger gegeben g).

VI.) Statt des Meßkorns von jedem Schäfer einen Hammel, wo es nach den Matrikeln hergebracht iſt.

VII.) An Pröven oder Präbenden erhalten die Prediger von Höfen und Kathen, nach eines jeden Orts Herkommen oder Beſtimmung in den Matrikeln, einige Mettwürſte, Schinken, geräucherte Schweinsköpfe, geräuchertes Fleiſch, Eier, Brod, Butter, Saaaßkäſe, Heringe, Fiſche und Flachs, oder ſtatt deſſen das Prövengeld h).

VIII.) Stehet den Predigern frey, ſo viel Vieh zu halten und auf die gemeine Weide zu ſchicken, als ſie von ihrem Einſchnitt durchwintern können und eine beſtimmte Anzahl Häupter frey vor dem gemeinen Hirten zu treiben. An einigen Orten erhalten ſie auch wohl etwas Heu zur Ausfutterung ihres Viehes i) und in Gegenden, wo Hölzungen ſind, haben ſie freye Maſtgerechtigkeit für einige Schweine k).

a) K. O. Th. II. Vom Predigtamt. S. 14. Th VI. Tit. Von Ausrichtung und Beſoldung. S. 82. Der Königl. Reg. Reſcript vom 28. März 1736. Num. IV. L. C. II. 720.

b) Konſiſtor. Inſtr. Th. II. §. 5. Komm. Receß 1663. L. C. I. 378. Konſtitution wie es mit — Prieſterbebungen zu halten vom 13. Dec. 1669. L. C. II 648 ff. Mandat vom 8 Dec. 1692. Num. X. L. C. II. 564. Königl. Reſolut. vom 5. Aug. 1705. Num. VII. L. C. II. 702.

c) Komm. Receß 1681. Num. VI. L. C. I. 411. Inſtruktion für die Hufen-Luſtration vom 12. Apr. 1681. Num. XX. L. C. III. 1090. Königl. Reſolut. vom 5. Aug. 1705. Num. VII. L. C. II. 702.

d) K. O. Th. VI Tit. Von Ausrichtung. S. 83. Tit. Von Viſitation auf den Dörfern. S. 101. G. K. Viſit. Inſtr. Num. IX. L. C. II. 622.

e) K. O. Th. VI. Vom Schatzkaſten. S. 81. Tit. Von Viſitation auf den Dörfern. S. 99. Der Königl. Reg. Reſolutionen vom 24. Jul. 1673. Num. III. und vom 4. May 1696. Num. IX. L. C. II. 657. 686.

f) K.

*f*) K. D. Th. VI. Tit. Von Visit. auf den Dörfern. S. 98. 99. L. L. A. vom 8 Märj. 1608. L. C. II. 595. Konsistor. Instr. Th. II. §. 5. u. Receß Num. 15. G. Kirch. Visit. Instr. Num. XVI. L. C. II. 624. Konstitution von — Priester-Hebungen Num. V. u. VIII. L. C. II. 652. 655. Der Königl. Reg. Resol. vom 27. Oct. 1683. Num. II, III. u. V. L. C. II. 670. Königl. Resol. vom 20. Nov. 1703. Num. IV. L. C. II. 730. Der Königl. Reg. Rescr. vom 26. Sept. 1725. und Deklaration desselben vom 21. Jan. 1726. L. C. II. 711. 712. Der Königl. Reg. Resol. vom 1. Märj 1743. L. C. II. 724.

*g*) Der Königl. Reg. Resolutionen vom 24. Jul. 1673. Num. I. und vom 27. Jan. 1675. Num. II. L. C. II. 656. 665.

*h*) K. D. Th. VI. Tit. Von Visitat. auf den Dörfern S. 99. G. Kirch. Visitat. Instr. Num. XVI. Königl. Resolut. vom 4 Nov. 1695. Num. VIII. L. C. II. 682.

*i*) K. D. a. a. O. S. 102.

*k*) Renovirte Heide- und Mastordnung vom 22 May 1709. Tit. VIII. §. 7. L. C. III. 967.

## §. 18.

Die unfixirten Einkünfte der Prediger beſtehen in den Accidentien oder Stolgebühren, welche ihnen für die besonderen Amtsverrichtungen, als fürs Proklamiren, Kopuliren, Taufen, Vorbitten, Danksagungen, Begräbnissen, an Beichtpfennig und Opfergeld u. dgl. m. gegeben werden, die in den Matrikeln, nach jeden Orts Gewohnheit, mehrentheils bestimmt werden.

## §. 19.

Wegen des Unterhalts der alten und schwachen Predigern zugeordneten Substituten ist überhaupt nichts Bestimmtes festgesezet, sondern es beruhet auf jedesmalige Umstände in den einzelnen Fällen *a*). Suchet ein Prediger selbst beynm Patronen um einen Substituten an und schlägt einen Kandidaten dazu vor, so wird es ihnen gewöhnlich überlassen, wie sie sich mit einander vergleichen wollen, nur daß der Patron dafür zu wachen hat, daß dem Substituto so viel ausgemacht werde, wovon er ein ehrliches Auskommen haben könne; Wird dem Prediger aber vom Patron, von Amtswegen,

ein

ein Substitut gesetzet, so wird gemeiniglich dem alten Prediger Ein-
drittel der ordentlichen Einkünfte und Zweydrittel der Accidentien
gelassen und das Uebrige von beyden dem Substituten beygelegt und
für seine Wohnung gesorget.

a) K. O. Th. III. Tit. Von Synodis. S. 40. Th. VI. Tit. Von Hospitalien. S. 95. Tit. Von alten Predigern. S. 109.

### §. 20.

Den nachgelaßenen Wittwen und Kindern der verstorbenen
Prediger stehet, außer dem Deservito, das ist, die vollen Hebungen des Quartals, in welchem der Prediger verstorben ist *), ein
ganzes Gnadenjahr zu, in welchem sie alle Hebungen und Accidentien zu genießen haben, die übrigen Prediger der Synode oder
des Ministerii aber alle Amtsverrichtungen unentgeldlich zu verrichten haben a). Veranlassen aber Umstände, daß die Pfarre
bey geendigtem Gnadenjahr noch nicht wieder besetzt worden und
die benachbarten Prediger müssen die Amtsarbeiten übers Jahr
hinaus verrichten, so gebühren ihnen die Accidentien, wenn sie sie
nicht freiwillig der Wittwe lassen wollen b). Außer dem Gnaden-
jahre genießet noch die Wittwe auf Lebenszeit, oder so lange sie
Predigerwittwe bleibt: 1) eine freye Wohnung, welche in den
Städten die Kirche, auf dem Lande die Eingepfarrten bauen, unterhalten und bessern müssen c); 2) An einigen Orten einige Morgen Acker und Wiesen, oder einige Fuder Heu aus der Gemeine d); 3) Einen Theil von sämtlichen firirten Hebungen des Prie-
sters, der zwar nicht gesetzlich bestimmt ist, nach der pommerschen
Praxi aber gewöhnlich den achten Theil beträgt e); 4) Wird aus
den Mitteln jeder Königlichen Patronatspfarre jährlich ein Reichsthaler an den Generalsuperintendenten zur Vertheilung unter armen
Predigerwittwen abgegeben f).

Das Gnadenjahr genießen auch der greifswaldischen Professoren Wittwen und unversorgten Kinder g), nach dessen Ablauf
aber erhalten sie von der Universität nichts weiter als jährlich einige

Fa-

Faben Holz und einige Fuder Torf. Doch haben die Profeſſoren
ſelbſt eine doppelte Wittwenkaſſe aus eigenthümlichen Zuſchüſſen errichtet; An der erſten, der von Königl. Maytt. einige geringe Zuflüſſe zugewandt ſind, nehmen ſämtliche ordentliche Profeſſoren aus
allen vier Fakultäten Theil, an der zweyten participiren nur die
Lehrer der Philoſophiſchen Fakultät.

Auch das Greifswaldiſche Miniſterium hat eine Kaſſe für ſeine Wittwen aus eignen Mitteln und Zuſchüſſen errichtet, die von
der Königl. Regierung beſtätigt iſt h).

*) Dieß gilt eigentlich nur vom Deſervit der ſtädtiſchen Prediger,
auf dem platten Lande aber leidet es wegen der Natur mancher Einkünfte und wegen deren verſchiedenen Perceptionszeiten mehrere Ab-
änderungen, worauf bey Berechnung des Deſervits und Gnadenjahrs Rückſicht genommen werden muß, als: 1) Stirbt der Prediger um oder nach Johannis, ſo genieſſen die Erben den völligen
Einſchnitt an Winter- und Sommerkorn als Deſervit, und den
zweyten darauf folgenden Einſchnitt als Gnadenjahr; 2) Stirbt
er kurz vor Weyhnachten, ſo müſſen die Erben für ein Viertel; 3)
Stirbt er vor Oſtern, auf ein halbes, und 4) vor Johannis auf
Dreyviertel an dem bevorſtehenden Einſchnitt und fixen Hebungen,
welche auf Michaelis fällig ſind, participiren, das Uebrige wird
aufs Gnadenjahr gerechnet. 5) Stirbt der Prediger endlich nach
Oſtern, da die Sommerſaat noch nicht beſtellet iſt, ſo wird dieſe
nicht zum Deſervit, ſondern völlig zum Gnadenjahr gerechnet. S.
von Balthaſars Jus Paſtorale. I. 551. Not. 551. II. 600.

a) K. O. Th. III. Tit. Von Synodis. S. 39. Th. VI. Tit. Von —
Predigerwittwen. S. 109. Synodal Bedenken der Pommerſchen
Theologen vom 24 Aug. 1572. Tit. IX. L. C. II. 546. Synodal
Statuten. Kap. VI. §. 1. 2. 3. Herzogl. Verordnung vom 26
März 1621. Num. X. L. C. II, 611.

b) Michaelis Paſtor &c. Buch. III. Kap. III. §. 3. S. 182.

c) K. O. Th. VI. Tit. Von — Predigerwittwen. S. 109. G. Kirch.
Viſitat. Inſtr. §. XVIII. 1. 2.

d) Daſelbſt §. XVIII. 4.　　　e) Daſelbſt §. XVIII. 3. 6.

f) Dekret der Königl. Regierung vom 12 Apr. 1747. in v. Balthaſar
Tract. de Libris Ecclef p. 148. not. 144.

g) Viſitat. Receß vom 11 May 1775. §. 50. L. C. V. 130.

h) Sta-

*b*) Statuta von Anlegung und Erhaltung einer Caſſa für die Greifswaldiſchen Prediger Wittwen — mit beygefügter Confirmation der
K. H. Regierung. Greifswald 1730, 4.

## §. 21.

Die Küſter werden vom Pfarrherrn und Proviſoren, jedoch
mit Vorwiſſen der Patronen und mit Einwilligung des Generalſuperintendenten, nachdem ſie von dieſem tentiret worden, angenommen *a*). Auſſer den Dienſten, welche ſie der Kirche und den
Pfarrherrn zu leiſten haben, müſſen ſie auch Schule halten. Da
ihre Einkünfte mehrentheils nur ſehr geringe ſind ſo wird ihnen erlaubt nebenher ein anſtändiges Gewerbe oder Handtwerk zu treiben,
das doch dem ſtädtiſchen Bürger nicht zum Nachtheil gereichen ſoll,
deshalb ſie keine Geſellen halten dürfen.

Leges pro Cuſtodibus. Herausgegeben von D. A.
J. von Krakevitz. Greifswald 1732. 12. und mit
Anmerkungen in Michaelis Paſtor. &c. Buch. III. Kap. II.
Num. II. S. 145 — 165. Sie ſind zuerſt vom Gene-
ralſuperintendenten Runge 1593 entworfen und in den
Synoden eingeführet worden.

*a*) K. O. Th. IV. Tit Von Küſtern S. 56. Synodal Statuten:
Kap IV §. 5. Präpoſitur Geſetze. Num. V Der Königl. Reg:
Reſolutionen vom 14 Dec. 1703. Num. V. und vom 1 Märt 1743.
Num. XIII. L. C. II. 695. 724.

## §. 22.

Alle Prediger und Kirchendiener genieſſen für ihre Perſonen
und Güther, vermöge der Kirchenordnung, die völlige Immunität und Freyheit von allen weltlichen und bürgerlichen
Laſten und Bürden, ſind auch keinem weltlichen Gerichtszwange unterworfen, ſondern haben ihr Forum Privilegiatum vor dem
Königl. Geiſtl. Konſiſtorio. Gleiche Immunität genieſſen auch
die Kirchen, Pfarr- Wittwen- und Küſterwohnungen, Schulen,
. Wai-

Waiſenhäuſer, Hoſpitalien und andere geiſtliche Stiftungen a).
Die Kirchenäcker aber ſind nicht frey, wie die Pfarräcker, ſondern
der Kontribution unterworfen b)

a) K. O. Th. II. Tit. Vom Predigtamt, S. 13 14. Th. III. Tit.
Von Strafen der Kirchen Perſonen. S. 34 35. Th. VI. Tit. Von
Freyheit und Immunität der Kirchendiener. S. 110. Synodal.
Statuten. Kap. V. Konſiſtor. Inſtr. Th. II. § 12. ff. Des K.
Konſiſtorii gemeiner Beſcheid vom 15 Jun. 1747. L. C. II. 725.
L. C. A. vom 18 März 1616. L. C. II. 604.

b) Inſtr. für die Hufen Luſtration. §. XX. L. C. III. 1090.


## §. 23.

Ueber das **Eigenthum** der **Kirchen** ſollen richtige Verzeichniſſe vorhanden ſeyn, und die Patronen, Prediger und Vorſteher haben für die Erhaltung dieſes Eigenthums auch dafür
zu wachen, daß das ihnen Entzogene wieder herbey geſchaffet
werde a). Einnahmen und Ausgaben der Kirchenmittel beſorgen
die Proviſoren und führen auch in den Städten die Rechnungen
darüber, auf dem Lande aber führen die Prediger die Kirchenrechnungen b). Die Kirchenrechnungen ſollen jährlich aufgenommen
werden, (auf dem Lande geſchiehet es doch mehrentheils, der Koſten wegen, nur alle drey oder vier Jahre,) und zwar in den
Städten, in Gegenwart des Patronen, des Generalſuperintendenten, einiger Mitglieder des Raths und der Bürgerſchaft, und der
Paſtoren; auf dem Lande aber, in Gegenwart des Patronen, deſſen Stelle bey Königl. Patronatspfarren der Amtshauptmann vertritt, des Predigers und einiger Eingepfarrten c). Die Kirchen-
kapitalien dürfen von Predigern und Vorſtehern nicht ohne ſichere
und hinlängliche Hypothek, noch ohne Vorwiſſen und Einwilligung
der Patronen verliehen oder aufgekündiget und eingezogen werden d).
Die Kirchen haben für ihre Kapitalien das Perpetuum Executoriale e); Sie ſind, vermöge des jüngſten Reichsabſchiedes, auch
hier im Lande von allem Indult befreyet f) und genieſſen bey Kon-
kurſen der Priorität in der Erſten Klaſſe g). In den Städten
flies-

flieſſen die Kirchenmittel in zwey beſondere Kaſten, die auch unter
beſonderer Adminiſtration ſtehen, doch ſoll im Nothfall der eine
Kaſten den andern unterſtützen. Aus dem einen werden alle Salarien der Kirchenbedienten, aus dem andern die nöthigen Bauten
und Reparationen der Kirchen und Kirchengebäude beſtritten h).

*a*) K. O. Th. II. Tit. Vom Predigtamt. S. 13. Th. VI. Tit. Von
Viſitation auf den Dörfern. S. 97. Synodal Statuten. Kap. VII.
§. 1. 2.

*b*) K. O. Th. IV. Tit. Wie man die Prediger einſetzen ſoll. S. 54.
Th. VI. Tit. Von Kirchen Vorſtehern. S. 103. Synodal Statuten. Kap. VII. §. 4. General Kirchen Viſitat. Inſtr. Num. V.

*c*) K. O. Th. IV. Tit. Wie man Prediger einſetzen ſoll. S. 54. Th.
VI. Tit. Von den Diaconen des Schatzkaſtens. S. 86. Tit. Von
den Diaconen des Armenkaſtens. S. 93. Königl. Reſol. vom 4
Nov. 1695. Num. V. und vom 9 Febr. 1700. L. C. II. 681. 689.
Der Königl. Reg. Verordnung vom 8 May 1767. L. C. V. 46.

*d*) K. O. Th. VI. Tit. Von Rechenſchaft in den Dorfkirchſpielen. S.
108. Der Königl. Reg. Reglement vom 4 Jan. 1736. Num. XI.
L. C. II. 719.

*e*) Der Königl. Kommiſſarien Erklärung vom 12 Jun. 1665. Num.
VI. L. C. II. 640. Der Königl. Reg. Reſolut. vom 15 Jun. 1665.
L. C. II. 642. Perpetuum Executoriale für Kirchen und PiaCorpo-
ra im Lande vom 20 Jun. 1665. L. C. II. 643 ff. Revidirte Konſtitution wie es mit Kirchen-Schulden zu halten ſey vom 13
Dec. 1669. L. C. II. 648. ff. Erneuertes Perpetuum Executoriale
vom 25 Apr. 1729. L. C. II. 713. ff. N. G. 236.

*f*) Der Königl. Kommiſſarien Erklärung vom 12 Jun. 1665. Num.
VI. L. C. II. 640. 642.

*g*) Mandata vom 30 Aug. 1595. L. C. II. 592, und vom 9 Jan.
1596. L. C. III. 256. G. K. B. Inſtr. Num XIII. L. C. II. 623.
Konſtitution von Kirchen-Schulden. Num. I. L. C. II. 650. Claſ-
ſificatio Creditorum von 1673. L. C. III. 273. ff.

*h*) K. O. Th. VI. Tit. Vom Schatzkaſten. S. 81. Tit. Von der Ausrichtung. S. 82. 85. Tit. Von Diaconen. S. 86. Tit. Von Einigkeit beyder Kaſten. S. 94.

### §. 24.

Zur Adminiſtration der Kirchenmittel, Beſorgung und Berechnung aller Einnahmen und Ausgaben, wie auch der Bauten
und Reparationen der Kirchen und aller den Kirchen zuſtehenden

Gebäude und Häuser werden Kirchenvorsteher oder Provisoren angestellet. Es sollen dazu nur redliche, fromme und verständige Männer angenommen werden. In den Städten, wo mehrentheils zwey auch wohl mehrere Personen dazu bestellet werden, unter welchen die würkliche Administration jährlich abwechselt, werden sie mehrentheils vom Magistrate aus der Bürgerschaft gewählet, doch muß an einigen Orten, wie z. B. zu Wolgast und Barth, auch der Präpositus zugezogen werden. Auf dem Lande werden sie vom Prediger mit Vorwissen und Einwilligung des Patrons erwählet.

a) K. O. Th. II. Tit. Von Begräbnissen. S. 28. Th. V. Tit. Von Schulen. S. 59. Th. VI. Tit. Von Kirchenvorstehern. S. 102. K. A. Tit. II. Wie man Pfarrherrn einsetzen soll. S. 25. Synodal Statuten. Kap. VIII. §. 2. 4. 6. 7. G. K. Visitat. Instr. Num. V. L. C. II. 620. 632.

## §. 25.

*E. C. von Essen* Diss. de Onere Structurae aedium sacrarum atque parochialium in Pomerania praecipue Suethica. Gryphisw. 1745. 4. Von neuem abgedruckt in *A. de Balthasar* Tract. de Libris Ecclesiasticis p. 297. sequ.

Die Erbauung einer neuen Kirche, wenn sie nothwendig wird, liegt hier im Lande dem Patron ob; wegert er sich dessen, so verliehrt er das Patronatsrecht, ist er dazu aber nicht vermögend, so werden ihm wohl Kollekten dazu im Lande zu sammeln von der Königl. Landesregierung bewilliget. Eine andere Bewandniß aber hat es mit den Reparationen der Kirchen. In den Städten müssen die Kirchen sie aus eignen Mitteln bestreiten a), doch scheinet es, daß auch Eingepfarrte der städtischen Pfarren, in Fällen, da die Kirchenmittel nicht zureichen wollen, zur Beyhülfe verbunden sind, wenigstens besagen es die Matrikeln der Kirchen zu Loitz und Lassahn ausdrücklich b) und die Observanz ist dem auch nicht entgegen. — Auf dem Lande müssen die Kirchenreparationen

nen zwar auch aus Kirchenmitteln bestritten werden, wenn die aber
nicht zureichen, können Pfarrherr und Vorsteher, mit Vorwissen
der Patronen und Obrigkeiten und nach genommener Abrede mit
der Gemeine, einen Kirchenschoß dazu ausschreiben und von den
Eingepfarrten einfordern. Hat die Kirche oder Pfarre selbst keine
Hölzungen, so ist der Patron schuldig, etwas Holz dazu zu geben, die Quantität aber ist nirgends bestimmt, doch wird an manchen Orten herkommentlich der dritte Theil gegeben c).

In den Städten werden die Prediger- Wittwen- Küster-
und andere Kirchenhäuser ebenfalls aus Kirchenmitteln, auf dem
Lande in Pommern aber von den Eingepfarrten gebauet und unterhalten d), in soferne nemlich die Reparationen durch einen Zu-
fall, Gewalt oder Länge der Zeit und Alters halben nothwendig
werden, allein andere laufende Reparationen an Dach und Fach,
Thüren, Fenstern und Schlössern sollen, nach einer neuern Verordnung der Königl. Landesregierung, von den Predigern selbst be-
schaffet, so wie das Stroh zu den Dächern aus dem eigenen Einschnitt der Pfarre geliefert werden, und damit dieß alles desto würk-
samer beobachtet werde, sollen die Amtshauptleute bey den Insti-
tutionen in Königl. Patronatspfarren ein Inventarium über die
Pfarrgebäude aufnehmen und den neuen Prediger erinnern, daß
er die Zimmer im baulichen Wesen erhalte, damit er sie dereinst so
gut verlassen könne als er sie empfangen e).

Auf Rügen müssen die Prediger die Pfarrzimmer selbst bauen
und unterhalten, wofür sie die Schmalzehnden genießen und ihren Wittwen und Erben von den Nachfolgern im Amte eine billige
Vergütung durch die Erbgelder zu statten kommt, weshalb auch
der Amtshauptmann bey jedesmaliger Aufnahme der Kirchenrechnungen bey Königl. Pfarren die Pfarrzimmer nachzusehen und das
Nöthige anzuordnen hat f).

Die Kosten, Spann- und Handdienste, welche dergleichen
Bauten und Reparationen erfordern, werden durch die Eingepfarrten nach Maaßgabe der Kirchenhufen oder Quantität des von

einem

einem Jeden zu gebenden Meßkorns, nach eines jeden Orts hergebrachten Gewohnheit, durch den Kirchspielsschoß zusammengebracht, nachdem sie sich auf einem vom Prediger, mit Vorwissen des
Patrons, angestellten Kirchspielstande darüber vnreinbahret
haben g).

a) K. O. Th VI. Tit. Von der Ausrichtung und Besoldung. S. 85.

b) In der Matrikel der Loitzer Kirche von 1653. heißt es Tit. XLI.
„Wann die Kirche zu bauen, so schaffet die Kirche die Materialien
„an Holz, Steine und Kalk und stattet auch das Arbeitslohn ab;
„die dazu behusigen Fuhren aber werden von sämmtlichen Einge-
„pfarrten dieser gestalt verrichtet, daß die Stadt und deren Ein-
„wohner zwey Theile, andere Eingepfarrte aber ein drittel Theil
„über sich nehmen.“ — Und in der Matrikel der Lassahnschen
Kirche von 1689. Num. XXII: „Der Kirch-hurm und die Kirche
„wird zwar von den Kirchen Intraden in baulichem Wesen erhal-
„ten, wenn aber dieselben nicht zureichen, oder sonsten grosse und
„schwere Bauten zu verrichten seyn, wird ein Kirchspielschoß an-
„gesetzet.“ — S. von Essen de Onere structurae. §. XVII. Not.
36. p. 314.

c) K. O. Th. VI. Tit. Von Kirchenvorstehern auf den Dörfern. S.
104 Tit. Von Visitat. auf den Dörfern. S. 100. G. K. Visitat. Instr. §. XVII.

d) K. O. Th. VI. Von Visitat. auf den Dörfern. S. 99. G. K.
Visitat. Instr. § XVII.

e) Der Königl. Reg. Rescr. vom 7 Sept. 1724. L. C. V. 32. Der
Königl. Reg. Verordnung wegen Konservation der Pfarrgebäude
vom 9 Nov. 1775. L. C. V. 51. nebst den Bescheiden darüber vom
28 Nov. 1776, vom 11 Sept. und vom 17 Nov. 1777. L. C. V.
55. 56.

f) K. O. Th. VI. Tit. Von Visitat. auf den Dörfern. S. 100. G.
K. Visitat. Instr §. XVII. XVIII. Komm. Receß 1663. L. C. I.
377. Der Königl. Regier. Resolution von 14 Febr. und Verordn.
vom 2 Nov. 1674 auch Deklaration vom 27 Jan. 1675. L. C. II.
657. 658. 663. Der Königl Regier. Rescript vom 7 Sept. 1724.
L. C. V. 32. Der Königl. Regier. Dekret vom 5 Nov. 1727. L.
C. V. 32 und Verordnung vom 2 Jun. 1766. L. C. V. 45. Rescr. vom 30 Jan. 1767. L. C. V. 46.

g) K. O Th. II. Tit. Von Begräbnissen. S. 28. Th VI. Tit. Von
Visitat. auf den Dörfern. S. 100. Tit. Von Vorstehern auf den
Dörfern. S. 104. 105.

§. 26.

## §. 26.

Die Kirchenmatrikeln ſind als ein allgemeines Inventarium der Kirche ſowohl als der Pfarre anzuſehen, worinn alles was
die Kirche und Pfarre angehet, als das Kirchenlehn oder Patronat
mit den zum Kirchſpiel geſchlagenen Dörfern und Höfen; alle Hebungen und Eigenthum des Gotteshäuſes mit allen Gerechtigkeiten und Herrlichkeiten an Aeckern, Wuhrten, Wieſen, Gärten,
Hölzungen, Häuſern, Kathen, Renten, Baarſchaften, Silber,
Klocken, Büchern, Mobilien und Utenſilien, an Beneficien, Te-
ſtamenten, Gefällen und andern Einkünften, alles Eigenthum der
Pfarre und Hebungen des Pfarrherrn, Küſters und anderer Kirchendiener an Gelde, Zehnden, Meßkorn, Vierzeitengeld, Pröven und Accidentien, das Eigenthum und die Hebungen der Ho-
ſpitallen und anderer geiſtlichen Stiftungen aufs genaueſte beſchrie-
ben und verzeichnet werden ſoll a). Sie ſollen überall als das Fundament der anzuſtellenden Kirchenviſitationen angeſehen, wo ſie noch
nicht vorhanden ſind, angefertiget b) und von der Königl. Landesregierung beſtätiget werden c). Weder Patronen noch Prediger und
Eingepfarrte ſollen ſich ermächtiget halten, von ſolchen beſtätigten
Matrikeln abzuweichen oder Streitigkeiten darüber zu erregen, ſondern ſie ſich zur Norm und Richtſchnur durchaus dienen laſſen d),
deshalb auch das Königl. Geiſtliche Konſiſtorium angewieſen iſt,
nach ihnen zu ſprechen e).

a) K. O. Th. VI. Tit. Von Anrichtung des Inventarii. S. 81. Tit.
Von Viſit. auf den Dörfern. S. 97. G. K. Viſitat. Inſtr. Num. V.
L. C. II. 619. 630.

b) G. K. Viſitat. Inſtr. Num. V. Königl. Regier. Reſolut. vom 17.
Sept. 1691. Num. III. L. C. II. 673.

c) Der Königl. Regier. Reſolut. vom 29 Nov. 1693. Num I. L. C.
II. 678,

d) Königl. Reſolut. vom 4 Nov. 1695. Num. VIII. L. C II. 682.
Patent vom 12 Jan. 1702. L. C. II. 691. Königl. Reſol. vom 5.
Aug. 1705. Num. VII, L. C. II. 702. Königl. Verordnung vom
20 Nov. 1703. Num. V. L. C. II. 730.

e) Konſiſtor. Inſtr. Ch. II. §. 5.

### §. 27.

Durch die Landesverfaßung und Landesgrundgeseße ist festge-
seßet, daß keine andere Religion als die Evangelischlutherische,
nach den Grundsäßen der unveränderten augsburgschen Konfession
und nach den in den symbolischen Büchern a) der Pommerschen
Kirche enthaltenen Lehren, im Lande geduldet, keine andere als ihr
zugethane Personen zu Aemtern und Diensten zugelaßen oder als
Bürger im Lande angenommen und allen Irrthümern, Sekten,
Keßereyen und Schwärmereien gewehret werden soll b). Bey
diesen Staatsgrundsäßen, bey der strengern Denkungsart unsrer
Kirche, die sich ganz nach dem Muster der alten Wittembergschen
gemodelt hatte, bey den verschiedenen Meynungen und Lehrsäßen,
welche in der Evangelischen Kirche selbst von Carlstadianern, Zwing-
lianern, Oecolampabianern, Sacramentirern, Osiandristen, Fla-
cianern, Syncretisten, Chiliasten und Pietisten von Zeit zu Zeit
auf die Bahn gebracht und auch im Vaterlande verbreitet wurden,
konnte es an theologischen Kämpfen nicht fehlen und unsre Theologen musten um desto mehr aufgemuntert werden, allen wahren oder
vermeinten Keßereyen muthig in den Weg zu treten und die sorgfältigsten Bemühungen und Wachsamkeit anzuwenden, ihnen gleich
anfangs auf die Spur zu kommen, je mehr sie durch immer erneuerte und vermehrte Staatsgeseße in ihrem Eifer unterstüßet wurden
und je weniger tolerante Grundsäße bekannt waren. Bey dieser
Aufmerksamkeit auf die Vorgänge in der eignen Kirche und den
darinn vorgehenden Streitigkeiten ließen sie doch auch nicht die
Katholiken aus den Augen, sondern waren vielmehr auf ihre Schrit-
te, besonders der Jesuiten höchst aufmerksam, um zu verhüten, daß sie ihre Lehrsäße und Meynungen nicht von neuem im Lande verbreiten mögten, welches um so nothwendiger gewesen zu seyn
scheinet, als es am Ende des sechszehnten und Anfange des sieben-
zehnten Jahrhunderts herrschende Mode in Pommern, vorzüglich
doch in Hinterpommern war, die Kinder in den Jesuiterschulen
in Polen, Preußen und sogar in den österreichischen Provinzen,
des vermeinten vorzüglicheren Unterrichts wegen, erziehen zu laßen,
ungeachtet der vielfältigen und wiederhohlten Verbote, welche sich
dar-

darüber in unſern Landtagsabſchieden aus dieſem Zeitpunkte finden.
Am weiteſten aber giengen unſre Theologen offenbahr in ihrem Eifer für die Reinigkeit der Lehre gegen ihre nächſten Brüder, die
Reformirten c), und wer ſich im Lande nur im geringſten verdäch-
tig machte, ihren Meinungen geneigt zu ſeyn, wurde der Ketzerey
beſchuldiget, und verfolgt.  Dieſer Eifer wieder die Reformirten
ſcheint ſeit dem Anfange des vorigen Jahrhunderts noch ſtärker an-
geflammt worden zu ſeyn, wie ihre Lehrmeynungen am Biſchöflich
Caminſchen Hofe angenehm wurden und wie das Brandenburgſche
Haus zur Reformirten Religion übertrat, woraus man für die
Pommerſche Kirche in der Folge nichts Gutes ahndete, da es uns
dieſe Zeit ſchon immer wahrſcheinlicher ward, daß die dieſem Hauſe verſchriebene Succeſſion in Pommern nun gewis und bald zur
Würklichkeit kommen würde.  Daher die groſſe Unruhe unſrer
Theologen über die weitere Ausbreitung der Reformirten, daher
ihre vielen Streitigkeiten mit ihnen, daher ihre Thätigkeit und Ge-
ſchäftigkeit, ſolche Maaßregeln zu nehmen, wodurch es ihnen der-
einſt, bey veränderten Umſtänden, unmöglich gemacht würde,
ſich im Lande feſtzuſetzen und auszubreiten.  Solchergeſtalt kämpf-
ten unſre Theologen, mehrentheils unterm Schutz der Landesherrn und Begünſtigung der Landſtände, von der Reformation an
bis tief ins gegenwärtige Jahrhundert hinein d) mit unveränderli-
chen Grundſätzen für die Beybehaltung des einmal angenommenen
Lehrſyſtems und ahndeten jede auch noch ſo geringe Abweichung von
demſelben mit ſtrengem Ernſte.  Nur nach einem Zeitraume von
mehr als zwey Jahrhunderten haben gründlichere und ausgebreite-
tere Kenntniſſe mit menſchenfreundlicher Denkungsart verbunden,
beſonders aber das Beyſpiel toleranter Geſinnungen an unſerm
Groſſen Guſtaf, ein milderes Benehmen gegen Andersdenkende
hervorbringen und bewürken können, daß wir andere Glaubensge-
noſſen, ungeachtet obige Staatsgeſetze eigentlich noch nicht aufgehoben ſind, als Staatsbürger unter uns dulden und ſie ihren Got-
tesdienſt nach ihrer Ueberzeugung abwarten laſſen, ohne ſcheel dazu zu ſehen.

Die

Die Zahl der Reformirten ist nicht so groß im Lande, daß sie einen eignen Prediger unterhalten könnten, daher kommt aus den benachbarten Landen jährlich einmal ein Prediger zur Kommunion-haltung hieher, dem dazu in Stralsund eine Kapelle in der St. Johanniskirche eingeräumet wird. Die Römischkatholischen aber sind, besonders in Stralsund wegen der vielen Ausländer unter der Besatzung, in grösserer Anzahl vorhanden und darum ist ihnen im Jahr 1775, auf ausdrücklichem Königl. Befehl, von der Landesregierung verstattet worden, ein Bethaus mit einer Schule in Stralsund einzurichten und einen Priester mit einem Gehülfen und den zur Bestreitung der Seelsorge nöthigen Unterbedienten, unter folgenden Bedingungen *e*) und unter dem Namen einer Mission, zu unterhalten.

I.) Soll die Mission, so lange sie sich in den vorgeschriebenen Schranken hält, als eine Beständige angesehen werden, lediglich unter dem Schutz der Königl. Regierung stehen und ihre Glieder in allen zur Mission und ihren Amtsgeschäften gehörigen Vorkommenheiten nur unter der Jurisdiktion der Königl. Regierung und übriger Königl. Gerichte stehen und denselben davon Rechenschaft zu geben schuldig seyn, dagegen aber sollen sie, in Ansehung der anzukaufenden Immobilien und in allen bürgerlichen, zur Mission und deren Betrieb nicht gehörigen Angelegenheiten, die Jurisdiktion der städtischen Gerichte zu erkennen und deren Statuten sich zu konformiren haben *f*), übrigens aber die Glieder der Mission sich für ihre Personen der Exemtion von allen öffentlichen Lasten, gleich andern Geistlichen, zu erfreuen haben *g*).

II.) Ist ihr ein Begräbnißort für ihre Glaubensgenossen, ausserhalb der Stadt, angewiesen worden, worüber sie allein zu disponiren hat.

III.) Sollen die Priester, gleich andern Römischkatholischen Einwohnern, befugt seyn, ein Haus eigenthümlich zu besitzen.

IV.) Die Kinder, deren beyde Eltern der Römischkatholischen Religion zugethan sind, sollen in solcher Religion getauft, unterrichtet und erzogen werden können.

V) Wenn

V.) Wenn die Eltern verſchiedener Religion ſind, und es iſt zwiſchen den Brautleuten vor der Ehe nicht verabredet, daß die Kinder beyderley Geſchlechts in der proteſtantiſchen Religion erzogen werden ſollen, ſo folgen in Anſehung der Religion die Söhne dem Vater, die Töchter der Mutter.

VI.) Wenn beyde Brautleute der Römiſchkatholiſchen Religion zugethan ſowohl als wenn ſie verſchiedener Religion ſind, kann zwar der katholiſche Geiſtliche die Kopulation verrichten, jedoch kann auch ſolche, wenn der proteſtantiſche Theil es begehret, von dem proteſtantiſchen Geiſtlichen geſchehen, dem ſonſt die Kopulation zugekommen wäre, und ſtehet im leztern Fall dem römiſchkatholiſchen Geiſtlichen frey, an einem der nächſtfolgenden Tage das nach ſeiner Religion zur Gültigkeit der Ehe erforderliche Ritual hinzuzuthun.    In allen Fällen aber müſſen die Brautleute ſowohl in der proteſtantiſchen Kirche, zu deren Sprengel ſie gehören, als auch in der katholiſchen Gemeine vorher dreymal gekündiget ſeyn, und darf der katholiſche Geiſtliche die Trauung nicht eher verrichten, bevor er einen Trauſchein des Magiſtrats oder Obrigkeit, worunter die Brautleute gehören, nebſt einem Atteſt des Predigers der Gemeine, daß die geſetzmäßige Kündigung geſchehen ſey, erhalten hat.

VII.) Bey allen Heyrathsfällen, Kindtaufen, Begräbniſſen und ſonſtigen kirchlichen Verrichtungen, wenn gleich der katholiſche Prieſter die gottesdienſtliche Handlung übt, genieſſet dennoch der proteſtantiſche Prediger des Kirchenſprengels die gewöhnlichen Gebühren und Opfer, ſo wie der proteſtantiſchen Kirche und Schule das ihrige entrichtet werden muß, und darf der katholiſche Geiſtliche die gottesdienſtliche Handlung nicht eher vornehmen, bevor die geſchehene Abtragung der Gebühren beſcheiniget iſt.

Uebrigens werden die zur Mißion hergeſchickten katholiſchen Prieſter vom Fürſtbiſchof von Hildesheim, als apoſtoliſchen Vikar in Ober- und Niederſachſen auch dem Norden bevollmächtiget, und müſſen ſeine Vollmachten der Königl. Regierung vorlegen *h*).

*a*) *I. H. de Balthasar* Obfervationes hiftorico theologicae de Libris Normalibus Ecclefiae Pomeranicae. Gryphisw. Pars I. 1750. P. II. 1751. P. III. 1752. P. IV et V. 1755. P. VI. 1759. P. VII. 1760. 4.

*b*) L. T. A vom 8 Aug. 1546. in von Balthafars Jure Paft. II, Beyl. VII. 614, von 1556. L. C. I. 468, vom 1 Febr. 1560. L C. I. 475. Mollinfche Erbeinigung vom 15 May und Jafenitzer Erbeinigung vom 25 Jul. 1599. L. C. I 261. 308. Statuta Synodica von 1574. §. 1. 2. im Anhange bey der Kirchenordnung von 1731. L. T. A vom 27 May. 1585 Num. 1. L C. I. 558. Fürftl. Mandat vom 10 May 1593 L C. II. 550. L T. A. vom 5 Dec. 1603. L. C. IV 549, vom 7 May. 1606. L. C. I. 607, vom 8 März 1608 in von Balthafars Jur. Paft II Beyl. XIV. 618 Landes Privilegien von 1622 u. ff. L. C. I. 454. Reglementsform von 1634. und von 1663. Tit. I. XI. L. C. I. 339. 361. 372. Komm. Receß 1663. Num. I. L. C. I. 374. u. v. a. m.

*c*) In jetzigen Zeiten dürfte es kaum glaublich scheinen, daß man den Eifer wieder die Reformirten so weit getrieben habe, so gar in Kirchen wieder sie zu beten, und doch heißts in unserm vormaligen Kirchengebete: „Steure den höchstverderblichen Ketzereyen der Papisten, „Photinianer, Calviniften und ihres gleichen mehr —". Wer Luft hat, sich mit der Denkungsart unsrer Theologen von den Reformirten bekannt zu machen, der lese:

Zeben chriftliche in Gottes Wort und andern wichtigen Motiven gegründete Ursachen, warum die Lutherischen Prediger, in den Vorpommerschen Gemeinen, mit gutem reinem Gewissen nicht verstatten können, daß Leute, der Calvinischen verdampten Religion im Leben kundbar und hartneckigt zugethan, mit denen in unsern Kirchen durchaus gebräuchlichen Solennitäten, nach ihrem Tode, bey ihnen beftettiget und begraben werden. Durch Bartholdum Krakevitzen. Greifswald. 1636. 4.

*d*) *I. H. de Balthafar* Diff. de Zelo Pomeranorum adverfus Reformatos. Gryphisw 1722. 4 In dieser Differtation werden die Streitigkeiten der Pommerschen Kirche mit der Reformirten und die gegen sie im Lande genommenen Maaßregeln erzählet, beleuchtet und gutgeheissen. Da auf dem derzeitigen Landtage zu Stralfund darüber berathschlaget ward, die Reformirten im Lande aufzunehmen und die Ritterschaft dieses eifrig wünschte, die Städte aber wiedersprachen, wie die Sache denn auch würklich unterblieb, so ward die

die Austheilung und Vertheidigung dieſer Diſputation anfänglich
verboten, nach einigen Monaten aber doch nachgegeben.

*e*) Der Königl. Reg. Dekrete vom 6 Nov. 1775 und vom 13 März
1776. L. C. V. 50. 51. Der Königl. Reg. Reſol. vom 19 Jul.
1779, und vom 16 May. 1781. L. C. V. 885. 887. Des Stralſundiſchen Magiſtrats beſtätigte Vereinbahrung zwiſchen der ſtädtiſchen Kammer und den katholiſchen Geiſtlichen vom 27 May. 1785.
L. C. V. 889.

*f*) Beſcheid der Königl. Regierung vom 10 Aug. 1779. L. C,
V. 886.

*g*) Des Stralſundiſchen Magiſtrats Beſcheid vom 26 Febr. 1781.
L. C. V. 887.

*h*) Das Kenſtitutorium für den erſten in Stralſund angeſetzten katholiſchen Prieſter lautet folgendermaaßen:

*Fridericus Wilhelmus, Dei et Apoſtolicae Sedis gratia Epi-
ſcopus Hildeſienſis, Coadjutor Paderbornenſis, S. R. J. Princeps, per Septentrionem et utramque Saxoniam, Vicarius Apo-
ſtolicus etc. etc.*

Notum teſtatumque facimus, quod, poſtquam nobis legitime intimatum fuit, quod Supremum Regium Regimen Sue-
co - Pomeranicum vi conceſſionum gratioſiſſime datarum die
6ta Nov. 1775 et poſt eodem tenore gratioſiſſime confirmata-
rum die 13tia Martii 1776. benigniſſime indulſerit, ut pro
cura paſtorali Romano - Catholicorum in urbe primaria, Stralſund appellata, et toto Ducatu Pomeranico Succorum degen-
tium, duo Presbyteri Romano - Catholici commorationem ſta-
bilem Stralſundae habere et functiones paſtorales ſive in urbe
ſive in toto Ducatu obire, et in domo privata aut Oratorio
Stralſundae Religionem ſuam - Romano - Catholicam cum Sub-
officialibus neceſſariis libere exercere poſſint: et Nobis propter inſignem in Sacris revelatis Scripturis explanandis et theo-
logicis ſcientiis notitiam, propter Apoſtolicum animarum ze-
lum, diſcretum, benignum, liberum et ſuavem, ſine aculeis,
propter converſationem in Domino aedificantem, mores Sa-
cro Muneri convenientes et vitam exemplarem Digniſſimus Nobis viſus fuerit, Venerabilis in Chriſto Sacerdos, *Aegidius de
Chene*, ſecundum plenam facultatem a SS. Patre, Papa *Pio*
VI. Nobis benigne conceſſam, ad preces Sanctae Congrega-
tionis de propaganda fide, delegimus, conſtituimus et nomi-

navi-

navimus praedictum Venerabilem *Aegidium de Chene*, ut qua Paftor Primarius Romano - Catholicus functiones Sacras, Ecclefiafticas, Paftorales digne et congruenter obire et gratiofisfimis conceffionibus in omnibus, quae officii fui fuerint, fe cum Socio Collaboratore caeterisque omnibus, curae fuae fubiectis, omnino conformare fatagat: quibus rite obfervatis tam S. R. Majeftatis Sueciae quam Supremi Regii Regiminis Sueco-Pomeranici, prout confidimus, gratia, protectione et favore ulteriore, uti et Noftro digniorem fe faciet, et omnibus illis favoribus et beneficiis, quae Sacra congregatio de propaganda fide impertiri dignata fuit et, prout confidimus, deinceps benigne impertietur, etiam plene perfruetur. In quorum fidem has manu propria fubfcriptas Sigillo Noftro muniri juffimus. Hildefii die 16ta Jan. Anno 1781.

*Fridericus Wilhelmus*, Epifcopus et Princeps, qua Vicarius Apoftolicus. mpr. (L. S.)

## §. 28.

Zum Geiftlichen Staat gehören, auffer der Univerfität zu Greifswald, deren Verfaffung im vorhergehenden Hauptftück befchrieben ift, auch die beyden Adelichen Fräuleinsklöfter zu Bergen und zu Barth.

1.) Das jetzige Fräuleinskloster zu Bergen ift schon im Jahr 1193 vom rügianifchen Fürften Jaromar I. für Nonnen Cifterrcienferordens geftiftet und reichlich dotiret worden a). Nach der Reformation ward es zu einem adelichen Jungfernklofter eingerichtet b). Während des dreißigjährigen Krieges gerieth es gänzlich im Verfall, und obgleich Königl. Maytt. Sich mehrmalen erkläreten, dieß Inftitut wieder einzurichten c), so konnte es doch, wegen der vielfältigen auf einander folgenden Kriegsunruhen, nicht eher zum Stande gebracht werden, als biß S. R. Maytt. im Jahr 1720 zum Unterhalt der beyden Fräuleinsklöfter aus den Domanialgefällen jährlich 1000 Rhtlr. widmeten d), wovon, vermöge des zwifchen der Rügianifchen und Pommerfchen Ritterfchaft im Jahr 1723 getroffenen Vergleichs, das Berger Klofter jährlich 330 Rthlr. erhält.

Das

Das Patronatrecht übers Kloster stehet dem Landesherrn zu und wird von der Königl. Regierung verwaltet. Die Inspektion, Namens des Königs, ist dem jedesmaligen Königl. Landvogte in Rügen beygelegt, dem jederzeit ein zweyter von der Königl. Regierung autorisirter Kurator aus der Rügianischen Ritterschaft zugeordnet wird. Zur Wahrnehmung der Klosterangelegenheiten ist auch ein Sekretär verordnet welcher von den Kuratoren bestellet wird. So oft die Königl. Regierung es nöthig findet, oder von der Rügianischen Ritterschaft Ansuchung darum geschiehet, soll von einem Mitgliede der Königl. Regierung und einem Bevollmächtigten des Adels eine Visitation des Klosters vorgenommen werden.

Ausser der Priorinn befinden sich noch zwölf Kanonissinnen im Kloster, überdem stehen aber viele Fräuleins als Erspectantinnen oder auf Anwartschaft, welche bey vorfallenden Erledigungen in der Ordnung, wie sie eingeschrieben worden, einrücken. Bloß Töchter Rügianischer Edelleute können ins Kloster aufgenommen werden und den Eintritt nicht vor dem funfzehnten Jahre erhalten. An Einkaufsgeld erlegt ein jedes Fräulein 50 Rthlr. und erhält dagegen jährlich 50 Rthlr. einige Accidentien, vier Fuder Sträuche, sechs Tonnen Kohlen und einige Gänse und Hüner, auch werden einem jeden Fräulein jährlich zwey Fuhren aus dem Amte unentgeldlich geleistet. Sie können das Kloster wieder verlassen auch aus demselben heyrathen, doch müssen sie in diesem Fall es gleich nach der Verlobung räumen. Beym Absterben einer Kanonissinn fällt dem Kloster von ihrem Nachlasse nichts anheim, sondern die Erben erhalten alles. Der jetztregierenden Königinn Maytt. haben den Klosterfräuleins ein Ordenszeichen ertheilet.

Der Königl. Regierung Verordnung und Reglement wegen des Adelichen Jungfrauen Klosters zu Bergen. D. D. Stralsund den 3 Aug. 1733. L. C. II. 1019 — 1028.

a) Die Stiftungsurkunde findet sich in von Dregers Urkundensammlung Th. I. Num. XXIX. S. 52. und in von Schwarz Geschichte der Pommerschen und Rügianischen Städte S. 530 abgedruckt.

*b*) L. T. A. vom 10 Febr. 1560, vom 23 May 1569 und vom 27 May 1585. L. C. I. 481. 529. 570. Fürstl. Klosterordnung auf gemeinem Landtage zu Wollin den 23 May 1569 aufgerichtet. L. C. V. 189.

*c*) Königl. Resolut. vom 1 März 1655. Num. X. L. C. I. 827. Komm. Receß 1663. L. C. I. 381. Königl. Resolut. vom 14 Jul. 1664. Num. III. L. C. I. 1024.

*d*) Königl. Resolution vom 19 Dec. 1720. Num. XXI. L. C. I. 1106.

### §. 29.

Das Fräuleinskloster zu Barth ist nur seit dem Jahr 1720 eingerichtet worden, da der König nicht nur jährlich 670 Rthlr. aus den Einkünften des Domanii sondern auch das alte Fürstliche Schloß auf ewige Zeiten zur Wohnung der Fräuleins bewilliget hat *a*). Neulicher Zeit haben Sr. Königl. Maytt. noch jährlich 330 Rthlr. aus den Verbesserungen des Domanialguthes Schwinge hinzugelegt. Sonst ist auch noch von dem Grafen von Rüssow, Kaiserlich geheimen Rath, ein Kapital von sechshundert Reichsthalern dazu geschenkt worden, welches in den Gribenowschen Gütern stehet. Die Ausbauung des Schlosses aber und seine Einrichtung zum Kloster hat die Pommersche Ritterschaft aus eigenen Mitteln bestritten.

Das landesherrliche Patronatsrecht über dieß Kloster wird gleichfalls von der Königl. Regierung verwaltet. Zur Inspektion sind drey Ritterschaftliche Kuratores, nemlich aus jedem Ritterschaftlichen Distrikte Einer, verordnet, die von den Ritterschaftlichen Landräthen vorgeschlagen und von der Königl. Regierung bestellet werden. Sie sind verbunden diese Stellen sechs Jahre zu verwalten, wogegen sie das Recht haben, eine Tochter oder Anverwandtin unentgeldlich einschreiben zu lassen; Sie müssen der Königl. Regierung von der Verwendung der dem Kloster vom Könige beygelegten Gelder jährlich Rechenschaft leisten, so wie sie ebenfalls den Ritterschaftlichen Landräthen die Jahrrechnungen vorlegen,

legen, und von dem jedesmaligen Zustande des Klosters Bericht
abstatten müssen. Zur Führung der Rechnungen und des Pro-
tokolls ist ein Sekretair angenommen, und der jedesmalige Präpositus in Barth besorget den Gottesdienst in der Klosterkirche b).

Das Kloster bestehet aus einer Priorinn und zehn Konventualinnen, ausserdem stehen aber noch viele Fräulein in Anwartschaft. „Es können aber in dieß Kloster keine andere Fräuleins
„recipiret werden, als deren väterliche Familien in dem jetzigen
„Schwedischen Pommern würklich lehngesessen oder auch die ge-
„sammte Hand an Schwedischpommersche Lehngüter haben c).“
Ein jedes Fräulein bezahlet 60 Rthlr. Einkaufsgeld, und erhält
nun wiederum jährlich, seit der erfolgten Königl. Zulage aus dem
Gute Schwinge, 80 Rthlr., und einige kleine Emolumente. Auch
diese Fräuleins können zwar aus dem Kloster heyrathen, sie müssen aber gleich nach der Verlobung das Kloster verlassen, und den
Werth einer einjährigen Hebung zum Vortheil des Klosters zu-
rücklassen.

Sie tragen ein Ordenszeichen, das bereits die Königinn Ul-
rika Eleonora im Jahr 1733 gestiftet hat, das aber erst im Jahr
1749 ausgetheilet worden. Es bestehet in einem viereckigten weis
emaillirten Kreuze, dessen oberer Arm mit einer Königskrone be-
deckt ist. In den vier Ecken am Mittelschilde finden sich vier Her-
zogliche Kronen. In dem runden dunkelblauen Mittelschilde sind
auf der einen Seite die Anfangsbuchstaben von dem Namen der
Königinn, U. E. zwischen drey Kronen; auf der andern Seite
folgende Worte: Barth. Conventus institutus d. 3 Aug. 1733.
Das Kreutz der Priorinn unterscheidet sich von dem Uebrigen durch
einen goldenen Nordstern auf dem obern Arm. Es wird an einem vierfingerbreiten hellblauen gewässerten Bande, von der Priorinn um den Hals, von den Konventualinnen über der rechten
Schulter nach der linken Seite zu getragen. Die Erspectantinnen tragen ein kleines Kreutz an einem schmalen blauen Bande an
der linken Brust geheftet d).

s) Der

1) Der Königl. Regierung Ordnung für das Barthische Adeliche Jungfrauen Kloster vom 27. Nov. 1731. L. C. II. 1028 —
1035.

2) Der Königl. Regierung Decret an die Kuratores des Barthi-
schen Klosters vom 15 Jan. 1738. L. C. II. 1036.

*a*) Königl. Resolutionen vom 19 Dec. 1720. Num. XXI, und vom
14 Febr. 1724. Num. [I. II. III. L. C. I. 1106. 1108. Ritterschaftl. Privilegien vom 19 Dec. 1720. N. G. 17.

*b*) Der Königl. Reg. Bescheid an den Präpositus zu Barth vom 22.
Jul. 1748. L. C. V. 196.

*c*) Ritterschaftl. Beliebung vom 10 Dec. 1751 nebst der Königl.
Reg. Deklaration darauf vom 13 Dec. 1751. L. C. V. 198. 199.

*d*) Königl. Resolut. vom 30 Jan. 1749. und Kloster Protokoll vom
14 May. 1749. L. C. V. 196. 197.

# Siebendes Hauptstück.

## Gerichtliche Verfassung.

1) A. G. von Schwartz Einleitung in die Pommersch- und Rügianische Justiz-Historie Greifswald 1735. Fol.

2) A. von Balthasars historische Nachricht von denen Landes-Gerichten und derselben Ordnungen in Pommern, sonderlich Königl. Schwedischen Antheils, und in Rügen. I Th. Greifsw. 1733. II Th. 1737. Fol.

3) Nachricht von der Justiz- und Rechtsverfassung in Pommern Preussischen Antheils. In: Beyträge zur jur. Litteratur in den Preussischen Staaten. Th. III. S. 343. ff.

## §. 1.

Vor der Einführung des Christenthums und vor der Verbindung des Landes mit dem Teutschen Reiche war die Gerichtsverfassung völlig slavisch, wie wir sie noch jetzt zum Theil in Polen finden. Das Land war in Gerichtsgarden abgetheilet, die sich am längsten in Rügen erhalten haben, wo wir noch jezt die Spuhren davon finden, die im Gardvogte ihren ersten Richter hatten, von dem an das Landvogtey- oder Burggericht appelliret ward, dergleichen eines in Rügen, das noch vorhanden ist, zu Barth, Greifenberg, Stolp, Schlawe und vielleicht noch mehrere waren. Die Landesherrn hatten in allen Distrikten Häuser, worinn sie wech-

seßweise residirten, dann mit ihren Räthen die etwa angebrachten
Klagen über Gard- und Landrichter annahmen und erörterten.
Durch die Einführung der christlichen Religion ward gleich vom Anfange an in dieser Gerichtsverfassung die Veränderung veranlasset,
daß alle Geistliche und Kirchensachen von den Weltlichen getrennet
und jene dem Bischöflichen Gerichtszwange untergelegt wurden a).
Diese Geistliche Jurisdiktion in dem jetzigen schwedischen Pommern und Rügen war unter drei Bischöfen vertheilet. Der Theil
zwischen der Peene und dem Ryck stand unter dem Caminschen
Bischofe, der seinen Archidiakonum zu Uesedom und Officialen in den
Städten hatte. Diese waren die Unterrichter, von welchen man
an den Archidiakonum, und von dem an den Bischof appellirte
von dessen Aussprüchen man sich nur nach Rom wenden konnte,
weil er keinem Erzbischofe untergeordnet war. In dem übrigen
Theil des jetzigen Schwedischen Pommern hatte der Bischof von
Schwerin die Geistliche Jurisdiktion, die er durch den Archidia-
konum zu Tribbsees und durch den Official in Stralsund üben ließ.
Die Insel Rügen stand unter dem Bischofe von Roskild, der zu
Ralswieck einen Probst und Notar hielt.

Die weltliche Gerichtsverfassung modelte sich in der Folge,
nachdem so viele teutsche Kolonisten ins Land gezogen worden, welche grosse Freyheiten erhielten und fremde Gesetze und Einrichtungen mitbrachten, immer mehr und mehr nach der teutschen Verfassung, besonders in den Städten, die entweder ganz neu angelegt oder doch mit Teutschen von neuem besetzt wurden, weil ihnen der Gebrauch durchaus fremder Rechte, mehrentheils in dieser
Gegend des lübekschen, zugestanden ward. In ihnen wurden
Fürstliche Vögte oder Advokaten bestellet, welche mit einigen Gliedern des Magistrats die Gerichtsgewalt übten, wiewohl die Grössern durch Handel reich und mächtig gewordenen, früher oder später, Mittel fanden, sich der Fürstlichen Vögte zu entledigen und
die alleinige Gerichtsgewalt, entweder durch Kauf oder durch Privilegien, an sich zu bringen. Die Appellationen sollten auch von
diesen städtischen Gerichten, der Regel nach, an die Landvogtey-

gerichte

gerichte und von da an die Fürsten selbst gehen, allein viele Städte erhielten bald, theils aus Nachsicht, theils aus würklichen Begnadigungen, daß sie sich mit den Berufungen in ihren Angelegenheiten an andere Städte inn- und ausserhalb Landes wenden konnten, die gleiches Recht mit ihnen hatten, worüber in der Folge schwere Streitigkeiten zwischen diesen Städten und den Landesfürsten entstanden, da diese anfingen, es als eine Verachtung ihrer landesherrlichen Rechte anzusehen b). In verschiedenen Städten entstanden auch Schöppenstühle, und um sich bey ihrem Rechte und eingeführtem Gerichtsgebrauche zu erhalten, auch gegen fremde Gewalt zu schützen, verbanden sich wohl mehrere Städte mit einander zum gegenseitigen Schutz und Hülfe. Auf dem platten Lande litt die Gerichtsverfassung wenigere Veränderungen; der Adel blieb mehrentheils unter der Gerichtsbarkeit der Burg- und Landvogteygerichte in erster Instanz, von da die Appellationen an den Fürsten und seinen Rath giengen. Nur einige Geschlechter erhielten durch besondere Privilegien die Befreyung von dieser ersten Instanz, die sie sodann vor den Manngerichten zu Ueckermünde, Wolgast u. a. a. Orten hatten, welche sonst eigentlich zur Kognition der Lehnsfälle angeordnet waren, seitdem das Lehnswesen durch den hereingezogenen sächsischen Adel auch in Pommern eingeführet worden. Das Einlagerrecht, die Leistung oder Leistmannung, war überall in Gebrauch bb). Die Fürsten liessen ihre Streitigkeiten unter sich und mit andern Fürsten oder mit den Landständen, und auch wohl mit einzelnen Unterfassen durch Austräge schlichten.

Die Befehdungen, welche mit der Zeit auch in Pommern äusserst überhand nahmen, untergruben aber auch hier nach und nach die Gerichtsverfassungen, hemmeten allen ordentlichen Lauf der Justiz, veranlasseten neue Gerichtsverfassungen, und machten endlich eine ganz neue Gesetzgebung darüber nothwendig. Das daraus entstandene allgemeine Unwesen suchte zuerst der Herzog Wartislav IV. in seinem damaligen Landestheile zwischen der Peene und Swine, und in der Grafschaft Gützkow durch ein im

Jahr

Jahr 1319 angeordnetes allgemeines Landgericht, und hundert Jahre später, der Herzog Wartislav IX. durch ein neues Hof- und Appellationsgericht, das er im Jahr 1421, mit Zustimmung der Landstände anordnete, zu hemmen. Beym ersteren ward der Graf Niclas von Gützkow, als Landrichter, zwey Vasallen aber und zwey Rathsglieder aus jeder der Städte Greifswald, Anklam und Demmin, als Beysitzer angestellet. Es sollte für die allgemeine Sicherheit des Landes und besonders der öffentlichen Landstrassen sorgen, Raub, Diebstal, Mord und andere Unthaten bestrafen und seine Gerichtsgewalt an allen Orten und zu allen Zeiten, ohne Wiederrede, zu üben berechtiget seyn c). Das letztere bestand aus sechszehn Personen, nemlich aus vier geistlichen und vier adelichen Räthen des Fürsten, und aus zwey Beysitzern aus jeder der vier Städte, Stralsund, Greifswald, Anklam und Demmin. Dieß Gerichte sollte seine Sitzungen jährlich viermal, abwechselnd in den vier genannten Städten, an den Quatembern halten, und alle peinliche, bürgerliche und Lehns Sachen, ohne Gestattung weiterer Appellationen, und zwar die Peinlichen nach dem Burgrechte, d. i. nach den alten wendischen Gewohnheitsrechten, die Lehns- und Bürgerlichen aber nach dem Schwerinschen Rechte, jedoch mit beständiger Beobachtung des Landesherkommens, entscheiden, und die Urtheln im Namen und unter dem Siegel des Landesherrn ausfertigen, der zugleich versprach, sich selbst vor diesem Gerichte zu stellen, wenn jemand Ansprache an ihn haben würde d). Allein es scheinet, daß mit beyden die Absicht entweder gar nicht oder doch nicht mit Bestand erreicht worden, vielmehr dauerte das einmal eingerissene Uebel noch immmer fort, ein jeder that, was ihm gut dünkte und was er durchzusetzen vermogte, und keiner wollte dem ordentlichen Gerichtszwange gehorsam seyn, obgleich Wartislav IX., bei Anordnung seines Hofgerichtes, und andere Landesfürsten, vor und nach seinen Zeiten, alle eigenmächtige und gewaltthätige Art, sich Recht zu schaffen, aufs strengste untersaget hatte, und auf einem allgemeinen Landtage im Jahr 1422 beschlossen seyn soll, alle Befehdungen gänzlich abzustellen.

Die-

Dieſer traurige Zuſtand im Gerichtsweſen dauerte bis auf
die Regierung Bogislavs X, der als der wahre Stifter einer ordentlichen und fortdauernden Gerichtsverfaſſung im Lande anzuſehen iſt.  So wie er mit Beyrath und Unterſtützung ſeiner rechtſchaffenen und patriotiſchen Räthe, beſonders Werners von der
Schulenburg und George Kleiſt, bedacht war, in allen Theilen der Regierungsgeſchäfte Ordnung und Thätigkeit einzuführen,
ſo ließ er es ſich auch äuſſerſt angelegen ſeyn, Recht und Gerechtigkeit wieder aufzuhelfen, und errichtete zu dem Ende an ſeinem
Hoflager ein eignes Hofgericht, das er ſelbſt in einer Urkunde von
1494 ſein Kammergericht nennt.  Er hielt mit äuſſerſter Strenge, die er überall beobachtete, auf das Anſehen und die Mündig-
keit dieſes Gerichtshofes, ließ ſeine Ausſprüche gleich vollziehen,
ohne weitere Appellationen zu geſtatten, und präſidirte bey wichtigen Sachen ſelbſt in demſelben, da er es dann mit den geſchickte-
ſten Männern aus ſeinen Räthen und aus der Landſchaft verſtärk-
te.  Wie aber gegen das Ende ſeiner ſonſt ruhmwürdigen Regierung, nachdem ſeine treueſten Räthe verſtorben waren, ſeine Re-
gententugenden merklich verſchwanden, ſo erkaltete auch ſein vormaliger Juſtizeifer, dieß Hofgericht gerieth wieder ſehr in Verfall, und Befehdungen und Räubereyen nahmen von neuem im
Lande überhand, konnten auch nicht eher gänzlich gehemmet werden, als bis ſein Sohn und Enkel, Barnim IX. und Philip I.
mit dem Kurfürſten von Brandenburg und Herzogen von Meklenburg eine Vereinigung zur gegenſeitigen Aufrechthaltung des
Landfriedens im Jahr 1559 mit einander geſchloſſen hatten, unter
deren Regierung nicht nur das alte Hofgericht wieder hergeſtellet,
ſondern auch noch zwey neue, das eine im Herzogthum Wolgaſt,
und das andere im Stifte Camin, angerichtet wurden, wodurch
die Gerichtsverfaſſung endlich auf einen feſten und dauerhaften Fuß
geſetzt ward.

*a*) S. Herzog Caſimirs I. Urkunde von (vermuthlich) 1172 in von
    Dregers Pomm. Urkundenſamml. I. Num. VII S. 11.
*b*) Den verſchiedenen Gang der gerichtlichen Provokationen in den
    ältern Zeiten kann man aus folgenden Schriften kennen lernen.

1) *A. G. a Schwarz* Tractatus de ferie Proceſſus et prouoca-
tionum forenſium in cauſſis ad jus Suerinenſe dirimendis, quae
apud Stralſundenſes uſitata fuit. Gryphisw. 1742. 4.

2) A. von Balthaſars Anmerkung von der in Pommern, beſonders in der ſtralſundiſchen Landbegüterten Streitigkeiten, ehe-
malen üblich geweſenen Appellationen an die ſieben Eichen in Meklenburg. Stehet in deſſelben Rituale Academ. p. 527 — 534.

*bb*) In der Urkunde Herzog Wartislavs III, welche er im Jahr
1249 dem Kloſter Eldena ausgeſtellet (Dreger Num. CCI.); heißt
es: „Ad ſpeciale promiſſionis noſtre firmamentum — ex noſtro
„mandato uidelicet dominus Lyppoldus Baere dapifer noſter, et
„dominus Henricus frater ejus. Olricus Aduocatus Dyminenſis
„et Iohannes de Walsleuae in fide promiſerunt militari ſe ad am-
„monitionem domini abbatis Darguenſis et domini Frederici de
„Hoſt qui promiſſum hoc ſuſceperunt, in ciuitatem Dymin intra-
„turos ſi forte quicquam de ipſis articulis contigerit occaſione
„aliqua in irritum reuocari, nec inde denuo niſi de licentia ab-
„batis Hildenſis qui pro tempore fuerit facta uidelicet prius mo-
„naſterio ſuper promiſſi transgreſſione emendatione congrua egres-
„ſuros“. Und in einer Urkunde des Biſchofs Herrmann von
Camin, vom Jahr 1276, über das an die Marggrafen von Brandenburg verkaufte Land Lippene (in Gercken Cod. Brandenb. I.
229.) heißt es: „Promiſit autem Dn. Iohannes Marchio cum XIV.
„militibus et adhuc promittent XVI. milites octo diebus poſt-
„quam prefati principes a nobis moniti fuerint terminis ſe ſolutu-
„ros pecuniam memoratam. Quodſi in ſolutione ceſſauerint
„principes ſepe dicti unus Marchionum eorundem cum militibus
„qui ſecum promiſerunt et promittent XV. diebus poſt monitio-
„nem noſtram ciuitatem Poſwalk intrabunt inde minime receſſuri
„niſi de pecunia memorata et dampnis ſi aliqua inciderimus occa-
„ſione pecunie in premiſſis terminis non ſolute nos reddant in-
„dempnes liberos et ſolutos. Si uero aliquis militum de fide-
„juſſoribus Poswalk intrare non poterit alium ſtatuet loco
„ſui“.

Anmerkungen über das Ius Obſtagii oder Recht des Einlegers in
Pommern. Pomm. Bibl. II. 41. ff.

*c*) S. die deshalb ausgefertigte Urkunde in C. F. Stavenhagens
Beſchreibung der Stadt Anklam. (Greifsw. 1773. 4.) Beylage
XXXVI, S. 348.

*d*) S. die Urkunde. L. C. III. 91.

§. 2.

## §. 2.

1. A. von Balthaſars hiſtoriſche Nachricht von den landesgeſetzen in Schwediſch)pommern und Rügen. Greifswald 1740. Fol.

2. —— Apparatus Diplomatico-Hiſtoricus oder Verzeichniß allerhand zur Pommerſchen und Rügiani-ſchen Hiſtorie dienlichen landesgeſetzen, Conſtitutionen, Reſcripten, Privilegien, Judicaten, wie auch andrer zum Statu Publico gehörigen Nachrichten, Urkunden ꝛc. ꝛc. Greifsw. I. Th. 1730. II. Th. 1731. Neue Ausgabe III. Theile 1735. Fol.

Pommern iſt von jeher an Geſetzen reich geweſen, und dazu ſind in der Folgezeit noch mehrere fremde ſubſidiariſche Rechte, als das lübeckſche, womit unſre mehreſten Städte bewidmet worden, das Schwerinſche a), das Römiſche, das Kanoniſche, das lon-gobardiſche und das hanſeatiſche und lübekſche Seerecht b) aufge-nommen worden c). Die älteſten einheimiſchen geſchriebenen Ge-ſetze reichen nicht übers dreyzehnte Jahrhundert hinaus, und ſind wohl durch die ins land gezogenen Teutſchen zuerſt üblich ge-worden, denn in den vorhergehenden Zeiten behalf man ſich mit den durch Tradition fortgepflanzten Rechtsgewohnheiten, wel-che in Pommern, ſo viel ich wenigſtens weis, gar nicht, in Rü-gen aber erſt im Anfange des ſechszehnten Jahrhunderts von Mat-thäus von Normann, im Rügianiſchen landgebrauche d), in ein Ganzes geſammelt und ſchriftlich abgefaßt worden, daher es den fremden Rechten ſo viel leichter ward, ſich überall einzuſchlei-chen, und die Einheimiſchen zu verdrängen oder doch unſicher zu machen. Jedoch ſind viele von ſolchen alten einheimiſchen Rechts-gewohnheiten in die allgemeinen und beſonderen landesgeſetze und Vorſchriften, als in die landtagsabſchiede, Gerichts- und an-dere Ordnungen nach und nach aufgenommen, oder durch beſon-dere Geſetzgebungen, als z. B. in den Bauerordnungen, ſtädti-ſchen Statuten, Willköhren, Bürgerſprachen u. dgl. m. beſtäti-

get worden. So mancherley aus einheimiſchen und fremden Rechten zuſammengefloſſene Privatgeſetze muſten nothwendig viele Verwirrungen in Gerichten veranlaſſen, und haben auch würklich von
älteren Zeiten her groſſe Schwierigkeiten bey der Adminiſtration
der Gerechtigkeit verurſachet, und zu häuffigen Klagen Anlaß gegeben, wodurch ſchon unſre eingebohrnen Landesfürſten ſeit dem
Ende des ſechszehnten Jahrhunderts bewogen worden, die Anfertigung eines eignen Landrechts den Ständen mehrmals vorzuſchlagen, welches auch in der Folge von der Schwediſchen Regierung
geſchehen iſt, ja die Königl. Einrichtungskommiſſion im Jahr
1663 machte ſchon eine Anordnung, wie und auf was Art dieß
Landrecht entworfen, revidiret und publiciret werden ſollte; allein
man glaubte doch allemal ſo viele Schwierigkeiten bey einem ſolchen neuen Entwurf zum voraus zuſehen, die man ſich aus dem
Wege zu räumen nicht getrauete, daß darüber dieß wünſchens-
wehrte Werk bisher ganz unterblieben iſt e). Die einzelnen Geſetze, welche beſondere Punkte unſrer öffentlichen und Privatver-
faſſung beſtimmen, führe ich in dieſer Schrift überall gehörigen
Ortes an, und ich glaube es alſo überhoben ſeyn zu können, ein
chronologiſches oder ſyſtematiſches Verzeichniß derſelben hier zu liefern, das man überdem in der zu Anfange dieſes Paragraphen angeführten von Balthaſarſchen Geſetzhiſtorie findet. Ich werde
nun eine kurze Beſchreibung unſrer Gerichte und ihrer innern Verfaſſung geben, und darinn von den Untergerichten zu den Obern
und Höchſten Gerichten fortgehen.

a) Der verſtorbene Vicepräſident von Engelbrecht will zwar (in
Notit. Pomer. Sueth. Cap. IV. §. IX. Not. I. p. 214) die würkliche Annahme des Schwerinſchen Rechts im Lande aus dem Grunde bezweifeln, weil es in der Bauerordnung von 1616 Tit. X. nicht
mit unter den andern angenommenen fremden Rechten angeführet
worden; allein, wenn es gleich an dieſer Stelle nicht mit angeführ-
ret, ſo kommt es doch in andern Urkunden und Dokumenten zu häufig vor, daß man mit irgend einigen Grunde an ſeine Aufnahme
zweifeln könnte. Z. B. im Rügianiſchen Landgebrauche Tit. CII.
und Tit. CXXI. S. 88. und 109. in der Urkunde H. Wartislavs
IX. vom Jahr 1421, L. C. III. 91. u. v. a. Stellen.

b) Im

b) Im Anfange dieſes Jahrhunderts warb, bey Gelegenheit eines auf Jasmund geſtrandeten Schifs, die Frage ventiliret: ob wegen des Berglohns der geretteten Güther nach den adelichen Privilegien und dem Rügianiſchen Landgebrauche oder nach dem Königl. Schwediſchen Seerechte verfahren werden müſte. Die Königl. Landesregierung gab bey der Gelegenheit dem Königl. Hofgericht, auf ſeine Anfrage, zwar unterm 9 Nov. 1702. (L. C. III. 526.) zur Antwort: „daß da Er Königl. Maytt. Wille ſey, daß das durch „den Druck publicirte Seerecht in allen unter dem Reiche gehörigen „Provinzen beobachtet werden ſollte, ſolches auch in einem ſpeciel= „len Caſu, wie es mit den an der pommerſchen Küſte geſtrandeten „Schiffen zu halten, allergnädigſt declariret hätten; ſo hätte das „Königl. Hofgericht ſich in gegenwärtigen und ferner vorkommen= „den dergleichen Sachen nach ermeldetem Seerechte in Ju= „dicando zu richten". Eine ähnliche Verordnung, nach dem Schwediſchen Seerechte zu ſprechen, war ſchon einige Jahre vorher, unterm 9 Jan. 1695, von der Königl. Regierung an Richter und Aſſeſſoren des Seegerichts zu Stettin erlaſſen worden. (S. Oelrichs Juriſtiſche Bibliothek. S. 66.) Da demungeachtet die Meynungen über dieſen Gegenſtand immer ſehr getheilt blieben, fand die Königl. Regierung für gut, eine Declaration bey Hofe nachzuſuchen, die unterm 16 Oct. 1703 in einem Bedenken des Königl. Senats (L. C. V. 443.) dahin erfolgte, daß: „Weil die „deutſchen Provinzen mit der ausdrücklichen Clauſul in dem osna= „brückſchen Friedensſchluße Königl. Maytt. und der Krone Schwe= „den abgetreten worden, daß ſie bey den Rechten des Römiſchen „Reichs und ihren eigenen Statuten allerdings ſollen gelaſſen wer= „den, man nicht finden könne, daß man ihnen per Modum In= „junctionis weder das Schwediſche See= noch ſonſt ein anderes im „Reiche gemachtes Recht zur Nachricht in den Entſcheidungen auf= „bringen könne, abſonderlich in den Fällen, wann ſie ihre ei= „gene Statuta haben. — Sollten ſich aber in Pommern keine „Statuta finden, wornach der vorgefallene Caſus der Strandung „und Berglohns könnte decidiret werden, auf ſolchen Fall wür= „den die Richter dorten ſich nicht entziehen, ſich darunter nach ei= „nem ſowohl gegründeten Rechte zu richten, als das Schwediſche „Seerecht ſey, und welches auch in andern Ländern und König= „reichen Beyfall und einen ſonderlichen Ruhm erworben hätte". Dieß Bedenken theilte die Königl. Regierung unterm 29 Dec. 1703. (L. C. V. 442.) dem Königl. Hofgerichte mit dem Anfü= gen mit: „Damit dieſes Praeſcript nicht allein in dem qväſtionir= „ten Caſu, ſondern auch bey andern dergleichen Fällen und künf=

„tigen

„tigen Verkommenheiten pro Norma dienen und abgebildet wer-
„den könne". Indeß weiß ich nicht anders, als daß bey vorkommenden Seefällen, nach wie vor, dem hanseatischen Seerechte,
und wo das nicht hinreicht, dem Lübekschen nachgegangen werde.
S Carocs Historie des Lübekschen Rechts. (Greifsw. 1714. 4)
S. 30 u. 60. Abh. 2. und Engelbrecht Delin. Pomer. Sueth.
Cap. IV §. X S. 222.

c) Fürstl. Pommersche Bauerordnung von 1616. Tit. X. L. C. III.
833.

d) Diese Sammlung der Rügianischen Rechtsgewohnheiten ist biß
auf unsre Zeiten ungedruckt geblieben. Die kleine erstere Sammlung hat der Herr Domprobst Dreyer in Monument. antiqu.
cimbr. anecdotis. S. 229 — 460. 1763 abdrucken lassen. Die
zweyte größere Sammlung habe ich herausgegeben.

1) Joach. Andr. Helwigii Orat. de Codice juris provincialis
Vandalico-Rugiani ejusque compositione. Gryphisw. 1724. 4.

2) Vom Wendisch-Rügianischen Landgebrauche. Von T. H.
Gadebusch. Stralſ. 1774. fol.

3) Matthaeus von Normanns Wendisch-Rügianischer Landgebrauch, aus verschiedenen Handschriften berichtiget und herausgegeben von T. H. Gadebusch. Stralſ. und Leipz. 1777. fol.

e) L. J. A. 1595, vom 8 März. 1608, worinn es heißt: „Nach-
„dem auch bey den Städten befindlich, daß die eine magdeburgisch,
„die andere sächsisch, die dritte lübisch, die vierte brandenburgisch,
„die fünfte culmisch Recht gebrauchen, und daneben nicht minder
„ihre sonderbahre Constitutiones, Willkühr und Gewohnheit haben,
„so mit den angezogenen Rechten nicht einstimmen, welches dann
„in Nieder- und Ober-Gerichten große Verwirrungen giebt, al-
„so daß der Richter öfter nicht weiß, nach welchem Rechte er spre-
„chen soll, die Partheyen auch zu Erweisung dieser oder jener Ge-
„wohnheit vielmals mit grosser Ungelegenheit gedrungen werden; so
„wollten Wir, ob Wir zwar mit Veränderung des Rechtens, da-
„mit eine jede Stadt in ihren habenden Privilegien bewidmet, et-
„was präjudicirliches vorzunehmen nicht gemeinet, gnädiger Wol-
„meynung und zu Abschneidung vorberegter Inconvenientien; ih-
„nen zu bedenken heimgestellet haben, obs nicht dahin zu bringen,
„daß in allen Städten ein Uniforme jus und gleichmeßig Recht,
„nemlich das beschriebene Keyserl. Recht gehalten und observiret
„würde, oder wenn ja dasselbe aus erheblichen Ursachen nicht seyn
„könnte, würde dennoch die Nothdurft erfördern daß einer jeden
„Stadt

„Stadt löbliche und vernünftige Statuta, Willkühr und Gewohn-
„heiten revidiret, in gewiſſe ſchriftliche Verfaſſung gebracht und
„nicht allein in den Städten publiciret, ſondern auch dem Fürſtl.
„Hofgerichte, auf bevorgehende Confirmation oder approbation,
„gebührlich inſinuiret würde. Wir wiſſen uns auch zu beſcheiden,
„daß bey den adelichen Privilegiis, bevorab Ausſteuer der Frau-
„en und Jungfrauen belangend, allerhand Zweifel fürfallen, daß
„auch davon hiebevor tractiret und unterſchiedliche Schriften ge-
„wechſelt worden, ſolch Werk wären Wir wiederumb zu reaſſu-
„miren erböthig, zu fernerem Bedenken, ob nicht zugleich auch
„andere Sachen betreffend, darinn bishero dieſer Oerter es un-
„terſchiedlich gehalten, oder Zweifel fürgefallen, oder die Rechts-
„lehrer unter ſich einer zweyhelligen ſpaltigen Meynung ſeyn, zu-
„ſammen zu tragen und darüber gewiſſe Deciſiones und Conſtitu-
„tiones zu machen, dann ſolchs würde ſehr gute Richtigkeit geben
„u. ſ. w." —

L. T. A. vom 8 März. 1616. „Wir wollten uns auch daneben
„bemühen — über Quäſtiones, darinn die Rechtslehrer ungleicher
„und wiederwertigen Meynung ſeyn, ein gewiſſes, darnach man
„ſich in dieſem Fürſtenthum in decidendo et judicando zu rich-
„ten, conſtituiret werden könne, damit alſo die rechtsverſtändige
„Partheyen, wenn gewiſſe Conſtitutiones über die Fälle, ſo gemeinig-
„lich fürlaufen, im Lande vorhanden, mit weitläuftigen koſtbahren
„Proceſſen einer den andern auszumatten, nicht mehr nöthig hätte,
„die vielblättrige Diſputationes, dadurch die Advocaten ihren Pro-
„duct und Satzſchriften vergröſſern, vermeyden und die Partheyen
„ſelbſt, was recht oder unrecht, was ſie im ſtande Rechtens zu
„erhalten, oder nicht, aus den Conſtitutionibus erſehen, und ſich
„den vielen Unkoſten, ſo ſie bis daher auf Rechtfertigung wenden
„müſſen, verſchonen könnten. Wenn wir nun durch Gottes
„gnädigen Schutz und Beyſtand ſolch gemeinnütziges Werk
„zu Ende ausführen und in würklichen Gang bringen könn-
„ten, wollten Wir dem Allmächtigen dafür danken, und der
„Hofnung ſeyn, daß Wir damit um dieſe Fürſtl. Regierung
„uns nicht übel verdient gemacht hätten." — L. C. IV. 559. —
H. Philipp Julii Propoſition auf dem Landtage zu Wollin u. L.
T. A. 1619 ſelbſt. — Project des Staats von 1651. K. V. Num.
V. „Weiter ſtünde zu bedenken, weil es ex multiplici et vario
„jure im Lande die Rechte ziemlich intriciret, und den Judiciis da-
„durch viele Mühe und Arbeit auf dem Halſe gewachſen, welches
„auch den Lauf der Juſtice und Litium finem nicht wenig retardi-
„ret, ob nicht zu practiciren, daß ein gewiſſes Corpus Juris pri-

„vati,

„vati, etwa ad exemplum Ducatus Prussiae vel alterius, mit vor-
„hergehender Communication mit Herrn Landständen durch gelahr-
„te Ictos zu comportiren und im Druck zu verfertigen, wornach
„das Dicasterium supremum und andere Judicia im Lande, wenn
„solches vorhero Confirmatione Regali et Imperiali roboriret wür-
„de, in dicundo jure sich hernachmals zu richten hätten. Her-
„nach finden J. K. Maytt. nicht weniger hochnöthig zu seyn, daß
„das Lehnrecht im Lande in ein gewisses Corpus gebracht und aus-
„ser Zweifel gesetzet werde, welches durch Ictos ebenmäßig, prae-
„via communicatione cum ordinibus, zusammengetragen, und
„von J. K. Maytt. gleichergestalt zum Druck befördert werden
„mögte, damit es ad omnium notitiam gelangen könnte." —
    Kommißions Receß von 1663 Num. IV. „Wann keine gerin-
„ge Hinderniß des Justizwesens daraus erwächset, daß die gemei-
„nen Rechte in vielen Punkten und Quästionen so sehr disputabel
„und der Verstand der Gesetze unter den Rechtsgelahrten streitig,
„ja ein gut Theil der Landes Rechte zweifelhaft gemachet und
„in verschiedene Meynungen gezogen, darüber zuweilen, als
„die Referenten einer oder andern anhängig, bevorab durch die
„Verschickung auf auswärtige Universitäten, nachdem alda jeden
„beygepflichtet, in gleichen Sachen doch ungleiche Sententien ge-
„sprochen werden, deswegen die Erinnerung geschehen, daß aus
„den zweyhelligen Meynungen über die Rechtsfragen eine gewisse
„mögte recipiret, und bey den Gerichten eingeführet werden.
„So ist zwar dieses sehr nützlich, aber zugleich, daß es bey diesem
„Einrichtungswerk — sich nicht thun lassen wolle, befunden, dar-
„um bis zur andern Zeit ausgesetzet, immittelst veranlasset, daß
„die Königl. Regierung zusamt den Landständen sich mit ein und
„andern gewissen Personen vereinbahren sollen, welche dasselbe zu-
„erst zusammen tragen und entwerfen, ihnen alsdenn ihr Beden-
„ken ausliefern, dann durch gewisse der Rechte verständige, auch
„des Landes Gebrauch erfahrne Personen revidiret, darüber con-
„feriret, in ein Project gebracht, und durch die Regierung und
„Stände weiter überleget, hernach J. K. Maytt. zu dero fernern
„gnädigen Bedenken und Approbation offeriret werde, so könnte
„solchemnach es damit zu einer heilsamen beständigen Richtigkeit
„mit des Landes Rechten auch folgends mit der Norma Judicio-
„rum gelangen." — L. C. I. 386. 387.

## §. 3.

Ein jeder Landeseinwohner in den Städten sowohl als auf
dem Lande, muß zuerst vor seinem ordentlichen Gerichtsstande be-
sprochen

sprochen werden und die Gerichtsbarkeit der Niedergerichte darf in
keinem Falle weder vorbeygegangen noch durch Inhibitionen, Re-
ffripte oder Mandate der Obergerichte behindert, noch weniger die
Sachen von ihnen avociret werden, als wo die Niedergerichte die
Rechtshülfe verweigern oder über die Gebühr verzögern, in welchen Fällen doch die Obergerichte alle mögliche Vorsicht, nach
Vorschrift der Hofgerichtsordnung anzuwenden haben a). Damit
bey den Niedergerichten die vorkommenden Sachen nicht tumultua-
risch und unordentlich behandelt und dadurch die Processe in solche
Verwirrungen gebracht werden mögen, daß der Oberrichter sie
nur mit Mühe wieder in Ordnung bringen kann, sind die Magistrate in den kleinen Städten, welche keine Rechtsgelahrte oder Pro-
ceßkundige Mitglieder haben, auch Landbegüterte, welche die Gerichtsbarkeit besitzen, angewiesen, bey vorkommenden ordentlichen
Processen und bey Sachen von Wichtigkeit einen des Rechts und
Processes erfahrnen Mann zu gebrauchen b). Die Niedergerichte,
welche nicht mit eignen Gerichtsordnungen versehen sind, haben
die Hofgerichtsordnung zu befolgen, dagegen ebenfalls die Obergerichte sich nach dem, was in solchen Gerichtsordnungen, wo sie
vorhanden sind, oder sonst durch besondere Gewohnheiten angenommen ist, zu richten haben c). Werden von den Niedergerichten
die in ihrem Gerichtszwange begangenen Verbrechen und Uebertre-
tungen öffentlicher Gesetze nicht innerhalb zwey Monaten beahn-
det, so liegt es dem Fiskal ob, von Amtswegen die Sache zu betreiben, die Jurisdiktion der säumigen Obrigkeit cessiret für
den Fall und sie kann selbst deshalb in Ansprache genommen
werden d).

1) Conr. *Friedlieb de Friedensberg* Practica Forensis Com-
pendaria ciuilis — potissimum ad S. R. Majestatis Sueciae
Iudicia in Prouinciis Germaniae directa. Lipf. et Sedini.
1709. fol.

2) C. N. *Helvigii* Specimen Differentiarum Iuris Pome-
ranici et Provincialis Rugiani. - Kiliae. 1730. 4.

a) Hofgerichtsordnung. Th. II. Tit. I. §. 3. und Receß von 1707.
Num. 43. 44. Receß von 1737. Num. 40. 41. Komm. Receß
von 1663. Num. IV. L. C. L. 386.

*b*) Hofgerichts-Receß von 1737. Th. II. Tit. I. §. 3. Num. 42.

*c*) Hofgerichtsordn. Th. III. Tit. IV. §. 10. Komm. Receß von 1663. Num. IV. L. C. I. 386.

*d*) Verordn. der Königl. Reg. vom 17 Jan. 1685. L. C. III. 240. Patent vom 26 Aug. 1723. N. S. 157. Inſtruction für den Fiſcal. L. C. III. 113.

### §. 4

I) Die Paſtoratgerichte auf dem Lande. In Pommern ſind ſie auf dem Landtage, zu Alten Stettin 1536 gehalten, gänzlich aufgehoben, die Jurisdiktion, welche die Prediger bis dahin über ihre eignen Bauern hatten, den Patronen beygelegt und ſtatt deſſen den Predigern an den Orten, wo ſie die Gerichtsgewalt gehabt, etwas Gewiſſes in den Kirchenmatrikeln ausgeſetzet worden *a*). In Rügen aber haben noch jetzt einige Pfarrherrn, als zu Altenkirchen, Casnevitz, Gingſt, Patzig, Poſeritz, Rappin und Sagard, vermöge der Kirchenmatrikeln, die Gerichtsgewalt, theils über einige unter ihnen wohnende freie Leute, theils über die eignen zum Paſtorat gehörigen Unterthanen, welche, nach Vorſchrift der Kirchenordnung *b*), vom Patron, Names des Predigers, geübt wird.

*a*) In Balthaſars 1ſten Sammlung. S. 154. In der Folge iſt dieſer Landtagsſchluß in die Kirchenordnung Th. VI. Tit. Von der Ausrichtung. S. 83. 84. eingerückt worden.

*b*) Kirchenordnung Th. VI. Tit. Von Viſitation auf den Dörfern. S. 101. 102. Gen. Kirchen Viſitat. Inſtruktion. §. IX. L. C. II. 622. Die Auszüge aus den Matrikeln über die dieſen Predigern zuſtehende Jurisdiktion findet ſich in von Balthaſars Nachricht von den Landgerichten S. 307. ff.

### §. 5.

II) Die Patrimonialgerichte des Adels und anderer Grundbeſitzer. Der Adel beſitzt ſeit dem dreizehnten Jahrhundert die völlige Gerichtsgewalt, ſowohl in bürgerlichen als in peinlichen

lichen Fällen, in seinen Gütern, als ein dem Grunde völlig an-
klebendes Recht, und nicht bloß über seine eigene Unterthanen sondern auch über die in den Gütern sich aufhaltenden freyen Kontrakts-
leute, als Schäfer, Holländer, Müller, Schmiede, Gärtner,
Tabakspflanzer, Ziegel - und Kohlenbrenner, Einlieger, Handwerker, Schreiber und kleine Pächter von Bauerhöfen, in der ersten Instanz a). In dieser Gerichtsgewalt ist er auch von den
Landesfürsten immer bestätiget worden b). In wichtigen Fällen,
die nicht bloß Oekonomica betreffen, ist der Gerichtsherr angewiesen, einen rechtserfahrnen Gerichtshalter anzustellen c); in Civil-
sachen gehen die Appellationen in Pommern an das Königl. Hofgericht, in Rügen aber an das Landvogteygericht, wofern nicht der
Gerichtsherr von der Gerichtbarkeit dieses Gerichts befreyet ist.
In peinlichen Fällen werden die Akten an eine Universität zum
Spruch verschickt d)

a) Hofgerichtsordn. Th. II. Tit. I. §. 3 und Receß von 1774.
Num. 34.

b) Fürstl. Reversalen vom 30 Aug. 1578. Num. II. L. C. II. 736.
Fürstl. Resolut. vom 17 Dec. 1580. — „Haben wir uns dar-
„auf gnädiglich wiederum erboten und versprochen, sie, unsre
„Landstände, bey ihren ordentlichen verliehenen Niedergerichten,
„untersten Rechtsstandes, gnädiglich zu lassen, den Lauf des Pro-
„cesses für ihnen durch extrajudicial Rescripten nicht zu hindern,
„viel weniger zu verwirren. — Jedoch haben wir hiebey unsere
„getreuen Landstände gnädiglich erinnert, daß uns dießfalls die
„Hände so weit nicht mögten geschloßen werden, daß wir nach
„Gelegenheit der Personen, Sachen und anderer zutragenden Um-
„ständen, die Rechtfertigung zu Behör und Erkenntnis für unser
„Fürstl. Hofgericht zu nehmen und abzufordern, auch daselbst
„durch endlichen Spruch zu erledigen nicht mächtig seyn sollten.
„ Dazu uns auch zuweilen die Partheyen eines oder beyden Theils
„zuweilen der Richter selbsten, Ursache geben könnte, darum wir
„uns unser Fürstl. Richter-Amt und Macht auf solche Fälle vor-
„behalten haben wollen". S. von Balthasars Nachricht von den
„Landesgerichten. S. 31.

c) Komm Receß von 1663. Num. IV. L. C. I. 386.

d) Die Pommersche Ritterschaft ist jetzo beschäftiget zur Abrichtung
der Kriminalsachen ein eignes Gericht in Greifswald einzurichten.

§. 6.

## §. 6.

III) Die Amtsgerichte in den Königl. Domanialäms tern. Die Gerichtsgewalt in den Königl. Aemtern üben, Namens Königl. Maytt. in erster Instanz, die Amtshauptleute mit einem Notarius. Ihre Jurisdiktion erstrekt sich in ihrem Amtsbezirke über alle und jede Amtsunterthanen und Einwohner, und über alle und jede Sachen, die nicht besonders von ihrer Gerichtsbarkeit befreyet sind a). Dergleichen Befreyungen finden statt, theils in Ansehung der Königl. Pächter, welche in ihren Privat - und Justizsachen unter dem Königl. Hofgerichte b), in Sachen, die Polizey, die Oekonomie und Kammerwesen betreffend, unter der Königl. Regierung sortiren c); theils in Ansehung landfriedbrüchiger, Ehre und Glimpf, adeliche und vornehme Personen betreffender Sachen, welche vor das Königl. Hofgericht gehören. Peinliche Sachen scheinen zwar auch, nach der Hofgerichtsordnung, überall der Kognition der Amtsgerichte entnommen zu seyn, allein, der Praxi und andern landesherrlichen Verordnungen d) nach, werden sie in der Maasse behandelt, daß die Amtsgerichte die Generalinquisition, das Hofgericht aber die Specialinquisition führet, welches dann die Akten zum Spruch an eine Fakultät sendet, oder, nach neuern Verordnungen, in geringern Sachen selbst die Urthel spricht. Die Amtshauptleute sollen jährlich vier ordentliche allgemeine Gerichtstage, ausserdem aber so oft, als es die eingekommenen Sachen erfordern, Gericht auf dem Amtshause halten e). Sie haben sich in ihrem gerichtlichen Verfahren nach ihrer Instruktion, nach der Hofgerichtsordnung und nach andern Landesordnungen zu richten und die Appellationen gehen ans Königl. Hofgericht f). Von den Strafgefällen in den Amtsgerichten fallen zwey Theile Königl. Maytt. zu, welche, mit Vorwissen der Königl. Regierung und Kammer, zum Bau und Reparation verfallener Kirchen, zur Stiftung von Armenhäusern und zur Unterhaltung armer Leute in den Aemtern angewandt werden sollen g).

a) Instruktion, nach welcher die Königl. Amtleute in Pommern (und Rügen) in ihrem Amt sich verhalten sollen. Stettin den 21 Jun. 1701. L. C. I. 974 — 989.

b) Instr.

*a*) Inſtr. §. IV. Hofgerichtsordn. Th. II. Tit. I. §. 10. Der Königl. Reg. Verordn. vom 24 Apr. 1657. L. C. IV. 805.

*b*) Hofgerichtsordn. a. a. O.

*c*) Königl. Reſolution vom 28 März 1776. L. C. IV. 894.

*d*) Der Königl. Reg. Beſcheid vom 2 Dec. 1699. L. C. III. 157.

*e*) Inſtr. §. V. —VII. Der Königl. Reg. Verordn. vom 10 April
1772. L. C. V. 282.

*f*) Inſtr. §. VI. Hofgerichtsordn. Th. II. Tit. I. §. 8

*g*) Inſtruktion. §. XIV.

### §. 7.

IV) In den Kontrakten iſt den Pächtern der Königl. Doma-
manialgüther die Wahl freygelaſſen, ob ſie die niedere Gerichtsbarkeit und Dienſtzwang über die Bauern und ſämtliche Einwohner der gepachteten Güther ſelbſt üben oder durch die Amtsgerichte
üben laſſen wollen. In dem erſtern Fall müſſen ſie mit Inziehung
einiger Beyſitzer und eines Juſtitiarii oder Notarii, auf eigene
Koſten und ohne alle Beſchwerung der Unterthanen, ordentliche
Gerichtstage halten und die dabey abgehaltenen Protokolle der Königl. Regierung jährlich einſenden, zugleich iſt auch den Juſtitia-
rien oder Notarien, welche bey dergleichen Gerichtstagen im Domanio gebraucht werden, bey wilkührlicher Beſtrafung aufgegeben
worden, jedesmal, ſobald dergleichen Gerichtstage geendiget ſind,
der Königl Regierung einen kurzen Bericht von der vorgeweſenen
Sache einzuſenden und dabei die Gründe der erfolgten Entſcheidung und wie ſie vollzogen worden anzuzeigen. In dem zweyten
Falle aber, da ſie die Gerichtsbarkeit nicht ſelbſt üben wollen, können ſie die Streitigkeiten der ihnen untergebenen königlichen Unterthanen an den allgemeinen Gerichtstagen in den Königl. Aemtern durch die Amtsgerichte ſchlichten laſſen, deshalb neulicher
Zeit verordnet worden, das ſie unausgeſetzt gehalten werden ſollen.

*a*) Normativ der Domanialkontrakte. §. IX. L. C. IV. 884. Der
Königl. Regierung Verordn. vom 10. Apr. 1772 und vom 29 Dec.
1777. L. C. V. 282. und 296.

### §. 8.

**V.) Das akademiſche Gericht im Amte Eldena.** In demſelben führet der Univerſitätsſyndikus, Namens des Rektors und des Konciliums, mit Beytritt des Amtshauptmanns und des Amtsnotarii, die Direktion. Bey groſſen Exceſſen und Laſtern, welche an Leib, Leben und Ehre, oder mit einer groſſen Geldbuſſe zu beſtrafen ſind, wie auch in Civilſachen, welche über hundert Gulden an Werth betragen, iſt der Univerſität ſelbſt die Erkennt- niß vorbehalten, die der Rektor, nachdem der Syndikus die Ak- ten eingeſandt, von der Juriſtiſchen Fakultät abfaſſen läſſet und publiciret, oder es wird auch wohl in ſolchen Fällen ein ordentliches Mitglied dieſer Fakultät dem Amtsgerichte zugeordnet, das dann das Direktorium führet. Die Brüche und Strafgefälle fallen in die akademiſche Kaſſe, und die Appellationen gehen wie von den Königl. Amtsgerichten, an das Königl. Hofgericht a). Von dieſer der Univerſität im Amte Eldena zuſtehenden völligen Ge- richtsbarkeit iſt doch bey der Dotation mit dieſem Amte der Fall ausgenommen worden, da Fremde, die keine Amtsunterthanen oder im Amte anſäßig ſind, im Amtsbezirke delinqviren, als welche zwar vom Amtsgerichte eingezogen, aber auch gleich ans Hofgericht abgeliefert werden, das ſie, auf geſchehene Anzeige, anzunehmen, und die Unterſuchung zu betreiben hat b).

*a*) Viſitat. Receß von 1775. §. 25. Inſtruktion für den akademi- ſchen Syndikus § 12. L. C. V. 128. 171.
*b*) Dotations Inſtrument vom 9 Oct. 1634. L. C. II. 847. 849.

### §. 9.

**VI.) Die Lehnsgerichte des Adels über ihre After- lehnsleute.** Nur das einzige Gräfliche Haus Putbus hat jetzt nur noch im Schwediſchen Pommern Afterlehnsleute an den von Barnekow zu Eithwiz, von Normann zu Tribberaz und von der Lanken zu Woſtewiz, welche ſeiner Gerichtsbarkeit in bür- gerlichen und peinlichen Sachen in erſter Inſtanz unterworfen ſind, wie die Landesfürſten zwar ſelbſt anerkannt haben, aber doch der

Konkur-

konkurrenten Jurisdiktion und daher entſtehenden Prävention nicht
gänzlich, beſonders in Fällen, wo eine Konnexitas oder Conti-
nentia Cauſſae vorhanden, begeben wollen a). Die Beſetzung eines Afterlehnsgerichtes geſchiehet durch den Lehnsherrn, mit einem
Lehnsrichter, einigen Beyſitzern und einem Notarius, wobey nach
dem Mann- und Lehnsrechte verfahren werden muß b). Die Appellationen von demſelben gehen, nach Beſchaffenheit der Sachen,
entweder an die Königl. Lehnskanzley oder an das Königl. Hofgericht.

a) Landesherrliche Reverſalen vom 30 Aug. 1578. Num. II. L. C.
    I. 736. L. T. A vom 30 Aug. 1578. — „Wenn auch Streit
    „über die After-Lehn-Leute ſeyn ſollte, wollen ſich J. F. Gnaden
    „der Cognition nicht anmaſſen, nur allein, daß die Gerichte mit
    „tauglichen Perſonen beſtellet und die Juſtice nicht protrahiret wer-
    „de; beträfe es aber die Lehn nicht, ſondern Schuldſachen, und
    „der After-Lehnmann und etliche Güther unter J. F. Gnaden
    „hätte und wieder dieſelbe im Fürſtl. Hofgericht geklaget würde,
    „ſo könnte die Sache alba, ſo aber für den Lehnmann Klage ange-
    „ſtellet, auch alba decidiret werden und würde dißfalls ex Jure
    „communi die praeveniens gelten, für wem erſt geklaget, item,
    „wenn ein After-Lehnmann Confidejuſſor wäre, würde propter
    „continentiam die Sache am Hofgerichte erörtert werden müſſen“.
    L. T. A. vom 8 März. 1608. — „So haben auch die von der
    „Ritterſchaft für ihre After-Lehn-Leute und andere Unterthanen,
    „die in erſter Juſtanz für ihnen zu Recht zu ſtehen ſchuldig, ge-
    „wiſſe Perſonen ihres Mittels zur Adminiſtration der Juſtice zu
    „verordnen und in ſolcher erſten Inſtance mit Verabſcheidungen
    „und ſonſten gute Richtigkeit zu halten ſich anerboten, wie wir
    „dann auch die, für die erſte Inſtance gehörige Sachen, ehe die-
    „ſelben per viam Appellationis aut protractae vel denegatae ju-
    „ſtitiae ans Hofgericht gewachſen, nicht avociren wollen.“ —
    Fürſtl. Reſolution vom 8 März 1616. — „Imgleichen können
    „wir uns auch, da wir über der von Adel After-Lehn-Leute con-
    „currentem jurisdictionem haben, der Prävention, die wir uns
    „im Landtags-Abſchied zu Paſewalk den 30 Aug. 1578 vorbe-
    „halten, keinesweges begeben —“. S. Friedensberg Pract. Fo-
    rens. Cap. XIX. §. 3. S. 179.

b) Der Königl. Regierung Dekret vom 16 Oct. 1723. In von Bal-
    thaſars Nachricht von Landesgerichten. S. 306.

### §. 10.

VII.) Von der Verfassung der städtischen Gerichte habe ich schon im ersten Hauptstücke §§ 59, 86, 104, 125, 140, 151, 165. 177, 185, 190, 194, 199, 205 und 212, im ersten Theil S. 92, 146, 177, 193, 202, 209, 218, 228, 232, 236, 239, 241, 246 und 251 hinlänglich gehandelt.

### §. 11.

VIII.) Das akademische Gericht. Die Universität Greifswald übt die ihr verliehene völlige Gerichtsgewalt über alle ihr Zugehörige und Verwandte, über deren Frauen, Kinder, Wittwen und Bedienten, in bürgerlichen und peinlichen Sachen, durch die Juristische Fakultät, besonders den jedesmaligen Dechant derselben aus, jedoch wird alles im Namen des Rektoris und des Konciliums publiciret und vollzogen. Die Appellationen von diesem Gerichte gehen unmittelbar an das Königl. Hohe Tribunal zu Wismar. In peinlichen Fällen wird ein ordentliches Gericht von mehrern Mitgliedern des Konciliums, unter der Direktion des Dekans der Juristen Fakultät, niedergesetzet. Die Gerichtsbarkeit über die Studierenden übt der jederzeitige Rektor mit dem Universitätssyndikus, nur in wichtigeren Fällen wird die Meynung der Senioren der vier Fakultäten eingeholet, und überall keine Appellationen, als an den Kanzler der Universität, verstattet.

Gesetze für die Studierende auf der Universität zu Greifswald. 1774. 4. l. C. V. 138-157.

### §. 12.

IX.) Die Königl. Holz- Jagd- Accise- Konsumtions- Post- und Licent - Gerichte werden nur bey vorgefallenen Unterschleifen und Defraudationen der Königlichen Gefälle angeordnet und gehalten.

a) In

a) In den Holz- und Jagdgerichten präſidiret der Königl. Oberjägermeiſter, dem der Amtshauptmann des Amts, worinn der Schade geſchehen, der Jagdfiſkal, als Juſtitiarius, und
ein Notarius zugeordnet wird a). Es erſtrecket ſich aber die Gewalt dieſes Gerichts nur über Amtsunterthanen und Einwohner;
Wenn andere adeliche und vornehme Perſonen oder ſtädtiſche Bürger ſich in dieſem Punkte vergehen, müſſen ſie vom Jagdfiſkal
vor ihrem ordentlichen Gerichtsſtande belanget werden b). Die
Appellationen von dieſem Gerichte gehen an das Königl. Hofgericht.

　　1. Renovirte Heide- Holz- Maſt- und Jagdordnung
vom 22 May 1709. L. C. III. 945-972.
　　2. Inſtruktion für den Jagdfiſkal vom Jahr 1732.
L. C. III. 161.

b) Die Acciſegerichte jeden Ortes, wo Defraudationen
vorgefallen, beſtehen aus dem Oberacciſe-Inſpektor, der, wenn
er gegenwärtig iſt, das Präſidium führet, aus dem Acciſe-In-
ſpektor, der in Abweſenheit des Oberinſpektors präſidiret, aus einer Magiſtratsperſon des Orts, die das Gericht dirigiret, oder,
in Fällen, wo Königl. Amtsunterthanen und Einwohner beſprochen werden müſſen, der Königl. Amtshauptmann, und aus einem Notario. In Stralſund tritt auch der Acciſe-Kontrolleur
dem Gerichte bey. Kann man ſich in dieſem Gerichte über einen
gemeinſchaftlichen Schluß nicht vereinbahren, ſo gehen die Pro-
tokolla und Vota an die Königl. Regierung zur Entſcheidung c).

　　Trank- und Scheffel-Steuer Ordnung vom 17 Jun.
1721. N. S. 49-58.

c) Gleichmäßig werden auch die Konſumtionsgerichte
von dem Oberinſpektor oder Inſpektor eines jeden Orts mit Zuziehung einer Magiſtratsperſon, des Konſumtionskontrolleurs und
eines Notarii gehalten d). Die Appellationen von beyden Gerichten gehen an die Königl. Regierung.

　　　　　　　　Königl.

Königl. Schwedisch - Pommersche renovirte Konsumtions - Steuer - Ordnung vom 3 May 1734. N. G. 336-362.

d) Die Postgerichte werden von dem Postdirektor oder von dem Postmeister des Orts, zwey Magistratspersonen und einem Notarius gehalten. Die Appellationen gehen an den Generalpostdirektor und das Königl. und Reichs Kanzley Kollegium in Stockholm e).

e) In dem Licentgerichte in Stralsund sitzt der Oberlicentinspector, der Oberaccise- und Konsumtionsinspektor, der Licentverwalter, der Konsumtions- und Packhausinspektor, ein Mitglied des Magistrats und ein Notarius. In den Licentgerichten der übrigen Seestädte, der Licentverwalter jeden Orts, eine Magistratsperson und ein Notarius. Die Appellationen von diesen Gerichten gehen ans K. H. Tribunal zu Wismar f).

S. K. Maytt. zu Schweden renovirte und verbesserte Licent-
und Segelations-Ordnung in Pommern vom 15 Nov. 1733.
N. G. 303 — 330.

a) Heideordn. Tit. X. §. 1. Instruktion für den Jagdfiskal. §. III.
b) Heideordn. Tit. X. §. 2. Hofgerichtsordn. Th. II. Tit. 1. §. 3. 10.
c) Trank- und Scheffelsteuerordn. Kap. IV. §. 7. 8. Rescr. der Königl. Regierung vom 8 Oct. 1749. L. C. V. 287.
d) Konsumt. Steuerordn. Num. XVII.
e) Königl. Verordn. vom 8 Jan. 1704. Num. XIV. und Auszug aus den Postordnungen vom 12 März 1709. Num. XII. L. C. III. 1035 und 1041.
f) Königl. Verordn. vom 22 Nov. 1688. und vom 22 März 1692. L. C. III. 165. 167. der Königl. Reg. Rescr. vom 20 März. 1734. L. C. III. 168. Des Königl. Kommerz Kollegii Rescr. vom 26. Sept. 1739. L. C. III. 170. V. 285.

## §. 13.

I. A. *Helvigii* Diss. de Foro Militari. Gryphisw. 1726. 4.

X.) Die

X.) Die Königl. Kriegsgerichte der hier in Besatzung stehenden Truppen. Alle Militairpersonen, Generale, Officiere, Unterofficiere und Gemeine, welche würklich noch in Kriegsdiensten, oder, wenn sie auch daraus bereits entlassen worden, doch des vorhergehenden Dienstes wegen noch in Ansprache genommen werden, haben mit ihren Frauen, Kindern und Domestiken ihr Forum Privilegiatum vor den Königl. Kriegsgerichten. Diese werden in Unter- oder Regiments- und in Ober- oder General-Kriegsgerichte abgetheilet. Zum Regiments-Kriegsgerichte werden, unter dem Vorsitze eines Regimentsofficiers, zwey Kapitains, zwey Lieutenants, zwey Fähndriche, zwey Feldwebel, zwey Sergeanten, zwey Führer und der Regimentsauditeur, zusammen drenzehn Personen; zum General-Kriegsgerichte aber eine Generalsperson als Präses, einige Obristen, Obristlieutenants und andere Officiere nebst einem Ober- oder Generalauditeur verordnet.

Vor dem General-Kriegsgericht gehören: Beleidigungen der Königl. Majett. Verrätherey und Korrespondenz mit den Feinden, Schmähungen und Injurien gegen Generale und andere hohe Officiere, Anklagen eines Obristen oder anderer hoher Officiere auf Leib, Leben oder Ehre, Fehler und Vergehungen ganzer Kompagnien, Bataillons und Korps, und Streitigkeiten zwischen Gemeinen und Officiers, wenn das Untergericht in besondern Fällen aus Ursachen nicht darüber urtheilen kann. Alle übrige Sachen, welche im gemeinen Leben und Wandel vorfallen, es mögen bürgerliche oder peinliche Sachen seyn, nur Konsistorialsachen ausgenommen, als welche vor das Königl. Geistliche Konsistorium gehören, werden vom Untergerichte abgemacht und vollzogen, wenn keine Appellationen eingelegt worden, welche in dem Fall an das Ober-Obergericht verstattet werden, wenn die Sache den Werth von zwenhundert Daler Silbermünze übersteiget a). Advokaten welche bey dem Königl. H. Tribunal, bei der K. H. Regierung oder beim K. Hofgerichte immatrikulirt sind, müssen auch bey den Königl. Kriegsgerichten zur Vertretung der Partheyen zugelassen

werden

werden b). Diese Gerichte sprechen nach den Kriegsartikeln, nach der Kriegsgerichtsordnung und nach dem Schwedischen Gesetzbuche. Zur Bewachung der Kriegsgeseze und Ordnungen ist ein Kriegsfiskal auf dem pommerschen Staat angeordnet c). In Kriminalfällen werden keine ordentliche Appellationen verstattet, wichtige Vorkommenheiten dieser Art aber gehen an das General-Kriegs- und Leuterationsgericht nach Stockholm. In Fällen, wo Militairpersonen mit Bürgerlichen in Rechtshändeln verwickelt sind, werden vermischte Gerichte angeordnet, da nemlich gegenseitig dem Kriegsgerichte eine Obrigkeitliche Person des Bürgers und dem bürgerlichen Gerichte ein Officier zugeordnet wird, die doch beyderseits in solchen Gerichten keine Stimmen haben d).

In Ansehung des gegegenseitigen Verhältnisses der bürgerlichen und militärischen Gerichtsbarkeiten sind sonst noch folgende Punkte zu merken: 1) Ueber Officiers und Gemeinen, welche des Dienstes entlassen sind, haben die Kriegsgerichte weiter keine Gerichtsgewalt, sondern sie gehören unter der bürgerlichen Obrigkeit; 2) Kriegspersonen, die im Lande Güther besitzen oder erwerben, stehen in Ansehung dieser Güther unter dem Königl. Hofgerichte oder sonstigem Gerichtsstande derselben; 3) Wenn sie in fremder Jurisdiktion delinqviren, müssen sie dem Kriegsgerichte ausgeliefert werden, und eben so sind die Civilpersonen, die bey öffentlichen Unruhen von der Wache ergriffen werden, an ihre Behörde abzuliefern; 4) Wer vor seinem Gerichtsstande eine rechtshängige Sache hat und mitlerweile in Kriegsdiensten gehet, muß seine Sache dennoch vor demselben ausmachen; 5) Bürger, welche vor dem Kriegsgericht als Zeugen vorgeschlagen werden, müssen sich vor demselben einstellen und ihr Zeugnis ablegen, gleichmässig müssen auch Militairpersonen sich dazu vor bürgerlichen Gerichten sistiren; 6) In Sachen gewaltsamer Werbungen, in Einqvartierungs-und anderen Sachen, die sich auf Polizey und öffentliche Angelegenheiten beziehen, erkennt die Königl. Regierung e).

1) Königl. Kriegs-Gerichtsordnung vom 2 Märj 1682. L. C. III. 171 — 191.

2) Gr.

2) Sr. Königl. Maytt. Verordn., welchergeſtalt es bey den General - und Regimentsgerichten unter Dero Miliz gehalten und was dabey in Acht genommen werden ſoll, nebſt einigen Regeln, welche bey ſelbigen Gerichten, den gerichtlichen Proceß, die Unterſuchung und das Urtheil betreffend, zu obſerviren und zu beobachten ſeyn. D. D. Stockholm den 2 März 1682. L. C. 191 — 200.

a) Verordnung wie es bey Kriegsgerichten zu halten. §. 1 — 13.

b) Reſcript der K. Regierung vom 11 Nov. 1754. und Ordre des ſtralſundiſchen Kommendanten an die Regimentschefs vom 20 Nov. 1754. L. C. V. 290.

c) Königl. Reſolution wegen Beſtellung eines Kriegsfiſkals auf dem pommerſchen Staat vom 10 Nov. 1756. L. C. V. 291.

d) Königl. Reſolutionen vom 24 Dec. 1684. L. C. I. 880. und vom 13 Jun. 1707. L. C. III. 228.

e) Königl. Verordnungen vom 10 April. 1669. und vom 30 Apr. 1681. Der Königl. Kommiſſarien Schreiben an den Kommendanten in Stralſund vom 17 Nov. 1785. L. C. III. 1291. 1294. Königl. Reſolut. vom 3 Febr. 1692, der Königl. Reg. Reſcr. vom 13 Jun. 1707, des K. H. Tribunals Reſcr. vom 12 Febr. 1723, Königl. Reſol. vom 6 und 20 März 1723, L. C. III. 227 — 231.

## §. 14.

XI.) **Das Landvogteygericht auf Rügen.** Es iſt uralt, wie ſich aus dem Rügianiſchen Landgebrauche erſehen läßt und hat von Alters her ſeinen Siz zu Bergen gehabt. Es iſt auch zu ſchwediſchen Zeiten beybehalten und beſtätiget worden a), die ſieben oder nachherigen vier Garbvogteyen oder Niedergerichte, worunter die ganze Inſel in den älteren Zeiten vertheilet war, ſind aber ſchon ſeit dem Anfange des vorigen Jahrhunderts eingegangen und nicht wieder eingerichtet worden, ungeachtet es in der Regimentsform verſprochen war. Dieß Gericht beſtehet aus dem Königl. Landvogt und einem Sekretär. Zu der Stelle eines Landvogts ſoll allemal ein eingebohrner Rügianiſcher von Adel, der der dortigen Gebräuche wohl kundig iſt, genommen werden. Im

Jahr 1699 ward sie mit der Rügianischen Amtshauptmannsstelle verbunden, aber auch im Jahr 1720, auf Vorstellung der Ritterschaft, wieder davon getrennet b). Das Landvogteygericht übt die landesfürstliche Gerichtsgewalt, theils in der ersten Instanz über den Adel in Rügen, theils gehen in der Appellationsinstanz die in den Patrimonial-Amts-und Stadtgerichten abgeurtheilten Sachen dahin, nur daß das Königl. Hofgericht konkurrente Jurisdiktion mit dem Landvogteygerichte hat und sowohl einige Adeliche Geschlechter von seiner Gerichtsbarkeit durch besondere Privilegien überall befreyet, als auch einige Sachen von seiner Kognition ausgenommen sind. Die eximirten Familien sind: die Grafen und Herren zu Putbus; die Platen zu Venz und Gurtiz; die Normann zu Jarniz; die Krassow zu Pansevitz und Veikvitz; die Barnekow zu Ralswieck; die Grafen Brahe zu Spiecker; die von der Osten; der Besitzer von Libbow; die von der Lanken; die Bohlen zu Laase und von Rahlden zu Silmeniz. Die eximirten Sachen sind: Bruch des Landfriedens; Peinliche Sachen des Adels; Aussteuersachen der adelichen Wittwen und Jungfern und Adjudikation der Lehne. Das Landvogteygericht soll sich nach dem Rügianischen Landgebrauche richten, in sofern derselbe noch in Observanz ist, übrigens dient ihm die Instruktion des Landvogts c), und die Hofgerichtsordnung zur Norm des gerichtlichen Verfahrens.

a) Regimentsform vor 1663. Tit. II. und XI. L. C. I. 363. 372. Komm. Receß von 1663. Num. V. L. C. I. 386. Ritterschaftl. Privilegien von 1720. N. G. 17.

b) Königl. Resolut. vom 19 Dec. 1720. Num. XVII. L. C. I. 1104.

c) Instruktion des Landvogts in Rügen vom 14 May. 1721. L. C. III. 155.

### §. 15.

XII.) Das Königl. Gesundheits Kollegium, von dessen medicinischer Verfassung ich bereits im ersten Theile dieses Werks gehandelt habe a), kommt auch hier als ein Landesgericht

in

in Betrachtung, da alle zum Medicinalwesen gehörige Personen, ihrer Amtsverwaltung wegen, unter seiner Jurisdiktion gehören. Wer nemlich diese Personen ihres Amtes wegen zu besprechen hat, kann es entweder vor diesem Kollegio oder vor ihrer ordentlichen Obrigkeit thun. Im erstern Fall ist diese, auf Erfordern des Gesundheitskollegii, im letztern aber von selbst verbunden, die Sache zu untersuchen und die Untersuchungsprotokolle dem Kollegio einzusenden, das dann entscheidet und die Bewerkstelligung des Spruchs der ordentlichen Obrigkeit des Beklagten überläßt. Alle Streitigkeiten über die Belohnung der Medicinalpersonen für ihre Bemühungen, wie auch zwischen Aerzten, Wundärzten, Apothekern und Patienten über den Werth der gegebenen Arzneyen hängen allein von der Entscheidung des Gesundheitskollegii ab, und die Obrigkeit des Beklagten ist schuldig, seine Urtheln zu vollstrecken. Ausser der Restitutionsinstanz beym Kollegio selbst, können die durch seine Aussprüche sich beschwert Findenden in Dingen, wo es auf kunstmässige Beurtheilung des medicinischen Verfahrens ankomt, die Entscheidung einer auswertigen medicinischen Fakultät verlangen, in allen andern Fällen aber sich, nach Bewandnis der Umstände, an die Königl. Regierung oder an das Königl. hohe Tribunal wenden *b*).

Königl. Medicinalordnung für Schwedischpommern und Rügen vom 7. Dec. 1779. §. E. V. 552 — 563.

*a*) Hauptst. II. §. 18. III. S. 297. ff.

*b*) Medicinalordn. Kap. I. §. 14 — 19.

## §. 16.

XIII.) Das Königl. Geistliche Konsistorium. Es ist im Jahr 1563 errichtet und hat seinen Sitz beständig in Greifswald gehabt. Nach dem Tode Herzog Bogislavs XIV. legte der damalige Generalsuperintendent, Berthold von Krakeviz, seine Stelle nieder, weil der Churfürst von Brandenburg sein Misvergnügen über die im Lande angeordnete Provisonalregierung den

den zu erkennen gab und es in der Folge zu ahnden brohte, und das Konsistorium blieb, wie andere Landeskollegien, bis ins Jahr 1642 geschlossen, da sie von der Interimsregierung wieder eröfnet wurden. Während dieses Zeitpunkts besorgte das Stettinsche Konsistorium die kirchlichen Angelegenheiten auch im Herzogthume Wolgast. Bey der ersten Einrichtung des Landes zu Schwedischen Zeiten hegte man anfänglich die Meynung, zwey Konsistorien, zu Stettin und Greifswald, einzurichten, da denn das Stettinische als ein Ober oder Generalkonsistorium anzusehen seyn sollte, allein man ließ diese Ideen fahren, hob das Stettinsche ganz auf, ungeachtet die Stände aus den stettinschen und hinterliegenden Kraisen es ungerne sahen, und behielt das Greifswaldische allein bey. In der Folge ward denn doch im Jahr 1700, auf dieser Stände unablässiges Anhalten, weil sie durch die Entlegenheit von Greifswald sehr beschweret wurden, dem Greifswaldischen Konsistorio nachgegeben, in Stettin einige Subbelegirten als beständige Kommissarien zum Unterkonsistorio zu konstituiren a).

Dieß Gericht wird besetzt mit dem Generalsuperintendenten, mit einem Direktor, mit einem geistlichen und einem weltlichen Assessor, denen ein Sekretär, ein Bothe und ein Pedell zugeordnet ist. Sämtliche Glieder desselben werden von Königl. Maytt. bestellet und berufen b). Sie sind bisher alle aus der Universität genommen worden, wiewohl der Landesfürst berechtiget ist, die Weltlichen entweder von Hofe aus zu bestellen, oder aus der Universität zu nehmen c). Den Sekretär beruft das Königl. Konsistorium mit Vorwissen und Einwilligung der Königl. Regierung, den Bothen und Pedellen aber nimmt es für sich allein an.

Der jederzeitige Generalsuperintendent ist Präses dieses Gerichts: Ihm gebühret die Aufsicht über sämtliche Mitglieder desselben und dafür zu wachen, daß sowohl sie ihre Aemter nach Vorschrift der Kirchenordnung und Konsistorialinstruktion treulich und mit Fleiß verwalten, als daß auch allen sektirischen Meynungen, Aergernissen und übeln Händeln zeitig gewehret und Sünden, Laster, Uebelthaten und Skandale vom Konsistorio zur geziemenden

menden

menden Animadverſion gezogen werden. Er hat das Konſiſtorial-
ſiegel in Verwahrung und dahin zu ſehen, daß es nur ſolchen Verordnungen vorgedrukt werde, welche im Rath beſchloſſen, oder,
wenn ſie bloß die Direktion des Proceſſes betreffen, vom Direkto-
re erkannt worden. Iſt er abweſend, ſo nimmt der Direktor das
Siegel in Verwahrung d).

Der Direktor, welches gewöhnlich das älteſte rechtsgelahrte
Mitglied iſt, führet die Direktion der Proceſſe, ſorgt daß die Ju-
ſtiz allen und jeden ohne Anſehen der Perſonen adminiſtriret und
keinem das Recht verſaget oder verzögert werde; Er verabſcheidet
auf eingekommene Sachen, ſo weit ſie bloß den Lauf des Proces-
ſes betreffen oder nicht von ſonderlicher Wichtigkeit ſind, andere
Sachen aber trägt er im Rathe mit ſeinem Bedenken vor, und
faſſet den Beſcheid nach der Meynung der Konſiſtorialien ab.
Auch ſorget er für den richtigen Betrieb aller Kanzleygeſchäfte e).

Der beym Königl. Hofgerichte angeſetzte Advokatus Fiſci
betreibt auch beym Konſiſtorio, als deſſelben Prokurator, die in
ſein Amt einſchlagenden Geſchäfte f), und die beym Königl.
Hofgerichte immatrikulirten Advokaten werden auch vor dem Königl. Geiſtlichen Konſiſtorio zugelaſſen, doch kann es auch ſelbſt
welche annehmen g). Es hält wöchentlich einmal Sitzungen.

Die Jurisdiktion dieſes Gerichts erſtrekt ſich über die ganze Provinz und begreift ſowohl alle zum Kirchenſtaat gehörigen
Perſonen, als alle geiſtlichen und Kirchenſachen, ohne Unterſchied
der Perſonen, welche ſie betreffen, ſie ſeyn geiſtlich oder weltlich,
unter ſich h).

In Anſehung der Perſonen ſtehen 1) Alle Geiſtliche
und zur Geiſtlichkeit gehörige Perſonen, als Prediger, Küſter
und Schuldiener mit ihren Frauen und Kindern, welche ſich noch
bey ihnen aufhalten, ohne Unterſchied der Sachen, auch in weltlichen und bürgerlichen Dingen, unter demſelben i); 2) Ihr Ge-
ſinde und Dienſtboten aber, Prieſter-Koloni, Einlieger in Kir-
chenbuden und Kathen, ſowohl in den Städten als auf dem Lande, Bewohner von Kapellenſtellen und deren Hausgenoſſen unter

der orbentlichen Ortsobrigkeit *k*); 3) Andere Kirchenbiener, als Provisoren, Organisten, Kalkanten, Kuhlengräber u. dgl. stehen nur, soweit die Sache ihre Kirchenämter und deren Verwaltung betrift, ober, wenn sie bloß Kirchenbiener sind, in Kirchenhäusern wohnen und in keiner bürgerlichen Pflicht und Nahrung stehen, unter der Jurisdiktion des Konsistorii, in allem Uebrigen aber unter der orbentlichen weltlichen Obrigkeit *l*).

In Ansehung der Sachen gehören für dieß Gericht: 1) Alle die Religion, Kirchen und Kirchenceremonien, irrige Lehrmeynungen, Uebertretung der Kirchenordnung und Agende, Stöhrung des Gottesdienstes, Begräbnisse u. dgl. betreffende Sachen; 2) Alle Matrimonialsachen; 3) Alle Stiftungen zum Besten der Kirchen, Hospitalien und andern milben Sachen; 4) Die Hebungen der Kirchen, Prediger, Küster und Schulbiener an Zehnden, Meßkorn und anderen Gefällen *m*). Auch Militairpersonen sind, so wie die Feldprediger, in Kirchen-Ehe- und andern Konsistorialsachen seiner Jurisdiktion unterworfen, so lange sie hier im Lande in Besatzung stehen, und werden von ihm unmittelbar vorgeladen, sie werden aber nach der Schwedischen Kirchenordnung gerichtet, die zu dem Ende auf Königl. Befehl ins Teutsche übersetzet worden *n*).

Dagegen sind von seiner Kognition ausgenommen: 1) Alle peinliche Strafen, welche es der weltlichen Obrigkeit überlassen muß *o*); 2) Alles was Jura Fisci betrift, die es dem Hofgerichtsfiskal gehörigen Orts zu betreiben aufgiebt *p*); 3) Das Jus Decimandi, wovon es bey vorkommenden Fällen der Königl. Regierung, zur weiteren Verfügung, Bericht zu erstatten hat *q*): 4) Alle Kirchen und Konsistorialangelegenheiten der Stadt Stralsund und ihrer Einwohner, als welche ihr eignes städtisches Konsistorium hat *r*); 5) „Wichtige geistliche Sachen, „besonders wenn sie zu öffentlichen großen Aergernissen, Aufwie- „gelungen und Zerrüttungen im Gottesdienst, in Kirchen und „Schulen anläßig, oder wenn sie zu einiger Veränderung in der „Lehre, Ceremonien und gemeinem Kirchenwesen gereichen kön-

„nen

„nen, imgleichen wenn darunter publica Cauſa oder Präjudicium
„Juris Episcopalis verſiret, alſo Königl. Maytt. als des Landes
„hohe Obrigkeit vornemlich mit betreffen, ſollen, vor weiterem
„Vornehmen, an die Königl. Regierung gemeldet, dabey alles,
„was ſich dabey befindet und eräuget, referiret und ihr Bedenken
„mitgenommen werden " ſ).

Zur Norm dienet dem Konſiſtorio hauptſächlich die Kirchenordnung, Kirchenagende und Konſiſtorialinſtruktion, beſonders iſt ihm im zweyten und dritten Theil der Inſtruktion und den
darauf ſich beziehenden Viſitationsreceſſen von 1703 und 1775
die Art ſeines gerichtlichen Verfahrens vorgeſchrieben.    Auſſerdem
iſt es in den zu rechtlichem Proceß vor ihm erwachſenen Streitigkeiten auf die Hofgerichtsordnung verwieſen und ſie in Konſiſtori-
alproceſſen nach Unterſchied der Sachen zu befolgen ſchuldig ſ).
In Anſehung der Vollſtreckung der Urtheln und Mandaten iſt
feſtgeſetzet, daß es wieder Parthen, die unmittelbar unter Königl.
Maytt. Jurisdiktion ſtehen, auch unmittelbar procediren und man-
diren ſolle; in Anſehung ſolcher Partheyen aber, die entweder in
den Städten oder auf dem Lande unter einer andern Obrigkeit ge-
ſeſſen ſind, dieſen die Vollziehung der Urtheln aufzugeben habe,
wieder welche der Fiſkal ſeines Amts zu pflegen hat, wenn ſie darinn nicht geleben wollen t).

Die Appellationen von den Ausſprüchen des Königl. Geiſtlichen Konſiſtorii gehen an das Königl. Hohe Tribunal zu Wismar, ſie müſſen aber innerhalb vier Wochen dem Konſiſtorio angezeigt und um Verſendung der Akten gebeten werden u). Viſitationen dieſes Gerichts ſollen alle drey Jahre und auf eben die Art,
wie beym Königl. Hofgerichte, angeſtellet werden v).

1) Kirchenordnung im Lande zu Pommern.    Stralſund
und Greifswald. 1731. Fol.

2) Kirchen Agenda, das iſt, Ordnung der Heiligen Kirchen = Aemter und Ceremonien, wie ſich die Pfarrherrn, Seel-
ſorger und Kirchendiener in ihrem Amt verhalten ſollen.
Stralſund und Greifswald. 1731. Fol.

3) Sr.

3) Sr. Königl. Majet. zu Schweden Consistorial = Instruction, in Dero Herzogthum Vorpommern und Fürstenthum Rügen, vom Jahr 1681 nebst den Visitations Abschieden von 1707 (1703) und 1775. Stralsund. 1775. Fol.

*a*) Königl. Resol. vom 1 März 1655. Num. III. L. C. I. 821. Der Königl. Reg. Rescr. vom 14 May. 1657. L. C. III. 138. Des Königl. Konsistorii General Kommissorium für die Subdelegirten des Königl. Konsistorii in Stettin vom Jahr 1700. L. C. III. 143.

*b*) Konsistor. Instr. Th. I. Kap. 1.

*c*) K. O. Th. III. Tit. Von Consistoriis. S. 31.

*d*) K. J. Th. I. Kap. II.

*e*) K. J. Th. I. Kap. III.

*f*) K. J. Th. II. §. 8. Receß von 1703. Num. 17. §. II. Receß von 1775. Num. 20. Der Königl. Kommission Resolut. vom 30 März 1681. Num. VII. L. C. III. 140. Instruktion für den Hofgerichtsfiskal vom 3 Febr. 1723. L. C. III. 111.

*g*) K. J. Th. III. Kap. I. §. 8. Receß von 1703. Num. 25. Re: von 1775. Num. 27. Rescr. der Königl. Reg. vom 31 Jan. 1707. L. C. III. 147.

*h*) K. J. Th. II. §. 1. 2.

*i*) K. J. Th. II. §. 12. 13.

*k*) K. J. Th. II. §. 14 und Receß von 1775. Num. 22.

*l*) K. J. Th. II. §. 15. und Receß von 1775. Num. 23.

*m*) K. O. Th. III. Tit. Was für Sachen für die Konsistoria gehören. S. 33. Tit. Von Ehesachen. S. 42. K. J. Th. II. §. 4. 5. L. T. A. vom 10 März 1614. L. C. I. 627, vom 12 März. 1627. Num. III. L. C. I. 653. Des H. Tribunals Rescr. vom 2 Nov. 1723. L. C. III. 57. Fürstl Verordn. vom 13 May. 1636. Num. III. L. C. III. 136. Der K. Reg. Verordn. vom 26 Nov. 1670. L. C. III. 139.

*n*) Komm. Receß von 1663. L. C. I. 379. Königl. Verordn. vom 28 Sept. 1692. L. C. III. 141. Königl. Resol. vom 20 Nov. 1703. Num. XVI. L. C. II. 735. Der Königl. Reg. Rescr. vom 20 May 1706. L. C. III. 146. Königl. Resolutionen vom 29 Oct. 1753 und vom 8 Apr. 1754. L. C. III. 150. 151.

*o*) K.

o) K. O. Th. III. Tit. Von der Strafe der Kirchenpersonen. S.
34. K. J. Th. II. §. 8. 9. 10. Receß von 1703. Num. 17. 18.
19. und von 1775. Num. 18. 19. Rescr. der Königl. Reg. vom 31
Jan. 1707. L. C. III. 147.

p) K. J. Th. II. §. II. L. T. A. vom 10 März. 1614. Num. I. L. C.
I. 627. Der Reg. Rescr. vom 31 Jan. 1707. L. C. III. 147.

q) K. J. Th. II. §. 11. u. Receß von 1775. Num. 21.

r) S. Th. I. Hauptstück I. §. 48. VIII. und §. 59. L. S. 77. 92.

ſ) K. J. Th. II. §. 7.

ſſ) K. J. Th. III Kap. I. §. 10.

t) K. O. Th. III. Tit. Von Konsistoriis. S. 33. K. J. Th. III.
Kap. V.

u) K. J. Th. III. Kap. IV. Tribunalsordnung Th. II. Tit. 1. §. 15.
Eigentliche Appellationen vom Konsistorio waren in den ältern Zeiten nicht üblich, sondern wenn Jemand zu Beschwerden Ursache zu
haben vermeinte, konnte er sie dem Landesherrn schriftlich übergeben, der dann eine Revision anordnete. Zu solchen Revisions-
rathe wurden (nach der Kirchenordnung Th. III. Tit. Von Konsistoriis. S. 33.) zwey Caminsche Kapitularen, zwey aus der
Ritterschaft, zwey von Städten, zwey Räthe aus den andern Konsistoriis und zwey Hofräthe aus jeder Regierung erfordert. Weil
aber diese Einrichtung sehr beschwerlich war und zu grossen Zöge-
rungen Anlas gab, so ward es in den folgenden Zeiten üblich, daß,
wenn die Sachen die Kirchenordnung und Agenda, Veränderung
oder Zerrüttung in Lehre und Ceremonien, oder andere Publica jura und Interessen betrafen, alsdenn von dem Konsistorio an den
Landesherrn provociret und, was obberegtermaßen in der Kirchenordnung enthalten, observiret wurde. Wenn es aber allein Cau-
sas Privatas betraf und sich auf Klage und Urthel zwischen dem
Kläger und Beklagten bezog, ward die Appellation an das Fürstl.
Hofgericht verstattet, die Akten dahin vom Konsistorio eingesandt
und daselbst die Sache erwogen und darüber geurtheilet. (S.
Mevii Delineation der pommerschen Landverfassung. Kap.
XIII.) Bey der Landeseinrichtung zu Schwedischen Zeiten gab
dieser Punkt zu manchen Unterhandlungen Veranlassung, die in der
Königl. Resolution vom 1 März 1655 (Num. III L. C. I. 821.)
dahin entschieden wurden, daß die Appellationen vom Konsistorio
so lange ans Königl. Hohe Tribunal gehen sollten, bis ein Ober-
konsistorium für die Teutschen Provinzen errichtet seyn würde.

Da dieß aber nie zum Stande gekommen ist, so sind auch die Appellationen vom Konsistorii immer ans K. H. Tribunal bisher gegangen, obgleich der Klerus damals sehr mißvergnügt darüber
war, weil er es mit seinen Vorrechten streitig hielt, wenn er in
dieser Instanz unter einem völlig weltlichen Richter stehen sollte.
Allein Mevii Gründe (Part. IV. Decis. I.) behielten die Ober-
hand

c.) Visitationsreceß von 1775 am Schluße.

## §. 17.

**XIV.) Das Königl. Hofgericht zu Greifswald.** Es
ist ungefehr um das Jahr 1560 für das Herzogthum Wolgast und
Fürstenthum Rügen errichtet worden. Zur Zeit der eingebohrnen
Fürsten hatte es seinen beständigen Sitz, gleich dem Stettinschen,
am fürstlichen Hoflager selbst, ob es gleich verschiedentlich, besonderer Umstände wegen, auf eine Zeitlang nach einen andern Ort
verleget werden müssen, wie im Jahr 1583 wegen der Pest
nach Loitz und Eldena, und im Jahr 1642 nach Greifswald.
Bey der Vereinigung beyder Herzogthümer unter dem letzten Herzoge, nach dem Abgange des wolgastischen Hauses, wurden doch
beyde Hofgerichte, das Stettinsche und das Wolgastische, beybehalten und fielen beyde in den Antheil, welchen die Krone Schweden
durch den osnabrückschen Frieden an Pommern erhielt. Die
Stände aus den stettinschen und von Hinterpommern zugelegten
Distrikten wünschten zwar sehr, eben wie in Ansehung des
Konsistorii, daß entweder beyde Hofgerichte beybehalten, oder
auch das Wolgastische nach Stettin verlegt werden mögte,
allein man fand es zuträglicher, nur ein Hofgericht in der Mitte der Provinz zu haben und bestimmte deshalb Greifswald zum
Sitz desselben a). Demungeachtet warb es im Jahr 1665 aber-
mals nach Wolgast, wo damals der Sitz der Königl. Landesre-
gierung war, aber auch im Jahr 1680 wieder zurück nach
Greifswald verlegt, wo es auch seitdem verblieben und ihm im
Jahr 1705 der vormalige Probsteyenhof zu seinem beständigen
Sitz angewiesen und eingerichtet worden. In den Kriegszeiten,
im Jahr 1675 gieng es nach Stralsund, im Jahr 1711 die eine
Hälfte

Hälfte der Mitglieder nach Stettin, die Andere nach Stralsund, um von da aus, so weit es reichen konnte, die Justiz zu administriren, wie aber das Land in Jahr 1715 unter dänischer Both-
mässigkeit kam, weigerten die Hofgerichtsräthe sich, dänische Dienste anzunehmen, daher warb die Justizadministration der dänischen Landesregierung zugleich mit übertragen und in dem ganzen
Zeitraume der Dänischen Hoheit von ihr verwaltet.   Nach dem
Frieden warb das Hofgericht auf den vorigen Fuß wieder hergestel-
let und die vormaligen Hofräthen traten wieder ein.

Das Königl. Hofgericht wird jetzo besetzet mit einem Präsidenten, mit einem Direktor, mit zwey ordentlichen Assessoren,
mit zwey ordentlichen Referendarien, die doch in neuern Zeiten immer Assessorscharakter führen, und mit einem oder zwey extraordinairen Referendarien, welche aber keine entscheidende Stimme haben, außer in dem Falle einer Parität aa).   Zur Kanzley werden
bestellet, ein Protonotär, welcher zugleich die in neuern Zeiten ein-
gezogene Stelle des Sekretärs versiehet, ein Registrator und ein
Kanzellist; ein Exekutor, ein Viceexekutor, ein Kanzleydiener und
ein Kanzleibothe.   Ferner sind noch beym Hofgerichte angestellet
ein Advokatus Fisci, ein Adjunktus Fisci, sechs Prokuratoren
und eine unbestimmte Anzahl von Advokaten.   Der Direktor, die
Assessoren, die ordentlichen Referendarien, der Protonotär und der
erste Fiskal werden auf Vorschlag des Königl. Hofgerichts h), welchen die Königl. Regierung Königl. Maytt. mit ihrem Bedenken
vorlegt, vom Könige selbst, die extraordinairen Referendarien
aber, der Adjunctus Fisci, der Registator, der Kanzellist, der
Exekutor und Viceexekutor und der Kanzleydiener von der Königl.
Regierung bestellet.   Nur die Prokuratoren und den Bothen wählet das Hofgericht selbst.   Die Advokaten werden, nach vorherge-
gangener Prüfung, beym Königl. Hofgerichte immatrikuliret und
dadurch zu Führung der Rechtssachen autorisiret.   Jedes Mitglied
des Hofgerichts, es mag vorher in Bedienung gestanden haben
oder nicht, auch die extraordinairen Referendarien, muß vor der
würklichen Aufnahme eine Proberelation aus den ihm mitgetheil-

ten Akten leiſten und eidlich verſichern, daß er ſie allein und ohne jemandes Rath und Hülfe verfertiget habe.　Aus dieſer Relation wird vom Direktor und übrigen Aſſeſſoren mit ihm konferiret, und das darüber abgehaltene Protokoll mit einem Bedenken der Königl. Regierung eingeſandt c).

Der Preſident führte in älteren Zeiten das Präſidium im Hofgerichte, ſooft die Landesherrn ſelbſt darinn gegenwärtig zu ſeyn behindert waren d).　Unter Schwediſcher Hoheit hängt es von Königl. Maytt. Wohlgefallen ab, dieſe Stelle, nach den Bedürfniſſen des Landes, zu beſetzen oder nicht.　Wird ſie beſetzt ſo ſoll dazu ein Mann vom Grafen oder Ritterſtande genommen werden, welcher der Rechte, Sitten und Gewohnheiten des Landes völlig kundig iſt, der dann zugleich Sitz in der Landesregierung und die nächſte Stelle nach dem Königl. Generalſtatthalter hat.　Als Präſident des Hofgerichts ſoll er die Aufſicht darüber führen, an den öffentlichen Gerichtstagen ſich beym Gerichte einfinden und wichtige Angelegenheiten mit dem Direktor und Aſſeſſoren überlegen e).

Dem Direktor liegt ob, die Direktion aller Sachen, Proceſſe und Handlungen zu führen, die eingekommenen Sachen in den Rath zu bringen, darauf ſelbſt zu dekretiren oder dekretiren zu laſſen, die Akten zum referiren auszuthun, ſelbſt zu korreferiren, die beſchloſſenen Urtheln und Abſchiede ſelbſt abzufaſſen oder durch den Referenten abfaſſen zu laſſen, ſie dann im Rathe zu verleſen und zu publiciren, die Erkenntniſſe, Abſchiede und andere gerichtlichen Expeditionen zu unterſchreiben und zu unterſiegeln, deshalb er das Gerichtsſiegel in ſeiner Verwahrung hat, Einigkeit im Gerichte zu erhalten, die genaue Befolgung der Ordnung zu bewachen und über die Kanzley und das Archiv die Aufſicht zu führen f).

Das Königl. Hofgericht iſt die erſte Inſtanz, in bürgerlichen und peinlichen Sachen, für den Adel und andere Landeseinwohner, welche keiner andern Untergerichtsbarkeit unterworfen ſind, für alle königliche Bedienten, die kein beſonderes Forum Privilegia-

legatum haben und in Ansehung einiger Sachen, die seiner besonderen Gerichtsbarkeit vorbehalten sind.   Dann ist es aber auch
eine Ober- und Appellationsinstanz für alle bey den Untergerichten
im Lande abgesprochene Sachen, daher es in dieser Rücksicht die
nöthige Hülfe von allen unter ihm stehenden Gerichten durch Mandata erfordern, von den übrigen Gerichten aber, die ihm nicht untergeordnet sind, nur durch Subsidialen erhalten kann g).

Die Sachen, welche dem Hofgerichte in erster Instanz vorbehalten worden, sind: Bruch des Landfriedens, öffentliche Verbrechen, fiskalische Rechte des Landesherrn, Aussteuersachen adelicher
Wittwen und Jungfern, Sachen welche ganze Lehnstücke betreffen
und Repressalien gegen fremder Landesherrn Unterthanen und ihren Gütern h).

In Sachen des Fisci und wieder die Uebertreter allgemeiner
Landesgesetze und Ordnungen muß der Hofgerichtsfiskal oder sein
Adjunkt, nach Vorschrift der Hofgerichtsordnung und seiner Instruktion, verfahren.  Bey Betreibung solcher Angelegenheiten
wird ihm vom Direktor einer der Räthe zugeordnet, um ihm dabey mit Rath und Anleitung an Harp zu gehen i).

Das Königl. Hofgericht hält jährlich sechs solenne Gerichtstage, nemlich an jedem Mittwochen nach Fabian und Sebastian,
nach Okuli, nach Jubilate, nach Johannis, nach Aegidii und
nach Simon und Juda, an welchen die fertigen Urtheln publiciret
werden ii).  Ausserdem wird noch wöchentlich dreymal, am Dien-
stage, Donnerstage und Sonnabend vormittags, Rathsgang gehalten und die kurrenten Geschäfte betrieben k).  Die Ferien über, vom
12 Julius biß zum 24 August, von Weynachtabend biß zum
Sontage nach H. Dreykönige, die Woche vor und nach Ostern
und Pfingsten, wird das Hofgericht geschlossen, doch müssen auch
während derselben die Sachen, welche keinen Verzug leiden, von
den anwesenden Räthen betrieben und verabscheidet werden l).

Die Sachen, worinn Appellationen von den Untergerichten
an das Hofgericht zu erkennen und zu gestatten sind, müssen in der

Haupt-

Hauptsache einen Werth von fünfundzwanzig Reichsthalern haben, überdem hat das Königl. Hofgericht in Ansehung der Appellationen, die von städtischen Gerichten geschehen, dabey auf die Privilegien, Recesse und vom Landesherrn bestätigte Ordnungen derselben allemal Rücksicht zu nehmen. Die Appellationen von den Aussprüchen des Königl. Hofgerichts gehen an das Königl. Hohe Tribunal zu Wismar in Sachen, deren Gegenstand den Werth von zweyhundert Reichsthalern beträgt, jedoch ist dazu in Sachen armer Partheyen der Wehrt von fünf und zwanzig Reichsthalern, nach Beschaffenheit der Umstände, welche dargethan werden müssen, hinlänglich. Die Appellation muß innerhalb des Decendii geschehen, der Apellationseid vom Appellanten in Person abgestattet und der Proceß innerhalb drey Monaten beym K. H. Tribunal nachgesuchet werden. In Sachen von geringerem Belange findet die Querel statt *m*).

Zur Norm des Verfahrens dient diesem Königl. Gerichte die Hofgerichtsordnung nebst den Visitationsrecessen, und damit sie desto sicherer in Observanz erhalten und allen Abweichungen vorgebeuget werde, soll alle drey Jahre, um Johannis aus, eine Visitation des Gerichts von einem Mitgliede der Königl. Regierung mit Zuziehung eines Ritterschaftlichen und eines Städtischen Landraths vorgenommen und ohne Weitläuftigkeit untersuchet werden, wie der Ordnung und den Recessen gelebet worden *n*).

*l*. Königl. Maytt. zu Schweden Hofgerichts-Ordnung in Dero Herzogthum Vorpommern und Fürstenthum Rügen, vom Jahr 1672, nebst den Visitations-Abschieden von 1707, 1737 und 1774. Stralsund. 1774. Fol.

*a*) Königl. Resolution vom 1 März. 1655. Num. III. L. C. I. 820. Der Königl. Reg. Rescr. vom 14 May. 1657. L. C. III. 99. Regimentsform von 1663. Tit. XI. L. C. I. 371.

*aa*) Rescript der Königl. Regierung vom 13 Jun. 1732. L. C. III. 117.

*b*) Durch die Königl. Resolution vom 19 Dec. 1720. (Num. IX. L. C. I. 906.) erhielten Landstände das Recht, zu den erledigten Stellen in der Königl. Regierung und im Königl. Hofgerichte vor

juschlazuschlagen und Ritterschaft und Städte verglichen sich mit einander über einen Turnus in der Uebung dieses Rechts, welcher auch von Königl. Maytt bestätiget ward (Königl. Resolution vom 12 Febr. 1724. Num. XIV. L. C. I. 920 und Königl. Bestätigung des Vergleichs vom 13 Febr. 1714. L. C. III. 63.), allein im Jahr 1732 ward dieß Vorrecht durch die Königl. Resolution vom 10 Jun. (L. C. III. 63) wieder aufgehoben.

*c*) Hofgerichtsordn. Th. I. Tit. I. Der Königl. Regierung Rescr. vom 3 März 1732. L. C. III. 64.

*d*) Ueckermündsche Receß vom 8 Nov. 1567. L. C I. 254.

*e*) Regimentsform von 1663. Tit. VII. L. C. I. 368.

*f*) H. O. Th. I. Tit. II.

*g*) H. O. Th. II. Tit. XXII.

*h*) H. O. Th. II. Tit. I. §. 10.

*i*) H. O. Th. I. Tit VIII. Der Königl. Regierung Rescr. vom 14 Jul 1697. L. C. III. 102. Des Königl. Fiscals renovirte Instruktion vom 3 Febr. 1723. L. C III. 111.

*ii*) In der Hofgerichtsordnung (Th. I. Tit. I. §. 12) ist zwar verordnet, daß zu den Gerichtstagen, oder, wenn sonst Ehren-Lehn- und andere wichtige Sachen verhandelt werden, Einige aus den Landräthen oder sonst aus der Landschaft erfordert werden sollen, für welche auch ein besondere Instruktion bereits unterm 21 Nov. 1707. (L. C. III. 105.) ausgefertiget worden, die Sache selbst aber ist bisher nicht in Uebung gekommen.

*k*) H. O. Th. II. Tit. IV.
*l*) H. O. Th. II. Tit. VII.

*m*) Tribunalsordnung. Th. II. Tit. I. §. 9. 10. H. O. Th. III. Tit. IV.

*n*) Hofgerichts Receße von 1707 und 1774 am Ende.

*) Das Königl. Hofgericht hat eine Wittwen-Kasse errichtet.

### §. 18.

XV.) Die Königl. Lehnskanzley. Sie ist der eigentliche Lehnhof in Schwedischpommern, der schon zu fürstlichen Zeiten in beyden Regierungen eingerichtet war, dem gewöhnlich der Kanzler vorstand und der in neuern Zeiten an die Stelle der Mangerichte

(Iudi-

(Iudicia parium Curiae) getreten zu seyn scheinet, die zwaar in der Königl. Hofgerichtsordnung a) noch freygelaffen sind und alfo in vorkommenden Fällen eben nicht gewegert werden würden, aber doch zu
unfern Zeiten faft gan; auffer Gebrauch gekommen sind. Zur
Kognition diefes Gerichts gehören: Inveftitur, Renovation und
Konfirmation der Lehne, Ertheilung Lehnsherrlicher Einwilligung
zu ihrer Verpfändung, Lehnsdienfte, Lehnsfehler und deren Be-
ahndung, auch Lehnsftreitigkeiten der Vafallen unter sich, wenn
darin nemlich des Lehnsherrn Intereffe mittelbahr oder unmittel-
bahr verwickelt ift; betreffen aber folche Streitigkeiten bloffe Privat-
fachen der Vafallen unter sich, ohne Einmifchung der lehnsherrli-
chen Rechte, fo gehören sie zur Entfcheidung des Königl. Hofgerichts b). Die Appellationen von der Lehnskanzley in Fällen, wo
sie zuläffig sind, gehen ans Königl. Hohe Tribunal c). Zur Lehnskanzley sind verordnet der jederzeitige Regierungskanzler und der
Lehnsfekretär d).

a) Hofgerichtsordn. Th. II. Tit. I. §. 7.

b) Refcripte des Pommerfchen Staatsraths ans Königl. Hofgericht
vom 26 März 1645 und vom 6 Jul. 1647 L. C. IV. 943. 944.
Refcr. der Königl. Kommiffarien ans Königl. Hofgericht vom 25
Jul. 1651. L. C. IV. 947, woraus erhellet, daß man im Anfan-
ge der Schwedifchen Regierung und vor völliger Einrichtung des
Staatswerks, folche Lehnsangelegenheiten zur Königl. Kammer ge-
zogen und die Sache nur erft durch die Einrichtungskommiffion
wieder in ihren alten und richtigen Gang gebracht worden.
Gouvernements Kanzleyordnung von 1669. Art. I. L. C. I. 413.
H. O. Th. II. Tit. I. §. 10. Tit. V. 2.

c) Königl. Schreiben ans Tribunal vom 6 Aprill 1687. L. C. IV.
966.

d) Regimentsform von 1663. Tit. IV. VIII. L. C. I. 365. 370.
Gouvernem. Kanzleyordn. Art. I. L. C. I. 423.

#### §. 19.

XVI.) Die Königl. Landesregierung kann zwar eigent-
lich keine Juftizfachen vor sich ziehen noch ordentlicherweife einen

Juris-

Jurisdiktionszwang üben a), deshalb auch den bey der Königl. Regierung angenommenen Abvokaten und Prokuratoren vorgeſchrieben iſt, „keine andere als ſolche Sachen, die vor die Regierung
„gehören, und alſo gar keine Juſtizſachen, vor dieſelbe zu brin-
„gen“ b), demungeachtet aber ſind ihrer Kognition einige Sachen
vorbehalten, welche zu gerichtlichen Verhandlungen Veranlaſſung
geben können und dann auch vor ihr in der Maaſſe ausgeführet
werden müſſen, als: Polizey und Aemterſachen, Rollen, Angelegenheiten der Stände unter ſich, welche das Staatswerk principa-
liter nicht rühren, Streitigkeiten über Zwangwerbungsſachen u.
dgl. m. In allen ſolchen Sachen wird in Anſehung ihrer gerichtlichen Behandlung der Hofgerichtsordnung nachgegangen. Die
Königl. Regierung nimt auch zur Betreibung der gerichtlichen
Privatgeſchäfte ihre eignen Prokuratoren und Abvokaten an c).

a) Regimentsform von 1663. Tit. V. u. Kanzleyordn. Art. I. L. C. I.
   365. 413. Hofgerichtsordn. Th. II. Tit. V. §. 2. Königl. Reſolut. vom 10 Apr. 1669. Num. VI. L. C. I. 850.

b) Plakat der Königl. Reg. vom 17 Aug 1701. L. C. III. 54.

c) Verordn. der Königl. Reg. vom 20 Febr. 1775. L. C. V. 223.

## §. 20.

1) *Dav. Mevii* (Prodromus Deciſionum) de Iurisdictione Summi Tribunalis Regii.

2) Rechtliche Abhandlung der Gerechtſame und Uni-
verſaljurisdiktion des Hohen Königl. Schwediſchen Tribunals zu Wismar, von Auguſtin von Balthaſar.
Wismar u. Bützow. 1770. Fol.

XVII.) Das Königl. Hohe Tribunal zu Wismar.
Seitdem durch die Errichtung des Kaiſerl. Kammergerichts im
Reiche und der Hofgerichte im Lande das Gerichtsweſen in einen
richtigern Gang gebracht worden, giengen auch die Appellationen
von dieſen, in letzter Inſtanz, an jenes. Weil daraus aber bald
viele Schwierigkeiten und nachtheilige Folgen, beſonders häufige

geh über Verzögerungen, oft in geringfügigen, Sachen erwuchset,
so bewürkte sich schon der Herzog Philipp L. im Jahr 1544 vom
Kaiser Karl V. ein Privilegium de non appellando auf drey-
hundert Goldgulden Rheinisch a), welches auch dem Kaiserl. und
Reichskammergerichte gehörig insinuirt b) und nachhin im Jahr
1606, auf Anhalten der Herzoge Bogislaus XIII. und Philipp
Julius, vom Kaiser Rudolph II. auf fünfhundert Goldgulden erhöhet ward c). Allein die Landstände fanden bey der würklichen
Einführung so viele Bedenklichkeiten, daß die Herzoge auf dem
Landtage zu Treptow an der Rega 1566, jedoch ohne eigentlichen
Entsagung des Privilegii, biß auf weitere Vergleichung den Appellationen nachzusehen versprachen, wenn der Appellant jedesmal
vor würklicher Verfolgung der Appellation, das Juramentum
Malitiä persönlich abschwören und hinlängliche Sicherheit bestellen würde d), und obgleich die Herzoge sich noch immer in den
folgenden Zeiten viele Mühe gaben, dieß Privilegium nach seinem
ganzen Umfange in Uebung zu bringen, so konnten sie damit doch
nicht durchdringen, sondern nur erhalten, daß es 1614 auf klare
und eingestandene Schuld angenommen ward e). Indessen ergeben unsre Verhandlungen, daß denungeachtet Appellationen ans
Reichskammergericht, in späteren Zeiten und in Fällen, wo sie
notorisch unerheblich befunden worden, überall verweigert, in den
Uebrigen aber die Ablegung des vorgedachten Eides und die Si-
cherheitsleistung strenge gefordert und dem übermäßigen Appelliren
dadurch einigermaßen vorgebeuget worden. Während der Schwedischen Interimsregierung in Pommern, seit dem Jahr 1640,
waren die Appellationen ans Reichskammergericht überall von der
Schwedischen Regierung untersaget, weil man sich unter damaligen Umständen keine Förderung versprach, und sie giengen an den
damaligen Staatsrath f). Im osnabrückschen Frieden erhielt
die Krone Schweden für die ihr abgetretenen Provinzen das unein-
geschränkte Privilegium de non appellando, jedoch unter der Verbindlichkeit, ein hohes Tribunal an einem wohlgelegenen Orte in
denselben einzurichten, welches die Justiz in der letzten Instanz
ohne weitere Provokation, anstatt der Reichsgerichte, zu verwalten
hätte

hätte g). Zum Sitz dieses Gerichts ward die Stadt Wismar gewählet, weil sie in der Mitte der damaligen Schwedischteutschen Besitzungen lag, jedoch behielt Königl. Maytt. sich das Recht vor, es anderswohin verlegen zu können, wenn Umstände es erheischen sollten h). Die Einführung und erste feyerliche Eröfnung des neuen Oberappellationsgerichts geschahe am 17 May 1653 i).

Es wird jetzt besetzt mit einem Präsidenten, mit einem Vicepräsidenten, mit vier Assessoren, mit einem Protonotair, der das Secretariat mit verwaltet, mit einem Fiskal, einem Registrator, zwey Kanzellisten, einem Kanzleybiener, einem Bothen und zwey Trabanten k). Noch sind dabey sechs Prokuratoren angestellet, welche Doktoren der Rechte seyn müssen.

Der Präsident und Vicepräsident l) werden von Königl. Maytt. berufen und salariret, die übrigen Glieder und Bedienten aber, aus Königl. Bevollmächtigung, vom Tribunal selbst, nach dem abwechselnden Vorschlage der Königl. Regierung und der Stände. Nemlich bey der ersten Vakanz eines Assessorats schlägt die Königl. Pommersche Regierung, bey der Zweyten die Ritterschaft, und bey der Dritten die Städte zwey Personen vor, aus welchen das Königl. Hohe Tribunal wählet. Mit der Besetzung der Protonotariatstelle wird es in gleicher Abwechselung gehalten, zum Fiskal und Registrator aber schlägt die Stadt Wismar jedesmal allein vor; die übrigen Bedienten, so wie die Prokuratoren nimt das Hohe Tribunal für sich allein an. Gegen das Recht des Vorschlags haben die Landstände die Sustentation des Tribunals übernommen, wozu die Tribunalssteuer angeschlagen ist. Wenn eine Vakanz entstehet hat das Königl. Tribunal sie der Regierung und dem Stande, welchem der Präsentationsturnus für dasmal zustehet bekannt zu machen, der dann seine Präsentation innerhalb drey Monaten einzubringen hat, wiedrigenfalls dem Hohen Tribunal das Recht erwächset, für dasmal ohne Präsentation zu wählen m). Ein jeder berufener Assessor muß vor der würklichen Aufnahme einige Relationen aus den ihm mitgetheilten Akten ablegen, worüber der Vicepräsident eine Unterredung mit ihm im Rathe hält n).

Der

Der Präsident, welcher eine zur Erhaltung des Ansehens und Respekts dieses Obergerichts wohl qualificirte Person, Grafen-Herren- oder Ritterstandes seyn soll, hat die Aufsicht über dasselbe und allen seinen Gliedern und hat darauf zu achten, daß es mit tüchtigen Gliedern besetzet werde, daß ein jeder treulich und fleissig verrichte, was ihm oblieget und daß allen Mängeln gewehret werde; Er wohnet den Relationen und Audienzen bey, sorgt für die Beobachtung der Ordnung und unterschreibt die gerichtlichen Verordnungen und Dekrete o).

Dem Vicepräsidenten stehet das Direktorium aller Geschäfte im Gerichte und in der Kanzley zu, wozu deshalb eine gelahrte und in Rechtlichen Sachen wohlerfahrne Person genommen werden soll. Er vertheilet, mit Vorwissen des Presidenten, die beschlossenen Akten unter die Beysitzer gleichmässig zur schriftlichen Relation, verfasset die Korrelationen selbst oder läst sie durch den ältesten Beysitzer abfassen und trägt sie sodann zur Entscheidung im Rathe vor. Er hat das Gerichtssiegel in Verwahrung und unterschreibt, in Abwesenheit des Presidenten, die gerichtlichen Verordnungen p).

Dieß höchste Tribunal für die Schwedischteutschen länder ist nun vermöge des osnabrükschen Friedens, den Reichsgerichten, besonders dem Kaiserl. und Reichskammergerichte surrogiret und hat mit demselben, in Ansehung dieser länder, gleiche Autorität und allgemeine Gerichtsgewalt q), wovon weder Avokationen noch Evokationen statt finden, sondern alle in diesen ländern vorfallende Justizsachen gehören, in der Appellationsinstanz, wenn sie dazu qualificiret sind, ohne Unterschied der Personen zu seiner Kognition und endlichen Abmachung, ohne alle weitere Provokation. Nur allein findet eine Revision statt, die von der nächsten Visitation zu erledigen ist. Es spricht im Namen Sr. Königl. Maytt. als wenn der König selbst in Person im Gerichte gegenwärtig wäre und verfähret wieder alle Landesgerichte und Personen mit unmittelbahren Mandaten und Exekutionen. Alle Gerichte sind seine Befele und Verordnungen zu vollziehen schuldig und alle Ein-

gaben

gaben bey dieſem Gerichte wie auch die Anreden bey Verhandlungen im Gerichte ſelbſt, müſſen an Königl. Maytt. ſelbſt gerichtet
werden r). Es führet die Aufſicht über alle Untergerichte und erſte Inſtanzen im Lande und iſt bemächtiget, ihnen Erinnerungen
zu Verbeſſerungen des Juſtizweſens zu machen s). Obgleich das
hohe Tribunal ein Oberappellationsgericht iſt und alſo eigentlich keine Sachen in erſter Inſtanz vor daſſelbe gebracht werden können,
ſo ſind doch alle die Fälle, worin der Höchſten Reichsgerichte Jurisdiktion in erſter Inſtanz ſimbiret iſt, davon ausgenommen und
können in erſter Inſtanz, durch die Qverel ans Königl. hohe Tribunal gebracht werden t).

Die Norm dieſes höchſten Gerichts iſt die Oberappellations-
Gerichtsordnung von 1657 und der Viſitationsabſchied von 1692
u). Nach dieſer Ordnung ſoll ein Jahr ums andere eine Viſitation dieſes Gerichts vorgenommen und dazu verordnet werden, ein
Schwediſcher Reichsrath, zwey Räthe aus jeder der damaligen
Regierungen, zwey Landräthe aus jeder Provinz und der jedesmalige Dechant der greifswaldiſchen Juriſten-Fakultät. Weil aber
ſeit der Abfaſſung der Ordnung mit den ſchwediſchen Provinzen in
Teutſchland groſſe Veränderungen vorgegangen ſind und ſeitdem
noch keine Viſitation wieder gehalten worden iſt, ſo würde es wohl
einer neuen Anordnung hierüber vorher bedürfen, wenn eine Viſitation vorgenommen werden ſollte v).

Jährlich werden vier ſolenne Audienzen oder Gerichtstage gehalten, nemlich am Montage nach Antoni, am Montage nach Mi-
ſericordias Domini, am Montage nach Mariä Heimſuchung, und
am Montage nach Galli, an welchen die Urtheln publiciret werden. Ueberdem werden alle Dienſtage und Freytage Seſſionen gehalten. Gerichtsferien ſind von S. Thomä biß auf Trium Re-
gum, von Palmenabend biß auf den Sontag Quaſimodogeniti,
von Pfingſtabend biß auf dem Sontag Trinitatis und vom 12 Julius bis zum 1 September x), doch müſſen auch hier die gegenwärtigen Glieder die während dieſer Ferien einkommenden Sachen,
welche keinen Verzug leiden, abmachen.

Der

Der Königl. Maytt. und Reiche Schweden Hohen Tribunals Ordnung, inmaßen dieselbe publiciret in Wismar 1657. nebst den Bescheiden des Königl. H. Tribunals seit 1654 und dem Königl. Visitationsabschiede vom 15 März 1692. Stralsund 1739. Fol. Die sämtlichen Ordnungen der Königl. Landesgerichte sind auch zusammengedrukt unter dem Titel:

Sr. Königl. Maytt. und derer Reiche Schweden in Dero Teutschen Provinzen Gerichts = Ordnungen, nebst den Visitations = Abscheiden. Greifswald u. Stralsund 1739. Fol.

*a)* K. Karls V. Privilegium vom 1 April 1544. L. C. I. 23.

*b)* Documentum insinuationis des Privilegii de non appellando beym K. Kammergerichte vom 8 May 1559. L. C. I. 28.

*c)* K. Rudolph II. erhöhetes und erweitertes Privilegium vom 3 Jan. 1606. L. C. I. 34.

*d)* L. T. A. vom 28 Sept. 1566. L. C. I. 504.

*e)* L. T. A. vom 10 März 1614. L. C. I. 629.

*f)* Graf Johan Oxenstierna Resolution an die Landstände vom 18 Jun. 1643. Num. VIII. L. C. III. 98.

*g)* Instrum. Pacis Osnabr. Art. X. §. 12. L. C. I. 93.

*h)* Tribunalsordn. Th. I. Tit. I. §. 1. 2. 3.

*i)* Beschreibung des Actus Introductionis des Königl. hohen Tribunals zu Wismar, geschehen den 17 May 1653. In von Balthasars Nachr. von den Landesgerichten. S. 240. ff.

*k)* T. O. Th. I. Tit. II. §. 1. Tit. VI — XIV.

*l)* Im Jahr 1724 erhielten zwaar Landstände das Vorrecht, daß sie zur Besetzung der Vicepräsidentenstelle mit der Königl. Regierung konferiren und Königl. Maytt. drey geschickte Männer dazu in Vorschlag bringen sollten (Königl. Resol. vom 12 Febr. 1724. Num. XIV. L. C. I. 920.), allein es ward auch bald nachher wieder aufgehoben (Königl. Resol. vom 10 Jan. 1732. L. C. III. 63.).

*m)* T. O. Th. I. Tit. II. §. 3 — 6. Königl. Diplom für die Pomm. Stände vom 10 Oct. 1653 und Bestätigungen desselben vom 10 May 1655 und 30 Sept. 1656. L. C. III. 14. 17. 25. Vergleich zwischen Landständen und Stadt Wismar wegen der Präsentationen nebst der Königl. Regierung Bestätigung vom 22 Nov. 1721. L. C. III. 42.

*n)* Trib. Ordn. Th. I. Tit. V. §. 2.

*o)* T. O.

o) T. O. Th. I. Tit. II. §. 1. 2. 3. Th. III. Tit. XI. §. 3. 4.

p) T. O. Th. I. Tit. II. §. 1. Tit. IV. Th. II. Tit. XXXVIII.

q) *Ioh. Gröningii* Harmonia S, R. Tribunalis Wism, cum Iudicio Aulico et Camerali. 1692. 8.

r) T. O. Th. II. Tit. 4. Th. III Tit. VII. IX. Visitat. Abschieb. Num. I. Königl. Instr. vom 30 März 1653. Num XVII. L. C. III. 7. Publikation der Tribunals Ordnung vom 30 Sept. 1656. L. C. III. 22. Königl. Resol. vom 10 Apr. 1669. Num. VII. L. C. I. 850. Königl. Rescr. vom 17 Febr. 1696. L. C. III, 39.

s) T. O. Th. II. Tit. I. §. 18.

t) T. O. Th. II. Tit. I. §. 2.

u) S. Th. 4. Hauptstück III. §. 13. S. 321.

v) T. O. Th. III. Tit. X.

w) T. O. Th. I. Tit. XX. §. 1. 2. 3. Th. II. Tit. IX. §. 1. 2.

Achtes

# Achtes Hauptstück.

## Militairverfassung.

### §. 1.

Die Anzahl der Truppen, welche unter Schwedischer Hoheit zur Besatzung im Lande gehalten worden, ist in verschiedenen Zeitpunkten sehr ungleich gewesen. Oftmals sind sie, besonderer Umstände wegen, stark vermehret worden, welches, wegen der daraus erwachsenen grössern Bürden fürs Land, zu vielfältigen Beschwerden Anlaß gegeben hat, denn wenn gleich, nach völlig vom Lande übernommenem Staatssubsidio, demselben die Versicherung ward a), daß die Vermehrung der Truppen im Lande, wenn sie auch aus unvermeidlichen Ursachen nöthig würde, dem Lande doch zu keiner ausserordentlichen Beschwerde gereichen sollte, und dem zufolge auch die Unterhaltungskosten der vermehrten Truppen nicht gefodert wurden, so machten doch die Nebenkosten, besonders die Servicen immer schon eine grosse Bürde, hauptsächlich für die Stadt Stralsund, aus b). Im vorigen Jahrhunderte standen oft ganze Korps im Lande; gewöhnlich, biß zum Brandenburgschen Kriege zwey Regimenter Infanterie, seit 1690 aber kam noch ein Infanterie- und ein Reuterregiment hinzu. In den erstern Jahren nach 1720 bestand die Besatzung bloß aus einem Infanterieregimente, wozu aber bald noch ein Regiment hinzu kam, und nach dem Aachner Frieden wurden noch zwey Regimenter Fußvolk angeworben, und in Stralsund einquartieret, die auch nach dem Hamburger Frieden im Lande blieben, und mit einem Husarenregimente von vierhundert Pferden vermehret wurden.

den. Da aber die hieſigen Staatseinkünfte eine ſo groſſe Laſt, ohne Zuſchüſſe aus Schweden nicht tragen konnten, ſo wurde im Anfange des Jahrs 1767 ein Infanterieregiment untergeſteckt, und das zweyte nach Schweden verlegt, wohin auch im Jahr 1772 das Huſarenregiment verlegt ward.

Die Oberaufficht und den Oberbefehl über alle im Lande ſte-hende Truppen führet der jederzeitige Generalſtatthalter, und in Fällen, da derſelbe abweſend oder dieſe Stelle unbeſetzt iſt, der älteſte General *c*).

*a*) Komm. Receß von 1669. Num. V. L. C. I. 398.
*b*) Nach der Angabe des Herrn Kammerraths von Reichenbach (Pa-triot. Beytr. Stück VII. S. 78) betrugen die Serviceloſten fürs Jahr 1782 — 30983 Rthlr. 27 ßl. wovon der Stadt Stralſund allein 20787 Rthlr. 16 ßl. zufielen.
*c*) Regimentsform von 1663. Tit. VI. L. C. I. 367. Königl. Reſer. vom 18 Jun. 1776. L. C. V, 823.

## §. 2.

Jetzt ſtehen folgende Korps hier im Lande.

I.) Das Königl. Artillerie Korps. Es beſtehet unter ſeinem jetzigen Chef, einem Generallieutenant, aus zwey Kom-pagnien, die in den Kompagnieſtaat und in den Zeugſtaat abge-theilet werden.

Der Kompagnieſtaat beſtehet aus zwey Kapitains, zwey Lieutenants, zwey Unterlieutenants, zwey Oberfeuerwerkern, ei-nem Oberminceur, vier Stückjunkern, fünf Sergeanten, einem Fourier, vier Unterfeuerwerkern, zwey Untermineurs, ſechs Kon-ſtapel, fünf Lehrfeuerwerkern, zwey Lehrmineurs, ſechs Lehrkon-ſtapel, zwey Tambours und hundert ein und ſiebenzig Handlangern.

Der Zeugſtaat beſtehet aus einem Rademacher, einem La-vetenmacher, einem Drechsler, einem Kleinſchmiede, einem Grob-ſchmiede, zwey Zimmerleuten, einem Rademachergeſellen, zwey Ruſtkammerknechten, und zwey Grobſchmiedegeſellen.

Zum Civilſtaat beym Artilleriekorps gehören ein Buchhalter, ein Zeugwärter, ein Zeugſchreiber und ein Feldſcheer.

II.) Die Pommerſche Brigade der Königl. Fortifikation beſtehet, auſſer dem Chef, der jezt Obriſter iſt, aus vier Oberofficieren, einem Wallmeiſter und einem Sergeanten; Der Civilſtaat dieſes Korps aus einem Kaſſeur, einem Materialbuchhalter und zwey Steinſchreibern.

Das Fortifications = Pionnier = Korps, das nur vor einigen Jahren errichtet worden, beſtehet aus zwey Kompagnien, jede von hundert Mann.

III.) Zwey Regimenter geworbener Infanterie, jedes von zwölf Kompagnien und jede Kompagnie von hundert Mann. Zum Stabe eines jeden Regiments gehören: ein Obriſt, ein Obriſtlieutenant, zwey Majors, ein Regimentsqvartiermeiſter, der zugleich Stabskapitain im Regimente iſt, zwey Adjutanten, ein Auditeur, ein Regiments = und ein Battaillonsprediger, ein Regimentsfeldſcheer mit einigen Geſellen, ein Regimentswebel, ein Gerichtsſchreiber, zwey Munſterſchreiber, ein Regimentstrommelſchläger, ſechs Hautboiſten u. ſ. w.

IV.) Ein Korps Jäger zu Pferde, zum Exekutionswerk und zur Leibwache des General = Gouverneurs.

V.) Ein Invalidenkorps. Es beſtehet, unter einem Kapitaine, aus vier Unterofficieren und ſechs und ſechszig Gemeinen, welche zur Beſetzung der Päſſe längſt der Grenze gebraucht werden.

VI.) Auf dem Darß ſind zweyhundert Seefahrende zum Dienſt der Königl. Kriegsflotte in Kriegszeiten enrolliret, und erhalten eine jährliche Beſoldung und andere Vortheile. In Friedenszeiten ſind ſie nur verpflichtet, acht oder vierzehn Tage, im Herbſte, Uebungen zu machen, ſonſt können ſie ihrem Erwerbe nachgehen und auf Kauffahrdeyſchiffen fahren.

§. 3.

## §. 3.

Dieſe Truppen werden alle angeworben, und jeder Kom-
pagnielnnhaber muß die ihm komplet gelieferte Kompagnie, in
Friedenszeiten, beſtändig in vollſtändigem Stande erhalten, wogegen er die ſogenannten Paſſevolancegelder genieſſet. Es erhält
nemlich ein jeder Kompagnieinnhaber auf jede zehn Mann ein Paſ-
ſevolant, mit 1⅞ Rthlr. monatlich, und alſo auf die hieſige Kompagnie von hundert Mann zehn Paſſevolants mit 18⅜ Rthlr. vergütet, die als Werbungsgelder angeſehen werden, womit er die
Kompagnie immer vollzählig erhalten muß *a*). Bey den Werbungen iſt alle Gewalt, Zwang und eigenmächtiges Verfahren unterſaget; leibeigene dürfen auch mit ihrem guten Willen, ohne
Einwilligung ihrer Grundherrſchaft, nicht angenommen werden;
Eben ſo wenig ſollen fremde und reiſende Leute, Dienſtbothen, wan-
bernde Handwerksburſche, wieder Willen angeworben werden, ſondern ſie ſind zu ihrer Sicherheit unter beſonderm Königl. Schutz
genommen *b*); Die ordentlichen einländiſchen Werbungen geſchehen unter Autorität und Jndiktion der Königl. Regierung, der
auch die Kognition in allen Streitigkeiten über Werbungsſachen
zuſtehet *c*). Sobald ein ſtädtiſcher Bürger ſich anwerben läſſet,
muß es dem Magiſtrate angezeigt werden, damit der Angewor-
bene des Bürgerrechts entlaſſen werden möge *d*).

*a*) Königl. Reſolutionen vom 17 Aug. 1681, vom 16 Sept. 1682.
Num. III. und vom 21 Febr. 1691. S. Kongl. Stabgar etc. angäende
Swea Rikes Landt-Milice til Häſt och Fot, Hopſamlabe af S. L.
Gahm Perſſon. (Stockholm 1762. 4.) I. Th. S. 116. 162. II.
Th. S. 466. Pommerſcher Staat von 1721 und 1735. L. C. III.
1069. 1077. 1078. 1079. Königl. Reſcr. vom 9 Juli 1730. L. C.
V. 837.

*b*) Königl. Reſol. vom 24 Dec. 1684. Num. V. u. vom 19 Dec. 1720.
Num. IX. L. C. I. 880. 1102. Ritterſchaftl. Privelegien von 1720.
N. S. 16. Patent vom 10 Sept. 1753. N. S. 650. die übrigen
Landesherrlichen Verordnungen in Werbungsſachen finden ſich L.
C. III. 1271 — 1285.

*c*) Auſſer den in vorhergehender Note angeführten Verordnungen, noch
Königl. Reſolut. vom 15 Sept. 1682. Num. III. L. C. I. 871 und
vom 11 Dec. 1689. L. C. II. 226.

*d)* Königl. Resol. vom 30 Apr. 1681. L. C. III. 1293. Der Königl.
Reg. Rescr. vom 28 Apr. 1773. L. C. V. 843.

### §. 4

Die Verpflegung, Bekleidung und Ausrüstung der Truppen
besorgt die Königl. Kammer; Das Quartier aber giebt das Land,
in der Maasse, daß eine jede Stadt ihrer ordinairen Besatzung das
Obbach und die Lagerstätte reicht *a)*, dieß aber in Ansehung der
extraordinairen Besatzung und in Ansehung der Realservieen vom
ganzen Lande getragen wird. Zum Obbach und Lagerstätte wird,
nach den Reglements, erfordert: eine schloßfeste wohnbahre Kammer mit einem Tische, zwey Stühlen, einer Bettstelle, die mit
einer Madratze, Pfüle, wollenen Decke und zwey Bettlaken versehen ist, und einem Handtuche. Die Realservicen bestehen in
Feurung, Licht, Salz und Sauer, welches dem Soldaten, nach
der Wahl des Wirths, in Natura gereicht oder Reglementsmäs-
sig vergütet werden kann. Beurlaubte erhalten keine Servicen,
deshalb den Quartierkammern monatliche Verzeichnisse derselben
eingereichet werden müssen. In Stralsund, wo der gröste Theil
der Truppen in Besatzung stehet, erhalten, nach neuern Anordnungen, vierzig Mann von jeder Kompagnie die Naturalquartie-
re, die übrigen aber Geldservicen, nemlich ein beweibter Gemeiner 32 ßl, und ein unbeweibter 16 ßl. monatlich, wofür sie sich
selbst Quartiere miethen *b)*

*a)* S Hauptstück IX. Abschn. II. Abtheil. II. §. 21.
*b)* Erneuerte Serviceordnung nebst der Parzelen-Taxe, wornach die
Realservicen abzuführen sind, vom 21 May 1681. L. C. III. 1311.
der Königl. Reg. Rescr. vom 11 Apr. 1764 L. C. V. 858. Des
Königl. General-Gouvernements Verordnung wegen der Natural-
Quartiere vom 30 März 1778. L. C. V. 862.

### §. 5.

Da die im Lande stehenden Truppen zu seiner Vertheidigung
bestimmt sind, so sollen sie den Rechten und Immunitäten der
Einwoh-

Einwohner nicht präjubiciren, bloß ihren Dienſt, unter Diſciplin und Aufſicht, wahrnehmen, der Polizey, gerichtlicher und bür⸗ gerlicher Sachen ſich nicht anmaaſſen, Niemands wieder ſeine Obrigkeit und ordentliche Gerichtsgewalt ſich annehmen, und kei⸗ nem an ſeinem Eigenthum Schaden und Nachtheil verurſachen, noch den Bürgern durch Betreibung bürgerlicher Gewerbe in ih⸗ rer Nahrung Eindrang thun.   Deshalben ſollen ſie ſich des Ja⸗ gens und Schleſſens des kleinen ſo wie des groſſen Wildprets ent⸗ halten, den Heiden und Hölzungen keinen Schaden verurſachen, kein Vieh zum Schaden der Landeseinwohner halten, die Wieſen nicht ausmähen, Teiche, Graben und Seen nicht ausfiſchen, kein Bier brauen, Bier, Wein und Brandtewein nicht ausſchenken, keine Vor⸗ und Aufkäuferey noch Handwerkereyen treiben, oder dergleichen Arbeiten für Bürger und andere Landeseinwohner fer⸗ tigen, bey Verluſt deſſen, worüber ſie betroffen werden, und an⸗ derer Beſtrafung.   Wohl aber iſt es dem Soldaten erlaubt, der ein Handwerk verſtehet, für ſeine Officiere und Kameraden zu arbeiten, oder ſich bey bürgerlichen Meiſtern als Geſelle zu ver⸗ dingen.

a) Königl. Verordnung wegen Verhaltens der Miliz in Pommern vom 10 Apr. 1669 und vom 30 April 1681 L. C. III. 1291. Komm. Receß von 1663. Num. III. L. C. I 390. Königl. Reſo⸗ lutionen vom 15 Sept. 1682. Num. IV. L. C. I. 871, vom 21 May 1685. Num. V. 3, vom 19 Dec. 1720. Num. IX. X., vom 7 Aug. 1727. Num VI. u. vom 21 Oct. 1754 Num. VI. L. C. II. 185. 207. 232. 518. Der Königl. Reg. Reſcr. vom 8 Jan. 1766. L. C. V. 866. Königl. Reſcr. vom 7 May 1770. L. C. V. 861.

## §. 6.

Zur Verhütung der Deſertion darf kein Soldat, wenn er auch beurlaubt iſt, ſich ohne Paß ſeines Officiers aus der Beſat⸗ zung entfernen, und allen Landeseinwohnern iſt aufs ernſtlichſte vorgeſchrieben, alle und jede, welche damit nicht verſehen ſind, und ſich auſſer der Garniſon betreffen laſſen, ſogleich anzuhalten, und an die nächſte Beſatzung abzuliefern.   Auf die würklich Aus⸗

getre⸗

getretenen ſind gleichfalls die Landeseinwohner, beſonders an den
Grenzen und Päſſen, aufmerkſam zu ſeyn angewieſen; Wer da-
gegen einen Deſerteur bey ſich heget und verbirgt, ihm zur Flucht
behülflich iſt, oder fremden Werbern zuführet, muß nicht nur den
Kerl und die Monbirung vergüten, ſondern ſoll auch noch um 20
Rthlr. oder allenfalls am Leibe geſtraft werden.

a) S. die Edikte, die Permittirten und Deſerteurs betreffend in L. C. III.
1344 ff. imgleichen Patente vom 13 Aug. 1725, vom 8 May 1733,
vom 2 Oct. 1744, vom 6 Oct. 1749, vom 25 Sept. 1750, vom
14 Jan. 1756. N. G. 202. 300. 500. 584. 593. 672, und vom
5 Aug 1779. L. C. V. 864.

## §. 7.

Die Soldaten werden nach Ablauf ihrer Kapitulationen ohne
Schwierigkeit des Dienſtes entlaſſen, wenn ſie dann nicht länger
dienen wollen, oder verabſchiedet, wenn ſie durch Alter oder Krank-
heit zum Dienſte untüchtig geworden.   In dem letztern Fall werden ſie, wenn ſie noch einige Dienſte leiſten können, zum Invalidenkorps verſetzt, oder mit den dazu auf den Staat ausgeſetzten
Mitteln, als den Avancements- und Centonalgeldern, verſorget a).
Daß Unterofficiers, beſonders wenn es Landeskinder ſind, die wegen Alters, Kränklichkeit oder Bleſſuren nicht länger in Kriege-
dienſten bleiben können, zu kleinen Civildienſten befördert werden
mögen, haben Königl. Maytt. der Landesregierung und den Ma-
giſtraten empfohlen und bezeuget, daß es Höchſtdenſelben zum be-
ſondern Vergnügen gereichen würde b).   Für die Kranken unter
den Truppen iſt ein Kronlazareth in Stralſund vorhanden.

a) Kriegsgerichtsordn. Tit. XXII. Art. 131. Inſtruktion, wie die
Generalmunſterung zu verrichten vom 20 Febr. 1684. Num. VII.
L. C. III. 188. 1300. Königl. Reſol. vom 12 Febr. 1724. Num.
X. L. C. I. 918.

b) Königl. Reſtr. an die Regierung vom 12 Jan. 1762. L. C. V. 867.

## §. 8.

Vormals waren die mehreſten der zahlreichen Soldatenkin-
der ihrem Schickſale überlaſſen, das um ſo trauriger ſeyn muſte,

je

je wenlger der gröffere Theil der Eltern vermögend war, für sie zu sorgen. Fast nackt liefen sie auf den Gaffen umher, und suchten durch Betteln ihren kümmerlichen Unterhalt; ohne allen Unterricht und Auffsicht aufgewachsen, von frühester Jugend an durch Müssiggang zum unordentlichen Leben gewohnt, und mit allen Untugenden bekannt, konnten sie keine gute Mitbürger werden, und giengen gröstentheils für den Staat verlohren. Mit menschenfreundlicher Theilnehmung und Erbarmen sah Se. Durchlaucht der Fürst von Heffenstein dieß Elend beym Antritt der hiesigen Generalstatthalterschaft, und beschloß gleich, es nach Möglichkeit zu mildern. Er stiftete im Jahr 1778 das Militair-Erziehungshaus in Stralsund, durch welches Institut funfzig Knaben und funfzig Mädchen gekleidet, unterrichtet, und zu nützlichen Arbeiten angeführet werden. Sie wohnen nicht beysammen, sondern bey ihren Eltern, und sind nur von frühe um sieben bis zwölf Uhr, und Nachmittags von ein bis fünf Uhr in dem zum Unterrichte bestimmten und eingerichteten Hause versammelt. Zu ihrem Unterricht ist ein Schulmeister und ein Werkmeister angesetzt. Vom Schulmeister erhalten sie in einigen Stunden Unterricht im Christenthum, im Lesen und im Schreiben. Die übrige Zeit bringen sie unter Auffsicht des Werkmeisters zu; die Knaben kratzen und spinnen Wolle, die Mädchen spinnen gleichfalls, dubliren das Garn und stricken Strümpfe, welche an die Regimenter verkauft werden. Sie werden auch zu andern weiblichen Arbeiten angeführet.

Die jährlichen Einkünfte können ungefehr zu 1500 Rthlr. angeschlagen werden, die aus folgenden Hülfsquellen herflieffen:

1) Haben Se. Königl. Maytt. aus den hiesigen Staatsmitteln jährlich 700 Rthlr. dazu angewiesen;

2) Die Gelder, welche von der Thorsperre in Stralsund einflieffen;

3) Trägt jeder Kompagniechef monatlich 32 ßl. dazu bey;

4) Das Klingbeutelgeld, was in den Garnisonskirchen gesammelt wird;

5) Wird

5) Wird jährlich einmal eine Kollekte in allen Kirchen des
Landes dafür gesammelt;

6) Ist eine Abgabe der Kartenfabrik dem Institute überlassen; und endlich

7) Milde Gaben.

Die Oberaufsicht über dieß gemeinnützige Institut führet eine
besondere Kommißion, die monatliche Zusammenkünfte hält. Se.
Durchlaucht führen darinn das Präsidium Selbst und der jederzeitige Kommendant der Festung Stralsund ist Vicepräses. Die
übrigen Mitglieder sind der jedesmalige Chef der Königl. Fortifi-
kationsbrigade, ein Officier von der Artillerie und von jedem Infanterieregimente, der Stadt Major, der Stadtkapitaine und ein
Mitglied des stralsundischen Magistrats. Das Protokoll führet
ein Sekretär, und die Rechnungen ein Oberinspektor, der im Hause wohnet, und Materialien und fertige Arbeit unter seiner Aufsicht hat.

a) S. Pomm. Samml. Heft VII. S. 305. ff.

## §. 9.

Stralsund ist jetzt die einzige Festung, welche die Krone
Schweden auf teutschen Boden hat. Ihre natürliche Lage zwischen Wasser und Morästen ist durch die Kunst, besonders in
neuern Zeiten, so sehr genutzt und aufgeholfen, daß sie gewis unter die ersten Festungen Teutschlands zu rechnen ist; und noch wird
täglich an ihrer Verbesserung gearbeitet. Zu ihrer Unterhaltung
sind nicht nur seit 1721 jährlich fünftausend Reichsthaler für beständig angeschlagen gewesen, sondern ausserdem noch von Zeit zu
Zeit grosse Summen ausserordentlich daran verwandt worden, auch
jetzt noch werden die Staats-Ueberschußmittel dazu angewandt.
Sie hat ihren besonderen Kommendanten, wozu seit dem Jahr
1777 ein Officier genommen worden, der unter der Besatung kein
eignes Korps hat, da vormals immer der älteste Befehlshaber in
der Garnison dazu bestellet ward a). Zur Kommendantschaft gehöret

höret noch, ein Stadtmajor, ein Stadtkapitain und der Kommendantschafts Sekretair.

a) Königl. Beftallung vom 24 Febr. 1777. L. C. V. 823.

### §. 10.

Zum Unterhalt der Truppen liefert das platte Land von jeder steuerbahren Hufe jährlich zwölf Scheffel Roggen, da das dadurch zusammengebrachte Quantum daju aber nicht hinlänglich ist, so kauft die Krone das Fehlende in öffentlichen Auktionen für baares Geld an. In Stralsund ist zu diesem Vorrath ein eignes Kornmagazin vorhanden, dem der Landrentmeister, als Proviantmeister vorstehet; In andern Städten, die Besatung haben, wird auch der erforderliche Vorrath, unter Aufsicht eines Königl. Bedienten, als der Königl. Licentverwalter in Greifswald und Wolgast, zusammengebracht. Die Kronbeckerey in Stralsund wird, so viel ich weis, in Friedenszeiten nicht gebraucht, sondern das Brod für die Besatung von den Stadtbeckern gebacken. Das Zeughaus, worinn die Waffen, Materialien und Kriegsgeräthschaften aufbewahret werden, ist in der alten Kirche des vormaligen Katharinenklosters angelegt, worinn sich auch die Artillerieschmiede befindet. Zur Bedeckung des Hafens werden zwey Kriegsprahmen unterhalten.

# Neuntes Hauptstück.

## Staatsökonomie.

Kongl. Majt. och Rickſens Cammar Collegii underdåniga berättelſe rörande allmänna Hushållningens Tillſtånd i Riket till den 31 Aug. 1772 uti de belar, ſom till detta Kongl. Collegii Inſeende och Beſatning höra. Stockholm 1776. 4. Ueberſetzt, ſo weit dieſer Bericht Pommern angehet, in A. L. Schlözers Briefwechſel. Th. II. Heft VII. S. 20 — 34.

### §. 1.

Unter Staatsökonomie begreife ich nicht nur die Einkünfte und Ausgaben des Staats, ſondern auch die Verwaltung der Staatsmittel. Die Einkünfte des Staats flieſſen theils aus dem Ertrage des landesherrlichen Domanii und der Regalien, theils aus dem Beytrage der landeseinwohner.

## Erſter Abſchnitt.

Staatseinkünfte aus dem Domanio und aus den Regalien.

### §. 2.

Das landesherrliche Domanium iſt von jeher ſehr beträchtlich geweſen, und beträgt noch jetzo, nach ſo manchen Veränderunberüngen, beynahe ein Drittheil des gesamten platten Landes a). Am Ende des vorigen Jahrhunderts war es durch Veräusserungen und durch die Freygebigkeit der Landesherrn so sehr vermindert, daß der König Karl XI. sich genöthiget sahe, eine Reduktion derselben vorzunehmen b), woraus die Tertialgüther c) entstanden sind. Während des nordischen Krieges muste der gröste Theil der Domänen im Jahr 1710 in der Maasse wieder verpfändet werden, daß den Pfandinnhabern die Einkünfte der Güther, anstatt der Zinsen von den vorgeschossenen Kapitalen, während der Pfandjahre überlassen wurden d), nach deren Ablauf eine Reluitionskommission im Jahr 1731 verordnet ward e), die zwar nur einen kleinen Theil einlösen konnte, aber doch bewürkte, daß die Pfandinnhaber, gegen Erhaltung neuer Pfandkontrakte, sich zu einer Zulage über ihre Zinsen verstehen musten, welche man Surplusmittel nennet. Wie nun im Jahr 1766 die Pfandkontrakte der mehresten Güther abgelaufen waren, lösete die damalige Landeseinrichtungskommission sie ein f), und traf die Anstalt, daß die übrigen Güther ebenfalls, so wie die Kontrakte nach und nach ablaufen würden, eingelöset werden sollten, weil aber im Jahr 1776 von neuem einige Güther verpfändet worden, so wird erst mit dem Jahr 1809 das ganze Domanium wieder in des Landesherrn Hände kommen.

a) Von den 583868 Morgen 227½ Ruthen, die das ganze platte Land begreift, gehören zum Landesherrlichen Domanio, nemlich

| | | | | |
|---|---|---|---|---|
| im Amte Wolgast | — | — | — | 37072 M. 234½ R. |
| — Loitz | — | — | — | 21774 — 34 — |
| — Franzburg | — | — | — | 37673 — 17 — |
| — Grimm | — | — | — | 5658 — 103 — |
| — Tribsees | — | — | — | 3148 — 218 — |
| — Barth | — | — | — | 40134 — 96 — |
| — Bergen | — | — | — | 29020 — 212 — |

Zusammen: 174,482 M. 14½ R.

b) S. meinen Grundriß der pommerschen Geschichte §. 411. Not. f und die daselbst angeführten Schriftsteller.

c) Der König bewilligte nemlich den Besitzern solcher Domanialgüther, deren Ertrag nicht über 1500 Rthlr. stieg und die sich ohne Ap-

Pp 2

pellapestation ans Tribunal beym Ausschlage der Reduktionskommission beruhigten, die beständige Arrhende, nach einer damals gemachten Taration, mit Nachgebung des Tertials oder des dritten Theils der stipulirten Pacht, eben auf die Art wie es in Livland und Esthland gehalten worden. Diese Güther werden vererbet, aber nicht unter mehrern Erben getheilet, sondern der älteste Sohn erhält sie ohne alle Abgift oder Mitgift an seine Geschwister. Sind keine Söhne vorhanden, bleibt die Wittwe im Besitz, so lange sie unverheyrathet bleibt; Nach ihr erbt die älteste Tochter, und wenn keine Töchter oder männliche Erben des ersten Erwerbers vorhanden sind, die Schwester. Die Seitenlinien des ersten Erwerbers sind von der Succession gänzlich ausgeschlossen und das Tertialrecht kann nicht veräussert werden. S. Königl. Resol. vom 18 Febr. 1687. wegen der perpetuellen Arrhende und Tertials in Liv= und Esthland L. T. IV. 805. K. Rescr. ans Reichskammer = Collegium vom 5 Oct. 1689. Transsumt der Kgl. Resol. vom 23 Sept. 1690. I. 963. K. Resol. vom 22 Jan. u. 16 Aug 1693. L. T. I. 958 = 962. K. Resol. vom 27 Jun. 1700. I. 971.

1) *I. C. Breslach* Diss. de Praediis tertialibus. Gryphisw 1777. 4.

2) *C. N Schlichtkrüll* Progr. de obligatione Tertialistarum solvendi quae contraxerunt debita. Gryphisw. 1777. 4.

*d*) der K. Regierung Patent vom 21 Aug. 1710. L. T. I. 992.

*e*) S. die Verhandlungen wegen der Reluition der Verpfändeten Domainen in den Landes Constitutionen B. I. Abth. IX. Num. 46. 47. 48. 49. 50. u. B. IV. Abth. IX. Num. 28. 29. 30. 31.

*f*) Die Verordnungen der K. Kommission finden sich IV. Bande der L. C. Abth. IX. Num. 40. 41. 42. 43. Die Summe, wofür die Domanialgüther und Pertinenzien damals verpfändet waren, betrug 514,079 Rthlr. 25 fl. Durch die erhöheten Pachtgelder wurde der Ertrag der eingelöseten Güther jährlich um 23246 Rthlr. 17 fl. vergrössert.

### §. 3.

Das Domanium bestehet theils aus grossen Güthern, Bauerdörfern und Waldungen a), theils aus einzelnen Höfen und andern Pertinenzien, als Mühlen, Schmieden, Krügen u. dgl. Es wird in sieben Aemter abgetheilet, nemlich Wollgast, Loitz, Franz=

Franzburg, Grimm, Tribſees, Barth und Bergen, wovon aber
Loitz, Grimm und Tribſees, imgleichen Franzburg und Barb mit
einander kombiniret ſind b). Der Schloßhauptmann bereiſet jährlich die ſämtlichen Königl. Aemter, macht die Holzverſchläge zu
den nöthigen Bauten des künftigen Jahres, und ſiehet nach, ob
das im vorigen Jahre zu neuen Bauten oder Reparationen ange-
wieſene Holz gehörig angewandt worden.

a) S. das Verzeichniß aller Königl. Domanial-Güther und Partikeln in Pommern und Rügen nach den verſchiedenen Aemtern in den
L. C. IV. 897 — 909.

b) Vor dem Jahr 1778 waren die Aemter Grimm und Tribſees mit
den Aemtern Franzburg und Barb vereiniget, in dieſem Jahre aber
wurden ſie mit dem Amte Loitz zuſammengeſchlagen, laut der Königl. Reſolution vom 21 Febr. 1778. L. C. IV. 895.

### §. 4.

Zur Adminiſtration der Aemter unter Aufſicht der Königl.
Kammer ſind vier Amtshauptleute zu Wolgaſt, Loitz, Franzburg
und Bergen angeſtellet, denen nach der Inſtruktion a) obliegt:

1) Alle landesherrlichen Rechte in Kirchen- und Patronat-
angelegenheiten im Amte wahrzunehmen, und für die
ordnungsmäßige Verwaltung der Kirchenmittel zu ſorgen (§. 2.);

2.) Namens Königl. Maytt. die Jurisdiktion über die Amtseinwohner und Unterthanen zu üben, (§. 4.) und zu dem
Ende jährlich vier ordinäre Gerichtstage im Amte zu halten (§. 5.) b);

3.) Auf die Bewirthſchaftung der Amtsgüther ein wachſa-
mes Auge zu haben, und in der Abſicht das Amt öfters
zu bereiſen, und was ſie zur Aufnahme und Verbeſſerung
der Oekonomie bemerken, der Kammer anzuzeigen (§§.
15. 21. 40.);

Pp 3    4.) Da-

4.) Dafür zu ſorgen, daß die Waſſergraben gehörig ausge-
räumet, den Einbrüchen der See an den niedrigen
Strandgegenden gewehret, (§. 16.) und Brücken, Dämme, Wege und Stege gebeſſert und unterhalten werden
(§. 17);

5.) Auf die Königl. Holzungen Acht zu haben, und die Forſt-
gefälle der Kammer zu berechnen (§. 18);

6.) Darauf zu ſehen, daß die Gebäude im Amte in gutem
Stande erhalten, das Nöthige zu rechter Zeit gebeſſert (§. 19.) und die Amtsländereyen und Hölzungen in
ihren Scheiden, Grenzen und Mahlen nicht geſchmälert
werden (§. 20.);

7.) Die Amtsunterthanen bey ihren Befugniſſen zu vertreten (§. 21.) und dafür zu ſorgen, daß ſie bey den Steuern und Kontributionen nicht prägraviret werden, (§. 24.)
und zu dem Ende, ſo oft welche ausgeſchrieben werden,
richtige Repartitionen darüber zu machen (§. 25.);

8.) Auf die Land- und Brückenzölle auch auf die Fiſchereyen
genaue Acht zu haben (§. 26.);

9.) Alle Pacht- und Dienſtgelder, Kontributionen und andere Königlichen Hebungen nach den jährlichen Deſignationen der Kammer in den beſtimmten Terminen einzu-
heben (§. 27.) und über alles richtige Rechnungen und
Bücher zu führen, (§. 38.) und endlich

10.) Darauf zu ſehen, daß der Polizeyordnung im Amte
nachgelebet werde (§. 36.)

Inſtruktion, nach welcher die Königl. Amtleute in Pommern in ihrem Amt ſich verhalten ſollen d. d. Stettin den 21
Jun. 1701. L. C. I. 974 — 989.
*a*) Jedem Amtshauptmann iſt zu beſſerer Verwaltung ſeines Amts ein
Amtsnotarius zugegeben, der das Protokoll führet und in Abweſenheit und Behinderung des Amtshauptmanns die Geſchäfte beſorget
(§. 41.). Zu Ausbringung der nöthigen Befele im Amte und zu
andern Verrichtungen ſind Landreuter angeſtellet.

*b*) Die

f) Die Art und Weiſe, wie dieſe Gerichtsbarkeit geübt wird, iſt im VII. Hauptſtück 6. 7. §. S. 256. gezeigt worden.

### §. 5.

Die landesherrlichen Einkünfte aus dem Domanio flieſſen theils aus den Surplus- und Arrhende Geldern der Güther, theils aus andern Amtsintraden. Die erſteren beſtehen:

1) In den ſogenannten Surplusgeldern, die über den Betrag der Zinſen von den Pfandkapitalien als eine Erhöhung der Pacht von den Pfandinnhabern bezahlet werden;

2) In den Arrhendegeldern von den Güthern, welche wieder eingelöſet und verpachtet worden;

3) Aus den Revenüen der Güther, welche von der Einrichtungskommiſſion zwar eingelöſet, 1776 aber von neuem verpfändet worden.

### §. 6.

Die Amtsintraden aus dem Domanio werden unter folgenden Titeln gehoben:

1) Pächte von den verpfändeten Güthern. Eigentlich werden zwar keine Pächte von dieſen Güthern gegeben, weil die Pfandinnhaber den Ertrag der Güther anſtatt der Zinſen von ihren Pfandkapitalien genieſſen, ſie werden aber doch in den Rechnungen aufgenommen, und unter dem Titel von Zinſen nachhin wieder abgeſchrieben;

2) Penſionen und Dienſtgelder, worunter Pächte von einzelnen Höfen und andere Präſtanda begriffen werden;

3) Pächte von den Mühlen, Krügen und Schmieden im Domanio;

4) Grund- und Rekognitionsgelder werden theils von den beyden Städten, Wolgaſt und Garz für Fuhren, die

ſie

sie zu fürstlichen Zeiten zu leisten schuldig wären, theils von denen, welche sich in den Aemtern anbauen, für die Stelle jährlich bezahlet;

5) Servicegelder von den beyden Amtsstädten Lassahn und Gützkow;

6) Burgdienste: Zu fürstlichen Zeiten mußten aus verschiedenen Höfen und Dörfern im Amte Barth gewisse Fuhren jährlich geleistet werden, die in neuern Zeiten zu Gelde gesetzt sind;

7) Jagdintraden: Größtentheils ist die Jagd zwar mit den Gütern verpachtet, an einigen Orten aber doch reserviret und wird besonders verpachtet;

8) Holzintraden: Sie erwachsen theils aus Pächten für die Nutzung gewisser Holzreviere, theils aus dem Verkauf von Brenn- Nutz- und Bauholze aus den Königlichen Forsten;

9) Brennzins wird von Bauern, Handwerkern, Häuslingen Kötern u. dgl. Einwohnern der Aemter für eine ihnen zugestandene Anzahl Fuhren Brennholz aus den Kronwaldungen gegeben;

10) Mastintraden: Die Nutzung der Mast in den Kronwaldungen ist zum Theil den Pächtern der angrenzenden Güther mit angeschlagen, zum Theil aber besonders verpachtet:

11) Fischereyintraden fallen aus einigen Krongewässern, in welchen die Fischerey verpachtet ist;

12) Adeliche Pächte und Prästationen werden aus einigen adelichen Güthern von Altersher geleistet und bestehen theils in Gelde, theils

13) In

13) In **Kornhebungen** als:

a) Im Amte Barb unter dem Titel: Diverſe Pächte und Burgdienſte *).  — —  149⅞ S. 149⅛ S. 253¼ S.

b) Im Amte Loitz unter dem Titel: Diverſe Pächte und Präſtationen  — —  139½ — 140½ — 165½ —

c) Im Amte Bergen unter dem Titel: Waldhafer **).  — —    — —  —1087 —

Zuſammen Scheffel: 289⅞ — 289⅛ — 1506½ —

d) Im Amte Wolgaſt unter dem Titel: Diverſe Pächte und Präſtationen, 48 Scheffel Roggen, 48 Scheffel Gerſte, und 85 Scheffel Hafer ***).

14) **Ablagergeld** rühret aus dem alten Rechte der Fürſten her, für ſich und ihre Hofdiener, wenn ſie im Lande reiſeten, freye Ausrichtung in den Feldklöſtern, in den roſtilbiſchen Güthern auf Rügen und in einigen rügianiſchen Pfarren zu fodern. In der Folge ward dieß in Geld geſetzt und da die Feldklöſter ſeit der Reformation zum Domanio geſchlagen worden, ſo wird dieſe Geldabgabe jetzt nur aus einigen rügianiſchen Pfarren, aus dem Flecken Gingſt und aus den ralswyckſchen Güthern gehoben;

15) **Hundekorn** ward vormals zum Unterhalt der fürſtlichen Jägerey von den adelichen Güthern gegeben und dauert jetzt noch fort, obgleich die Ritterſchaft mehrmalen um deſſen Abſchaffung aus dem Grunde angehalten hat, weil der fürſtliche Jägereyſtaat im Lande gänzlich eingezogen worden a);

16) Loskaufsgelder, wenn unterthänige Leute in den königlichen Aemtern von der Leibeigenschaft sich loskaufen;

*) Hierunter sind 7¼ Scheffel, welche abwechselnd geliefert werden:
nemlich im ersten Jahr 7¼ S. Roggen, im zweyten 7¼ S. Gerste
und im dritten 7¼ S. Hafer.

**) Dieser Waldhafer wird von dem Abel auf Jasmund und Wittow
und von einigen andern Güthern und Amtsdörfern in Rügen für
die freye Hölzung in der Stubbnitz, einer Kronwaldung auf Jasmund, gegeben und ist eine alte Einrichtung deren schon in Wen-
disch̄rügianischen Landgebrauche (Tit. XVII. S. 16 meiner Ausgabe) gedacht wird. S. L. C. V. 625.

***) Dieß Getraide ist der Petrikirche als ein Theil der ihr zustehen-
den Deputatpächte und Kornzehenden angeschlagen und deshalb in
der Summe nicht aufgenommen.

a) Königl. Resol. vom 19 Dec. 1720. Num. 20. und vom 1 Oct. 1754.
Num. 3. L. C. I. 1106. u. 1112. Ablager und Hundekorn werden
in den Amtsrechnungen unter dem Titel diverser Pächte und Prästationen mit aufgeführet.

### §. 7.

Die landesherrlichen Einkünfte aus den Regalien bestehen
in den

1) Landzöllen zu Damgarten, Triebsees und Loitz. Sie
sind ein altes Regale der Landesfürsten a), vermöge dessen, nach Vorschrift der Zollrollen b), die in denselben
bestimmten Abgaben von ein und ausgehenden Waaren
erleget werden müssen, wovon jedoch der Abel c), die
Geistlichkeit d) und einige Städte e) ausgenommen sind.

2) Fürstenzolle zu Wolgast, der gleichfals ein altes Regale ist *) und von allen Fahrzeugen und Waaren erleget werden f) muß.

3) Grossen Seezöllen oder Licenten g), welche in den
vier Seestädten Stralsund, Greifswald, Wolgast und
Bard von allen seewerts aus- und eingehenden Waaren
nach

nach dem in den Ordnungen und Rollen *h*) feſtgeſetzten Tarif erleget werden müſſen *i*). Nicht weniger müſſen die ein- und ausgehenden beladenen und unbeladenen Schiffe, nach einem beſtimmten Tarif *k*), gewiſſe Abgaben an Ungeld, Maſtgeld, Armengeld, Tiefgeld und Paßgelder, welche zuſammen Schifsungelder genannt werden, bezahlen.

4) Poſtgefällen. Das Poſtweſen im Lande ſtehet zwaar in Anſehung ſeiner Verfaſſung und Verwaltung, unter dem Königl. und Reichskanzleykollegio und dem Generalpoſtdirektor in Schweden *l*), der Ueberſchuß der Einkünfte aber flieſſet in die hieſige Kammer und iſt dem pommerſchen Staat angeſchlagen.

5) Oerbahren, welche von den Städten Stralſund, Greifswald, Wolgaſt, Barb, Grimm, Tribſees, Bergen und Garz, als eine Rekognition für die Gerichtsbarkeit, jährlich erleget werden *m*).

6) Stempelpapier, das zuerſt 1690 eingeführet *n*) und 1721 erneuert *o*) worden, wofür Landſtände jährlich 1250 Rthlr. an die Königl. Kammer aus dem Landkaſten bezahlen, wogegen ihnen der Verkauf des Stempelpapiers überlaſſen iſt *p*).

7) Strafgefällen bey den Königl. Gerichten.

8) Abzugsgeldern.

*a*) Sie kommen ſchon als ein altes Recht der Landesherren in den älteſten Landesprivilegien vor und wurden im Jahr 1498 vom Kaiſer Max. I. dem Herzoge Bogislav X. beſtätiget und zu erhöhen nachgegeben. L. C. I. 10. 11.

*b*) 1. Königl. Zollrolle für den Zoll zu Tribſees vom 6 Dec. 1660. 2. Damgartiſche Zollrolle vom 16 Febr. 1662. 3. Loitzer Zollrolle. L. C. III. 1143 — 1146.

*c*) Landtagsverhandlungen von 1588. L. C. IV. 505. 506. 514. L. T. A. vom 10 März 1614. L. 634. Polizeyordn. Cap. XLIX. L. C. III.

Qq 2                                           378.

378. K. Resol. vom 19 Dec. 1720. Num. 31. vom 14 Febr. 1724. Num. 5 und vom 1 Oct 1754. Num. 6. L. C. I. 1098. 1108. 1113.

d) Kirchenordn. Th. VI. Titel: Von der Freyheit der Kirchen und Kirchendiener.

e) Die Stadt Stralsund ist vom Zoll zu Damgarten frey. (Rostocker Receß von 1504. L. C. II. 22. Receß von 1622. II. 641. Königl. Schreiben an den Rath der Stadt Stralsund vom 20 May 1641. II. 153. Damgartensche Zollrolle); wo auch Bartische Bürger in Ansehung ihrer Pferde frey sind (Damgart. Zollrolle).

*) Kaiser Max. I. Bestätigung von 1498. L. C. I. 10. 12.

f) Valentin von Eichstädts Bericht vom Fürstlich wolgastischen Zoll samt dessen Freyheit und Gerechtigkeit. 1580.

g) Die Licenten wurden zuerst vom Könige Gustav Adolph im Jahr 1630 vermöge eines Vergleichs mit dem Herzoge Bogislaf XIV unterm 30 Aug. (L. C. I. 86.) auf den pommerschen Ströhmen und Meerbasen als ein Defensionsgeld eingeführet, woran der Herzog doch einigen Theil nahm, indem er 1 Procent, der König aber 3½ Procent erhielt. Im westphälischen Frieden wurden die Licenten der Krone Schweden als ein immerwährendes Recht (Art. X. §. 13) zugestanden. Sie sind bisher auch beständig, obwohl unter mancherley Veränderungen, beybehalten worden, wenn gleich Stände sie als eine Behinderung der Handlung angesehen und mehrmalen um ihre Abschaffung angesucht haben. K. Resol vom 24 Jul. 1649 Num. 3. und vom 1 Mörz 1655 Num. 3. L. C. I. 813. 829.

h) 1) Königl. verbesserte und renovirte Licent und Seglations-Ordnung in Pommern, wornach sich Schiffer und Kaufleute zu richten. d. d. Stockholm den 15 Nov. 1733. Neueste Grundgesetze S. 303.

2) Taxe, wornach von den einkommenden und ausgehenden Waaren die Licenten in Pommern gehoben werden sollen, d. S. 310.

Zu mehrerer Aufnahme des Handels aber ist 3) durch das Patent der Königl Regierung vom 21 Jun. 1771 ein neuer Tarif publiciret und die Licenttaxe aller Waaren, welche mit eignen Schiffen aus der ersten Hand direkte einkommen, beträchtlich vermindert, für alle Waaren aber, welche aus der zweyten, dritten oder vierten Hand eingeführet werden, die alte Licenttaxe beybehalten worden.

J. C. Töpffers unvorgreifliches Bedenken betreffend den im Jahr 1771. eingeführten Tarif aller zur See aus der ersten Hand

in

in den Pommerschen Stapelstädten einkommenden Waaren. In Pomm. Samml. Heft VII. S. 203 — 228.

i) Von den Licenten ist niemand befreiet, als wer ausdrücklich und besonders von Königl Maytt. erimiret worden (Instruktion für den Licentinspektor vom 31 Aug. 1652. Num. 9. L. C. III. 1157. und K. Resol vom 26 Sept. 1654. daselbst 1159). Sie werden nur an einer Stelle im Schwedischen Reiche bezahlet; so daß die Waaren, welche aus Schweden nach Pommern geben und in Schweden die Licenten bezahlet haben, in Pommern beym Eingange frey sind und umgekehrt (K. Resol. vom 1 März 1655 u. vom 10 Jul. 1688 u. 3 März 1698. Daselbst II. 194 u. 494. Licentordn. Num. 15), auch geben Waaren und Schiffe, die innerhalb Landes von einem Orte zum andern geben, keine Licenten. K. Resol. vom 1 März 1655. und Licentordn. Num. 16.

k) Tabellen von den Schifsungeldern und Paßgeldern, wie solche im Schwedischpommern genommen werden sollen. Neueste Grundgesetze, S. 329. Darnach giebt z. B. ein Schiff von 60 Lasten.

a) Beladen, an

| | | Rthlr. | ßl. |
|---|---|---|---|
| Ungeld | — — — | 5 | 21 |
| Mastgeld | — — — | 2 | 1 |
| Last = oder Armgeld | — — — | 1 | 12 |
| Tiesgeld | — — — | 2 | 24 |
| Paßgeld | — — — | 1 | 24 |
| Zusammen: | | 12 Rthlr. | 34 ßl. |

b) Unbeladen, an

| | | Rthlr. | ßl. |
|---|---|---|---|
| Ungeld | — — — | 2 | 1 |
| Mastgeld | — — — | | 41 |
| Last = oder Armengeld | — — — | | 30 |
| Tiesgeld | — — — | 1 | 24 |
| Zusammen: | | 6 Rthlr. | 24 ßl. |

l) Königl. Verordnung betreffend das Postwesen in Pommern und Wismar vom 10 Jun. 1699. L. C. III. 1023.

m) Anmerkung über die Ohrbör in den pommerschen Städten. S. J. C. Dähnerts Pommersche Bibliothek. I. Band. 151 S.

n) Der K. Regierung Verordnung vom 6 Aug 1690. L. C. III. 243.

o) Der K. Reg. Patent vom 21 May 1721. Neueste Grundgesetze. S. 43.

　　　p) Schen

p) Schon auf dem Landtage im Jahr 1661 schlug die Kgl. Regierung in der Proposition vom 2 Nov. den Ständen die Einführung des Stempelpapiers, zur Salarirung der Hofgerichtsbedienten, als ein bequemes Mittel vor, „das schon an verschiedenen Orten und neulich auch im Reiche Schweden eingeführet worden. „Allein „Landstände fanden es in ihrer Antwort als ein ganz neues vndt „vorhin in diesen Pommerschen Landen vnerhörtes Onus, sehr be- „schwerlich, höchst nachtheilig und per Consequens gar nicht pra- „cticabel — dafür haltend, daß sie die höchste Verantwortung „vnd grossen Verweiß bey ihren Commembris vndt der mehrten „posteritet haben würden, wan daß überall vorhandene armuth in „den Gottlob erlangten Friedens-Zeiten mit einem dergleichen „neuen dieser erschöpften Lande gar nicht convenabilen, im Heil. „Römischen Reiche nirgends breuchlichen — behelliget vndt „beleget werden sollten —“. Hieraus erhellet daß das Stempelpapier im Jahr 1661, obschon im Reiche Schweden, doch in Teutschland noch nicht eingeführet und üblich gewesen, woburch des berühmten Herrn Hofrath Bekmanns Vermuthung in seinen Beyträgen zur Geschichte der Erfindungen (Th. II. Stück 2. S. 310) bestätiget wird, daß es nur gegen das Ende des vorigen Jahrhunderts in den teutschen Ländern nach und nach eingeführet worden.

---

# Zwenter Abschnitt.

## Staatseinkünfte aus dem Beytrage der Landeseinwohner.

---

### §. 8.

Bis in die Mitte des sechszehnten Jahrhunderts musten die Landesfürsten ihre und des Staats Bedürfnisse mit dem Ertrage ihrer Domänen; Zölle und anderer hergebrachten Gefälle bestreiten und nur selten, bey ausserordentlichen Fällen oder landesbedrängnissen, bewilligten die Landstände eine oder andere Beysteuer

steuer aus dem Vermögen der Unterthanen. Nur erst nach der Zeit,
da durch die Einziehung der Klostergüther das landesherrliche Domanium so ansehnlich vergrössert worden, wurden unter der Regierung der Herzoge Johann Friedrichs und Ernst Ludwigs
die Forderungen von Beysteuern häufiger und da die Landstände
nicht allemal gleich bereitwillig dazu waren, so suchten sie zuerst
durch die Accise eine beständige Steuer einzuführen, womit sie
aber ungeachtet des darüber erhaltenen Kaiserlichen Privilegii nicht
durchdringen konnten. In den folgenden Zeiten musten zwaar
die Landstände zur Abbürdung der Kammerschulden und Bestreitung der immer grösser werdenden Staatsbedürfnisse vielfältig
Steuern bewilligen, allein es wurden doch keine Beständige üblich, als bis die Drangsale des dreissigjährigen Krieges die Einführung von Landeskontributionen, Kopfsteuern, Accise und Ver-
mögensteuern nothwendig machten, die doch immer nur gegen landesherrliche Versicherungen, daß es fürs künftige nicht in Folge
gezogen werden sollte, bewilliget wurden.

## §. 9.

Vermöge dieser Reversalen und der Landesfreyheiten drangen
die Landstäube zwaar gleich nach dem westphälischen Frieden auf
die Abstellung aller dieser Bürden, weil aber die ordentlichen alten
landesherrlichen Gefälle, ungeachtet sie durch die Licenten vermehret worden, wegen Verminderung und nachherigen Ueberlassung
des Domanii zum Unterhalt der Königinn Christina auch Einführung der stehenden Miliz, zu den Bedürfnissen des Staatswerk
nicht zureichten, so musten Landstände sich im Jahr 1669, ausser
der fortwährenden Trank- und Scheffelsteuer und anderen Anlagen,
noch zu einer Staatshülfe a) verstehen, die anfänglich zwaar nur
auf fünf Jahre bewilliget, nachher aber von Zeit zu Zeit verlängert und erhöhet ward und nun seit dem Ende des vorigen Jahrhunderts für beständig angenommen ist.

a) Die-

*a*) Dieſe Staatshülfe betrug

| | | | | | | | |
|---|---|---|---|---|---|---|---|
| 1665 | — | — | Rthlr. | 7000. | Scheffel | Getraide. | |
| 1669 | — | — | — | — | — | — | 20000. |
| 1681 | — | — | — | 1000. | — | — | 15000. |
| 1682 | — | — | — | 5000. | — | — | 15000. |
| 1683 | — | — | — | 5000. | — | — | 20000. |
| 1684 | — | — | — | 10000. | — | — | 20000. |
| 1685 — 1689 | — | — | — | 10000. | — | — | 40000. |

#### §. 10.

Alle bewilligte Steuern werden nach Hufen angelegt und aus,
geſchrieben. Dieß iſt der urſprüngliche Steuerfuß im Lande, nach
welchem von jeher alle Landesbewilligungen ſowohl von den Städten als vom platten Lande, inſonderheit die ſeit 1669 dem Landesherrn bewilligte Staatshülfe, zuſammen gebracht worden. Vormals hatte man dreyerley Art ſteuerbahrer Hufen auf dem platten
Lande, nemlich Hegerhufen von 60 Morgen, Landhufen von 30
Morgen, Hakenhufen von 15 Morgen und da wurde in Anſehung
der Städte ein Giebelhaus oder ganßes Erbe der Hegerhufe, eine
Bude der Landhufe und ein Keller der Hakenhufe gleich geachtet *a*).

*a*) L. T. A. vom 21. Dec. 1563. L. C. I. 487. u. Komm. Receß von
1681. Num. 6. L. C. I. 411.

#### §. 11.

Dieſer Steuerfuß hat von alten Zeiten her zu vielen Be-
ſchwerden Anlaß gegeben, theils weil die Landesmatrikeln nie auf
einen gleichförmigen zuverläſſigen Fuß gebracht noch das richtige
Verhältnis zwiſchen Hufen und Häuſern ausgemittelt werden können, woraus nothwendig Prägravationen entſtehen müſſen. Dieſe vermehrten ſich immer, da in der Folge einzelne Hufen- und Häu-
ſerbeſitzer Gelegenheit fanden, unter mancherley Vorwand, Rin-
gerungen im Anſchlage zu erhalten, auch in den langwührigen
Kriegen des vorigen Jahrhunderts wurden viele Hufen und Häuſer wüſte, deren Eigenthümer keine Steuern davon tragen konnten
oder wollten. Ja ſelbſt die im Jahr 1653 zwiſchen der Ritterſchaft

ſchaft und Städten getroffene Vereinbahrung, daß ein jeder Stand
die Hälfte der bewilligten Steuern zuſammen bringen ſollte, welches die Dimidiaſteuer genannt wurde a), gab zu neuen Klagen
Anlaß, wodurch die landeseinrichtungskommiſſionen in den Jahren 1663 und 1681 veranlaſt wurden, zur Anfertigung einer richtigen landesmatrikel Anſtalten zu treffen, mit deren Ausführung
es ſich aber bis zum Anfange dieſes Jahrhunderts und dem Aus-
bruche des Nordiſchen Krieges hier im lande verzog.   Der Kanzler Magnus von lagerſtröm, der das Präſidium in der Ma-
trikelkommiſſion geführet hatte, übergab zwaar, zufolge eines Königl. Befels vom 24 Sept. 1728, den Entwurf der neuen Matrikel im Januar 1729, dabey iſt dieſe Sache aber auch bisher ſtehen geblieben.

1) Cataſtrum oder Hufen = Matricul von Schwediſchvor-
pommmern und Rügen, auf Sr. Königl. Maytt. Befel verfertiget Ao. 1709 von Magnus von lagerſtröm, Gutzlaf
Ernſt von Normann, Hans Jacob von Naltzahn, Ju-
ſtus ludwig Olthoff und Jacob Otto. L. E. V. 683-710.

2) Magnus von lagerſtröms Relation von der landes-
Matrikel, auf Königl. Maytt. Specialbefel abgeſtattet im
Januario 1729. Mſct.

a) Die Art, nach der Dimidia zu ſteuern, iſt zuerſt 1653. bey Gelegenheit der öffentlichen Sepultur des letzten Herzogs von Pommern
beliebet worden, wornach zu einem feſtgeſetzten Quanto die Ritterſchaft und Aemter die eine Hälfte und Städte mit ihren Länderey-
en die andere Hälfte beytrugen.  Wenn alſo z. B. 10000 Rthlr.
aufzubringen waren, ſo zahlten dazu

die Stadt mit ihren Ländereyen    =    =    5000 Rthlr.
die Ritterſchaft und Aemter ebenfalls    -    -    5000 —

—————
10000 Rthlr.

Zu dieſer letzten Hälfte trug
die Ritterſchaft ⅝ welches betrug    -    3571 Rthlr. 20 ſl. 8 Pf.
die Aemter mit Einſchluß des akade-
miſchen Amtes Elbena ⅖, ſo betrug    1428 —    27 — 4 —

—————
5000 Rthlr. —    — —

### §. 12.

Auch das Hufenqvantum hat sich unter biesen Umständen oft verändert. Nach der Kahlbenschen Matrikel soll gantz Vorpommern 26000 Landhusen enthalten a). Diese wurden 1655 zu 15000 und 1666 zu 10000 Hufen heruntergesetzet, worunter jedoch die steuerfreyen Hufen mit begriffen waren, und 1681 zu 5000 steuerbahren Hufen reduciret b). Nach der Lagerströmschen Martrikel, die sich auf die in den Jahren von 1692 bis 1702 vorgenommene Landesvermessung gründet, sollen im jetzigen Schwedischen Pommern und Rügen an steuerbahren Landhufen sich finden 5728 Hufen 13 Morgen und $15\frac{2\frac{1}{2}}{16}$ Ruthen. Der jetzige Hufenstand, wornach die Landessteuern ausgeschrieben werden, ist nach den bey der Königl. Kammer aus den Distrikten, Aemtern und Städten eingereichten speciellen Hufendesignationen formiret und in den Jahren 1720 und 1721 mit Ständen folgendermassen verglichen und reguliret worden c).

| 1) Ritterschaft | Hufen. | Morgen. | |
|---|---|---|---|
| Im Fürstenthum Rügen • | 356. | $18\frac{11}{16}\frac{2}{.}$ | |
| — Barthischen Distrikt • | 164. | $11\frac{1}{4}$. | |
| — Loitz-Grimm- und Tribsee- | | | |
| schen Distrikt • • • | 174. | 18. | |
| — Greifswaldischen Distrikt | 17. | 22. | |
| — Amte Eldena • • | 74. | 18. | |
| — Wolgastischen Distrikt | 175. | — $\frac{1}{2}$ | |
| — Demminschen Distrikt | 2. | — | |
| | | | 964. $28\frac{11}{16}\frac{2}{.}$ |
| 2) Königl. Aemter. | | | |
| Amt Bergen • • • | 130. | — $\frac{14}{16}$ | |
| — Barth • • • | 94. | $18\frac{1}{4}$. | |
| — Loitz • • • | 58. | 20. | |
| — Franzburg • • • | 144. | $3\frac{7}{16}$. | |
| — Tribsees • • • | 4. | $12\frac{1}{2}$. | |
| — Wolgast • • • • | 145. | $6\frac{2}{16}\frac{1}{4}$. | |
| | | | 577. $2\frac{2}{16}\frac{2}{.}$ |
| | Transport — | 1542. | $1\frac{2}{16}\frac{1}{4}$. |

Transport — 1542. 1⁴¹/₁₃.

3) **Städtiſche Ländereyen.**

| | | |
|---|---|---|
| Stralſundiſche Kommiſſariat in Pommern | 124. | —⅓. |
| do. in Rügen | 126. | 16⅓. |
| | 250. | 16⅔. |
| Greifswaldiſche Ländereyen | 89. | 4. |
| Demminſche | 33. | — |
| Barthiſche | 3. | 1. |
| Tribſeeiſche | 1. | — |
| Loitzer | 3. | 1. |
| | 379. | 22⅞. |
| Platte Land | 1921. | 24²¹/₂₆. |

4) **Städte.**

| | | |
|---|---|---|
| Stralſund | 350. | 13⁷/₁₆. |
| Greifswald | 110. | 3⅞. |
| Wolgaſt | 18. | — |
| Barth | 67. | 17. |
| Grimm | 28. | 8⅓. |
| Tribſees | 28. | 4⁷/₁₆. |
| Loitz | 18. | 21⅕. |
| Damgarten | 3. | 16⁹/₁₆. |
| | 624. | 26. |
| Platte Land u. Städte zuſammen | 2546. | 20²¹/₂₆. |

*a)* Matrikel oder Hufen = Anſchlag in Vorpommern nach Ausſtheilung der Diſtricte auf Fürſtl. Verordnung durch Henr. von Kahlden eingeſandt zu Wolgaſt den 25. Dec. 1631. L. C. V. 634.

*b)* L. T. A. vom 7 Sept. 1681. L. C. I. 718.

1) Kollation der von Kahldenſchen Hufen = Matrikel und der nach ausgeſtandenem Kriege gemachten Repartition und Reduktion die der Kammerpräſident von Reinſchild aufſetzen laſſen im Jahr 1658. L. C. V. 643.

2) Das auf den Landeskonventen zu Greifswald und Anklam in den Jahren 1657 und 1658 aus den vorigen Ma-

trikel=

trikel-Auffätzen formirte Korpus, welches zur Basis bey der
verglichenen Reduktion des Ganzen zu 10000 Hufen und deren Repartition genommen worden. L. C. V. 654.

c) Der K. Regierung Patente vom 28 Jun. 1721. u. 10 April 1722.
in den Neueften Grundgefezen. S. 59 u. 95.

Speciale Matricul aller in dem Herzogthum Pommern
dieffeits der Peene und in dem Fürftenthum Rügen vorhandenen contribuablen Hufen, Mfct.

### §. 13.

Mit den Steuern felbft find von einer Zeit zur andern manche Veränderungen vorgegangen, biß fie in die jetzige Faffung gekommen find. Sie werden in Allgemeine und Befondere einge-
theilet. Allgemeine werden von der ganzen Provinz, fowohl
von den Städten als vom platten Lande; Befondere nur entweder von den Städten allein oder vom platten Lande allein getragen.
Man kann fie auch in Ordentliche und Aufferordentliche eintheil-
len, denn wenn wir gleich jetzt, feitdem die Krone die Befor-
gung des Staats übernommen hat und die Stände nicht mehr für
die Staatsdefekte haften, eigentlich keine aufferordentliche Steuern, wie vormals an Kopf-Vermögens u. dgl. Steuern, mehr
haben, fo werden doch die Hufen faft beftändig, fo wie neue Einrichtungen oder andere Bedürfniffe es erheifchen, mit Nebenanlagen belaftet, die man wohl aufferobentliche Steuern nennen mag.

— Von den Landessteuern flieffet nur ein Theil in die landesher-
liche Kaffe, das Uebrige ift zu anderweitigen Landesbedürfniffen
beftimmt.

# Erfte Abtheilung.

### Abgaben zur Difpofition des Landesherrn.

### §. 14.

Die Abgaben, welche in die landesherrliche Kaffe flieffen,
werden theils von den Städten allein, theils vom platten Lande allein zufammen gebracht. Zu den Erftern gehören:

- 1) Die

1) Die Trank- und Scheffelſteuer oder die Naturalacciſe in den Städten Stralſund, Greifswald, Wolgaſt, Barth, ſoit Tribſees, Grimm, Damgarten, Laſſahn *) und Bergen. Zu ihrer Einführung erhielten bereits die Herzoge Barnim IX. und Philipp I. im Jahr 1556. die kaiſerliche Bewilligung *a*), die aber keinen Gebrauch davon machten. Die nachfolgenden Herzoge ſuchten zwaar zu wiederhohlten malen die Einwilligung der Landſtände zu erhalten, die aber allemal als eine Neuerung verbeten *b*) und den Bedürfniſſen der Landesfürſten lieber durch auſſerordentliche temporäre Steuern abgeholfen ward, wodurch die Herzoge ſich endlich bewogen ſahen, auf den Gebrauch des kaiſerlichen Privilegii Verzicht zu thun *c*), bis endlich im Jahr 1628. Landſtände in ihre Einführung gegen Fürſtl. Reverſalen *d*) willigten, von welcher Zeit an ſie, nach vielfältigen Unterhandlungen zwiſchen Landesherrn und Ständen *e*), immer beybehalten worden.

Die Acciſe wird von allem Wein, Weineſſig, Meth, ausländiſchen Brantewein, Bier, Biereſſig und Mehl, ſo in dieſe Städte eingeführet wird, vom Brantewein, der in den Städten gebrannt wird, und von allem Getraide, das vermahlen wird, nach der Acciſeordnung *f*) gehoben, und niemand iſt davon befreyet, als Kirchen- und Schulbediente, Klöſter, Zucht- und Armenhäuſer und diejenigen, welche beſondere Befreyungen von der Königl. Regierung erhalten haben, und das Magazinkorn für die Beſatzungen.

Biß 1768 wurde das Getraide, welches zur Mühle geſchickt ward, nach den Scheffeln verſteuert, ſeitdem ſind aber in den Städten Stralſund, Greifswald, Wolgaſt und Barth Mühlenwaagen angeleget worden, worauf das Getraide, wenn es zur Mühle gehet, als auch das Mehl oder Schroot, das aus der Mühle komt, gewogen und darnäch verſteuert werden, wodurch dieſe Scheffelſteuer gewiſſermaaſſen in eine Pfundenſteuer abgeändert worden, indem das, was über die angegebene Scheffelzahl an Getraide zur Mühle geſandt zu ſeyn nach dem Gewicht befunden

Rr 3 den

den wird, nach Maaßgebung der Mahltabellen versteuert werden muß g).

a) K. Karls V. Concession an die Herzoge von Pommern zu Anrichtung der Accise vom 19 Aug. 1556. L. C. I. 25.

b) L. T. A. vom 6 Apr. 1574, und vom 9 März 1581. L. C. I. 539. u. 550. imgl. Landtagsverhandlungen im Jahr 1588. e. d. IV. 501 — 522.

c) In der stettinschen Regierung laut des Reverses vom Herzoge Johann Friedrich vom 30 Nov. 1588 und in der Wollgastischen vom H. Philipp Julius kraft des Landtagsabschiedes vom 10 März 1610. L. C. I. 737 u. 629.

d) H. Bogislaus XIV. Revers an Landstände vom 17 Jul. 1631. u. L. T. A. vom 22 Dec. 1636. Art. 9 L. C. I. 746 u. 684.

e) Kom. Receß von 1669. Art. 6. L. C. I. 399. K. Resol. vom 10 Apr. 1669. Num. 3. e. d. 874. L. T. A. vom 21 Dec. 1679. Num. 2. e. d. 713. Kom. Receß von 1681. Num. 4. e. d. 409. K. Resol. vom 19 Dec. 1720. Num. 2. e. d. 897. Patent der K. Regier. vom 27 Febr. 1721. In den neuesten Grundgesetzen. S. 18.

f) Trank- und Scheffelsteuer-Ordnung im Herzogthum Vorpommern und Fürstenthum Rügen, vom 17 Jun. 1721. In den neuesten Grundgesetzen S. 49 — 58.

g) Verordnung der Königl. Regierung vom 20 Apr. 1768. nebst den Mahltabellen. L. C. V. 816.

*) Biß und mit 1782. ward die Naturalaccise auch in Gützkow erhoben, weil aber die Einnahme nur schwach war, die nöthige Aufsicht an dem offenen Orte schwer fiel und ein guter Theil des Ertrags durch die Besoldung der Bedienten aufgieng, so ward mit dem Anfange des Jahres 1783 an deren Stelle die Quartalaccise eingeführet und dieser Ort den übrigen Amtsstädten gleich gemacht.

**) Den Betrag der städtischer Accise in den einzelnen Städten und in den acht Jahren von 1778 bis 1785 liefert die Beylage V. A.

## §. 15.

2) Die Konsumtionssteuer. Sie ist zuerst im Jahr 1698 in den landsässigen Städten anstatt der bis dahin in denselben üblichen Häuser- Kopf- Stand- und Viehsteuern eingeführet a), im
Jahr

Jahr 1720 zwaar auf Anhalten der Stände gänzlich aufgehoben
b), aber auch 1734 von neuem eingeführet c) und ihre abermah-
lige Aufhebung von Städten vergeblich nachgesucht worden d).

Sie wird, nach Vorschrift der Ordnung e), von allem
Getraide, Getränke, Schlachtvieh, Lebensmitteln und Kaufmannswaaren, die in die Städte eingeführet werden; von den
städtischen Aeckern, Wiesen und Gärten, und von den Pferden,
Rindvieh, Schaafen und Schweinen, die in den Städten gehalten werden, gehoben.

Von dieser Steuer ist niemand befreyet, als Kirchen- und
Schulbediente, Hospitäler, Zucht- und Armenhäuser, Neuanbauende während ihrer Freyjahre, das Getraide für die Garnisonen,
die Lebensmittel welche landbegüterte königliche Bediente von ihren Gütern zur eignen Wihrtschaft in die Städte bringen lassen f),
das Deputatbrennholz für die königlichen Kollegia, Wachthäuser
und Rathhäuser, die Schützenkönige und das Futter für die Pferde bey der stralsundischen Stadt-Wasserkunst.

Die Einführung des neuen Licenttarifs würkte nicht nur auf
die Accisesteuer sondern auch hauptsächlich auf die Konsumtionssteuer, indem dadurch sämtliche Waaren ansehnlich heruntergesetzt
und sowohl alle Schwedische als auch einige andere Waaren,
als alle Arten Oele, einige Lederforten, feine Tücher ꝛc. gänzlich
vom Konsumtionsinspost befreiet wurden. S. Pom. Saml.
VII. 209. verglichen mit den Patr. Beyträgen, VII. 50. ff.

a) Königl. Resol. vom 28 Jan. 1698. Num. 3. L. C. I. 893.

b) K. Resol. an Stände vom 19 Dec. 1720. Num. 2. L. C. I. 898.
   und an die Stadt Stralsund von selbigem Dato e. d. II. 205.

c) Der K. Regierung Patent vom 3 May 1734. in den neuesten
   Grundgesetzen, S. 336.

d) K. Resol. an Städte vom 15 Sept. 1755. L. C. II. 519.

e) Königl. Schwedischpommersche renovirte Konsumtions-Steuer-
   Ordnung vom 3 May 1734. in den neuesten Grundgesetzen S.
   338 — 362.

f) Die

*f*) Die Ritterschaft hielte im Jahr 1754. um gleiche Freyheit für Landbegüterte vom Adel, welche in den Städten wohnen, wiewohl vergeblich an. S. K. Resol. für die Ritterschaft vom 1 Oct. 1754. Num. 8. L. C. I. 1114.

*) Den Betrag der Konsumtionssteuer in den einzelnen Städten und in den acht Jahren von 1778 bis 1785. liefert die Beplage V. C.

### §. 16.

Vom platten Lande allein werden an die Landesherrliche Kasse abgegeben:

1) Die ordinäre Hufensteuer oder die sogenannte vierzehn Thalersteuer Sie wird von den steuerbahren Hufen nach dem im Jahr 1720 verglichenen Qvanto *a*) in der Maaße getragen, daß von einer jeden reducirten Hufe jährlich 14 Reichsthaler und zwaar 8 Rthlr. in baarem Gelde und 12 Scheffel Roggen, in guten und schlechten Jahren zu 24 Schillinge gerechnet, gegeben werden. Die Ritterhufen sind von dieser, so wie von allen übrigen Abgaben, gegen Leistung der Roßdienste befreyet *b*), wenn nicht die Ritterschaft selbst aus erheblichen Ursachen etwas über sich zu nehmen einwilliget *c*). Dagegen sind die der Ritterschaft gehörigen Bauerhufen den Steuern unterworfen *d*). Die königlichen Domanialämter tragen ebenfalls die Hufensteuer, so wie andere bewilligten Landsteuern, nach der Qvote ihres Hufenstandes mit *e*).

*a*) Nemlich 1921 Hufen 24 11/44 Morgen. S. oben §. 12.

*b*) Für steuerfreye Ritterhufen sollen nach Verordnung der Königl. Landeseinrichtungscommission von 1681 nur diejenigen erkannt werden, welche es beweislich am Anfange des vorigen Jahrhunderts gewesen sind. S. Kom. Receß von 1681. L. C. I. 410. Instruktion für die Deputirten zur Hufenlustration vom 12 April 1681. §. 49. e. d. III. 1088. u. Patent vom 25 Nov. 1681. e. d. 1093.

*c*) Komm. Receß von 1681. L. C. I. 410. Steueredikt vom 21 Jul. 1711. e. d. III. 1140. Bey solchen Gelegenheiten werden drey Ritterhufen einer steuerbahren Bauerhufe gleich geachtet. K. Resol. vom 23 Jan. 1715. e. d. 1142.

*d*) Wenn

*d*) Wenn ein Edelmann ſeine ſteuerbahren Bauerhufen ſeinen ſteuer-
freyen Ritterhufen zulegt, muß er die Kontributionen davon tragen und ſollen die ſteuerbahren Hufen dadurch nicht vermindert
werden. Komm. Receß von 1681. L. C. I. 410. K. Reſol. vom
28 Jan. 1698. f. d. L. 893. und Patent vom 8 May. 1698. e. d.
III. 1099.

*e*) L. T. A. vom 10 Febr. 1560. L. C. I. 841. und vom 9 März
1581. e. d. 550. K. Reſol. vom 1 März 1655. Num. 5. e. d. 823,
vom 15 Jul. 1664. Num. 3. e. d. 843, vom 19 Nov. 1665.
Num 3. e. d. 1096 und vom 30 Jan. 1690. Num. 6. e. d. 888.

### §. 17.

**2) Die Quartal-Perſonen-Steuer.** Bis zum Jahr
1672 ward die Naturalacciſe, ſo wie in den Städten, auch auf
dem platten Lande gehoben, weil aber die Einhebung mit vielen
Beſchwerlichkeiten verbunden war und dem Unterſchleife nicht gewehret werden konnte, ſo ward an deren ſtatt mit Einwilligung der
Landſtände eine Perſonenſteuer eingeführet *a*), allein auch 1696
die würkliche Acciſe auf dem Land wieder beliebet *b*). Im Jahr
1720 iſt dagegen die Quartal-Perſonen-Steuer von neuem angenommen und bisher beybehalten worden *c*).

Dieſe Steuer wird von allen Perſonen, die auf dem Lande leben und über funfzehn Jahre alt ſind, nach der in der Ordnung von 1671 *d*) feſtgeſetzten jedoch ſeit 1722 *e*) um ⅛ erhöheten
Taxe und Klaſſifikation quartaliter zum voraus bezahlet, zu dem
Ende ein jeder Hausvater eine Deſignation von allen Perſonen, die
er in ſeinem Hausweſen hat, jährlich einreichen muß *f*).

*a*) L. T. A. vom 21 Dec. 1672. Num. 2. L. C. I. 707.

*b*) Verordnung der K. Regierung vom 19 Dec. 1696. L. C. III.
1207.

*c*) K. Reſol. vom 19 Dec. 1720. Num. 2. L. C. I. 897. der K. Regierung Patent vom 27 Febr. 1721. in den neueſten Grundgeſetzen
S. 18.

*d*) Verglichene Acciſe und Perſonen-Steuer-Ordnung im Königl.
Pommern vom 9 März 1672. Stralſund 1764. 4. und in den
L. C. III. 1194.

e) Patent der K. Regierung vom 9 April 1722 in den neueſten
Grundgeſetzen S. 95.

f) Ordnung Kap. II. Patent vom 7 Jan. 1722. in den neueſten Grund‐
geſetzen S. 81, vom 9 Apr. 1722. e. b. S. 94, vom 25 Oct.
1747. e. b. 564 und vom 19 Oct. 1767. L. C. III. 1226.

*) Den Betrag der Quartalaccife aus allen Diſtriften des platten
Landes in den acht Jahren von 1778 bis 1785 gebe ich in der
Beylage V. B.

# Zweite Abtheilung.

## Abgaben, welche nicht in die Landesherrliche Kaſſe flieſſen.

### §. 18.

Die Abgaben der Unterthanen, welche nicht in die landes‐
herrliche Kaſſe flieſſen, werden entweder zu Beſtreitung einiger
firirten Staatsbedürfniſſe oder zu zufälligen Ausgaben und neu‐
en Einrichtungen, wozu kein beſtimter Fonds vorhanden iſt, ver‐
wandt. Dieſe Steuern werden nach Beſchaffenheit des Gegen‐
ſtandes, wozu ſie angewandt werden ſollen, theils von der ganzen
Provinz, theils nur von einer oder mehrern Klaſſen der Kontribu‐
enten getragen. Zu den erſteren gehören:

1) Die Reichs‐ und Kraisſteuern *). Sie ſind auch
hier im Lande, wenigſtens ſeit dem ſechszehnten Jahrhundert, von
der Landſchaft aufgebracht worden a), wozu auch das landesherr‐
liche Domanium mit beytragen muß b). Nur ſeit der Zeit, da
ſie eine jährliche Staatshülfe übernommen, hat ſie ſich hievon be‐
freyet achten wollen, womit ſie aber nicht durchdringen können c).

a) L. T. A. vom 1 Febr. 1560. L. C. I. 477, vom 6 April 1574.
e. b. 534, vom 12 Apr. 1595. e. b. 582.

b) K. Reſol. vom 15 Sept. 1682. Num. 1. L. C. I. 863.

c) L. T.

*e*) L. T. A. vom 7 Jan. 1686. Num I. L. E. I. 325. K. Reſol. vom 23 Sept. 1754. e. d. 927. von Schwarz Pom. Lehnshiſtorie. S. 1417. Am Ende des vorigen Jahrhunderts bewilligte doch der König, „daß wenn danächſt auf dem Reichstage zu Regensburg „einiges weiteres Subſidium an Römermonaten für die R. Kai- „ſerl. Maytt. bewilliget werden ſollte, Landſtände das Kontingent, „ſo davon auf das Herzogthum Pommern repartiret würde und „ihnen abzutragen obliege, an die Prätenſion, welche Königl. „Maytt. noch von vorigen Zeiten an den Röm. Kaiſer hätten (S. „unten im Hauptſtück. X. §. 4. Not. *)), wie bishero geſchehen, al- „ſo künftig allemal und ſo lange noch etwas von dieſer Forderung „übrig ſey, zu becourtiren und abzurechnen haben ſollten (S. Kö- „nigl. Reſol. vom 30 Jan. 1690. Num. 2. L. C. I. 887)“. Wie lange dieſe Abrechnung ſtatt gefunden habe, iſt mir unbekannt.

*) So weit ich es habe ausfindig machen können, ſind dazu vom Lan-
de in neuern Zeiten bezahlet: Im Jahr 1732. Rthlr. 1538. Sch. 30.

| | | | |
|---|---|---|---|
| — — | 1735. | 16535. | 32. |
| — — | 1736. | 2546. | 30. |
| — — | 1737. | 1699. | 40. |
| — — | 1738. | 1061. | 12. |
| — — | 1740. | 2546. | 30. |
| — — | 1768. | 293. | 13⅓. |
| — — | 1787. | 848. | 43. |

## §. 19.

2) Die Kammerzieler *). In ältern Zeiten wollten Landſtände zu dieſer Abgabe ſich nicht verbunden achten, deshalb die
Landesfürſten ſie aus der Kammer entrichten muſten *a*), und nach
dem weſtphäliſchen Frieden hielten ſie es noch weniger für ihre
Schuldigkeit, weil ſie die Unterhaltung des Tribunals zu Wismar,
das an die Stelle des Kaiſerl. Reichskammergerichts getreten war,
übernommen hatten. Indeſſen, da mit dieſer Entſchuldigung
nicht auszulangen war, wird doch jetzt vom Lande dazu geſteuert,
wann aber damit angefangen worden, iſt mir nicht bekannt. Sie
werden nicht jährlich zuſammengebracht, ſondern nur dann, wenn der
Vorrath erſchöpft iſt und aus dem Landkaſten an die Königl. Kammer bezahlet, die ſie nach Wezlar remittiret.

*a*) L. T.

*a)* L. T. A. vom 27 May. 1585 und vom 21 Dec. 1672. L. C. I. 564 und 707.

*) Zu den Kammerzielern sind seit 1763 ausgeschrieben worden, laut der darüber ins Land erlassenen Patente:

  Im Jahr 1766. Dec. 8 — Rthlr. 1. Schl. —
  —   — 1773. Apr. 29 —   1.   —
  —   — 1779. Jan. 25 —   1.   —
  —   — 1783. Aug. 6 —     32

 Zusammen also von jeder Hufe Rthlr. 3 Schl. 32 und von 2546 Hufen 20$\frac{2}{3}$ Morgen 9337. Rthl. 16$\frac{2}{3}$ fl. welche zu diesem Behuf in ein' und zwanzig Jahren zusammengebracht worden. Im Durchschnitt kann man also jährlich 444 Rthlr. x$\frac{2}{3}$ fl. für diese Landesausgabe rechnen.

## §. 20.

 3) Die Tribunalssteuer. Sie ist zum Unterhalt des Königl. Hohen Tribunals zu Wismar bestimmet, den die Landstände übernommen haben. Sie wird in zwey Terminen, um Ostern und Michaelis, gehoben und jeder Termin beträgt seit dem Jahr 1778, da die Tribunalssalarien erhöhet worden *a)*, 1 Rthlr 3$\frac{1}{2}$ fl. N. $\frac{2}{3}$ von der Hufe.

 *a)* S. Patent der Königl. Regierung vom 19 Febr. 1779.

## §. 21.

 4) Die Servicen werden zu Bestreitung der Einqvartierungslast jetzt vom ganzen Lande zusammengebracht und damit den Städten, in welchen würklich Besatzungen gehalten werden, das vergütet, was sie über ihre Qvote getragen haben.

 Lange ist es zwischen Ritterschaft und Städten streitig geblieben, wer die Einqvartierungslast zu tragen pflichtig sey. In den ältern Zeiten konnte von Servicen keine Frage entstehen, weil man keine stehende Truppen unterhielt, wie sie aber im dreyßigjährigen Kriege durch die kaiserliche Einqvartierung zuerst rege gemacht

macht ward, und man sie aus dem Herkommen nicht entscheiden
konnte, schob man die Last den Städten allein unter dem Vorwande zu, daß den städtischen Einwohnern obliege, in Ermangelung
einer Garnison, die Wachen selbst zu bestellen und ihre Wälle und
Mauern zu unterhalten a). Nach dem westphälischen Frieden
wurde die Einquartierung als eine Last der ganzen Provinz, womit ein Stand für den andern nicht allein zu beschweren sey, durch
königliche Resolutionen b) erkläret, die Ausgleichung unter Landständen aber der Hauptkommission überlassen, die aber wegen der
vielen von beyden Seiten erregten Schwierigkeiten von dieser nicht
zum Stande gebracht werden konnte. Nach vieljährigen Streitigkeiten, vergeblichen Verhandlungen am Hoflager, getroffenen und
wieder zerrissenen Vergleichen zwischen der Ritterschaft und Städten, ward endlich durch den Ausspruch des Königs die Sache der
Entscheidung des Tribunals überlassen e).

Nach vieljährigen gerichtlichen Verhandlungen entschied endlich dieß höchste Gericht dahin: daß 1) die bequartierten Städte
das Obdach für die Officier sowohl als Gemeinen, ohne Erstattung,
zu geben, zu den Servicen aber nicht nur das platte Land sondern
auch die nicht bequartirten Städte zu konkurriren schuldig wären
d); 2) daß unter dem Obdach für die Unterofficier und Gemeinen
auch die Lagerstatt (Obdach und Betten e), in Ansehung der Ober-
officier aber, vermöge der Serviceordnung von 1681, nur das
Logement gehöre f); 3) daß die Städte nur für die ordinäre Garnisonen, (die nemlich auf dem pommerschen Staat stünde, g) zum Obdach pflichtig wären h) und endlich 4) daß das platte Land und die
nicht bequartirten Städte der Stadt Stralsund und andern bequartierten Städten die Realservicen i) seit 1721 zu vergüten schuldig
wären k).

Wieder diese letztere Urthel suchte zwar die Ritterschaft Re-
stitution, ehe aber in dieser Instanz gesprochen ward, kam endlich
ein Vergleich in Beziehung auf die Tribunalsentscheidungen unterm 17 Oct. 1730 zu stande, in welchem die Ritterschaft sich

nicht

nur anheischig machte, der Stadt Stralsund für die verflossenen
Jahre von 1721 bis 1729 zur Vergütung die Summe von 23500
Rthlr. den Betrag für das laufende Jahr 1730 und was den übri-
gen beqvartierten Städten ausbedungen worden, in gewissen Ter-
minen zu bezahlen, sondern auch fürs künftige von 1731 an die
Servicen auf die Hufen zu nehmen und qvartaliter zusammen-
bringen zu lassen. Zugleich ward die ordinäre Garnison für die
Stadt Stralsund zu 1000 Mann bestimmt.

Dieser Vergleich ward der Königl. Regierung von den Landständen vorgelegt und gebeten, bey Vorkommenheiten Rücksicht
darauf zu nehmen, welche denn auch zufolge desselben die nöthigen
Ausschreibungen zum Abtrag des bedungenen Nachstandes und der
laufenden Servicen verordnete. Allein es entspannen sich bald neue
Mishelligkeiten, indem nicht nur die Königl. Kammer sich be-
schwerte, daß den Aemtern die Last zu schwer fiele, sondern auch
die Ritterschaft aus eben dem Grunde einen Anstand verlangte.
Diesen bewilligte zwaar die Stadt Stralsund in Ansehung des
Rückstandes, auf den jährlichen Beytrag aber verlangte sie die
Exekution, und da die Regierung solche verwegerte, gieng die
Stadt von neuem ans Tribunal, wo auch die Ritterschaft um
Aufhebung des Vergleichs von 1730 anhielt. Es entstand also
ein neuer Rechtsgang, welcher erst, nach vielen vergeblich angestellten gütlichen Unterhandlungen am 26 Jun. 1736 durch einen
neuen Vergleich beygelegt ward. In demselben ward festgesetzet:
daß 1) der Vergleich von 1730 zum Fundament des Neuen dienen
und bestätiget seyn sollte: dagegen wurde 2) die durch die Urthel
von 1729 bestimmte Vergütung der Realservicen gemindert und
3) in Ansehung des Obdachs für die extraordinäre Garnison die
Vergütung bestimmet, und 4) die nunmehrigen Rückstände von
1721 bis zu Ende des Junius 1736, welche Stralsund zu 63000
Rthlr. berechnete, zu 21250 Rthlr bedungen.

Bey dem allen blieb die Frage, wie stark die ordinäre Garnison der Stadt Stralsund anzusetzen sey, noch immer unentschieden,
denn die Festsetzung zu 1000 Mann sollte nach dem Vergleich von
1730

1730 nur bis zum Ablauf des Jahres 1739 gelten und inzwiſchen
eine endliche Entſcheidung in Güte oder zu Recht beſchaft werden;
weil dieſe aber nicht zum ſtande gekommen war, ſo ward im Jahr
1740 ein abermaliger Vergleich darüber geſchloſſen, in welchem
die Stadt 1275 Mann zur ordinären Garniſon übernahm.

Ob nun gleich in den folgenden Zeiten manche neue Irrungen zwiſchen der Stadt Stralſund und dem übrigen Lande dieſes
Punkts halber entſtanden ſind und man deshalb mehrmalen bedacht
geweſen iſt, Kaſarmen für die Beſatzung zu erbauen, ſo hat man
doch auch darinn zu keiner Vereinbahruug kommen können, ſondern die Sache iſt auf dem Fuß, worauf ſie durch die Verglei-
che von 1730; 1736 und 1740 geſetzet worden, bisher geblieben.

Dem zufolge tragen die beqvartierten Städte und Poſtirungen das Obdach für ihre ordinäre Garniſonen als eine ihnen zuſtehende Laſt allein; dagegen iſt das Obdach für die auſſerordentlichen
Garniſonen und die Realſervicen für beyde eine gemeinſame Laſt
der ganzen Provinz, die auf die Hufen nach den darüber beyzu-
bringenden Rechnungen vertheilet, von der Königl. Regierung alle Jahr durch ein Patent ausgeſchrieben und qvartaliter zuſammengebracht wird.    In den letzten zehn Jahren iſt dazu erforderlich
geweſen:

| | | | | | | |
|---|---|---|---|---|---|---|
| Im Jahr | 1774 | Rthlr. | 4. | ſl. | 12. | von der Hufe. |
| — — | 1775 | — | 4. | — | 1. | — — |
| — — | 1776 | — | 4. | — | 23. | — — |
| — — | 1777 | — | 4. | — | 33. | — — |
| — — | 1778 | — | 4. | — | 32. | — — |
| — — | 1779 | — | 4. | — | 40. | — — |
| — — | 1780 | — | 4. | — | 40. | — — |
| — — | 1781 | — | 4. | — | 40. | — — |
| — — | 1782 | — | 4. | — | 40. | — — |
| — — | 1783 | — | 5. | — | — | — — |

Welche Summe ſeitdem jährlich ausgeſchrieben worden.

*) L. T.

*a*) L. T. A. vom 22 März 1628. Num. 3. L. C. IV. 663.

*b*) K. Resol. vom 24 Jul. 1649. Num. 4. und vom 1 März 1655. Num. 6. L. C. I. 815 und 823.

*c*) K. Resol. vom 21 Apr. 1699. Num. 3. L. C. IV. 1024 und vom 9 Dec. 1704.

*d*) Urthel vom 8 Jul. 1709.

*e*) Bescheid vom 19 Dec. 1724.

*f*) Dekret vom 18 Febr. 1710.

*g*) Bescheid vom 19 Dec. 1724.

*h*) Bescheid vom 17 May 1715.

*i*) Nach der Ordonanz vom Jahr 1631 (L. C. III. 1285) und nach der Königl. Verordnung vom 10 Apr. 1669 (c. h. III. 1292.) werden zu den Realservicen gerechnet: Sauer, Salz, Licht und Lager.

*k*) Urthel vom 17 Oct. 1729.

## §. 22.

5) *Nebenanlagen* werden bey vorkommenden Staatsbedürfnissen, wozu keine bestimmte Mittel vorhanden und angeschlagen sind, mit Vorwissen und Einwilligung der Landesregierung auf die steuerbahren Hufen in Städten und auf dem platten Lande angelegt und deren Ausschreibung von der Königl. Regierung erbeten.

## §. 23.

Zu den Abgaben welche nur von einer oder andern Klasse der Kontribuenten gehoben werden und ebenfalls nicht in die landesherrliche Kasse fliessen, gehören:

1) Der *Nebenmodus*. Dieß ist eine Personen- und Viehsteuer, die von den auf dem platten Lande wohnenden unpossessionirten freyen Leuten, als Pensionarien, Müllern, Schäfern, Handwerkern und Einliegern sowohl für ihre Personen, Weiber und Kinder über funfzehn Jahr, als auch von ihrem Zug- und

Hornvieß, Schafen, Ziegen und Bienen, imgleichen von ihrer Nahrung, nach einer festgesetzten Taxe a) jährlich gegeben wird b). Der Betrag dieser Steuer fliesset bisher nicht in eine einzige Kasse, sondern was in den Königl. Aemtern gehoben wird, komt der Königl. Kasse, was in den ritterschaftlichen Distrikten fällt, der ritterschaftlichen Kasse, und was in den städtischen Ländereyen fällt, der Kasse einer jeden Stadt zu gut.

Diese Anlage wird schon in den Landtagsabschieden des sechszehnten Jahrhunderts eine alte hergebrachte und gewöhnliche Zulage genannt, obgleich der jetzige Name damals noch nicht üblich war. Von den Ständen ist sie immer als eine Beyhülfe der Grundherrschaften zu den bewilligten Hufensteuern angesehen worden, die Hauptkommission im Jahr 1681 hielt aber dafür, daß dieser Beytrag zu Königl. Maytt. Diensten anzuwenden sey, weil diese Leute des königlichen Schutzes bey ihrer Nahrung im Lande genößsen c). Ungeachtet Stände sich mit dem Posseß zu schützen suchten, sahen doch Königl. Maytt. die bisherige Hebung dieser Anlage als Eingriffe in die landesherrlichen Regalien an und verordneten d), daß sie künftig für königliche Rechnung gehoben werden sollten. Allein auf der Stände Vorstellung ward doch nachhin die Entscheidung der Frage, wem der Nebenmodus zustehe, dem Königl. Tribunal überlassen und Stände bis zur Decision im Posseß gelassen e), jedoch mit der Einschränkung, daß die jedesmaligen Hebungen von der Königl. Regierung indiciret, der Betrag dieser Anlage dem ganzen Corpori Contribuentium und nicht einzelnen Grundeigenthümern zu gut gerechnet und den Anbauern wüster Stellen die versprochenen Freyjahre gegönnet würden.

Die Erörterung der Frage nahm nun vor dem Königl. Tribunal ihren Anfang und es sprach den 11 Apr. 1692 daß: „bis „zur völligen Abrichtung des Hauptstreits die gesamten Kontri-„buenten von Prälaten, Ritterschaft und Städten zu gleichen „Theilen daran participiren sollten". Diese Urthel hielten aber Prälaten und Ritterschaft für beschwerlich und erhielten auf ihre Vorstellung bey Hofe unterm 11 Jun. 1692 die königliche Deflaration, daß die Reſolution vom 24 Dec. 1684 die Meynung habe, daß ein jeder Stand, bis zum völligen Austrage der Sache bey der hergebrachten Perception ſeines Nebenmodi gelaſſen werde ſollte. Denn über dieſen Punkt waren Stände ſelbſt unter einander zuſehelliger Meynung und viele Streitigkeiten darüber erwachſen, indem Städte, nach der Analogie der damals üblichen Dimidiaſteuerart, verlangten, die Hälfte des geſamten Nebenmodiertrags zu percipiren, Prälaten und Ritterſchaft aber den Betrag aus den ritterſchaftlichen Diſtrikten und Königl. Aemtern f) zu ihrer beſonderen Diſpoſition behalten wollten.

Nach vielfältigen fruchtloſen Verhandlungen erklärte endlich der König: daß der Nebenmodus von den freyen Perſonen unter der Ritterſchaft, Aemtern und Städten, als ein ihm zuſtehendes Regale ſimpliciter ad publicos uſus angewandt und ſolchergeſtalt ſowohl den Städten, als der Ritterſchaft und Aemtern zu gleicher Erleichterung in den Kontributionen kommen ſollte g). Allein auch dieſe Anordnung ward in folgenden Jahre, auf Anhalten der Prälaten und Ritterſchaft, abermals dahin abgeändert, daß Stände, bis die Frage durch eine definitive Deciſion des Tribunals abgethan werden könnte, nach dem Inhalt der Königl. Reſolution von 1684 bey der Perception des Nebenmodi verbleiben ſollten, jedoch daß der Theil deſſelben, welcher von den in den königlichen Aemtern ſich aufhaltenden Kontribuenten abgetragen würde und bisher ebenfalls in den Landkaſten gefloſſen wäre, Königl. Maytt. ſimpliciter vorbehalten ſeyn ſollte h).

Durch die Urthel des Königl. Tribunals im Jahr 1709 iſt nun zwaar feſtgeſetzet worden, daß nach zum Stande gebrachter Landesmatrikel der Nebenmodus vom ganzen platten Lande in communem caſſam provinciae zu bringen und ad publicos uſus anzuwenden ſey, weil aber die Landesmatrikel bisher nicht zum Stande gebracht worden, ſo iſt durch königliche Reſolutionen i) die vormalige Reſolution von 1699 von neuem beſtätiget worden.

a) Z. E. Ein Pächter eines groſſen Ackerwerks giebt für ſich 16 Sch. für ſeine Frau 12 Sch. für jedes Kind 8 Sch. Der Pächter

ter eines Bauerhofes für ſich 12 Sch. für die Frau 8 Sch. für jedes Kind 6 Sch. Beyde für jedes Haupt Zug- oder Hornvieh, ſo über zwey Jahr alt, 4 Sch. von jedem hundert Schafen 1 Rthl. 16 Sch. von jeder Ziege ¼ Sch. und von jedem Korb Bienen 1 Sch. der Schäfer einer groſſen Schäferey für ſich 24 Sch. für die Frau 16 Schl. für den Knecht 16 Sch. für den Jungen 8 Sch. für jedes Kind 6 Sch. Der Schäfer einer kleinen Schäferey für ſich 12 Sch. für die Frau 8 Sch. für den Knecht 16 Sch. für den Jungen 8 Sch. für jedes Kind 6 Sch. Der Müller für ſich 3 Rthlr. für die Frau 24 Sch. für den Mühlenknecht 32 Sch. Andere Handwerker, der Mann 1 Rthlr. 32 Sch. für die Frau 16 Sch. u. ſ. w.

*b*) Zu dem Ende werden jährlich von der Königl. Regierung zwey Patente erlaſſen, wovon das eine die Ausſchreibung für die königlichen Aemter, das andere für die ritterſchaftlichen Diſtrikte und ſtädtiſchen Ländereyen enthält.

*c*) K. T. A. vom 7 Sept. 1681. Num. 14. L. C. I. 723.

*d*) K. Reſol. vom 15 Sept. 1682. L. C. I. 869.

*e*) K. Reſol. vom 24 Dec. 1684. Num. 3. L. C. I. 878, damit, wie es in dieſer Reſolution heiſt, Stände verſpühren mögten, wie Königl. Maytt. in dergleichen Begebenheiten nichts de faſto ſondern ex principiis juris et aequi zu verfahren gemeinet wären. Königl. Inſtruktion für den Grafen De la Gardie vom 9 May 1688. L. C. III. 33.

*f*) Der Nebenmodus aus den Aemtern und Diſtrikten betrug damals zwiſchen 12 und 13000 Rthlr. aus den ſtädtiſchen Ländereyen aber nur 3000 Rthlr. S. Königl. Reſol. vom 28 Jan. 1698 in den L. C. I. 890.

*g*) K. Reſol. vom 28 Jan. 1698. L. C. I. 890.

*h*) Königl. Reſolution vom 27 Febr. 1699. Num 2. L. C. III. 1135.

*i*) Königl. Reſol. für die Ritterſchaft vom 19 Dec. 1720. Num. 6. L. C. I. 1101. und 2) K. Reſol. für die Städte unter ſelbigem Dato Num. 4. e. b. II. 502.

## §. 24.

2) Die Septimaſteuer iſt eine Erhöhung der Quartal-Acciſeſteuer auf den ſiebenten Pfennig, in der Maaſſe, daß die

Kontribuenten, die nach dem Anſatz 1 Rthlr. zu erlegen hätten, 1 Rthlr. 8 ßl. bezahlen müſſen.

Dieſe Steuer iſt der Ritterſchaft im Jahr 1679 a), anſtatt des Auffſchillings, welchen die Städte von der Naturalacciſe genieſſen b), als ein Zuſchub zu den vorkommenden Landesausgaben bewilliget. Sie komt aber der Ritterſchaft blos aus den ritterſchaftlichen Diſtrikten zu gut, und was aus den königlichen Aemtern dadurch erhoben wird, wird von dem Amtshauptleuten eingenommen und berechnet und zu Meliorationen in den Aemtern verwandt c).

a) L. T. A. vom 21 Dec 1679. Num. 2. L. C. I. 714.

b) S. Th. I. Hauptſt. II. §. 12. IV. S. 280.

c) Inſtruktion für die Amtshauptleute §. 32. L. C. I. 986.

### §. 25.

3) **Partikuläre Nebenanlagen.** So wie zum Behuf gemeiner Landesbedürfniſſe allgemeine Nebenanlagen (S. oben §. 22.) gemacht werden, ſo werden auch zum Behuf ſolcher Bedürfniſſe, die nur einzelne Korpora angehen und wozu ſonſt kein Fonds in der Landeskaſſe vorhanden iſt, partikuläre Nebenanlagen über einzelne Klaſſen der Kontribuenten mit Vorwiſſen und unter Inſpicirung der Königl. Regierung ausgeſchrieben.

# Dritter Abſchnitt.

## Staats Einnahme und Ausgabe im Jahr 1785.

### §. 26.

So wie ich oben die Quellen, aus welchen die Staatseinkünfte herflieſſen, genau angegeben und nach ihren Klaſſen beſtimt habe

habe, will ich auch hier erstlich den Betrag einer jeden so genau anzuzeigen bemühet seyn, als es nach der sorgfältigsten Untersuchung nur immer möglich seyn wird, und dann zweytens auf gleiche Art die Ausgaben dieses Jahres vorlegen.

### §. 27.
### Einnahme im Jahr 1781.

Die hauptsächlichsten königlichen Einkünfte in Schwedischpommern während der letzten zwölf Jahre von 1771 bis 1783. S. Pommersche Sammlungen Heft V u. VI. S. 68.

Die landesherrlichen Einkünfte im Jahr 1785 betrugen:
I.) Aus dem Domanio.

a) An Surplus und Arrhendegeldern.

| | | |
|---|---|---|
| 1) Surplusgelder aus den alten verpfändeten Güthern — — — — | Rt. 10682 | ßl. 37 |
| 2) Arrhendegelder aus den eingelöseten Güthern — — — — — | 72034 | 44 |
| 3) Revenüen aus den im Jahr 1776 verpfändeten Güthern — — — | 6121 | 8 |
| | = Rt. 88838 | ßl. 41 |

b) An Amtsintraden.

| | | |
|---|---|---|
| 1) Pächte von den alten Pfandgüthern — — — | Rt. 4487 | ßl. 18 |
| 2) Pensionen und Dienstgelder — — — | 5418 | 36½ |
| 3) Pächte von Mühlen, Krügen ꝛc. — — | 334 | 31 |
| 4) Grund- und Rekognitionsgelder — — — | 363 | 3¼ |
| 5) Servicegelder — | 72 | — |
| 6) Burgdienste | 42 | 10½ |
| 7) Jagd-Intraden — | 84 | 24 |

Latus = Rt. 10802 ßl. 27¼ Rt. 88838 ßl. 41

Transport — Rt. 10802 fl. 27½ Rt. 88838 fl. 41

8) Holz-Intraden —    • 2187 • 15½
9) Brennzinse — —    • 180 • 8
10) Mast-Intraden —    • 14 • 14
11) Fischerey-Intraden    • 158 • 4
12) Pächte und Prästatio-
    nen aus adelichen und an-
    dern Güthern
a) an Gelde Rt. 1131 fl. 17½
b) An Korn-
    hebungen,
    worunter
    das Hunde-
    korn begrif-
    fen, zu Gelde
    gerechnet • 1281 • 47½
                    • 2413 • 17

13) Ablagergeld —    • 63 • 15
14) Loßkaufsgeld —    • 250 • —
15) Zuwachs — —    • 70 • 46½
                                  • 16140 • 3½

c) Rekognition der Stadt Wolgast für den
    dortigen Schloßplatz und die Herrnwiese   • 100 • —

Sämtliche Einkünfte aus dem Domanio = Rt. 105,078 fl. 44½

Wovon wieder abzuziehen:

1) Zinsen für die auf die Aemter haftenden
    Pfand- und Assekurationskapitalien, wel-
    che an Hauptstuhl betra-
    gen 156364 Rt. 43 fl. Rt. 7818 fl. 11½
2) Tertialgelder — — • 1889 • 23½
3) Geistliche Hebungen • 1028 • 42
4) An die Fräuleinklöster • 1030 • —½
                = Rt. 11766 fl. 30 Rt. 105,078 fl. 44½

Trans-

Transport = Rt. 11766 fl. 30 Rt. 105,078 fl. 44¼

5) Diverse Abkürzungen  *  885 * 31¼
6) Remissionen   —   *   45 * 36
    Zusammen ——————— * 12698 * 1¼

Bleibt also die würkliche Einnahme aus
dem Domanio fürs 1785te Jahr   —   Rthlr. 92380 fl. 42½

a) Die Pächte von den Mühlen, Schmieden und Krügen, von der
   Jagd, Fischerey und Mast, sind mehrentheils in den Pächten der
   Güter begriffen, zu welchen sie gehören.

b) Nach der Vergleichungstabelle, welche der Herr Kammerrath
   von Reichenbach im Anhange Num. I. zum VII. Stück der
   Patriotischen Beyträge über die Domanialeinkünfte in den Jahren
   1721 und 1786 geliefert hat, betrugen sie im erstern Jahre 9708
   Rthlr. 29⅔ fl.; Im gedruckten Staat für dieß Jahr werden aber
   nur 6573 Rthlr. 32 fl. und fürs Jahr 1735 nur noch 9000 rthl.
   aufgeführet. L. C. III. 1070. 1080.

### §. 28.

II.) Aus den Regalien, an:

1) Landzöllen   —  *  —   —   Rthlr.  2501 fl.  —⅛
2) Fürstenzolle zu Wolgast  —  —  *  1581  *  6
3) Licenten a)   —  —  *  31630  *  6½
   An Bagger und Tiefgeldern nach
   Abzug der Kosten  —  —  *  243  *  2
4) Post-Ueberschußmitteln  —  —  1880  *  32½
5) Der Städte Verbahrgeldern  —  *  125  *  42
6) Stempelpapiers-Arrhende  —  —  *  1250  *  —
7) Strafgefällen  —  —  *  168  *  10
8) Abzugsgeldern, nichts in diesem Jahr.
9) Schutzgelde der Juden  —  *  500  *  —
10) Rekognition vom Scherenschleifer,
    Siebmacher und Schweinschneider  —  *  40  *  —

    Zusammen = Rthlr. 39920 fl. 3½

a) An

a) An Armen- und Lastgeldern sind bey den Licenten in diesem Jahre 1957 Rthlr. 23 ßl. eingegangen, weil sie aber nicht zu den hiesigen Staatsmitteln kommen, sondern aus Königl. Admiralitäts-Kollegium eingesandt werden, so sind sie hier nicht mit aufgenommen.

b) Aus dem Anhange IV zum VII Stück der Patriotischen Beyträge entlehne ich hier den Betrag der Licenten und Landzölle von 1721 biß 1786 in zehnjährigen Summen, nehmlich:

| | | an Licenten | | und | Landzöllen. | |
|---|---|---|---|---|---|---|
| von 1721 bis 1730 — | rthl. | 300,428 | ßl. — $\frac{3}{4}$ | rthl. | 52,793 | ßl. $26\frac{1}{12}$ |
| — 1731 — 1740 — | = | 242,795 | = $28\frac{1}{3}$ | = | 62,124 | = 37 |
| — 1741 — 1750 — | = | 297,599 | = $7\frac{7}{12}$ | = | 55,942 | = $12\frac{5}{6}$ |
| — 1751 — 1760 — | = | 221,021 | = $1\frac{1}{6}$ | = | 32,813 | = $7\frac{5}{12}$ |
| — 1761 — 1770 — | = | 210,103 | = $12\frac{7}{12}$ | = | 48 160 | = $33\frac{1}{2}$ |
| — 1771 — 1780 — | = | 248,884 | = 29 | = | 24,743 | = $16\frac{2}{3}$ |
| — 1781 — 1786 — | = | 182,264 | = $42\frac{1}{2}$ | = | 16,102 | = $10\frac{5}{6}$ |
| Zusammen = | rthl. | 1,703,096 | ßl. $25\frac{5}{6}$ | rthl. | 292,679 | ßl. $47\frac{2}{3}$ |
| | | Licenten | = | rthl. | 1,703,096 | ßl. $25\frac{5}{6}$ |
| | | Total | = | rthl. | 1,995,776 | ßl. $25\frac{1}{6}$ |

§. 29.

III.) Aus dem Beytrage der Unterthanen.

| | | | |
|---|---|---|---|
| 1) Accise Intraden — — | Rthlr. | 41,786 | ßl. $45\frac{1}{2}$ |
| 2) Konsumtions-Intraden — — | = | 18,850 | = $11\frac{3}{4}$ |
| 3) Hufensteuer — — — | = | 26,902 | = 35 |
| 4) Neben-Modus — — — — | = | 2,140 | = $47\frac{1}{4}$ |
| 5) Septimasteuer — — — | = | 747 | = $15\frac{1}{2}$ |
| Summa = | Rthlr. | 90428 | ßl. 11 |

a) Betrag der Accise und Konsumtionssteuer von 1721 bis 1786, an:

| | | Accise | | und | Konsumtion. | |
|---|---|---|---|---|---|---|
| von 1721 bis 1730 — | rthl. | 310,647 | ßl. $30\frac{5}{12}$ | | | *) |
| — 1731 — 1740 — | = | 355,444 | = $47\frac{1}{3}$ | rthl. | 117,309 | ßl. $28\frac{1}{4}$ |
| — 1741 — 1750 — | = | 337,412 | = 9 | = | 179,264 | = $17\frac{1}{2}$ |
| — 1751 — 1760 — | = | 345,232 | = $33\frac{1}{12}$ | = | 171,695 | = 42 |
| — 1761 — 1770 — | = | 339,921 | = $3\frac{17}{24}$ | = | 206,674 | = $19\frac{1}{4}$ |
| — 1771 — 1780 — | = | 354,130 | = $6\frac{2}{3}$ | = | 160,137 | = $21\frac{1}{4}$ |
| — 1781 — 1786 — | = | 243,861 | = $44\frac{7}{12}$ | = | 117,468 | = $31\frac{1}{4}$ |
| Zusammen = | rthl. | 2,286,650 | ßl. $31\frac{1}{8}$ | rthl. | 952,550 | ßl. 16 |
| | | Accise | = | rthl. | 2,286,650 | ßl. $31\frac{1}{8}$ |
| | | Total | = | rthl. | 3,239,200 | ßl. $47\frac{1}{8}$ |

*) Die

*) Die Konſumtionsſteuer ward nur im Jahr 1734 wieder einge-
  führet.

### §. 30.

„IV.) Aus verſchiedenen Abgaben, welche Königl. Beamten
und Bedienten erlegen müſſen, als:

1) Der Reichsſtände Bewilligung, nemlich ein halb Procent
vom Lohn Königl. Civil- und Militairbe-
dienten — — — — Rthlr. 354 ßl.—½

2) Chartae Sigillatae Rekognition, drey
Procent von einem Jahrslohn, bey Beförderungen — — — — — ° 158 ° 20½

3) Avancementsgelder, zwey Procent von
einem Jahrslohn bey Beförderungen,
zum Unterhalt verabſchiedeter Soldaten ° 205 ° 44¼

4) Centonal, oder ein Procent jährlich vom
Lohn des Civil- und Militairſtaats, zu
gleichem Behuf — — — — ° 929 ° 16¼

$$\text{Zuſammen} = \text{Rthlr. } 1647 \text{ ßl. } 34\tfrac{1}{4}$$

### §. 31.

Sämtliche Königl. Einkünfte aus Pommern und Rügen betrugen alſo im 1785 ten Jahre zuſammen, aus:

1) Dem Domanio nach Abzug der auf die Königl. Amtsein-
künfte haftenden Auszahlungen und Abkürzungen. — — — Rthlr. 92,380 ßl. 42¼

2) Den Regalien — — — ° 39,920 ° 3¼

3) Dem Beytrage der Unterthanen — ° 90,428 °. 11

4) Den Abgaben von Königl. Beamten ° 1,647 ° 34¼

$$\text{Zuſammen} = \text{Rthlr. } 224{,}377 \text{ ßl. } 43$$

Dazu kommen noch die Ueberſchuß-
mittel vom Ertrage der Herrſchaft Wismar, welche dem Pommerſchen Staate
zu gut kommen, für dieß Jahr mit — Rthlr. 6,385 ßl. 15¼

$$\text{Total} = \text{Rthlr. } 230{,}762 \text{ ßl. } 10\tfrac{1}{4}$$

§. 32.

Der Belauf der übrigen Staatsmittel, welche noch von den Landeseinwohnern zu firirten Bedürfnissen zusammengebracht werden müssen, betrug in diesem Jahre, mit Ausschluße der Reichs- und Kraissteuern, die nicht vorfielen, und des Nebenmodi, der sich nicht bestimmen läßt a),

1) An Kommerzielern nach einem einundzwanzigjährigen
Durchschnitt — — Rthlr. 444 ßl. 30½

2) — Tribunalssteuer — — . 5,438 . 9

3) — Servißen von 2178 Hufen
7½ Morgen, mit Ausnahme
der Stralsundischen — . 10,891 . 8½

4) — Accise-Septimasteuer — — . 3,155 . 35½

Zusammen = Rthlr. 19,929 ßl. 35½

a) Der Nebenmodus fällt in zu viele Kassen, deren Rechnungen für mich nicht alle zugänglich waren. Der Antheil aus dem Königl. Domanio betrug in diesem Jahre (nach §. 29) — Rthlr. 2140 ßl. 47½ . Dürfte man hier nach Verhältnissen schliessen, so würde man vielleicht, da das Domanium ungefehr den dritten Theil des Landes ausmacht, diese Abgabe zwischen 6 und 7000 Rthlr. jährlich anschlagen können. Das akademische Amt Eldena hat dazu seit dem Jahr 1760 jährlich bey getragen:

| Im Jahr 1760 rthl. | 240 | ßl. | 1½. | Im Jahr 1770 rthl. | 313 | ßl. | 2½ |
|---|---|---|---|---|---|---|---|
| — — 1761 | 249 | . | 26. | — — 1771 | 312 | . | 13½ |
| — — 1762 | 254 | . | 1. | — — 1772 | 308 | . | 30½ |
| — — 1763 | 262 | . | 8. | — — 1773 | 306 | . | 19½ |
| — — 1764 | 256 | . | 39½. | — — 1774 | 308 | . | 34 |
| — — 1765 | 270 | . | 4. | — — 1775 | 312 | . | 6½ |
| — — 1766 | 273 | . | 15. | — — 1776 | 343 | . | 32 |
| — — 1767 | 291 | . | 31½. | — — 1777 | 350 | . | 9 |
| — — 1768 | 306 | . | 32½. | — — 1778 | 355 | . | —⅛ |
| — — 1769 | 322 | . | 3½. | — — 1779 | 344 | . | 47½ |
| Summa = rthl. | 2727 | ßl. | 17½. | Summa = rthl. | 3255 | ßl. | 3¼ |

In den zehn Jahren von 1760 bis 1769 Rthlr. 2727 fl. 17½
— — — 1770 — 1779 , 3155 : 3¼
Im Jahr — 1780 : 347 : 44½
— — — 1781 : 350 : 30
— — — 1782 , 347 : 38
— — — 1783 , 355 : 37
— — — 1784 , 356 : 14
— — — 1785 , 360 : 14
— — — 1786 , 331 : 34
— — — 1787 , 318 : 9½

Summa = Rthlr. 8751 fl. 2¼

## §. 33.

Da die zufälligen ſowohl allgemeinen (§. 22.) als partifu-
lären (§. 25.) Nebenanlagen durch temporäre öffentliche Bedürfniſſe veranlaſſet werden und alſo davon abhängen, ob deren
mehrere oder wenigere in einem Jahre eintreten, ſo ſind ſie nicht
in allen Jahren gleich; Sie werden zwar, wie die übrigen gewöhnlichen Staatsanlagen von der Königl. Regierung, durch
Patente, ausgeſchrieben und darinn, auſſer der Gröſſe der Anlage, auch ſowohl ihre Beſtimmung als, wenn ſie partifulär, die
Klaſſe der Einwohner, von welcher ſie erhoben werden ſollen, bekannt gemacht, allein, da daraus mit Zuverläſſigkeit keine Berechnung zu formiren iſt und ich keinen Zugang zu Rechnungen
über ſolche Anlagen haben können, ſo muß ich mich begnügen ſie
bloß zu nennen und kann alſo auch keine vollſtändige Angabe aller
in dieſem Jahre aufgebrachten Staatsmittel liefern, wie ich wohl
gewünſcht hätte a), indeſſen kommt es mir, aus einer für mich
angeſtelleten Berechnung des Zeitraums von 1774 bis 1783,
wahrſcheinlich vor, daß man ſie im Durchſchnitt zu etwa 3000
Rthlr. jährlich annehmen könne.

a) Was das akademiſche Amt Eldena, das für 74 Hufen 18 Morgen
ſteuert, ſeit dem Jahr 1760 an allen ausgeſchriebenen Steuern
und Nebenanlagen getragen habe, mag hier eine Stelle finden.

Im

| | | | | | | | | | | | |
|---|---|---|---|---|---|---|---|---|---|---|---|
| Im Jahr 1760 | rthl. | 452 | fl. | $8\frac{3}{4}$ | | Im Jahr 1770 | rthl. | 1797 | fl | $17\frac{3}{4}$ |
| — — 1761 | = | 685 | = | $24\frac{1}{4}$ | | — — 1771 | = | 1756 | = | $6\frac{1}{4}$ |
| — — 1762 | = | 689 | = | $47\frac{1}{2}$ | | — — 1772 | = | 1423 | = | 32 |
| — — 1763 | = | 2422 | = | $19\frac{3}{4}$ | | — — 1773 | = | 1461 | = | $44\frac{1}{2}$ |
| — — 1764 | = | 1618 | = | $10\frac{1}{2}$ | | — — 1774 | = | 1361 | = | 39 |
| — — 1765 | = | 2395 | = | 28 | | — — 1775 | = | 1460 | = | — $\frac{1}{4}$ |
| — — 1766 | = | 1681 | = | $2\frac{1}{4}$ | | — — 1776 | = | 1461 | = | $30\frac{1}{4}$ |
| — — 1767 | = | 1741 | = | 18 | | — — 1777 | = | 1497 | = | $6\frac{3}{4}$ |
| — — 1768 | = | 1541 | = | $7\frac{3}{4}$ | | — — 1778 | = | 1454 | = | $30\frac{1}{2}$ |
| — — 1769 | = | 1759 | = | $45\frac{3}{4}$ | | — — 1779 | = | 1591 | = | $10\frac{3}{4}$ |
| Summa — | rthl. | 14987 | fl. | $20\frac{3}{4}$ | | Summa — | rthl. | 15264 | fl. | $25\frac{3}{4}$ |

| | | | | |
|---|---|---|---|---|
| Im Jahr 1780 | Rthlr. | 1547 | fl. | $38\frac{1}{4}$ |
| — — 1781 | = | 1513 | = | $40\frac{1}{2}$ |
| — — 1782 | = | 1547 | = | $23\frac{1}{4}$ |
| — — 1783 | = | 1535 | = | $10\frac{3}{4}$ |
| — — 1784 | = | 1589 | = | $40\frac{1}{4}$ |
| — — 1785 | = | 1590 | = | 32 |
| — — 1786 | = | 1506 | = | 30 |
| — — 1787 | = | 1551 | = | $1\frac{1}{4}$ |
| Summa — | Rthlr. | 12382 | fl. | $24\frac{3}{4}$ |

Sämtlicher Betrag

| | | | | |
|---|---|---|---|---|
| von 1760 bis 1769 | Rthlr. | 14987 | fl. | $20\frac{3}{4}$ |
| — 1770 — 1779 | = | 15264 | = | $25\frac{3}{4}$ |
| — 1780 — 1787 | = | 12382 | = | $24\frac{3}{4}$ |
| Total — | Rthlr. | 42634 | fl. | $23\frac{1}{4}$ |

Im ersten Drittel dieses Jahrhunderts betrugen die Steuern des Amts Eldena;

| | | | | |
|---|---|---|---|---|
| Im Jahr 1721 | Rthlr. | 601. | fl. | $5\frac{17}{20}$. |
| — — 1722 | = | 708 | = | 35. |
| — — 1723 | = | 635 | = | $12\frac{1}{2}$. |
| — — 1724 | = | 541 | = | $20\frac{1}{2}$. |
| — — 1725 | = | 471 | = | $33\frac{1}{2}$. |
| — — 1726 | = | 376 | = | $42\frac{3}{4}$. |
| — — 1727 | = | 380 | = | 38. |
| — — 1728 | = | 377 | = | $33\frac{1}{4}$. |
| — — 1729 | = | 482 | = | 9. |
| — — 1730 | = | 733 | = | 28. |
| — — 1731 | = | 1500 | = | $25\frac{1}{2}$. |
| — — 1732 | = | 1105 | = | $32\frac{3}{4}$. |
| — — 1733 | = | 715 | = | $6\frac{1}{2}$. |
| Zusammen in 13 Jahren — | Rthlr. | 8030 | fl. | $35\frac{1}{10}$. |

und

und im Durchschnitt in dieser Periode jährlich 663 Rthlr. 43,⅗ ßl.
In der Periode von 1760 bis 1769 — — 1498 , 35⅔ ,
— — — 1770 — 1779 — — 1526 , 21¹⁰⁄₁₆ ,
— — — 1780 — 1787 — — 1547 , 39 ,

## §. 34.
## Ausgaben im Jahr 1785.

1) Das Königl. General, Gouvernement und die Königl. Regierung — — — — Rt. 9848 ßl. 6¼
2) Die Königl. Kammer — — , 2590 , —
3) Die Königl. Domanial Aemter — , 1138 , —
4) Fischerey Bedienten — — — , 100 , —
5) Der Königl. Forst-Staat an
Lohn — — — 2225. —
Zum Ankauf von Tannensaamen 35. —
Deputatholz der K. Kollegien 4641. 16.
—————
, 6901 , 16
6) Münz Bedienten — — — , 100 , —
7) Das Königl. Hofgericht — — , 2635 , —
8) — — Konsistorium — — , 690 , —
9) Die Königl. Landvogtey in Rügen — , 580 , —
10) Königl. Licentbedienten — 2490. —
Besatzung der Licent Jacht 456. —
Der Ober-Directeur in Stockholm für die Direktion der
Pommerschen u. Wismarschen
Licenten — — 600.
1 Kanzellist ihm zur Hülfe 200.
1 Kontoirschreiber zur Ab-
schliessung der Pommer-
schen und Wismarschen
Rechenschaften — 300.
Zu Expensen — — 125.
Dáler Silbermünz — 1225.
—————
Latus D. S. 1225 — Rt. 2946 — Rt. 24582 ßl. 22½
Uu 3 Transp.

Transport D. S. 1225. — Rt. 2946.— Rt. 24582 fl. 22½
Betragen in Pommersch Courant　272. 11.

|  |  |  |
|---|---|---|
|  | 3218 | 11 |
| 11) Königl. Accise Bedienten — — | 2582 | — |
| 12) — — Konsumtionssteuer-Bedienten | 3754 | — |
| 13) Königl. Zollbediente beym Fürstenzoll zu Wolgast und bey den Landzöllen — | 375 | — |
| 14) Die Gesandschaft in Regensburg | 6626 | 19 |
| 15) Pensionairs — — — | 3584 | 18½ |
| 16) Die Fräuleinsklöster zu Bergen und Barth — — — | 1030 | — |
| 17) Die Kommendantschaft in Stralsund mit den zum Militairstaat gehörenden Civielbedienten | 2345 | 16 |
| 18) Der Königl. Artilleriestaat — | 14542 | 7 |
| 19) Ihro Maytt. der Königinn Leibregiment | 55535 | 21 |
| 20) Das Königl. Pfilanderhielmische Regiment — | 55380 | 3 |
| 21) Zulage für die Unterofficiers von diesen beyden Regimentern — — | 836 | — |
| 22) Das Feldjäger-Korps — — | 1182 | 4 |
| 23) Placirte Officiers auf den Extrastaat | 1129 | — |
| 24) Ein Munsterschreiber bey den Lehnpferden — — — | 94 | — |
| 25) Der Königl. Fortifikationsstaat — | 1619 | — |
| 26) Zum Festungsbau ist mit Inbegrif der Ablöhnung für die Pionniers in diesem Jahre verwandt — — | 20085 | 24 |
| 27) Unterhaltung des Fortifikations-Baggers — — — | 621 | 6 |
| 28 Artillerie Bedürfnisse und in Standhaltung des Zeughauses — | 1000 | — |

latus — Rt. 200,122 fl. 8

Transp.

Transport — Rt. 201,122 fl. 8

29) Zur Erbauung eines Laboratorii für die
Königl. Artillerie — —     • —

30) Unterhaltung der Geschützprahmen —   1095 • —

                                           1543 • $2\frac{1}{2}$

31) Unterhalt der verabschiedeten Soldaten
mit Inbegrif von 600 Rthlr. auf diesen
Fonds angewiesener Pensionen 2444. 20.
Noch zur Ablöhnung und Bekleidung von 72 dienender In-
validen — — 2114. 12.

                                           • 4558 • 32

32) Getraideeinkauf, nemlich was der Roggen für die Mannschaft bey den Regimentern und Korps, welcher unter ihrem
Traktament der Scheffel zu 24 fl. gerech-
net worden, mehr gekostet, — —   • 4065 • $19\frac{1}{4}$

33) Zum Militair-Kinder-Erziehungshause • 700 • —

34) Zur Einrichtung und Unterhaltung eines
Garnisonslazareths —           • 1590 • 10

35) Zum Lazareth für Leibeigene im Domanio — — 200 —

36) Extraordinaire Expensen bei den Königl.
Kollegien und Recepturen im Lande, Pro-
ceßkosten und allerhand unbestimmte kleine Ausgaben — — —   • 4668 • 22

37) Reise- und Diätengelder • — —   • 1382 • 34

38) Ankauf einer neuen Licentjacht und Gou-
vernementschaloupe — —   • 1158 • 32

39) Zu Bauten und Reparationen an Königl. Gebäuden in den Städten und im
Domanio — — —   • 1540 • $7\frac{1}{2}$

40) Zur Reparation des Steinhäger Dam-
mes — — — —   • 2399 • 24

Latus — Rt. 225,023 fl. $37\frac{1}{4}$

Transp.

Transport — Rt. 225,023 fl. 37½

41) Zu Anschaffung verschiedener Feuerge-
räthschaften bey den Königl. Gebäuden     344 · 33½

42) Beytrag zur Feuer-Assekuranz —    290 · 31

43) Brandschaden Vergütung aus Königl.
Gnade — — —    600 · —

44) Gratisikationen und Belohnungen, als:

   a) Belohnungs Mittel für Ac-
cise- und Konsumtionssteuer-
Bedienten —    150. —

   b) Der zehnte Pfennig von
überschiessenden Einnahmen
für Accise-Konsumtions-
und Landzollbedienten —    150. 40.

   c) Gratisikationen von den
Staatsüberschußmittel zur
Disposition Sr. Hochfürstl.
Durchlaucht —    500. —
                       800 · 40

45) Prämien für Neuanbauende —    335 · 26

46) Milde Gaben    100 · —

47) Bezahlte Obligationen —    1563 · 24

Summa = Rt. 229,059 fl. —

## §. 35.
### Bilanz.

Die Einnahme im Jahr 1785 war (§. 31.) Rt. 230,762 fl. 10½

Die Ausgabe betrug —    · 229,059 · —

Ueberschuß — Rt.    1703 fl. 10½

a) Ueber den Betrag der Ausgaben, welche vom Landkasten zu tem-
porären Landesbedürfnissen verwandt worden, kann ich so wenig
etwas Bestimmtes angeben, als über die Einnahmen, weil ich keine Berechnungen darüber erhalten mögen.

Vier;

## Vierter Abſchnitt.
### Einhebung und Verwaltung der Staatsmittel.

### §. 36.

Die Einhebungsart der Staatsmittel iſt ſehr verſchieden, indem für jede Klaſſe derſelben beſondere Einnahme-ſtellen angeordnet und die Art und Weiſe der Einhebung durch beſondere Ordnungen und Vorſchriften beſtimmt ſind.

### §. 37.

I.) Alle Einkünfte aus den Königl. Aemtern werden in den feſtgeſetzten Terminen von den Amtshauptleuten, nach den jährli-chen Deſignationen der Königl. Kammer, eingehoben und an ihr abgeliefert.

### §. 38.

II.) Zur Erhebung der Königl. Gefälle aus dem Gebrauche der Regalien ſind angeſtellet:

1) Bey den Landzöllen, drey Zolleinnehmer zu Damgarb-ten, Tribſees und Loitz; an den Grenzörtern aber, wo kei-ne Zolleinehmer beſtellet ſind, erheben die Paßſchreiber den Landzoll und ſenden ihn dem Zolleinnehmer zur Berechnung ein.

2) Beym Fürſtenzoll zu Wolgaſt ein Zollverwalter.

3) Bey der Licent in Stralſund ein Licentverwalter, ein Packhaus- und Brückeninſpektor und ein Kontrolleur; in je-der der drey übrigen Seeſtädte aber ein Licentverwalter a). Dazu kommen noch in den Seeſtädten verſchiedene Schiſs-beſucher und Viſitirer, auf dem platten Lande ſechs Strand-

reuter, wovon ein jeder einen angewiesenen Beritt längst dem Seestrande und den Ufern der Flüsse wahrzunehmen hat.

Dem ganzen Werke ist ein Oberlicentinspektor vorgesetzt b), der zugleich Oberkämerier ist; Alle dabey angesetzte Beamte aber stehen, in Ansehung ihrer Amtsverwaltung unter dem General Statthalter und ausserdem unter dem Reichskammerkollegio und unter dem Ober-Zolldirekteur in Stockholm c).

4) Beym Postwesen ein Postdirektor, der dem gesammten Werke in Pommern vorstehet, ferner in Stralsund ein Kontrolleur und ein Sekretär, in den Städten Greifswald, Wolgast, Barth, Bergen, Damgarten, Loiz, Tribsees und Richtenberg nur ein Postmeister, ausserdem aber die nöthigen Unterbedienten an jedem Orte.

5) Die städtischen Oerbahrgelder werden von jeder Stadt, so wie die Strafgefälle von jedem Königl. Gerichte unmittelbar an die Königl. Kammer abgegeben.

6) Da Landstände die Abgabe vom Stempelpapier gepachtet haben, so haben sie in allen Städten Leute zum Verkauf desselben angesetzet, die den Betrag ihres Absatzes an die Landkasten einsenden.

a) Königl. Instruktion für die Administration des Licentwesens in Pommern vom 31 Aug. 1652. L. C. III. 1156.

b) Königl. Instruktion, welche der Staatskommissarius (Oberlicentinspektor) in Acht zu nehmen hat, vom 18 Apr. 1681. L. III. 1172.

c) Königl. Verordnung vom 22 Nov. 1688. L. C. III. 165. Königl. Resolut. vom 19 Dec. 1720. Num. III. 5. und IV. 1. L. C. I. 901. 904.

## §. 39.

III.) Bey der Accise sind angestellet in Stralsund ein Inspektor, ein Kontrolleur und ein Mühlenwaage-Direktor; In den Städten

ten Greifswald, Wolgaſt, Barth, Loitz, Tribſees, Grimm, Damgarbten und Bergen Inſpektoren, in Laſſahn aber nur ein Kollektor, überdem in jeder Stadt einige Viſitirer.

### §. 40.

IV.) Bey der Konſumtion ſtehen in Stralſund ein Inſpektor, ein Kontrolleur und ein Reviſor und Packhauskontrolleur, in jeder der übrigen Städte, wo die Konſumtionsſteuer eingeführet iſt, ein Inſpektor und ein Kontrolleur, überdem die nöthigen Thorſchreiber und Viſitirer, auch längſt den Grenzen neun Grenz- und zwey Baumſchreiber.

Zur allgemeinen Direktion des Acciſe- und Konſumtions- ſteuer-Werks iſt ein gemeinſchaftlicher Oberinſpektor verordnet.

### §. 41.

V.) Zur Einnahme der ordinairen Hufenſteuer ſowohl als aller übrigen Abgaben, welche nach Hufen angelegt werden, iſt in jedem Diſtrikte eine Kollektur angeordnet und ein Diſtrikts- kollektor angeſetzt, der von jedem Diſtrikte ſelbſt angenommen wird. Nur iſt hiebey zu bemerken: 1) Daß alle Kontributionen, welche in den Königl. Aemtern, in dem akademiſchen Amte El- dena, in den ſtralſundiſchen Kommiſſariaten und in den Ländereyen der Städte Greifswald und Demmin gehoben werden, nicht in die ordentlichen Diſtriktkollekturen ſondern, aus den Königl. Aem- tern bey den Amtshauptleuten, aus den übrigen bemerkten Lände- reyen aber in beſonderen Recepturen eingebracht werden; 2) Daß das Magazinkorn, welches als ein Theil der ordinairen Hufen- ſteuer in Natura geliefert wird, unmittelbar von den Kontribu- enten in die Königl. Magazine abgegeben und von den angeſtelle- ten Proviantmeiſtern entgegengenommen und berechnet wird.

### §. 42.

Alle bey dieſen angeführten Einnahmeſtellen eingefloſſene Staatsmittel werden entweder an die Königl. Kammer oder an

den

den Landkasten abgegeben. In die Erstere fliessen alle Intraden aus dem Domanio, aus den Regalien, aus der Accise- und Konsumtionssteuer, aus dem Nebenmodus und Septimasteuer der Königl. Aemter; In den letztern alle Abgaben, welche nach Hufen zusammengebracht werden, wovon dann die, welche dem Landesherrn bewilliget worden, vom Landkasten an die Königl. Kammer wieder abgegeben werden.

## §. 43.

Die Verwaltung der Königl. Aemter und des gesammten Kammer- und Finanzwesens ist der Königl. Kammer anvertrauet, welche aus dem jederzeitigen Generalstatthalter und einem Oberkamerier bestehet a), der vormals Staatskommissarius hieß, jetzt aber gewöhnlich den Karakter eines Kammerraths bekleidet. Ferner sind bey ihr angestellet, ein Buchhalter, welcher auch Rechnungsrevisor ist, ein Landrentmeister, der zugleich Proviantmeister in Stralsund ist, ein Sekretär, ein Prokurator Domaniorum, welcher die Königl. Gerechtsamen wahrzunehmen und die darüber entstehenden Processe zu führen hat, ein Landmesser, welcher die sämtlichen Vermessungskarten mit den dazu gehörigen Feldregistern übers ganze Land unter seiner Aufsicht hat, ein Schreiber, ein Kanzellist, ein Kopiist und ein Bothe.

a) Da Se. Königl. Maytt. in Gnaden geruhet haben, den jetzigen Generalstatthalter, des Fürsten von Hessenstein Durchlauchten, zu autorisiren, die Kammer, nach Erfordern, mit mehrern Gliedern zu verstärken; So ist seit 1779 der Kammerbuchhalter, Herr Hofrath Töpfer, und seit 1785 auch der Oberinspektor beym Accise- und Konsumtions-Werke, Herr Hofrath Heinzig, verordnet, den Sessionen in der Kammer beyzuwohnen und die von ihr ausgehenden Expeditionen mit zu unterschreiben.

## §. 44.

Die Norm, wornach die Königl. Kammer ihre Geschäfte a) zu betreiben hat, bestimmt die Königl. Instruktion b).

Sie

Sie ist, in Ansehung der Verwaltung selbst, der Jurisdiktion des Königl. und Reichskammerkollegii, des Königl. Staatskontoirs und der Königl. Kammer-Revision in Stockholm untergeordnet c). Jährlich wird von der Pommerschen Kammer ein Projekt über Einnahme und Ausgabe formiret und dem Königl. Staatskontoir eingesandt. Dieß entwirft einen ordentlichen Staat, welchen, nachdem er von Königl. Maytt. genehmiget und unterschrieben worden, die Pommersche Kammer zu befolgen hat.

a) Die innere Vertheilung und Manipulationsart der Kammergeschäfte hat der Herr Kammerrath von Reichenbach umständlich vorgelegt in Patriot. Beyträgen VII. 116 — 120.

b) Instruktion und Verordnung, welchergestalt Se. Königl. Maytt. wollen, daß die Administrirung ihrer Renten und Revenüen in Pommern zu beobachten, vom 20 Febr. 1684. L. C. III. 70.

c) Königl. Rescr. vom 9 März 1692. L. C. III. 37. Kammerinstr. Num. I. Königl. Resol. vom 19 Dec. 1720. Num. III. 1. L. C. I. 904.

## §. 45.

Alle Königl. Gefälle werden aus den vorher angeführten einzelnen Einnahmestellen an den Landrentmeister gegen Quitungen ausgezahlet, die vorher dem Kammerbuchhalter vorgewiesen und von dem Kammerschreiber ins Kontrollbuch eingetragen werden müssen, gleichwie solches auf den Quitungen selbst notiret wird, ohne welche sie nicht gültig sind.

Ueber die aus sämtlichen Recepturen einkommenden Jahresrechnungen wird von dem Kammerbuchhalter, nachdem er selbige revidiret, das Hauptbuch, nach der doppelten Buchhaltung, verfertiget und, von ihm unterschrieben, an das Königl. und Reichskammer-Kollegium in Stockholm eingesandt, von wo es an die Königl. Kammerrevision gelanget, welche die weitere Revision besorgen lässet und, nach befundener Richtigkeit, Decharge darüber ertheilet.

Die Vorräthigen und auf ein Zeitlang zu Ausgaben nicht erforderlichen Gelder, werden von dem Landrentmeister im Rente-

rey

rey Gewölbe, unter drey Schlössern verwahret, niedergeleget, wozu der Generalstatthalter einen Schlüssel, der Oberkamerier den zweyten und der Kammerbuchhalter den Dritten hat. Zu den drey Thüren aber, die zum Eingange des Gewölbes führen und vorher geöfnet werden müssen, hat der Landrentmeister allein die Schlüssel.

### §. 46.

Der Landkasten ist das ordentliche landschaftliche Aerarium, in welchem alle von Landständen bewilligte und vom Landesherrn ausgeschriebene Steuern, zu welchem Behuf sie auch angelegt seyn mögen, zusammenfliessen und aus welchem auch alle Prästanda der Landstände wieder abgeführet werden. Er ist zuerst in der Mitte des sechszehnten Jahrhunderts errichtet worden a) und vom Landesherrn, als eine zur Erhaltung des Landeskredits und einer bessern Ordnung im Steuerwesen höchstnöthige Einrichtung bestätiget worden b).

a) K. Karls V. Bewilligung zu Anrichtung eines gemeinen Landkastens vom 19 Aug. 1556. und L. T. A. vom 21 Dec. 1563. L. C. I. 25. 488.

b) Königl. Resolution vom 19 Dec. 1720. Num. III. 3. L. C. I. 904.

### §. 47.

Beym Landkasten sind verordnet drey Obereinnehmer, nemlich ein Mitglied der Königl. Regierung, ein Ritterschaftlicher und ein Städtischer Landrath, ein Mandatarius und ein Landesexekutor.

### §. 48.

Den Obereinnehmern liegt nach der Landkastenordnung ob a), die Verwaltung des gesamten Landkastensvermögens zu dirigiren, besonders darauf zu sehen, daß alle Steuern nach den erlassenen Ausschreiben richtig eingehen und zu nichts anders als dem bestimm-

stimmten und öffentlich verabredeten Gebrauche wieder verwandt
werden, und daß über alle Einnahmen und Ausgaben richtige Bücher und Rechnungen geführet werden.

*a*) Landkasten - Ordnung und Instruktion für die Einnehmer und
Mandatarien, vom 20 Dec. 1672, L. C. III. 1059 — 1064.

## §. 49.

Der Mandatarius hat auf die Richtigkeit der Designationen
der Kontribuenten zu sehen, alle einkommenden Gelder zu empfangen und, nach den Anweisungen der Obereinnehmer, wieder auszuzahlen, über alles Buch und Rechnung zu führen und alle bey
diesem Werk vorfallende Expeditionen zu besorgen.

## §. 50.

Der Landesexekutor hat die Beytreibung der ausstehend gebliebenen Steuern nach den, aus den Distriktskollekturen beym
Landkasten eingegangenen Restantenzetteln, auf der Einnehmer
speciellen Befel, exekutivisch zu beschaffen.

## §. 51.

Die einfliessenden Mittel werden, ihrer Beschaffenheit
nach, entweder in die allgemeine Landeskasse oder in die Partikulä-
ren Kassen der Ritterschaft oder der Städte gebracht. Ueber jede
Steuer wird eine besondere Rechnung in Einnahme und Ausgabe
geführet und diese Rechnungen von Zeit zu Zeit, von Deputirten
der Königl. Landesregierung und der Landschaft, aufgenommen
und revidiret.

Zehn-

# Zehntes Hauptstück.

### Verhältnis des Landes gegen Schweden, gegen das Teutsche Reich, gegen die Nachbarn und gegen andere Staaten.

#### §. 1

Im osnabrükschen Frieden ist den Königen und der Krone Schweden ein Theil des Herzogthums Pommern und das Fürstenthum Rügen zur Genugthuung für die im dreissigjährigen Kriege aufgewandten Kosten und für die Räumung der im Teutschen Reiche eroberten Plätze auf ewig abgetreten worden, jedoch unter der Bedingung, daß 1) den Ständen und Unterthanen dieser Provinzen ihre Freyheiten, Rechte und Privilegien, die sie ordentlich erlangt oder durch langen Besitz erhalten, gelassen werden und daß 2) diese Provinzen, als ein immerwährendes und unmittelbahres Reichslehn, von der Krone Schweden besessen werden sollen a). Im Uebrigen, da diese Länder nicht bloß den Königen von Schweden abgetreten worden, so ist daburch in dem Teutschen Staatsrechte die Anomalie entstanden, daß sie dem Kaiser und Reiche durch Aussterben des besitzenden Königl. Mannsstammes nie eröfnet werden können b).

a) I. P. O.  Art. X. — „ Porro quoniam Serenissima Regina Sue-
„ciae postulaverat, ut sibi pro locorum hoc bello occupatorum
„restitutione satisfieret pacique publicae in Imperio restaurandae
„condigne prospiceretur, ideo Caesarea Majestas de consensu
„Electorum, Principum et Statuum Imperii, cumprimis Inte-
„ressatorum, vigoreque praesentis transactionis concedit eidem
„Sere-

„Serenißimae Reginae et futuris ejus haeredibus ac fuccefforibus
„Regibus Regnoque Sueciae — plene jure in perpetuum et im-
„mediatum Imperii Feudum §. 1. — Totam Pomeraniam cite-
„riorem una cum Infula Rugia §. 2. — Hunc Ducatum Pome-
„raniae Rugiaeque Principatum — Regia Majeſtas Regnumque
„Sueciae ab hoc die in perpetuum pro *haereditario feudo* ha-
„beat, poſſideat iisque libere utatur et inviolabiliter fruatur.
„§. 3. — De caetero Ordinibus et Subditis diětarum ditio-
„num locorúmque, nominatim Stralſundenſibus, competentem
„eorum libertatem, bona, jura et privilegia, communia et pe-
„culiaria, legitime acquiſita vel longo uſu obtenta, cum liberо
„euangelicae religionis exercitio juxta invariatam auguſtanam
„Confeſſionem perpetim fruendo, circa homagii Renovationem
„et praeſtationem more folito confirmabunt. §. 16. Ł. E. L.
„88. 95.

*b)* —„Hinc, quamdiu Reges Sueciae Regnumque fuperfunt, iſtas
„Germaniae Provincias manere apud illos beneficiario jure oper-
„tet neque, ut alia Imperii feuda, extinctå Vafallorum gente,
„ad Imperium redeunt —". *Henr. Henniges* Meditationum ad
„Inſtrum Pacis Caeſareo-Suecicum Specimen IX, (Halae. 1711.
4.) P. 1576. not. d.

### §. 2.

Durch dieſe Ueberlaſſung iſt Pommern dem Schwediſchen
Reiche nicht inkorporirt worden, ſondern eine beſondere ſelbſtſtän-
dige Provinz geblieben, „für welche der König", nach der neuen
Schwediſchen Regimentsform *a*), „Höchſtſelbſt und allein gnä-
„dige Vorſorge zu tragen und ſie nach den teutſchen Reichsgeſet-
„zen, nach ihren wohlerworbenen Privilegien und nach Inhalt
„des weſtphäliſchen Friedens regieren zu wollen" gnädigſt verſprochen hat. Daher ſind die im Schwediſchen Reiche promul-
girten Geſetze in dieſer Provinz nicht anders gültig *b*), als nachdem ſie konſtitutionsmäſſig von Landſtänden angenommen und von
der Königl. Regierung, als angenommene Landesgeſetze, publiciret worden.

Das gegenſeitige Indigenatrecht zwiſchen den Schweden und Pommern gründet ſich auf die Konvention, welche der

König Gustav Adolph mit dem Herzoge Bogislav XIV, bald nach seiner Ankunft auf dem teutschen Boden schloß, welche auch in der Folge bestätiget worden c). Ob es schon vor diesem Zeitpunkte, auf die jetzige Art, bestanden habe, wie Lagerström und einige Andere behaupten wollen, läst sich bisher historisch nicht beweisen, ob es gleich gewiß ist, daß seit den Zeiten Gustavs I. immer ein freundschaftliches Benehmen zwischen den Schwedischen und Pommerschen Regenten statt gefunden und daß die Pommerschen Seestädte grosse Vorrechte in Ansehuug ihres Handels in Schweden genossen haben. Vermöge dieses Indigenatrechts werden 1) die Schweden in Pommern und die Pommern in Schweden gegenseitig als Eingebohrne angesehen und können in beyden Ländern aller Würden, Ehrenstellen und Aemter theilhaftig werden; 2) Stehen ihnen gegenseitige Vortheile und Freyheiten in der Handlung vor Fremden zu.

De Jure Indigenatus praecipue Suecos inter ac Pomeranos reciproco. Commentatio conscripta a *I. G. P. Moeller*. Gryphisw 1773. 4.

*a*) Vom 31 Aug. 1772. §. 53. L. E. V. 439.

*b*) Bedenken des Königl. Schwedischen Senats vom 16 Oct. 1703. L. E. V. 443.

*c*) Kapitulation und Alianz vom 10. Jul. 1630. Tit. XI. L. E. I. 80. Königl Resol vom 24 Jul 1649. Num. II. u. vom 10 Apr. 1669. Num. X. L. E. I. 812. 851.

§. 3.

Nexus Pomeraniae cum S. R. G. Imperio, oder, Versuch einer Abhandlung von der Verbindlichkeit Pommerscher Länden, sonderlich Königl. Schwedischen Antheils, mit dem Heilig Römisch-Teutschen Reich. (Von Christian Freyherrn von Nettelbla.) Frankf. an Mayn 1766. 4.

Die Krone Schweden verlangte selbst nicht, die teutschen Provinzen, welche sie durch den osnabrückschen Frieden erhielt, vom

vom Teutschen Reiche zu trennen und und sie mit völliger Unab-
hängigkeit zu besitzen *a*), sondern sie übernahm vielmehr freywillig
alle Verbindlichkeiten, unter welchen diese Reichsterritorien von
ihren vormaligen Innhabern waren besessen worden, um auch zum
Genuß aller der Vorechte gelangen zu können, welche mit ihrem
Besitz bis dahin verbunden gewesen waren. Vermöge der aus dieser beybehaltenen Verbindung mit dem Reiche folgenden Obliegenheiten muß nun

I.) Der König von Schweden, als Herzog von Pommern
und Fürst von Rügen, bey jedem Lehnsfall die Erneuerung der Investitur und die Belehnung mit diesen Reichsterritorien bey Kaiserl. Maytt. nachsuchen *b*). Wegen dieser Belehnung aber sind
den Königen von Schweden vom Kaiserl. Hofe grosse Schwierigkeiten gemacht worden, so daß der König Adolph Friedrich sie nur
zum erstenmal, den 29 März 1754, und des jetztregierenden Königs Maytt. am 24 Nov. 1773, erhalten haben, die vorhergehenden Könige aber, mit den teutschen Provinzen gar nicht belehnet
worden *c*).

*a*) Schweden würde es damals leichtlich dahin gebracht haben, daß
ihm so wie Frankreich, die cedirten Reichslande, mittelst Aufhebung aller Verbindung mit dem Reich, mit völliger Unabhängig-
keit wären überlassen worden, wie es denn auch würklich in seinen im Januar 1647 abgegebenen Forderungen verlangte, „daß
„bemeldte Pommersche Lande dem H. R. Reiche keinesweges Jure
„feudali mehr verwandt, sondern der Kron Schweden absoluto
„jure Dominii und die darinn gesessenen Landstände und Unterthan-
„nen, denen Schwedischen Rechten und Gebräuchen unterworfen,
„und demnach, wann und so oft es die Noth und Gelegenheit zu
„Kriegs- oder Friedenszeiten erfordern würde, mit den Aufgebote-
„nen in Schweden oder anders wohin die Landfolge zu leisten
„schuldig seyn sollten„. S. von Meyern Acta Pacis Westphali-
cae. IV. 235.) Allein in der Folge änderte es seine Meynung
und verlangte die Verbindung mit dem Reiche selbst beyzubehal-
ten.

*b*) I. P. O. Art. X. §. 15. „Vicissim Serenissima Regina et futuri
„Reges Regnumque Sueciae dicta feuda omnia et singula a Cae-
„sarea Majestate et Imperio recognoscant: eoque nomine, quo-
„ties

„ties casus evenerit, investiturarum renovationes decenter pe-
„tant, juramentum fidelitatis eique annexa, sicut Antecessores si-
„milesque Imperii Vasalli, praestando".

e) Gleich nach geendigten Friedensexekutionshandlungen schickte die
Königin Christina ihren bremischen Kanzler, den Geheimen Rath,
Matthias Biörnklow, ans Kaiserl. Hoflager ab, um die Beleh=
nung nachzusuchen, dem im Jahr 1652 der Königl. Rath, Graf
Benedikt Oxenstierna, in eben der Absicht nachfolgte, allein ihre
Bemühungen waren, unter dem Vorwande, daß man nicht wü=
ste, ob man sie als Königliche oder als Fürstliche Gesandten an=
zusehen hätte, im Grunde aber, weil damals die Grenzen in Pom=
mern noch nicht völlig berichtiget und Hinterpommern dem Chur=
fürsten von Brandenburg noch nicht eingeräumet worden, wes=
wegen der Churfürst die Belehnung beym Kaiser hintertrieb, ver=
geblich und die Gesandten mußten unverrichteter Sachen wieder
abreisen.　Der Kaiser hatte zwar mitlerweile auch an die Köni=
gin von Schweden ein Ausschreiben zum Reichstage unterm 5
Jun. 1652 ergehen lassen, aber auch unterm 11 Jan. 1653 dem
Reichserbmarschall, Grafen von Pappenheim, den Befehl zu=
gesandt, der Krone Schweden die Uebung des Sitz = und
Stimmrechts auf dem Reichstage nicht zu gestatten, worüber die
würkliche Eröfnung desselben bis nach hinterlegter Grenzberich=
tigung in Pommern zwischen Schweden und Brandenburg ver=
zögert ward (S.　Von Meyern Regensburgsche Reichstagshand=
lungen Th. I. S. 7 — 9. 20 — 40. 67 — 73. 89 — 95. 195).
Der König Karl Gustav schickte darauf, gleich nach angetretener
Regierung, den bremischen Regierungsrath von Kleyhe, zur Be=
richtigung der Belehnungssache, an den Kaiser ab, welcher diese
Angelegenheit so weit förderte, daß ein von ihm übergegebener
Entwurf zum Lehnbriefe zur Beprüfung vom Reichshofrathe zwar
angenommen ward, dessen Innhalt aber weckte neue Schwierig=
keit und veranlaßte einen anderweitigen von der Reichshofkanzley
verfaßten Entwurf, wodurch die Verhandlungen so lange verzögert
wurden, bis sie durch den mitlerweile ausgebrochenen polnischen
Krieg und Absterben des Kaisers Ferdinand III. zum andernmale
abgebrochen werden mußten.　Da unter den damaligen Umständen
sobald keine Beendigung dieser Investitursache zu hoffen stand,
fand der König es nöthig, durch seinen Gesandten beym damali=
gen Deputationstage, Georg Snoilsky, eine Verwahrungsschrift
beym Churfürsten von Mainz einlegen zu lassen.

Gleich nach geschlossenem olivischen Frieden genehmigte der Kai=
ser Leopold, auf die Anfrage der Königinn Mutter und der
übrigen

übrigen Königl. Vormünder, die Absendung einer Gesandschaft zur Lehnsempfangung. Der Vicepräsident des Schwedischen Hofgerichts, Freyherr Sparre, der Vicepräsident des Wismarschen Tribunals, David Mevius, und der Bremische Regierungsrath von Aleybe fanden sich deshalb im Anfange des Jahrs 1662 zu Wien ein und übergaben ihre Monita über den vormals entworfenen und zum Grunde gelegten Lehnbrief. Anstatt die Gewährung der vorgeschlagenen Veränderungen zu erhalten, ward ihnen ein Dekret zugefertiget, worinn ein naher Termin zur Belehnung angesetzt, die Berichtigung des zu ertheilenden Lehnbriefes aber ausgesetzt war. Auf der Gesandten Anhalten ward nun zwar die Investitur verschoben und die Berichtigung des Lehnbriefes wieder vorgenommen, aber auch von der dazu niedergesetzten Reichshofraths-Deputation ein ganz neues Projekt dazu entworfen, welches noch mehr als alle übrige von dem Schwedischen Projekt abwich und womit die Schwedischen Gesandten gar nicht zufrieden seyn konnten, weil den vorigen Erinnerungen überall nicht abgeholfen und besonders die Schwedische im Grenzrecesse ausbedungene Anwartung auf die Neumark, Sternberg, Vierraben und Löknitz darinn nicht erwehnet worden. Da alle ihre Bemühungen, hierinn eine Aenderung zu bewürken, vergeblich waren und da sie ohne sie weder einen Lehnbrief annehmen noch die Investitur empfangen wollten, so erfolgte endlich am 28 Jun. 1662 eine Kaiserl. Erklärung, wodurch die Berichtigung des Lehnbriefes an den Reichstag verwiesen ward und die Gesandten sich genöthiget sahen, zum Drittenmale unverrichteter Sachen abzureisen. (Die vollständigen Verhandlungen über diesen Gegenstand finden sich beynt *Londorp* Acta publica. Th. VI. S. 652. 778. 783. 796. VII. 842. ff. 863. ff., im Diario Europaeo. Th. VIII. 419. 438. ff. 502. 559. ff. IX. 98. 103. 649. ff. und in der unten angeführten Schrift des Vicepräsidenten *Mevius.*) Ob in nachherigen Zeiten neue Versuche zur Berichtigung dieser Angelegenheit gemacht worden, ist meines Wissens nicht öffentlich bekannt geworden und eben so wenig, auf welche Art bey der endlich im Jahr 1754 erfolgten ersten Investitur die vormaligen Schwierigkeiten gehoben worden.

(David *Mevius*) Bericht und Repräsentation des Verlaufs und Bewandnis der Investitur-Sache zwischen den Römisch Kaiserlichen und Königl. Schwedischen Maytt. Maytt. bishero tractiret, samt den Actis und Urkunden. Stralsund 1662. 4. Auch Lateinisch unter dem Titel: Repraesentatio inter S. Caesaream Majestatem et S. Regiam Majestatem Sueciae Actorum de Negocio Investiturae super Provinciis Regiis in Germania. Stralesundl. 1662. 4.

§. 4.

§. 4.

II.) Müssen die Reichskontingente, Römermonate, Kammerzieler und andere, von den Reichsständen beliebte, Reichs-
und Kraissteuern, nach dem festgesetzten Anschlage, von diesen
Provinzen geleistet werden *).

1) Das Reichskontingent ward durch den Wormser
Reichsanschlag von 1521, für ganz Pommern, zu 45 Mann zu
Roß und 270 Mann zu Fuß angeschlagen, demzufolge ein Römermonat, nach damaligen Ansatz, 1520 Gulden betrug. In
den Jahren 1545 und 1551 ward dieß Kontingent zu 34 zu Roß
und 200 zu Fuß geringert, wonach ein Römermonat, nach erhö-
hetem Ansatze, 1208 Gulden ausmachte. Dabey ist es in der
·Folge verblieben und wenn gleich nach der Theilung des Landes
zwischen Schweden und Brandenburg im Grenzrecesse a) festgesetzet ward, daß man sich, wenn Reichs- oder Kraissteuern angelegt würden, nach der Landesmatrikel richten und darnach das ge-
rechte Verhältnis für jeden Antheil bestimmen wollte, so scheinet
es doch, daß jeder Theil in der Folge die Hälfte der Anlagen getragen habe. Seit dem Stockholmer Frieden ist, vermöge des
Reichsgutachtens vom 28 Jul. 1724 b), der Schwedischpommersche Reichs- und Kammer-Matrikularanschlag zu ein Drittel des
vormaligen Anschlags moderiret worden und beträgt also, nach der
jetzigen Usualmatrikel, für einen Römermonat 219 Gulden 58 Kreuzer. Im Reichskriege 1735 ward das Reichkontingent mit 300
Mann Infanterie gestellet c).

2) Der Belauf der Kammerzieler für Pommern ist in ältern Zeiten vielfältigen Veränderungen unterworfen gewesen d).
Vom Osnabrückschen bis zum Stokholmer Frieden ward von
Schwedischpommern zu einem erhöheten Ziel 338 Rthlr. 12¼
Kreuzer beygetragen, welcher Beytrag aber, vermöge des angeführten Reichsgutachtens, mit Nachgebung des alten Rückstandes,
ebenfalls zu einem Drittel geringert worden, deshalb, nach der jetzigen Kammergerichts-Usualmatrikel, 123 Rthlr. 12⁴⁄₇ Kreuzer
beygetragen werden müssen.

a) Grenz-

a) Grenzreceß zwischen Schweden und Brandenburg, vom 4 May. 1653. Art. XXXVI. L. C. I. 153.

b) S. J. H. Freyherrn von Harpprechts Bericht vom Unterhaltungs Werk des K. und R. Kammergerichts (Frankf. und Leipz. 1768. 4.) S. 320.

c) Patent vom 10 May. 1735. S. Hauptstück. IX. Abschnitt. II. §. 18.

d) In dem Anschlage, welcher auf dem Reichstage zu Costniß, im Jahr 1507, zur Unterhaltung des Kammergerichts formiret worden, ist ganz Pommern zu 72 Goldgulden, das Stift Camin aber besonders noch mit 12 Goldgulden (S. von Harpprechts Staatsarchiv des Kammergerichts Th. III. Beylage CCXLVI b. S. 414. 415); Im Anschlage von 1521, mit Inbegrif der Unterhaltung des Reichsregiments, Pommern zu 500 und Camin zu 60 Gulden (S. von Harpprecht a. a. O. Th. IV. Abth. II. S. 35. und Beylage CCCXVI. S. 134. 135); Im Anschlage von 1524, nachdem der Kaiser die Hälfte der Unterhaltung übernommen hatte, Pommern zu 348 und Camin zu 42. (E. d. S. 56. und Beylage CCCXXIX. S. 221. 223 Reichsabschied zu Nürnberg von 1524. §. 1.); Im Anschlage von 1531, nachdem das Reichsregiment eingegangen und der Kaiser noch die Hälfte gab, Pommern zu 125 und Camin zu 15 Goldgulden (E. d. Th. V. S. 90. und Beylage XXXVIII. S. 271. 272. Reichsabschied zu Augsburg 1530. §. 73) aufgeführet. Es würde mich zu weit führen, wenn ich diesen Gegenstand biß in die neuern Zeiten verfolgen wollte, doch will ich noch anmerken, daß, wie Pommern im Jahr 1545 eine Moderation der Reichssteuern auf den vierten Theil erhalten hatte und diese auch auf die Kammerzieler ausdehnen wollte, der Kaiserl. Fiscal dagegen einwandte, daß sie bey Unterhaltung des Kaiserl. Kammergerichts nicht statt finden könnte (S. L. T. A. vom 27 May 1585. L. C. I. 564).

*) Diese Reichsbürden sind aber weder im vorigen Jahrhunderte noch im Anfange des Gegenwärtigen von der Krone Schweden für ihre teutschen Provinzen eigentlich getragen, sondern, vermöge eines mit dem Kaiser schon zu Osnabrück geschlossenen Vergleichs, abgerechnet und den Kontribuenten im Lande mehrentheils zu gut gerechnet worden, wie ich oben bereits (Hauptst. IX. Abschn. II. Abth. II. §. 18.) bemerkt habe. Die schwedischen Truppen hatten neulich gegen das Ende des dreyssigjährigen Krieges eine beträchtliche Anzahl fester Plätze in den Kaiserl. Erblanden besetzt, für deren Räumung der Kaiser sechsmalhunderttausend Reichsthaler bezahlen sollte, vermöge eines den 18 Febr. 1647

zu

zu Osnabrück abgeschlossenen Vergleichs aber ward die Zahlung
dermaßen reguliret, daß nur zweymalhunderttausend Reichsthaler
baar ausgekehret und der Rest an den künftigen Reichsanlagen auf
die Schwedischen Provinzen in Teutschland nach und nach abgerechnet werden sollte. Da man wohl voraus sah wie schwer die
übrigen Reichsstände es empfinden würden, wenn sie erfahren
sollten, daß die Schwedischteutschen Länder zu Reichsanlagen auf
so lange Zeit hinaus nicht mit beytragen dürften, so gelobten bey-
derseitige Gesandten die strengste Verschwiegenheit eidlich an und
um darinn desto sicherer zu gehen, wurden nicht einmal die Legati-
onssekretarien bey den Unterhandlungen zugelassen, sondern Vol-
mar und Salvius fertigten das Instrument darüber selbst aus.
Demungeachtet gaben bald darauf die Kaiserl. Gesandten, Vol-
mar und Crane, ungeachtet ihnen mehr als den Schwedischen Gesandten an der Verheimlichung dieses Punkts gelegen seyn mußte,
den Deputirten der Protestantischen Stände in der Konferenz am
21 Apr. 1647 listiger Weise einen Wink, als wenn man, Kaiserl.
Seits, die Autonomie in den Erblanden den Schweden um sechsmalhunderttausend Reichsthaler abgekauft hätte. Dadurch na-
türlicher Weise aufs höchste beunruhiget, forderten die Protestantischen Stände vom Grafen Oxenstierna eine Erklärung und
Mittheilung des Vergleichs, der aber, seiner Verpflichtung
gedenk, lieber wagte, das Zutrauen der Protestantischen St.
zu verliehren, das auch würklich von der Zeit an sehr gegen ihn
erkaltete, und sich der bösen Nachrede auszusetzen, als wenn er
sich mit dieser Summe von den Kaiserlichen zum Nachtheil der
Protestanten bestechen lassen, die sich sogar in die Geschichte einge-
schlichen hat, als sein gegebenes Wort zu brechen. S. von Meyern Westphälische Friedenshandlungen. Th. V. S. 748. 759. 760
und die Vorberichte zum Theil. I. S. 46. und Th. II. S. IX.

Mit dem Anfange des gegenwärtigen Jahrhunderts werden diese
viermalhunderttausend Reichsthaler getilget gewesen seyn und die
Krone Schweden hätte also zu den Reichsanlagen im spanischen
Successionskriege die Quote für ihre teutschen Länder tragen sollen,
allein der Kaiser Joseph I. erließ durch den am 1ten Sept. 1707.
wegen Schlesien geschlossenen Religionsvergleich dem Könige Karl
XII. alles dasjenige, was er wegen dieser Länder an Volk, Geld
und sonsten in diesem Kriege hätte beytragen sollen oder fürs künftige noch beyzutragen haben würde. S. Nordbergs Leben Karls
XII. Theil II. S. 30. und die Konvention selbst Th. III. S.
446.

§. 5.

## §. 5.

Gegen dieſe Obliegenheiten ſtehen aber dem Könige von Schweden, als Herzoge von Pommern und Fürſten von Rügen, auch folgende Gerechtſame zu.

I.) Siß und Stimme auf den teutſchen Reichstagen im Reichsfürſtenrath zunächſt vor Hinterpommern *a*);

II.) Siß und Stimme auf den Oberſächſiſchen Kraistagen ebenfalls unmittelbar vor Hinterpommern *b*);

III.) Siß und Stimme auf den ordentlichen Reichs-Deputationstagen, wo Vorpommern, weil ganz Pommern auf Deputationstagen nur eine Stimme hat, ſie würklich, nach gepflogenem Rath mit Hinterpommern, führet und allein ablegt *c*);

IV.) Stehet dem Könige, als Fürſten von Rügen, das Reichsjägermeiſteramt zu *d*);

V.) Bey der zur Kammergerichts-Viſitation durch den jüngſten Reichsabſchied verordneten auſſerordentlichen Reichsdeputation hat Vorpommern in der vierten Klaſſe die ſiebende Stelle unter den Evangeliſchen *e*);

VI.) Das Recht in der Ordnung des Oberſächſiſchen Kraiſes einen Reichskammergerichts-Aſſeſſor zu präſentiren *f*);

VII.) Das Privilegium, daß von den Ausſprüchen der Landesgerichte keine Berufungen an die Reichsgerichte ſtatt finden *g*);

VIII.) Das Privilegium, daß der König von Schweden, wenn er dieſer Lande wegen von jemand beſprochen wird, ſich den Gerichtsſtand vor dem Reichshofrathe oder vor dem Reichskammergerichte ſelbſt wählen dürfe, doch muß er ſich innerhalb einer Friſt von drey Monaten erklären, vor welchem Gerichte er ſich einlaſſen wolle *h*);

IX). Das Recht eine Univerſität in den teutſchen Provinzen zu errichten und endlich

X.) Alle Vorrechte welche den geſamten Teutſchen Reichsſtänden ſonſt zuſtehen.

*a*) I. P. O. Art. X. §. 9 — „ratione supradictarum ditionum fen-
„donumque Imperator cum Imperio cooptat Sereniſſimam Re-
„ginam Regnique Sueciae Succeſſores in immediatum Imperii
„Statum, ita ut ad Imperii Comitia inter alios Imperii Status
„Regina quoque Regesque Sueciae ſub titulo Ducis — Pomers-
„niae ut et Rugiae Principis Dominique Wismariae citari debe-
„ant, aſſigneta eis ſeſſione in Conventibus Imperialibus in Col-
„legio Principum ſcamno ſeculari, voto — Pomerano ordine anti-
„quitus prioribus poſſeſſoribus competenti explicando".

Ueber die Stelle, welche den Herzogen von Pommern auf der weltlichen Bank im Reichsfürſtenrath gebühret, ſind ſchon in älteren Zeiten, vermuthlich durch die Lehnsſtreitigkeiten mit Brandenburg veranlaſt, Wiederſprüche erregt worden, wodurch Pommern vielfältig
und in langen Zeiträumen behindert ward, die Reichstage zu beſuchen. Denn wie es, nach gänzlicher Beylegung derſelben durch
den Grimnitzer Vergleich, wieder auf Reichstagen erſchien, gerieth es mit Würtemberg, Meklenburg, Jüllich, Cleve und Baden, des Vorſitzes wegen in Streitigkeit, die mit Würtemberg
und Baden 1576 dahin verglichen ward, daß dieſe drey Häuſer,
mit Zutretung von Heſſen, eine Alternation ſowohl im Vorſitz
als in Ablegung der Stimmen feſtſetzten. Dieſer Vergleich ward
1582 und 1608 wieder erneuert und beſtätiget. Im Jahr 1640
ward auch das Haus Meklenburg (S. Vergleich vom 12 Sept.
1640. in I. I. Schmauſſen Corp. Iur. Publ. p. 721.) in die Alternation aufgenommen und ein eignes Schema der Abwechſelung
feſtgeſetzet, das aber im Anfange des jetzigen Reichstages abgeändert und in zehn Strophen verfaſt ward. Nach langen Streitigkeiten und vielen Wiederſprüchen ward endlich auch das Haus
Hollſtein im Jahr 1740. (S. Alternations-Receß vom 13 Aug.
1740. a. a. O. S. 1489) in die Alternation aufgenommen und
abermals ein neues Schema, gleichfalls in zehn Strophen feſtgeſetzet. Zufolge dieſes Vergleichs wechſelt alſo der Vorſitz und die
Ablegung der Stimmen im Reichsfürſtenrath unter dieſen ſechs
altfürſtlichen Häuſern, die daher die Alternirenden genannt werden, nach dem feſtgeſetzten Schema bey jeder Verſammlung des
Reichsfürſtenraths ab. Dieſe Abwechſelungen finden aber bloß
in Abſicht der ganzen Häuſer ſtatt und Schweden behält immer,
wegen Vorpommern, vor Brandenburg, wegen Hinterpommern,
den Vorſitz, worwieder zwar der brandenburgſche Geſandte auf dem
erſten Reichstage nach dem weſtphäliſchen Frieden (S. von Meyern Regensburgſche Reichstagshandlungen. Th. I. S. 244),
wiewohl ohne Erfolg proteſtirte.

*b*) I. P.

b) I. P. O. Art. X. §. 10. „In Circulo Superioris Saxoniae pro-
„xime ante Duces Pomeraniae ulterioris — “.

c) I. P. O. Art. X. §. 11. — „Ad Conuentus autem Deputato-
„rum Imperii, tam Regia Majeſtas, quam Dominus Elector, ſu-
„os pro more ſolito mittant: cum autem utrique Pomeraniae
„unum tantum votum in iis competat, a Regia Majeſtate, com-
„municato prius conſilio cum dicto Electore, id ſemper feratur“.
Schon im Augsburgſchen Reichsabſchied 1548 ward verordnet,
daß bey dringenden Vorkommenheiten, die nicht ſo lange Aufſchub
litten, daß geſamte Stände zuſammen berufen werden könnten,
nur einige benannte Stände dazu verſammelt werden ſollten (R.
A. 1548. §. 95.). Im Jahr 1555 iſt dieſe Deputation, beſonders zur Handhabung des Landfriedens erneuert (R. A. 1555.
§. 54.), und im Jahr 1559, da ſie bis dahin nur perſönlich geweſen war, auf der deputirten Stände Nachkommen und Erben
(R. A. 1559. §. 50.) vereignet worden. Im Jahr 1570 ward
dieſe Ordinaire Reichsdeputation noch mit vier Ständen verſtärkt,
worunter Pommern mit war. R. A. 1570. §. 26.

d) Was es mit dieſem Reichsjägermeiſteramte eigentlich für eine
Bewandniß habe, iſt zur Zeit noch nicht ausgemacht. Es haftet
auf das Fürſtenthum Rügen und kommt in R. Karls IV. Lehnbriefe vom Jahr 1348 zuerſt vor, worinn es heißt: —„Principa-
„tum Ruyanorum, Sundis et ſuas pertinentias, quae ad Magi-
„ſtratum Venationis Imperii pertinere noſcuntur — contulimus
„et conferimus (L. C. IV. 10)“. In R. Karls V. Beſtätigung
der Pommerſchen Privilegien vom Jahr 1530 (L. C. I. 18.) heißt
es gleichfalls. — „Zu dem, daß ſie unſere und des heiligen
„Reichs Jäger-Maiſter, von dem Fürſtenthumb Rügen ſeyn—“.
Aus dieſen und andern Stellen erhellet nun zwar die Exiſtenz dieſes Reichsamts und daß es mit dem Fürſtenthume Rügen ver-
knüpft ſey, bey welcher Gelegenheit es aber den Fürſten von Rügen, die bekanntlich däniſche Lehnträger waren, zuerſt ertheilet
worden, iſt mit hiſtoriſcher Gewißheit nicht auszumachen.

    S. C. ab *Aeminga* Diſſ. De Officio Venatoria Imperii Prin-
cipatui Rugiae annexo. Gryph. 1741. 4.

e) Reichsabſchied von 1654. §. 204.

f) Seit dem weſtphäliſchen Frieden hat der König von Schweden,
als Mitglied des Oberſächſiſchen Kraiſes wegen Pommern, einmal im Jahr 1743 präſentiret. Auf dem Kreistage im Jahr 1654
ward beſchloßen, daß die von Kraiſes wegen zu machenden Prä-

                                    ſenta-

sentationen zu den Kammergerichts-Assessoraten nach der Ordnung der Kraißstimmen geschehen sollten. Der Ordnung der Kraißstän=
de nach hätten freylich die beyden Churfürsten, als Kraißstände zuerst präsentiren sollen, sie liessen aber geschehen daß die fünf Fürst=
lichsächsischen Häuser ihnen mit ihren Präsentationen vorgingen, und darauf glaubte Schweden, der Ordnung nach, da es unter den Kraißständen auf die sächsischen Häuser folgt, zur Präsentation
berechtiget zu seyn und präsentirte deßhalb im Jahr 1723, allein, so wie Churbrandenburg bereits im Jahr 1722 zu einer Zeit prä=
sentiret hatte, da Schweden seine teutschen Länder kaum wieder zu=
rück erhalten hatte und seine Rechte noch nicht wahrnehmen konnte, so kam ihm nun auch Chursachsen mit einer Präsentation zuvor, und ob es darüber gleich Beschwerde bey der Reichsversammlung führte, so warb doch mittlerweile der Chursächsische Präsentatus vom Kammergerichte angenommen. S. J. J. Müllers Juristisch=
historische Electa. Th. I. Kap. I. Jabers Staatskanzley. Th. LV. S. 296.

Schriftwechsel zwischen Churfachsen und Vorpommern we=
gen des Präsentations Rechtes zum Kammergerichts Assessorat in den Jahren 1724. 1725. Pomm. Bibliothek. V. 48. ff.

g) I. O. Art. X. §. 12. „Deinde concedit ei — Privilegium de non „appellando, sed hoc ita, ut summum aliquod Tribunal seu „appellationis Instantiam commodo in Germania loco constituat „eique indoneas praeficiat personas, quae unicuique jus et justi-
„tiam secundum Imperii Constitutiones et cujusque loci statuta „absque ulteriori provocatione caufarumve avocatione admi-
„nistrent.

h) Et contra vero si contigerit, ipsos tamquam Duces — Pomera-
„niae vel etiam ut Principes Rugiae aut Dominos Wismariae ex „Caufa dictas ditiones concernente, ab aliquo legitime conueniri, „Caefarea Majestas liberum eis relinquit, ut pro sua commoditate „forum eligant, vel in aula Caefarea vel Camera Imperiali, ubi „actionem intentatam excipere velint. Teneantur tamen intra „tres menses a die denuntiatae litis sefe declarare, coram quo „judicio se sistere velint ".

i) I. P. O. Art. X. §. 13. „Praeterea concedit eidem R. M. Sueciae „jus erigendi Academiam vel Universitatem, ubi quandoque ei „commodum visum fuerit ".

§. 6.

## §. 6.

Mit dem Königl. Preuſſiſchen Hauſe ſtehet der König von Schweden, als Herzog von Pommern, und das Land in verſchiedener Rückſicht in Staatsverhältniſſen, als:

I.) Iſt dem Könige und der Krone Schweden die Anwartſchaft auf ganz Hinterpommern, auf die Neumark, auf das Land Sternberg und auf die beyden Landſchaften Löfeniz und Vierraden auf dem Fall verſichert, wenn das Königl. Preuſſiſche Haus in der männlichen Linie ausſterben ſollte a).

II.) In Anſehung des Handels und Verkehrs beyderſeitiger Pommerſcher Unterthanen mit einander iſt durch die ſtockholmer und hamburger Friedensſchlüſſe feſtgeſetzet, daß in allen vorkommenden Handlungen eine gegenſeitige Freundſchaft und Willführigkeit ſtatt finden und den Unterthanen beyder Provinzen wechſelſeitig alle Vorrechte, Immunitäten und Prärogativen zu gut kommen ſollen, welche den begünſtigſten und freundſchaftlichſten Völkern zugeſtanden würden, deshalb ſollen vorzüglich 1) an beyden Seiten des als gemeinſchaftliche Grenze angenommenen Peenſtrohms keine neue Zölle oder Impoſten angelegt noch die Alten vermehret werden b); 2) Die Fiſcherey von beyderſeitigen Unterthanen den Verträgen gemäß betrieben werden c); 3) Leibeigene Unterthanen, wenn ſie in die gegenſeitigen Lande übergetreten, zwaar für ihre Perſonen und mitgebrachtes Eigenthum nicht ausgeliefert, was ſie aber der Herrſchaft an Hofwehrsſtücken und ſonſtigen Sachen mitgenommen, unweigerlich, unentgeldlich und ohne proceſſualiſche Weitläuftigkeit zurückgegeben werden d) ſollen. 4) Iſt der ungehinderte Durchgang des meklenburgſchen Getraides und des ſchwediſchen Eiſens aus und nach Schwediſchpommern und Meklenburg durch das Preuſſiſche Vorpommern zugeſtanden und überhaupt verglichen, daß der wechſelſeitige Handel mit keinen Neuerungen bebürdet ſondern vielmehr erleichtet werden ſoll e).

III.) Wegen des Abſchoſſes emigrirender Unterthanen iſt feſtgeſetzet, daß er 1) vom Pommerſchen und Märkiſchen Adel f), 2)

Zz 3          von

von würklichen Königlichen, sowohl Schwedisch - als Preuſſiſch-
pommerſchen, Bedienten g), und endlich 3) von Pächtern, Schäfern und andern dergleichen freyen Leuten, welche aus einer Provinz in die andere ab - und zuziehen, gegenſeitig nicht geforbert werben ſoll h).

a) Die Rechte des Königs und der Krone Schweden an die künftige
Succeſſion in Hinterpommern und die übrigen oben genannten
Landſchaften gründen ſich im weſtphäliſchen Frieden *) und in den
im Grenzreceß von 1653 erneuerten und beſtätigten Rechten der vormaligen eingebohrnen Landesfürſten, welche ſie ſich durch gegenſeitige Verträge mit dem Churhauſe Brandenburg erworben hatten
und auf die Könige und Krone Schweden übertragen worden.

Nachdem nemlich die langwührigen Streitigkeiten wegen der
Lehnshoheit des Hauſes Brandenburg über Pommern durch den
Grimnitzer Vertrag im Jahr 1529 (L. C. I. 47.) beygelegt und
dahin vertragen waren, daß die Marggrafen von Brandenburg die
Herzoge von Pommern für unmittelbahre Reichsfürſten erkannten
und ihnen das Lehn über ihre Lande vom Kaiſer und Reich zu empfangen geſtatteten, dagegen aber die Herzoge den Marggrafen die
Erbfolge in allen ihren Landen, nach dem gänzlichen Abgange des
mänlichen Stammes der Pommerſchen Fürſten, mit Einſtimmung
der Landſchaft, verſicherten **), ſuchten die Herzoge von Pommern gleichfalls eine Erwiederung auf dem Fall zu erlangen, wenn
das Brandenburgſche Haus früher, als das Pommerſche, in der
männlichen Linie ausſterben ſollte. Die hierüber angeſtelleten Unterhandlungen blieben lange fruchtlos, nicht, weil das Brandenburgſche Haus abgeneigt war, dem Pommerſchen hierunter zu will-
fahren, ſondern weil dem Churhauſe durch die alte Erbverbrüderung mit Sachſen und Heſſen die Hände gebunden waren, ohne
deren Einwilligung es von den unter der Erbverbrüderung begrif-
fenen Landen nichts zum Vortheil des Pommerſchen Hauſes abſon-
dern und ihm die Erbfolge darin verſichern konnte. Endlich gelang
es doch dem Herzoge Johann Friedrich durch den im Jahr 1571
(L. C. I. 70.) mit dem Churfürſten Johann Georg abgeſchloſſenen
Vergleich und mit Einwilligung ſämtlicher Marggrafen von Brandenburg, Herzogen von Sachſen und Landgrafen von Heſſen die
Verſicherung zu erhalten, daß die Neumark, Sternberg, Löſenitz
und Wierraden auf dem Fall, wenn das Haus Brandenburg ab-
gienge, den Herzogen von Pommern „zu einer rechten Anwartung,
„Angefäll und geſamter Lehnſchaft bewilliget, zugeſaget, verſpro-
„chen

„eben und übergeben seyn sollten". Ferner ward auch in diesem Vergleich bestimmt, daß diese Landschaften, so oft eine Erbhuldigung darinn geleistet würde, den Herzogen von Pommern zugleich die Eventualhuldigung abstatten sollten und demzufolge ist sie auch in den folgenden Zeiten, so oft der Fall eingetreten, den Herzogen von den Lehnleuten, Einwohnern und Unterthanen in der Neumark und in den übrigen Anwartschaftsörtern würklich geleistet, diesen aber die Bestätigung ihrer Privilegien durch die gewöhnlichen Reversalen versichert worden. Dieser Vergleich ist darauf unterm 18 März 1574 vom Kaiser Max. II. bestätiget worden. Auf diesen Punkt ist auch nachmals bey Erneuerung der Erbverbrüderung zwischen Brandenburg, Sachsen und Hessen im Jahr 1614 Rücksicht genommen und die an Pommern versicherten Stücke davon ausdrücklich ausgenommen worden. Merkwürdig ist es auch, daß dieß Versprechen des künftigen Anfalls nicht bloß den Fürsten sondern auch derselben Landen und Leuten zum Trost und Gutem geschehen zu seyn angegebn wird.

Im Osnabrückschen Frieden ward darauf für Schweden bedungen: daß, nach Abgang der männlichen Linie des Hauses Brandenburg ganz Hinterpommern nebst dem Stifte Camin und allen Rechten und Expectantien der Vorfahren den Königen und der Krone Schweden anheimfallen, bis dahin aber die Hofnung zur Succession und Mitbelehnschaft genießen sollten. Eben dieß ist auch in dem zwischen Schweden und Brandenburg am 4 März 1653 geschlossenen Grenz Receß (Art. XXVI. u. XXVII. §. C. I. 139.) von neuem beständiget und ausbedungen worden, daß die Unterthanen dieser Landschaften bey den jedesmaligen Erbhuldigungen ihrer Landesherrschaft zugleich auch den Königen von Schweden die Eventualhuldigung leisten, dagegen aber auch die gewöhnlichen Reversalen über ihre Privilegien von diesen erneuert erhalten sollten. Auch die im osnabrückschen Frieden nur überhaupt angezielten Expectantien der vormaligen Herzoge von Pommern auf die Neumark, Sternberg, Löfeniß und Vierraden sind besonders und namentlich in diesem Grenz Recesse (Art. XXIX. §. C. I. 143.) auf die Könige und Kron Schweden transportiret und festgesetzet worden, daß wegen derselben gleichfalls die Eventualhuldigung den Königen von Schweden, gegen Ausstellung der Reversalen, bey jeder Erblandesdhuldigung von den Unterthanen geleistet und die Mitbelehnschaft auch dieser Stücke wegen vom Kaiser empfangen werden sollte. In Ansehung dieser zur Versicherung der ausbedungenen Anwartung und künftigen Erbfolge festgesetzten Eventualhuldigungsempfängnis ist weiter stipuliret, daß die angesetzten Huldigungster-

mine

mine drey Monate, die Termine zur Empfangung der Kaiserl. Belehnung aber vier Monate zuvor, den Königen von Schweden bekannt gemacht und vor würklicher Abstattung der Huldigung die
Erneuerung der über diese Angelegenheit geschlossenen Verträge und
Aushändigung der Reversalen geschehen sollte.  In allen diesen Stipulationen ist in den nachherigen Verträgen und Friedensschlüssen
nichts abgeändert, sondern sie sind darinn vielmehr so wie in den neuern Kaiserl. Lehnbriefen ausdrücklich bestätiget worden (Berliner
Neben Receß vom 21 März 1699. Art. VI. L. C. IV. 133. Stockholmer Friedensschluß vom 21 Jan. 1720. Art. XX. L. C. I. 204.
Hamburger Friedensschluß vom 22 May 1762. Art. III. L. C.
IV. 249).

Dieß alles ist auch bey den vom Churfürsten Friedrich Wilhelm
dem Grossen und vom Churfürsten Friedrich III. in den Jahren
1665 und 1699 aufgenommenen Erbhuldigungen pünktlich beobachtet worden; warum es bey den Nachherigen unterblieben, ist nicht zur Kenntniß des Publikums gelanget **). Ich
will hier aus den Akten kürzlich angeben, wie es bey der Letztern
im Jahr 1699 gehalten worden. Der Churfürst Friedrich III.
notificirte in einem Schreiben an Sr. Königl. Maytt. von Schweden, vom 15 Aug. 1599, die angesetzten Termine zur Huldigung
sowohl für die Neumark als für Hinterpommern und Camin, und
versicherte darin zugleich, daß die verspätete Anzeige unnachtheilig seyn und inskünftige nicht in Folge gezogen werden sollte, worüber auch unterm 21 Sept. 1699 (L. C. IV. 156.) würklich Reversalen ausgestellet worden. Dieß Schreiben an Königl. Maytt.
ward, nach Bestimmung des Grenz Recesses, der Königl. Schwedischen Regierung in Pommern zu weiterer Beförderung nebst einem besonderen Notificatorio zugestellet. Der König ernannte darauf die beyden Pommerschen Regierungsräthe, Bernhard Christian von Jäger und Magnus von Lagerström zu seinen gevollmächtigten, in deren Gegenwart, erstlich zu Cüstrin den 5 October,
die Ritterschaft, Städte, Einwohner und Unterthanen der Neumark, des Landes Sternberg und der Landschaften Lökenitz und
Wierraden dem Könige und der Krone Schweden den eventuellen
Huldigungseid *3) leisteten und die in den Verträgen festgesetzten
Reversalen aushändigten, wogegen den Ständen wiederum die
Königl. Reversalen zur Versicherung ihrer Privilegien, Freyheiten und Gerechtigkeiten auf den Fall der würklich eintretenden Succession in diese Landschaften ausgeliefert wurden. Ein gleiches geschah darauf auch den 9 October zu Stargard von den Ständen
und Einwohnern des Herzogthums Hinterpommern und des Für

stenthums Camin. Nur der damalige Heermeister von Sonnen-
burg, weil er selbst ein Prinz des Churfürstlichen Hauses war und
also vor den Königen von Schweden zur Succeßion kommen muste,
konnte die wegen der in Hinterpommern belegenen Ordensgütern
nach den Verträgen sonst zu leistende Huldigung nicht abstatten,
doch ließ er durch den Ordenskanzler die Versicherung schriftlich
ausstellen, daß der Heermeister, welcher zur Zeit der dereinstigen
Succeßion seyn würde, keinen andern Landesherrn wegen dieser
Güther als den dann regierenden König von Schweden und die
Krone Schweden anerkennen sollte. Bey dieser Gelegenheit wurden auch die Verträge zwischen Schweden und Brandenburg, dieser
Succeßion wegen, so wie die Churfürstlichen Gebeißbriefe an die
Unterthanen erneuert. S. 1) Relation der K. Schwedischen Kom-
misſiarien zur Aufnehmung der Eventual - Huldigung in Hinter-
pommern 1665. L. C. IV. 96 — 119. 2) Verhandlung wegen
der Churbrandenburgschen Lehnempfängniß am Kaiserl. Hofe.
1695 — 99. L. C. IV. 135 — 142. 3) Verhandlung über die K.
Schwedische Theilnehmung an die in Hinterpommern u. der Neumark aufzunehmende Churf. Brandenburgsche Erbhuldigung. 1699.
L. C. IV. 142 — 189.

\*) I. P. O. Art. X. §. 4. — „Deficiente verolinea masculina Domus
„Brandenburgicae — ulterior Pomerania tota cum citeriori Po-
„merania totoque Episcopatu et integro Capitulo Caminensi,
„adeoque omnibus antecesſorum juribus et expectantiis consoli-
„data, ad solos Reges Regnumque Sueciae perpetuo pertinebunt;
„spe interim succesſiohis et investitura ſimultanea gaviſuros, ita
„ut etiam ordinibus ſubditisque locorum dictorum pro homagii
„praeſtatione ſolito more caueant“.

\*\*) S. Petri Haſelberg Tract. de Pactis Confraternitatis (Göttingae.
1787. 8.) Part. II. §. 19.

\*\*\*) In einem Ehrengedächtnis des Reichsraths Carl Rudenſchölds,
welches in Upfoſtrings Sällſapets Tidningar von 1784 eingeführet
ist, wird darüber S. 132 ein Wink gegeben, der aber den Umſtänden der Sache so wenig anpaſſend ist, daß er wenig Wahrſchein-
lichkeit vor ſich hat.

\*°.) In dem Huldigungseide hieß es: „Und so es ſich begäbe, daß
„unſer gnädigſter Herr, Herr Friedrich III. ꝛc. oder J. C. D.
„männliche Leibes- Lehns-Erben und Nachkommen, Churfürſten
„und Marggrafen zu Brandenburg, von Erben zu Erben, Todes-
„halber abgiengen und alſo für und für verſtürben, daß wir nie-
„mand anders zu unſern Erbherrn und Landesfürſten aufnehmen,

„empfahen, dafür halten und haben sollen und wollen; als den —
„Herrn Carln XII. ꝛc. und J. K. Maytt. Successoren am Reich für
„und für und die Kron Schweden, den wir auch alsdann von
„Stund an, nach solchem obgenannten gesehenen Fall, ohne alle
„Weigerung und Eintrag, Erbhuldigung und sonst alles dasjenige
„thun sollen und wollen, was getreue Unterthanen ihrem Erbherrn
„und Landesfürsten zu thun schuldig und pflichtig seyn“. S. Re=
versalen der Hinterpom. Stände vom 9 Oct. 1699. L. C. IV. 174.

*b*) Stockholmer Friedensschluß von 1720. Art. XII. u. XIV. L. C. I.
201. 202.

*c*) Verhandlungen wegen der Peenfischerey der von beyden Seiten An=
grenzenden. L. C. IV. 232 — 242.

*d*) Patent vom 3 Nov 1777. L. C. IV. 265.

*e*) Erklärung des Königl. Preussichen Kabinetsministerii vom 5 Apr.
1774. L. C. IV. 264.

*f*) S. die Beweisstellen dazu Th. I. Hauptst. II. §. 10. Not. p.

*g*) Stockholmer Receß vom 22 Dec. 1698. Art. XIII. L. C. IV. 124.

*h*) Verhandlungen über die Zehndabgiften zwischen dem Königl. Schwe=
dischen und Preussischen Pommern L. C. IV. 242 — 248.

### §. 7.

In Meklenburg besitzt der König von Schweden, kraft des
westphälischen Friedens, ausser der Stadt Wismar nebst den Aem=
tern Poel und Neukloster, den Zoll zu Warnemünde *a*), worüber
aber im vorigen Jahrhunderte manche Irrungen mit Meklenburg
entstanden sind. Während des unglücklichen Nordischen Krieges
im Anfange dieses Jahrhunderts muste dieser Zoll an Meklenburg
verpfändet werden und die Wiedereinlösung ist bisher, ungeachtet
mehrmaliger deshalb angestelleter Unterhandlungen, noch nicht zu
bewürken gewesen. Sonst stehet Pommern noch mit dem Her=
zogthume Meklenburg in folgenden Verhältnissen: I.) Ist die Land=
grenze zwischen beyden Herzogthümern, von der Trebel bis an die
Reknitz, deren genauere Bestimmung in dem Grenz-Recesse von
1591 ausgesetzt blieb, biß jetzt, so viel ich weis, noch nicht völ=
lig ausgeglichen. II.) Die Fischerey beyderseitiger Unterthanen
in

In der Rekeniz ist durch Verträge festgesetzet b).   III.) Der Adel beyder Herzogthümer genieſſet gegenseitig die Befreyung vom Zoll und vom Abschoß c).   IV.) Unterhält der König eigene Posten von Stralsund biß Hamburg.

a) I. P. O. Art. X. §. 6. 13.
b) Grenz Receß von 1591. L. E. I. 236.
c) Die Beweißstellen finden sich im Th. I. Hauptst. II. §. 10. Not. p. q. S. 276.

### §. 8.

Das Abzugsrecht in Ansehung emigrirender Landeseinwohner ist zwischen Pommern und Churbraunschweig im Jahr 1737 a), und zwischen Pommern und Chursachsen 1778 b) gänzlich aufgehoben, in Rücksicht der Königl. Dänischen Lande aber von funfzehn auf zehn Procent heruntergesetzt worden.

a) Königl. Schwedische Deklaration vom 10 Oct. 1737. und Königl. Großbrittannische Deklaration vom $\frac{?}{?}$ Nov. 1737. L. E. IV. 292.
b) Königl. Verordn. vom 30 Sept. 1778. L. E. IV. 294.

### Ende der zweyten und letzten Abtheilung.

Aaa a                    Zusätze

# Zusätze und Verbesserungen.

**Hauptstück I. §. 48.** - Muß es heissen, daß der Stadt Stralsund, vermöge des Erbvertrages, das Recht zuste-
he, einen Urban Superintendenten (nicht Neben Superintendenten, wie es im Text durch einen Schreib-
oder Druckfehler heißt,) zu bestellen.

**§. 58.** Die verwittwete Herzoginn Sophia Hedwig,
wohnte zwar auf dem Loitzer Schlosse, allein die
Stadt selbst gehörete nicht zu ihrem Wittum.

**§. 209.** Die Stadt Gorz auf Rügen will, vermöge
ihrer landesherrlichen Bewidmungen für keine Amts-
stadt gehalten seyn, sondern verwahret sich dagegen,
so oft es nöthig thut, bey der K. H. Regierung.

**Hauptstück III. Abschnitt II. §. 56.** Rufet die Königl. Landesregierung Landstände zusammen, so heißt es ein
Landtag, der auf die im 60 §. angezeigten Art eröfnet wird, und von dem einzelne Glieder sich nicht
vor völliger Endigung desselben, ohne Erlaubniß der
Regierung, entfernen dürfen; bitten aber Stände
bey der Regierung um Erlaubnis, sich zu versammeln,
so heißt das eine Landesversammlung, die nicht so-
lenniter vor der Königl. Regierung eröfnet wird, und
wovon die Deputirten, ohne Erlaubnis zu suchen,
wegreisen können.

**Hauptstück IV. Abschnitt I. §. 5.** Die hier angegebene Be-
wirthschaftung der Aussenschläge ist doch nicht überall
im Lande gleich, sondern von einem Guthe aus dem
Grimmschen Distrikte hergenommen, wie ich mehrerer Bestimmtheit wegen hätte anführen sollen. In
andern Gegenden des Landes findet auch eine etwas
veränderte Bewihrtschaft derselben, nach Beschaffenheit des Bodes statt. Im wollgastischen Distrikte z.
B. wird jeder Schlag, wenn der schlechteste Acker in
sechs, sieben bis zwölf Aussenschlägen liegt, nur im
ersten Jahr mit Roggen, im zweyten mit Hafer besäet,

ſáet und rühet dann wieder ſo lange, biß die Ordnung
ihn von neuem trift.

§. 7. Die Gerſte wird an vielen Orten auch noch in der
ſiebenden und achten Woche vor Jacobi geſáet, und
oft, weil ſie dann nicht ſo lange nach Regen ſchmachten
darf, mit dem beſten Erfolge.

§. 21. Auch zu Karlsburg und Jaſebow wird der künſt-
liche Futterbau ſtark betrieben, und wird nach wenigen
Jahren noch anſehnlich vermehret werden.

§. 23. Zu Karlsburg wird die Obſtbaumzucht auch ſtark
getrieben, und kann, nach den bisherigen Anlagen,
in zwanzig Jahren einen wichtigen Ertrag liefern.

§. 34. Die Ziegelbrennerey zu Steinforth, im wollga-
ſtiſchen Diſtrikt, iſt gleichfalls beträchtlich, und ver-
ſorgt die umliegende Gegend faſt ganz.

Hauptſtück IV. Abſchnitt II. §. 37. Von den hier angezeigten Prämien zur Aufmunterung der Induſtrie ſind
würklich den 19 Decembnr v. J. verſchiedene ausgetheilet worden, wovon ich beym Abbruck des Bogens
noch keine Nachricht haben konnte. Nemlich eine für
eine anſehnliche Qvantität für die Tuchmacher geſpon-
nenen Wollengarns; zwey für die beyden beſten Stücke
Tücher; zwey für die gröſte Qvantität verfertigter Raſche; drey für geſetzte lebendige Hecken, Steinmauern und Wellerwände; zwey für Bedienten, die am
längſten bey einer und derſelben Herrſchaft, der eine
neimlich 51 und der andere 38 Jahre, gedienet hatten,
und endlich eine für eine Hebamme auf dem Lande,
welche die mehreſten glücklichen Entbindungen verrichtet hatte. S. Beylage zur Stralſundiſchen Zeitung
1788. No. 9.

Hauptſtück V. Abſchnitt II. §. 63. XII. Zur Aufnahme der
hieſigen Salzſiederey iſt, auf Sr. Königl. Maytt.
Specialbefehl, von der Königl. H. Regierung unterm
18 Febr. d. J. die Einführung des fremden Salzes zu
Lande und in fremden Schiffen überall verboten, das
mit einländiſchen Schiffen eingeführte fremde Salz

Aaa 3                                    aber

aber mit einer Abgabe von 6⅛ Rthlr. für jede Laſt, halb
an Licenten und halb an Konſumtion belegt worden.

Hauptſtück VI. §. 28.　Das hier angeführte Ordenszeichen iſt
den Berger Kloſterfräuleins im Novbr. 1775 ertheilet
worden. Es iſt ein weis emaillirtes Kreuz mit goldener
Einfaſſung. Im erhobenen Mittelſchilde der rechten
Seite findet ſich der verzogene gekrönte Name der Königinn S. M. Im Mittelſchilde der Gegenſeite das alte
Siegel des Kloſters, nemlich die Jungfrau Maria mit
dem Chriſtuskinde in einer Glorie. Aus den vier Ecken
des Mittelſchildes gehen goldene Strahlen oder Flam-
men hervor. Es wird von der Priorinn, die eines gröſ-
ſeres Kreutz trägt, an einem himmelblauen gewäſſerten
mit weiſſer Einfaſſung verſehenen drey fingerbreiten
Band um den Hals, das Kleinere aber von den zwölf
Kanoniſſinnen von der rechten Schulter nach der linken
Seite getragen.

Hauptſtück VIII. §. 3.　Den Betrag der Paſſevolancegelder habe ich, nach älterer Verfaſſung, unrichtig angegeben.
Sie betragen bey der Artillerie und den beyden Infanterie Regimenter für Tambours, Korporals und Gemeine monathlich 17⅞ ßl. für jeden Mann. Die Kom-
pagniechefs erhalten zwiſchen den Munſterungen die Ablöhnung und Paſſevolancegelder für die ganze Anzahl
der Mannſchaft ausbezahlt, ohne Rückſicht auf Per-
mittirte und fehlende Nummern. Dagegen ſind ſie
ſchuldig, bey den Munſterungen vollſtändige Kompagnien und taugliche Mannſchaft zu ſtellen, wiedrigenfalls ſie zu erſtatten haben, was ihnen für die offenen
Nummern und verwerfliche Rekruten in der Zwiſchen-
zeit an Löhnung und Paſſevolance ausbezahlet worden.

§. 4. a) Zur Bekleidung wird auf drey Jahre beſtanden
für den Mann:

1) Für die Unterofficiers bey der Artil-
　lerie　　　　　　　　　　　　　　Rt. 15 ßl. 8

2) Für die Unterofficiers bey der In-
　fanterie, wie auch für die geringern
　Staabsbedienten　　　　　　　　⅃ 15 — —

3) Für

3) Für die Profoſſen, wegen der
 Schnüre auf der Mondirung      Rt. 15 ßl. 47
4) Für die Trommelſchläger      •  15 • —
5) Für die Korporals            •  15 •  8
6) Für die Gemeinen           •  15 • —

    *b*) An kleinen Mondirungsſtücken wird für Unterof-
ficiers und Gemeine, ſowohl bey der Artillerie als Infanterie gleich viel, nemlich 7 Rthlr. 39½ ßl. für jeden
Mann auf drey Jahre beſtanden. Die Kompagnie-
chefs ziehen die Mondirungsgelder qvartaliter für die
ganze Stärke ihrer Kompagnien, ohne Rückſicht auf
Wakanzen, und ſind dagegen verbunden, die Mannſchaft ſtets ordentlich und vorſchriftsmäßig bekleidet zu
halten, welches bey den Munſterungen nachgeſehen
wird.

  §. 7. Zum Unterhalt verabſchiedeter Soldaten iſt, unterm
Namen des Kriegsmannshauſes, ein Fond angeſchlagen, der aus folgenden Einkünften beſtehet: 1) die
Avancements und Centonalgelder; 2) die Arrhende des
auf Wittow belegenen Domanialguthes Schwarbe, welche jetzt jährlich 1976 Rthlr. 6⅛ ßl. beträgt, und 3) die
Zinſen eines im Domanio beſtätigten Kapitals von 1500
Rthlr. Ein jeder Soldat, der dreißig Jahre und darüber treu gedienet hat, bekommt gemeiniglich jährlich
ſechs Reichsthaler auf Lebenszeit, und das Doppelte,
wenn er zu Felde gedienet und Bleſſuren erhalten hat.
Inzwiſchen haben Se. Königl. Maytt. die Beſtimmung
des doppelten oder einfachen Unterhalts des Fürſten
von Heſſenſtein Durchl. überlaſſen, welcher ſeit verſchiedenen Jahren die Einrichtung getroffen hat, daß
die Tauglichſten von den mit doppelten Unterhalt verſehenen verabſchiedeten Soldaten auf die Poſtirungen an
den Grenzen, welche vormals mit Kommandos von
beyden Infanterie Regimentern beſetzet wurden, geſchickt werden, und dann, auſſer der Mondirung, Mu-
ſqvetirs Traktament, mit Einbegrif ihrer Penſion erhalten. Das Kronlazareth für die Truppen, ſo wie
                                    die

die Lazarethanstalten für Leibeigene im Königl. Domanio gehöret gleichfalls zu den wohlthätigen Anstalten im
Lande, welche der jetzige Generalstatthalter, der Fürst
von Hessenstein bewürkt hat.

Hauptstück IX. Abschnitt III. §. 34.  Unter den Ausgaben sind
die 1030 Rthlr., welche Königl. Mättt. zur Unterstützung der adelichen Jungfernklöster jährlich hergiebt,
aus Versehen nochmals aufgeführet, da sie doch vorhero §. 27 schon von dem Betrage der Domanialgefälle
abgezogen worden.   Die ganze Ausgabe dieses Jahres
bleibt also nur 228,029 Rthlr., und der Ueberschuß
wird 2733 Rthlr. 10 sl., wornach die Hauptsumme
und die Bilanz zu ändern ist.

Hauptstück X. Abschnitt IV. §. 45.  Die Führung der Hauptbü-
cher bey unserm Kammerwesen nach den Grundsätzen
der italienschen Buchhaltung in doppelten Pösten muß
bereits unter der Regierung K. Karls XI. eingeführet
worden seyn, denn wenigstens findet sich in der Königl.
Kammer ein Buch von 1704, woraus erhellet, daß
diese Rechnungsart schon vorher üblich gewesen sey; sie
ist auch seitdem immer beybehalten worden.   Dieß ist
wenigstens ein Beytrag aus der Erfahrung für Herrn
Kammerrath Klipsteins Vertheidigung der Anwend-
barkeit des doppelten Rechnungsfußes auf Staatsbe-
rechnungen gegen die Zweifel, die verschiedene, unter
andern auch Herr Nicolai in seiner Reisebeschreibung
(III. 305) dagegen vorgebracht haben.